物流法律法规

主编 宫 磊

西南交通大学出版社
·成 都·

图书在版编目（CIP）数据

物流法律法规/宫磊主编.--成都：西南交通大学出版社，2024.1
ISBN 978-7-5643-9564-3

Ⅰ.①物… Ⅱ.①宫… Ⅲ.①物流－物资管理－法规－中国－高等学校－教材 Ⅳ.①D922.29

中国国家版本馆 CIP 数据核字（2023）第 225391 号

Wuliu Falü Fagui
物流法律法规
主编 宫 磊

责 任 编 辑	邵莘越
封 面 设 计	何东琳设计工作室
出 版 发 行	西南交通大学出版社 （四川省成都市金牛区二环路北一段 111 号 西南交通大学创新大厦 21 楼）
发行部电话	028-87600564　028-87600533
邮 政 编 码	610031
网　　　址	http://www.xnjdcbs.com
印　　　刷	成都蜀雅印务有限公司
成 品 尺 寸	185 mm × 260 mm
印　　　张	18.75
字　　　数	467 千
版　　　次	2024 年 1 月第 1 版
印　　　次	2024 年 1 月第 1 次
书　　　号	ISBN 978-7-5643-9564-3
定　　　价	56.00 元

课件咨询电话：028-81435775
图书如有印装质量问题　本社负责退换
版权所有　盗版必究　举报电话：028-87600562

本书编委会

主　编：宫　磊

副主编：曾银莲

参　编：朱　诚　张　峥

前 言 PREFACE

现代物流两端分别连接着生产和消费,其中高度集成并融合运输、仓储、分拨、配送、信息等服务功能,是整个社会经济中延伸产业链、提升价值链、打造供应链的重要支撑,在构建现代流通体系、形成强大国内市场、推动高质量发展、建设现代化经济体系中发挥着先导性、基础性、战略性作用。随着世界经济一体化进程的不断加快,现代物流在国民经济运行中的作用日益凸显,已成为世界各国促进经济发展、提升国际经济贸易活动、节约社会成本的重要手段。

在物流全流程的各个活动中,利用法律法规保障参与物流活动各方的利益是维系物流活动正常进行、确保物流产业健康发展的重要保障。物流活动基于市场经济,而市场经济是法治经济,在市场经济条件下,完善的法律体系既为国家的宏观管理提供了依据,也为企业的微观活动提供了准则。因此,构建一个完善的物流法律法规体系,规范物流发展中的无序现象,成为我国物流发展中面临的迫切问题。其中,培养物流人才法律意识、提高物流人才的法律素质对物流行业法治化发展具有非常积极的促进作用。在物流活动中,通过物流法律法规的及时介入,可以使国家对物流市场进行及时的监督与管理,让物流行业能平稳健康地发展和壮大。

本书定位为应用技术大学物流管理专业学生专业课教材,编写的特点主要包括:

(1)本书的主要内容明确。本书围绕物流活动中包括运输、存储、装卸、搬运、包装、流通加工、配送、信息处理在内的各个环节,同时考虑到国内外贸易所涉及的国际物流以及在物流活动过程中所涉及的民事法律关系中所包含的法律法规知识。这些法律法规知识涵盖了物流企业、物流合同、货物采购与销售、货物保险、物流运输、仓储、配送、包装、搬运装卸、流通加工、邮政快递、货物买卖、物流环境、物流争议诉讼与仲裁等具体内容。

(2)各章节编排的目的意义明确。本书将物流活动中各环节的重要内容,梳理出相关的法律法规,从参与民事活动的不同法律主体的角度,突出其在民事活动中的权利义务关系,使各章节完整地包括各主体在相应物流环节的民事活动中所应具备的法律知识。

(3)各章节中落实本书的特色。结合各章内容所处的物流环节,突出本书的时代性、应用性、结构性和完整性等特色。

本书适用于普通高等院校物流管理专业的学生,特别是培养应用型人才的高等院校；同时也适合作为从事物流行业专业人才进行物流行业法律法规知识学习的参考书。

本书受深圳技术大学教学改革项目"应用技术型大学校内实习实训基地管理与运行机制探索——以顺丰—深技大智慧物流生产性产教融合实训基地为例"（项目编号：20231021）、2022年广东省本科高校教学质量与教学改革工程建设项目丰学物流与供应链现代产业学院项目、广东省教育科学规划领导小组办公室2021年度教育科学规划课题（高等教育专项）"新文科建设背景下物流管理专业人才培养体系构建"（项目编号：2021GXJK335）、深圳技术大学新引进高端人才财政补助科研启动经费项目"智能网联时代基于多源数据融合的交通行为仿真系统开发及应用"（20200218）等课题的支持。

本书是深圳技术大学城市交通与物流学院多名教师辛苦付出的成果。本书的具体编写分工如下：宫磊负责第一章至第十章，曾银莲负责第十一章至第十二章，朱诚和张峥负责各章节案例，宫磊负责组织策划和统筹协调编写工作，并审阅定稿。本书在编写过程中还得到了物流管理专业章婕茵、詹婉妮、曹虹、谢佳仪、罗颖琳、陈洁玟、吴婵娟、曾晓娜、王泽楷、阮天宇、吴晓阳、邱子欣、蔡胜权、彭海俊等同学的帮助。

本书配套有课件和课后习题答案，各位对本书感兴趣或使用本书的教师可通过出版社网站或联系编者获取。

本书在编写过程中参阅了同行专家的有关著作、教材、案例集，在此一并表示衷心的感谢。

由于编者水平有限，书中难免有疏漏和不妥之处，敬请广大读者批评指正。

目 录 CONTENTS

第一章　物流法律制度概述 ……………………………………………………………… 001
　第一节　法的基础知识 …………………………………………………………………… 001
　第二节　物流法律制度和物流法律关系 ………………………………………………… 014
　第三节　物流法律制度的作用和地位 …………………………………………………… 017
　第四节　我国物流法律制度的现状及其发展趋势 ……………………………………… 019
　第五节　物流法律责任 …………………………………………………………………… 024

第二章　物流企业相关法律制度 ………………………………………………………… 028
　第一节　物流企业相关法律制度概述 …………………………………………………… 029
　第二节　公司相关法律规定 ……………………………………………………………… 036
　第三节　个人独资企业、合伙企业相关法律规定 ……………………………………… 049

第三章　物流合同法律制度 ……………………………………………………………… 057
　第一节　物流合同概述 …………………………………………………………………… 058
　第二节　物流合同的订立 ………………………………………………………………… 061
　第三节　物流合同的效力 ………………………………………………………………… 067
　第四节　物流合同的履行和担保 ………………………………………………………… 070
　第五节　物流合同的变更、转让和终止 ………………………………………………… 077
　第六节　违反物流合同的法律责任 ……………………………………………………… 080

第四章　物流采购与销售法律制度 ……………………………………………………… 088
　第一节　物流采购与销售合同 …………………………………………………………… 088

第二节 《联合国国际货物买卖合同公约》……………………………………095
第三节 国际贸易术语……………………………………………………………103

第五章 货物运输法律制度……………………………………………………116

第一节 货物运输法律制度概念…………………………………………………117
第二节 海上货物运输法律规定…………………………………………………122
第三节 铁路货物运输法律规定…………………………………………………127
第四节 公路货物运输法律制度…………………………………………………130
第五节 水路货物运输法律规定…………………………………………………133
第六节 航空货物运输法律规定…………………………………………………136
第七节 多式联运法律规定………………………………………………………139

第六章 货物仓储法律制度……………………………………………………147

第一节 货物仓储概述……………………………………………………………147
第二节 仓储合同…………………………………………………………………148
第三节 仓单………………………………………………………………………155
第四节 保税仓库…………………………………………………………………158

第七章 流通加工、配送及快递服务法律制度………………………………166

第一节 流通加工法律制度………………………………………………………167
第二节 物流配送法律制度………………………………………………………170
第三节 快递服务法律制度………………………………………………………177

第八章 货物包装法律制度……………………………………………………192

第一节 货物包装法律制度概述…………………………………………………192
第二节 普通货物包装的法律规定………………………………………………195
第三节 危险货物包装的法律制度………………………………………………200
第四节 国际物流中的包装法律规范……………………………………………209

第九章 货物装卸搬运法律制度 214
第一节 装卸搬运概述 214
第二节 港口装卸搬运作业中的法律规定 216
第三节 集装箱码头搬运装卸作业的规定 218
第四节 铁路搬运装卸作业中的法律规定 220
第五节 公路装卸搬运中的法律规定 222

第十章 物流保险法律制度 227
第一节 物流保险法律制度概述 227
第二节 海洋货物运输保险法律制度 234
第三节 其他运输方式货物保险法律规定 239

第十一章 物流信息管理法律制度 247
第一节 物流信息管理法律制度概述 248
第二节 电子商务法律制度概述 249
第三节 电子合同法律制度 260

第十二章 物流争议解决的法律制度 266
第一节 物流争议解决及其解决方式 266
第二节 仲裁法律制度 267
第三节 民事诉讼法律制度 275
第四节 海事诉讼特别程序 283

参考文献 289

第一章

物流法律制度概述

学习目标

【掌　握】

(1) 掌握法的概念、最基本属性以及特征。
(2) 掌握法的效力的概念。
(3) 掌握法律溯及力的概念。
(4) 掌握物流法律制度的概念。
(5) 掌握物流法律关系的概念及其三大要素。
(6) 掌握物流法律责任的概念及形式。

【理　解】

(1) 理解法的渊源及其相互之间的地位关系。
(2) 理解法律效力的原则。
(3) 理解我国物流法律制度的现状及发展趋势。

【了　解】

(1) 了解法的起源和发展。
(2) 了解法的作用。
(3) 了解物流法律制度的特征。
(4) 了解物流法律制度的作用。

第一节　法的基础知识

物流法律制度是我国法律体系的重要组成部分。为了更好地学习和掌握物流法律制度，有必要先了解一些法的基础知识。

一、法律概念

(一) 法的词义

在中国，"法"一词含义较为广泛。从语源上看，汉字的"法"古体为"灋"。根据我国第一部字书、由东汉文字学家许慎所著的《说文解字》中的释义，它大体有三层含义：第一，"法"与"刑"是通用的。古代的"刑"字，含刑戮、罚罪之意，还有"规范"的意义。第二，法者，平之如水，含有"公平"之意。第三，法含有"明断曲直"之意。同时，古代的法具有神明裁判的特点。

中国古代"法"在典章制度意义和哲理意义两方面使用。"法"在典章制度意义上与"律""法律""法制"等相通解。《管子·七臣七主篇》："法律政令者，吏民规矩绳墨也。"《唐律疏议·名例篇》曰："律之与法，文虽有殊，其义一也。"中国古代秦汉以后的法律文件，采用过许多名称，如律、令、典、敕、格、式、科、比、例等，它们都是典章制度意义上、国法意义上的"法"。在哲理意义上，汉语的"法"，与"理""常"通用，指"道理""天理"或常行的范型和标准。《尔雅·释诂》："法，常也。"具体而言，抽象的"天命""天志""礼""理""天理""法度""道"乃至"人情"等，都属于"法"的范畴。清末民初，由于受日本的影响，国法意义上的"法"，逐渐由"法律"一词代替。

在西文中，"法"也在典章制度意义、国法意义和哲理意义上使用。有人认为，法指永恒的、普遍有效的正义原则和道德公理，即自然法；法律指由国家机关制定和颁布的具体的法律规则，即实在法，这类法律与国家相联系、出自国家。

在当代中国，法律一般是指由国家制定或认可，由国家强制力保证实施的，以权利义务为内容的行为规范。本书主要在国法意义上讨论法律，用"法律"表示，唯在涉及哲理意义上时用"法"表示。

（二）法的本质

法的本质指法这一事物自身组成要素之间相对稳定的内在联系，本质掌握着可理解的世界的核心内容。人类对法的本质的认识过程相当漫长。在历史上，思想家和法学家们曾对法律的本质问题进行过认真思考，从不同的角度进行了探讨，提出过各种各样的法的本质学说。马克思主义法学全面揭示了法律的本质。

1.非马克思主义法学的观点

中国古代社会以"和谐"为最高追求，法也立基于此，从人伦、天常获得法的权威来源，形成了伦理法观念和法自然的自然法观念。中国古代立法以礼为指导，执法以教化为首务。法律条款的确立要体现人伦道德的宗旨，统治者为政要先教而后刑。礼法并举、刑教结合的目的是建造一个"父子有亲，君臣有义，夫妇有别，长幼有叙，朋友有信"（《孟子·滕文公》）充满人情味的有序王国。同时，崇拜自然、效法自然是中国古代为政传统。自然界的博大和谐、万物有所归及变化规律，为中国传统法律提供了最好的模式。礼法并举、恩威并用及执法平等的思想主张，也常常源于自然界的启发。

西方非马克思主义法学关于法的本质的学说主要有神意论、理性论、民族精神论、规范论、社会控制论等。

神意论认为法是由神创造的，是神的理性和意志，将法的本质与神意等同划一起来。这是人类最早的关于法的本质的认识。作为西欧中世纪最大的神学家、经院主义哲学家，托马斯·阿奎那的神学思想中就包括了当时最为系统的神学法思想。阿奎那将法分为四种：永恒法即上帝的法律，是最高的法律；自然法是沟通上帝和人的桥梁，其首要原则是《行善避恶》；

神法是上帝通过《圣经》所赋予的法律，用以补充比较抽象的自然法；人定法通常包括世俗统治者制定的法律。在阿奎那看来，法律是种种有关公共幸福事项的合理安排，由任何负有管理社会之责的人予以公布。对于"公共幸福""合理"等，他都作了神学上的解释。在他看来，上帝是万物的创造者，又是智慧的化身。神的智慧本身具有法律性质。

理性论为西方自然法学派的观点，这一学说在西方具有很大影响。在批判神意论的基础上，它把法理解为一种理想、价值、道德，认为存在着一种高于实在法并指导实在法的普遍原则，即自然法，宇宙运行不变之自然法则。罗马共和国末期的哲学家、政治家西塞罗，在西方法思想上首先比较系统地提出了自然法的学说。他在《国家篇》中指出："真正的法律是和自然一致的正当理性，它是普遍适用的、不变的和永恒的，它命令人尽本分，禁止人们为非作歹"；自然法早在任何成文法或国家产生以前就已存在；它对整个人类，不分国家、不分时期都普遍有效，任何人都不得违反、改变或取消这种法律；所有残暴的法令根本不能称为法律，而只是一群暴徒在集会中通过的规则而已。他相信自然理性是宇宙的主宰力量，认为法的本质是正义。

在近代，自然法观念发展到高峰，17、18世纪的古典自然法派是新兴资产阶级用以反对封建压迫、民族压迫和教会神学的法律思想。主要代表人物有荷兰的格劳秀斯，英国的霍布斯、洛克，法国的孟德斯鸠、卢梭，德国的普芬道夫，意大利的贝卡利亚等。他们从人的理性出发，认为存在一个"自然状态"，在这一状态下人们享有由自然法保障的天赋自然权利，国家是人们通过社会契约建立的；自然法体现了永恒的正义。他们认为自然法代表人类的理性或本性，是最高的法律。自然法是"真正理性的命令"，连上帝也要受它的支配，是永恒的。法是以普通的人性为基础的，因而是全体人民的共同意志而且同样适用于每一个社会成员，因而每个人不论其阶级地位、财富状况、社会地位等，在法律上都是平等的，都有同样的自由、权利。古典自然法学为美国《独立宣言》、法国《人权宣言》以及近代资产阶级民主、法治理论提供了理论基础。新自然法学的代表学者有美国的富勒、德沃金、罗尔斯等。

民族精神论首先在19世纪的德国兴起。当时德国半封建的君主专制在政治上处于分裂状态，为实现国家和法律的统一，海德尔保大学教授蒂鲍于1814年提出了制定统一民法典的建议，但遭到了萨维尼等人的坚决反对。萨维尼等认为古典自然法学派所谓体现人类理性的自然法仅仅是一种假设，不能说明法律的渊源和本质，这种观点只能是幻想；法律像语言、风俗、政制一样，具有民族特性，是"民族精神"的体现，它"随着民族的成长而成长，民族的壮大而壮大，当这一民族丧失其个性时即趋于消逝"；一个民族的法律制度，就像艺术和音乐一样，是其文化的自然体现，在民族内部力量推动下形成，只有"民族精神"或"民族意识"才是实在法的真正创造者；每个民族的共同信念才是法律的真正渊源。在萨维尼看来，法律主要体现为习惯法，习惯法是法律的真正基础，因为习惯法最能体现"民族精神"，它是最有生命力的，其地位远超过立法；而且德国当时也无能力制定更好的法典。

规范论为分析实证主义法学的观点。这一学说曾长期在英国法学界占统治地位，创始人为英国法学家奥斯丁。英国资产阶级革命是以妥协告终的，这种革命的不彻底性在法律方面的直接后果，是旧的诉讼程序被继续运用，封建法律被虔诚地保存下来，这使得当时英国的法律显得杂乱无章，重叠牵制，互相矛盾。但奥斯丁认为，造成英国法律混乱状态的原因，并不在于法律的历史传统，而是因为混乱而散漫的思想方法，尤其是因为古典自然法学说的传播。因此他给自己规定的任务，是把法律和法学从自然法学说中解放出来，通过对法律的逻辑分析提供一套共同的原则、概念和特征,明确它们彼此之间的逻辑关系,形成有条理的法律体系,以完善资产阶级法制,提高统治效能。奥斯丁认为,法学的对象仅限于实在法,"实际上是这样的法律",通过对实在法的分析找出它们共同的原则,而这些共同原则实际上都建立在功利的基础之上;法律或严格意义上的法律,是命令,是以制裁作为保证的一种命令,是政治优势者的命令("我们所说的优势者,是指他们在社会地位、财富和品德等方面优越于其他人")。他强调,法律和道德是无关的,至少没有必然的联系,一个不道德、不正义的法,只要是合法地制定的,就应该认为具有法律效力,即"恶法亦法"。英国的哈特、奥地利的凯尔森等在奥斯丁学说的基础上有所发展而形成新分析法学、纯粹法学。

社会控制论以社会学理论和方法研究法律现象,认为法律作为社会控制的工具,注重探讨法律在社会中的实际运作。它研究法律与其他社会因素的相互作用,特别是要研究法律的社会目的和社会效果。为说明资产阶级法律的变化,从理论上指导资产阶级法律制度的完善,社会法学派逐步形成。法国的狄骥通过把法律与"社会连带关系"联系起来,进而说明法的本质问题。美国的庞德主张从社会控制论着手,站到一个更高的层次来理解法的概念,认为法是一种社会控制的制度,是依照一批在司法和行政过程中使用的权威性法令来实施的高度专门形式的社会控制。在他看来,在人类本性中存在着与人的社会性相对应的自我扩张的本性,尽管个人也往往对它采取摒弃的态度,但不能排除它潜在的存在和以不同方式、不同程度地被激发出来,这就要求有一种强有力的控制工具,在现代社会只有法律才能完成这个任务。法律通过对人们自我扩张的本性的控制来保证和实现社会利益。庞德强调法律的社会效果和作用,认为法律是一种社会工程,是社会控制工具之一或首要工具,其任务在于调整各种相互冲突的利益;20世纪的法律是法律社会化的阶段。奥地利学者埃利希则提出了"活法论"。

2.马克思主义法学的观点

马克思主义的法律本质学说认为:法律的关系既不能从它们本身来理解,也不能从人类精神的一般发展来理解,相反它们都根源于物质的生活关系。

马克思主义认为,由于根本利益的不同,在阶级对立的社会里不能形成统一的全社会意志,而只有统治阶级意志才能上升为国家意志。法律是统治阶级或取得胜利并掌握国家政权的阶级的意志的表现。统治阶级利用掌握国家政权这一政治优势,有必要、也有可能将本阶级的意志上升为国家意志,然后体现为国家的法律。法律体现的统治阶级意志具有整体性。法律体现的统治阶级意志不是统治阶级内部成员意志的简单相加,也不是少数人的任性,而是统治阶级的整体意志、共同意志或根本意志。

马克思主义法学强调,法律体现统治阶级意志,要经历一个复杂的过程。它取决于统治阶级同被统治阶级的阶级斗争状况,也取决于统治阶级内部各阶层、集团或个人的矛盾和斗争。在一定情况下,法律的内容规定不仅反映统治阶级的意志,而且同时又反映被统治阶级以及统治阶级的同盟阶级的某些要求和愿望。这包括:①法律的内容规定对全社会都有利,不同程度地反映全社会各阶级、阶层的共同利益(如各种技术法规)。②在阶级斗争激烈对抗的条件下,统治阶级为了缓和与被统治阶级的某些矛盾,把被统治阶级的反抗控制在一定的范围和限度内,而在立法中对被统治阶级作出一定的让步,规定一些符合被统治阶级利益、反映其某些愿望和要求的内容,例如,在资产阶级法律中也往往有一些保护劳动人民利益的条款，诸如限制劳动时间、劳动保护、最低工资、失业救济、罢工自由等。这些条款是劳动人民同统治阶级进行长期斗争所取得的成果。从这个意义上，我们可以说法律具有共同性，是社会管理的手段。但从本质上看，这一部分规范或条款仍然是通过统治阶级所掌握的政权机关来制定或认可的，它仅具有局部的意义，并不能改变一国法律的整体性质。

马克思主义法学同时指出：不仅统治阶级意志的内容，而且包括法律本身，都是由统治阶级所处的社会物质生活条件所决定的。这里的所谓"社会物质生活条件"，是指人类社会包括地理环境、人口、物质资料的生产方式诸方面，其中主要指统治阶级赖以建立其政治统治的经济基础。从根本上说，法律决定于一定的经济关系（经济基础），法律的产生、变更和消灭都取决于一定的经济关系（基础）的产生、变更和消灭。这也意味着，法律不是统治阶级任性和专横的表现，它不应当违背客观历史条件和客观规律。所以，马克思说：只有毫无历史知识的人才不知道，君主们在任何时候，都不得不服从经济条件，并且从来不能向经济条件发号施令，无论是政治的立法或市民的立法，都只是表明和记载经济关系的要求而已。因而，法律具有物质制约性、客观性、规律性。

二、法的起源和发展

法不是从来就有的，法是人类社会发展到一定历史阶段的产物。法的产生与发展同私有制、阶级和国家的出现有直接的关系。法随着私有制、阶级和国家的产生而产生，随着生产力和生产关系的发展变化而不断地发展。

在漫长的原始社会中，由于当时的生产工具极其简陋，生产力水平十分低下，任何单独的个人根本无法生存。人们为了生存和获得生活资料，必须依靠集体的力量。此时，生产资料归集体所有，劳动产品也由全体劳动成员平均分配。由此可见，原始社会的生产资料公有制是与当时生产力发展水平相适应的。由于生产力水平极端低下，劳动产品异常匮乏，仅能维持人类生存最起码的需要，没有剩余产品，因而也就排除了人们对剩余价值占有的可能。此时，没有私有制和阶级的划分，所以也就没有作为统治者所需要的法。

原始社会没有国家，也没有法，但这并不意味着没有社会组织和行为规则。在原始社会里，社会组织的基本单位是氏族。氏族是以血缘关系为基础的人类社会最初的组织形式。血缘关系的纽带把氏族成员牢固地联结在一起，人们共同劳动、共同消费，氏族成员之间是平等的关系。在这种原始的平等互助关系中，人们在共同的生产劳动中逐步形成了氏族习惯，而这些习惯也就成了全体氏族成员共同遵守的行为规则。

这些由习惯构成的行为规则是人们在长期的共同劳动和生活中逐步地、自发地形成并世代相传的。这些行为规则内容广泛，调整氏族成员之间的相互关系，维护原始社会的社会秩序。氏族规范主要靠人们的内心信念、氏族首领的威信保障实施。人类社会最初的法就是从这些氏族社会的习惯规则中脱胎而来的。

原始社会后期，金属工具出现，生产力水平有了很大的提高。个体劳动逐步取代了集体劳动，个体家庭也逐渐取代了氏族公社。劳动产品有了剩余，出现了对剩余产品的占有，私有制从此产生。在社会分工发展的过程中，原始社会赖以产生的经济基础受到动摇。人类社会开始分裂为主要的两大对立阶级，即奴隶主阶级和奴隶阶级，出现了阶级矛盾和阶级斗争。代表统治阶级意志的奴隶制国家开始出现。奴隶制国家的统治阶级为维护统治秩序，开始寻求迫使全体社会成员遵守的行为规则，一种新的社会规范——法，由此而产生。

法的产生经历了漫长的历史发展过程。最初的法是由奴隶制国家认可的、对奴隶主阶级有利的习惯，这时的法表现为习惯法。随着社会的发展和奴隶主阶级统治国家的需要，逐渐出现了奴隶制国家制定的成文法，最早的成文法大多是对习惯法的记载。例如，公元前20世纪西亚地区亚述王朝的《亚述法典》，公元前18世纪古巴比伦王国的《汉穆拉比法典》，以及公元前5世纪古罗马的《十二铜表法》等，大多是对习惯法的记录和汇编。

我国历史上迄今为止第一部比较系统的成文法典是战国初期魏国宰相李悝编纂的《法经》，而此后的《唐律》则以其体系严谨、内容详备、成熟而成为中国封建制法的典范，不仅成为后世中国法的范本，并且影响到当时的朝鲜、日本、越南等国的法律制度，成为效仿的范例。

综上所述，法和国家一样，不是从来就有的，而是随着社会的发展而逐步产生的。法的发展经历了由习惯到习惯法再到制定法的发展过程。法是不断发展、不断进步和不断完善的，合理化、科学化永远是法律制度发展的方向。

三、法的概念及特征

（一）法的概念

法是反映统治阶级意志的，由国家制定或认可的，并以国家强制力保证实施的具有普遍约束力的行为规则的总和。

法是统治阶级意志的体现，这是法最根本的属性。统治阶级通过所掌握的国家政权，把自己的意志上升为国家意志，使其具有普遍约束力，成为社会成员必须遵守的行为准则。法体现了统治阶级的意志，但并不是说统治阶级可以随心所欲地制定法。统治阶级的意志是由统治阶级的物质生活条件所决定的。法所体现的是统治阶级的整体或共同意志，而不是统治者中的个人或部分人的意志。

（二）法的特征

法律的特征，是法律区别于其他社会规范的象征和标志。任何事物的特征都是在与其他事物的比较中表现出来的。通过认识法律的特征，把握法律外部的特殊性，有助于我们理解法律的性质、作用，认识法律的自身规律。马克思主义法学认为，法律具有规范性、国家意志性、权利义务统一性、国家强制性。

1.法律是调整人们行为或社会关系的规范，具有规范性

法律是一种规范，是人们行为的标准和模式。法律不是通过调整人们的内心观念、思想来调整社会关系的。这是法律区别于其他社会规范的重要特征之一。

作为社会规范,法律具有规范性。法律规范性,是指法律为人们的行为提供了一个模式、标准、方向。它表现在：法律规范规定了人们的一般行为模式，从而为人们的相互行为提供一个模型、标准或方向,法律所规定的行为模式包括三种：①人们可以怎样行为(可为模式)；②人们不得怎样行为（勿为模式）；③人们应当或必须怎样行为（应为模式）。同时，法律具有概括性，法律的规定是抽象的，它的对象是一般的人，而不是特定的人，它是反复适用的而不是仅仅一次适用的。

2.法律出自国家，是由国家制定或认可的，具有国家意志性

法律是一种特殊的社会规范，是因为法律是由国家制定或认可的，体现了国家意志。没有国家，就不可能有法律。国家的存在是法律存在的前提条件。

国家造法的方式主要有：

（1）制定。制定是立法机关或立法机关授权的机关创制法律的行为。通过这种方式产生的法律，称为制定法，即具有一定文字表现形式的规范性文件，如中国的各种法律法规（如《宪法》《刑法》《民法典》）就属于此类。

（2）认可。认可是指国家立法机关或立法机关授权的机关赋予的社会上已经有的某种行为规范以法律效力。通过这种方式产生的法律，一般称为习惯法，如经过国家认可的地方习惯、交易惯例、宗族规约、村规民约、行业规范等。

法律是由国家制定或认可的，具有国家意志性。同时，法律具有普遍性。法律在国家主权所及范围内普遍有效，具有普遍约束力。法律的效力对象具有广泛性。

3.法律规定了人们的权利义务，具有权利义务统一性

法律的要素以法律规范为主，而法律规范中的行为模式以授权、禁止和命令的形式规定了权利和义务。法律既规定了权利，也规定了义务，法律规定了公民、法人的权利、义务，也规定了国家、国家机构、国家机构工作人员的权利、义务（职权、职责）。法律对人们行为的调整主要是通过权利义务的设定和运行来实现的，法律的内容主要表现为权利和义务。

从一般意义上说，权利表征利益，义务表征负担，法律通过规定权利义务对社会资源进行分配，对各种利益关系进行调整，因而具有利导性（利益导向性）。权利表征利益，义务表征负担。通过法律的规定，影响人们的动机和行为，从而调整社会关系。

4.法律由国家强制力保证实施，具有国家强制性

法律是以国家强制力为后盾，由国家强制力保证实施的，因而具有国家强制性。由于法律调整利益冲突双方的关系，因此自然会引起一方的抵制或反对；同时，法律有可能招致人们的破坏，违法犯罪现象也就不可避免。法律要对侵犯他人权利方作出否定性反应，必须以强制力为后盾。对违法犯罪行为的制裁，靠任何个人的力量或社会舆论，是不可能有保障的，而必须通过国家强制力才能得以实现。法律具有国家强制性主要是一种威慑，具有间接性和潜在性。国家的强制力是法律实施的最后的保障手段。国家强制力也不是保证法律实施的唯一力量。

法律具有国家强制性还意味着法律具有程序性。国家强制力并不等于纯粹的暴力。国家运用强制力保证法律的实施，也必须依法进行，应受法律规范的约束。国家强制力是有一定限度的，而不是无限的，必须根据法定程序进行。近现代法律更对法律的程序标准加以正当化，使法律实施的方式更科学，更富有理性和公正性。

四、法的渊源

法的渊源，是指法的各种具体表现形式，即由不同国家机关依法制定或认可的具有不同法律效力的法的类别。法的渊源既涉及法律形式，又涉及法律效力的等级，而在法律形式与法律效力的等级上，法律效力的等级更具有实际意义。

我国法的渊源主要有：

（一）宪法

宪法具有最高的法律效力，在我国法的渊源中处于最高的法律地位。因此，一切法律、行政法规等规范性文件，都应当遵循宪法所确认的原则，不得与宪法的规定相抵触。宪法是对物流关系进行法律调整的基本依据。

（二）法律

在我国，法律是指由全国人民代表大会及其常务委员会依法制定的规范性法律文件的总称，其法律地位仅次于宪法。我国《立法法》规定，全国人民代表大会和全国人民代表大会常务委员会行使国家立法权。法律又可分为基本法律和一般法律。

基本法律是指由全国人民代表大会制定或修改的，旨在调整国家和社会生活中某一方面的关系的、带有基本性和全面性关系的法律。如《民法典》《刑法》《刑事诉讼法》《民事诉讼法》《外商投资法》等。

一般法律是指由全国人民代表大会常务委员会制定、修改的除应当由全国人民代表大会制定的法律以外的其他法律，旨在调整国家和社会生活中某一具体方面的关系的法律。如《公司法》《产品质量法》《广告法》《专利法》《商标法》等。

（三）行政法规和部门规章

行政法规是国务院依据宪法、法律制定和发布的、有关国家行政管理方面的规范性文件的总称。国务院作为国家最高行政机关，为了执行宪法和法律，有权根据实际情况制定适用于全国范围内的规范性文件。行政法规的法律效力低于宪法和法律。

部门规章是国务院各部、委员会、中国人民银行、审计署和具有行政管理职能的直属机构根据法律和国务院的行政法规、决定、命令，在本部门的权限范围内制定的行政规章。部门规章规定的事项应当属于执行法律或者国务院的行政法规、决定、命令的事项。部门规章的法律效力低于国务院制定的行政法规。

（四）地方性法规和地方政府规章

省、自治区、直辖市的人民代表大会及其常务委员会根据本行政区域的具体情况和实际需要，在不同宪法、法律、行政法规相抵触的前提下，可以制定地方性法规。设区的市的人民代表大会及其常务委员会根据本市的具体情况和实际需要，在不同宪法、法律、行政法规和本省、自治区的地方性法规相抵触的前提下，可以对城乡建设与管理、环境保护、历史文化保护等方面的事项制定地方性法规。地方法规不得与宪法、法律、行政法规等规范性文件相抵触。

省、自治区、直辖市和设区的市、自治州的人民政府，可以根据法律、行政法规和本省、自治区、直辖市的地方性法规，规定规章。地方政府规章不得与宪法、法律、行政法规相抵触，也不得与同级人民代表大会及其常务委员会制定的地方性法规相抵触。

（五）自治条例和单行条例

民族自治地方的人民代表大会有权依照当地民族的政治、经济和文化的特点，制定自治条例和单行条例。自治区的自治条例和单行条例，报全国人民代表大会常务委员会批准后生效。自治州、自治县的自治条例和单行条例，报省、自治区、直辖市的人民代表大会常务委员会批准后生效。

自治条例和单行条例可以依照当地民族的特点，对法律和行政法规的规定作出变通规定，但不得违背法律或者行政法规的基本原则，不得对宪法和民族区域自治法的规定以及其他有关法律、行政法规专门就民族自治地方所作的规定作出变通规定。

（六）国际条约

国际条约是指我国同外国缔结或者我国加入的他国已订立的各种协议，经我国最高权力机关批准，或者我国政府申明承认参加后，在国内具有法律效力，从而成为我国法律渊源之一。

五、法的效力

法的效力是指法的生效范围，即法在什么时间、什么地域、对什么人发生法律效力。

（一）法对人的效力

法律对人的效力，是指法律适用于哪些人。这里的"人"包括自然人和组织。

世界各国关于法律效力的原则大致有以下几种：

一是属人主义，即凡是本国人，不论在国内还是在国外都受本国法律约束，而对在本国的外国人则不适用。

二是属地主义，即一国法律对它所管辖的领土内的一切人有约束力，而不论他是本国公民还是外国人。本国人在外国则不受本国法律约束。

三是保护主义，是指只要损害本国利益，不论行为人的国籍与所在地域，都受本国法律约束。

四是结合主义，即以属地为主，与属人主义、保护主义相结合。这是近代以来许多国家采用的效力范围原则。我国也采用这一原则。

根据我国法律规定，对人的效力包括两个方面：

1.对中国公民和中国组织的法律效力

凡是具有中国国籍的人，都是中国公民。中国公民在中国领域内一律适用中国法律。中国公民在国外的法律适用，则是十分复杂的问题。原则上讲，中国公民在国外仍适用中国法律，但是这与所在国的法律可能发生法律冲突。这要区别不同情况来确定适用中国法律还是适用外国法律。例如我国《民法典》规定中国公民定居国外的，其民事行为能力可以适用居住国的法律。对中国组织的法律适用与中国公民的法律适用相同。

2.对外国人的法律效力

中国法律对外国人的适用包括两种情况：一是对在中国境内的外国人的适用问题；二是

对在中国境外的外国人的适用问题。外国人在中国境内，除法律另有规定外，一般适用中国法律。所谓另有规定，一般是指法律上明确规定不适用中国法律的情形，比如享有外交特权和豁免权的外国人，得通过外交途径解决。例如：关于外国人在中国境外对中国国家或中国公民的犯罪，按中国刑法规定的最低刑为3年以上有期徒刑的，可以适用中国刑法，但是按照犯罪地的刑法不构成犯罪的除外。

（二）法的时间效力

法律的时间效力是指法律何时生效、何时终止生效以及法律对其颁布实施前的事件和行为是否具有溯及力的问题。

1.我国法律生效的形式

法律生效时间，一般根据法律的具体性质和实际需要来决定。我国法律生效的形式主要有：

（1）自法律颁布之日起生效；
（2）由该法律规定具体生效时间；
（3）规定法律公布后到达一定期限开始生效。

2.我国法律终止生效的形式

法律终止生效，是指法律通过明令被废止或被默示地废止。我国法律终止生效的形式主要有以下几种情况：

（1）新的法律公布后，原有法律即丧失效力；
（2）新法律取代原有法律，同时宣布旧法律废止；
（3）法律本身规定的有效期届满；
（4）由有关机关颁发专门文件宣布废止某项法律；
（5）法律已完成其历史任务而自行失效。

3.法律溯及力

法律溯及力，又称法律溯及既往的效力，是指新的法律颁布后，对其生效前的事件和行为是否适用的问题，如果适用，则具有溯及力；如果不适用，则不具有溯及力。法律一般只适用于其生效后发生的事件和行为，这一原理或原则已成为各国通行的法律原则。但这个原则也有其例外情况。例如：在现代刑法中，法律不溯及既往原则就不是绝对的。目前各国采用的通例是"从旧兼从轻"，即新法原则上不溯及既往，但新法不认为犯罪或罪轻的，还是适用新法。我国刑法采用的就是"从旧兼从轻"原则。

（三）法的空间效力

法的空间效力是指法律在哪些地域范围内发生效力。法律的空间效力是根据法律的制定主体不同来区分的。一般来讲，有三种情况：

1.全国性法律的空间效力

全国性法律的空间效力范围就是国家主权范围，包括陆地、水域及其底土和上空，还包括延伸意义上的领土，即驻外使馆和在领域外的本国交通工具，如本国船舶、本国飞机等。

2.地区性法规的空间效力

地方性法规、民族区域自治条例等，只适用于其特定地区，即在所辖区域内具有法律效力。

3.特殊情况下的空间效力

在特殊情况下，某些法律不但在国内具有效力，在本国境外也有效力，如刑法中关于伪造货币罪、故意泄露国家秘密罪等规定，不仅适用于在中国境内的犯罪，也适用于在中国境外发生的针对中国的犯罪。

六、法的作用

法的作用与法的本质和目的紧密联系，是法的本质和目的的外在和现实表现，法的作用一般表现为法的规范作用和法的社会作用。

（一）法的规范作用

法的规范作用是指法作为行为规则直接对人们的行为所发生的影响。根据法的规范作用的对象和方式，法的规范作用分为以下几种：

1.指引作用

指引作用分为个别指引和一般指引。个别指引是针对具体的人和情况所进行的有较强针对性的具体的指引。一般指引是针对一般人和一般情况所作的抽象的，具有概括性、规范性的指引。法的指引作用属于规范性指引、一般指引。与个别指引相比，法的一般指引作用具有稳定性、连续性和高效率的特点。

2.评价作用

法的评价作用是指法作为一种行为规范，具有作为评价他人行为合法性标准的作用。评价作用的对象是他人的行为，作为一种评价标准，法不仅评价人们的行为是否合法，而且评价其违法的程度。法的评价具有明确、具体的特点。

3.教育作用

法的教育作用体现在通过法律的实施，对特定人和一般人今后的行为发生积极的影响。法的教育作用的对象是特定人和一般人今后的行为，是通过法的实施这一特定形式对人们的行为发生影响，对合法行为给予肯定和奖励，从而对人们起示范教育作用；通过对违法行为的制裁，对人们起警诫或警示教育作用。

4.预测作用

法的预测作用是指人们依据法律可以预先估计到人们相互间将怎样行为。预测作用的对象是人们相互间的行为。当人们的行为与他人发生关系时，需要彼此预测对方的行为，了解他人的行为对自己的影响；预测自己的行为对他人的影响，以及可能导致的法律后果。法的预测作用来源于法的确定性、规范性和稳定性，有利于预防违法行为的发生，也有利于提高人们的法律意识。

5.强制作用

法的强制作用是指特定的国家机关能够依据法律制裁违法犯罪行为。法的强制作用的必要性和意义在于能够惩治违法犯罪行为，维护必要的法律秩序；能够警示、预防犯罪，增进人们的守法意识；能够维护法律的尊严，保证法律的实施。

法的规范作用的发挥，有赖于人们法律知识的积累和法律意识的增强。所以，宣传、普及法律知识，不断提高人们的法律意识，是充分发挥法的规范作用的必要前提和条件。

案例与思考

甲受到舍友乙的侮辱，便想趁乙半夜熟睡之际杀死乙，甲将此想法告诉了丙，丙听完甲的叙述后说，根据刑法的规定，这样会构成故意杀人罪，最高判处死刑。甲听后，遂放弃了杀人的想法。

问题与讨论

该事例说明法的哪些作用？

（二）法的社会作用

法的社会作用是指法为达到一定的社会目的或政治目的而对一定的社会关系产生的影响。法的社会作用包括政治作用和社会公共作用两个方面：

1.法的政治作用

法调整政治关系，包括不同的阶级利益集团之间的统治与被统治、管理与被管理之间的关系，以发挥维护统治秩序的作用。法的政治作用直接反映出不同国家和社会的法的不同政治目的和阶级性质。

2.法的社会公共作用

法的社会公共作用是指法在执行社会公共事务中表现出来的作用，主要包括组织和管理经济建设，推动教育科学和文化事业的发展，维护社会的正常生产与交易秩序，保护人类生存的环境和条件，等等。从表面上看，法执行社会公共职能并不必然具有政治属性和阶级性质，而是有利于所有社会成员的。但从本质上看，特别是从政治统治的角度来看，法只有在有效执行了社会公共职能之后，才能更充分发挥其政治统治作用。所以，即使是那些有效执行了社会公共职能的法律，最终也还是为一定的社会政治目的服务。

由此可见，法对国家、社会有着不可替代的作用。

（三）正确认识法律的作用

我们应当辩证地认识法律的作用，需要树立"两点论"：对法律的作用既不能夸大，也不能轻视；既要认识到法律不是无用的，又要认识到法律不是万能的；既要反对"法律无用论"，又要防止"法律万能论"。

1.法律作用的重要性

在法治社会中,法律作用是不容低估的,法律以其独特的方式对人类生活发生着重要的影响:首先,自从有了国家之后,法律在人类社会中扮演的角色越来越重要,逐渐代替了宗教、道德、习俗等社会规范在调整人们的行为和社会关系中原有的作用,成为最主要的社会调整规范。其次,法律是社会运动和发展的最重要的稳定和平衡的工具,它以其稳定性和可预测性为激变的社会生活确立相对稳固的规范基础。若没有法律,社会生活的变化将变得更无章可循。最后,法律具有其他社会规范所不具有的优点,例如它的国家强制性、权威性、公开性、程序性等,都不是其他社会规范可以取而代之的,若废法而弃之,则重建社会基本结构和秩序,不仅需要付出更大的成本,而且还可能产生难以预料的社会后果。重视法律的作用不仅是一个理论问题,而且更是所有的人(包括治国者和普通民众)均须重视的一个实践问题。特别在我们中国这样一个历史传统悠久和现实状况复杂的社会里,更应该强调法律在社会生活中的重要地位,充分发挥法律的作用,突出依法治国的必要性。

2.法律作用的有限性

但是,我们也应该清醒地认识到,法律有其固有的特点,并非无所不能,它也有其有限性。法律作用的有限性主要表现在以下几方面:

(1)法律仅涉及人的外部行为,而不能涉及人的思想。法律作用的范围不是无限的,而是有限的。

(2)法律是众多社会规范、社会调整手段中的一种。法律是调整社会关系的重要手段,但不是唯一的手段。

(3)法律自身特点而产生的有限性。第一,法律具有保守性,总体上落后于社会生活实际。第二,法律具有概括性,它不能在一切问题上都做到天衣无缝、缜密周延,也不能处处做到个别正义。第三,法律具有稳定性、普遍性,而社会生活却是具体的、多变的。第四,法律是强调程序的规范,缺乏对社会行为的及时应对和处理。法律救济程序启动的被动性导致的权利保障的限制。第五,冲突的利益不能两全,使法律不能保护所有利益。个人自由与社会利益冲突时,法律也有可能不能保护多数利益,可能牺牲较小的利益。

(4)人的因素的影响。荀子曾经说过:"法不能独立,类不能自行,得其人则存,失其人则亡。"人的认识水平会限制法律作用的发挥。法律是规范,不是规律本身,它总是体现着人的意志的。立法者、执法者的能力和素质也会影响法律作用的实现。

(5)法律作用的实际发挥,还有赖于其他社会因素的配合。经济发展、政治、文化、传统、教育等社会因素对法律作用的发挥有重要影响。

因此,在现实生活中,我们不能指望靠法律解决我们所有的问题,能够百分之百地实现我们的愿望。对法律寄予过高的期望,反而对法律的成长和发展是不利的。

第二节 物流法律制度和物流法律关系

一、物流法律制度的概念

物流法律制度是调整在物流活动的过程中产生和涉及的社会关系的法律规范的总称。物流活动环节多、涉及面广。从法律层面规范物流活动，是维护当事人合法权益，促进物流业发展的必然要求和必然结果。

从我国的情况来看，物流业的起步较晚，因此，有关物流法律制度的研究还处在起步阶段，缺乏系统化的研究。这种情况带来的直接后果就是物流法律法规建设的滞后。目前，我国没有形成真正意义上的物流法律部门，与物流活动相关的法律规范分散在其他的部门法中。我国的物流法律制度还只是一个基本的行业法律规范的有机集合。

二、物流法律制度的特征

（一）广泛性

物流法律制度的广泛性是指物流活动的各种要素、各个环节、各个方面均有相关的法律规范调整，而这些法律规范的法律渊源非常广泛，有法律、行政法规、部门条例和地方规章，还有国际公约、双边或多边条约和国际惯例。

物流活动包括节点和路线两大要素，包括采购、运输、装卸搬运、包装、仓储、配送、流通加工和信息处理等基本环节。物流活动过程的内容、主体、参与者的形式多种多样，如物流活动的主体会有不同行业、不同部门的人（自然人、法人和非法人组织）。他们在物流活动中的身份不同，有采购商、批发商、承运商、仓储配送的经营商、包装加工的承揽商、信息服务商，等等。他们彼此之间在物流活动中形成多种物流关系。因而调整物流关系的法律规范非常广泛，既包括调整社会经济活动的一般法律规范，也包括行业规范和惯例。

（二）技术性

物流法律制度的技术性是指调整物流活动的法律规范具有明显的技术含量，表现为物流法律规范中普遍使用的物流活动的专业术语、技术标准、设备标准和操作规程等，因而具有较强的技术性。

物流法律制度的技术性是由物流活动本身的技术决定的。现代物流活动的运行过程离不开现代技术，尤其是现代信息技术，需要利用现代管理技术进行有效的管理。所以，物流活动的各个环节、各种功能自始至终体现着技术含量。

（三）多样性

物流法律制度的多样性是指物流法律的渊源（形式）的多样性。

物流法律法规在形式上表现为法律、行政法规、地方性法规、行政规章等，既有国家最高权力机关制定的宪法、基本法律和基本法律以外的法律，也有各级地方权力机关制定的地方法规；既有中央政府、最高行政机关——国务院制定的行政法规以及各主管部门制定的规章，也有各级地方行政机关——各级地方政府制定的地方规章；还有相关的技术标准、技术法规和行业惯例等。

此外，国际物流活动要受到国际条约或国际惯例的制约，还要受所涉及国家的国内法的制约。

（四）综合性

现代物流是由多个环节构成的，是由多种要素、多种功能组合起来的综合性经济活动，贯穿于生产、流通、消费的整个过程。它还包括物品回收和废弃物处理活动，涉及采购、运输、仓储、装卸搬运、包装、配送、流通加工和信息处理等诸多环节。物流法律法规对所有这些环节活动产生的关系进行调整，因此物流法律制度又具有综合性的特点。

三、物流法律关系

（一）物流法律关系的概念

物流法律关系是指物流法律规范在调整物流活动的过程中所形成的权利和义务关系，包括物流法律关系主体、物流法律关系客体和物流法律关系内容三大要素。

（二）法律关系的构成要素及在物流活动中的体现

1.法律关系的主体

法律关系的主体是指法律关系中权利的享有者和义务的承担者。其中，在法律关系中享有权利的一方是权利主体，承担义务的一方是义务主体。

法律关系的主体包括：

1）自然人

自然人是指基于自然规律出生的人。自然人包括本国公民、外国公民和无国籍人。自然人具有民事主体资格，可以成为物流法律关系的主体。由于物流活动是经济活动，法律对一些物流行业的主体资格有特殊规定，自然人成为物流服务活动的提供者要受到很大限制。自然人具备民事权利能力和民事行为能力。

自然人的民事权利能力，是指自然人依法享有民事权利和承担民事义务的资格。任何人因其出生而当然地取得权利能力。自然人的民事行为能力，是指自然人能够以自己的行为独立参加民事法律关系，行使民事权利和设定民事义务的资格。此制度设立的目的是保护未获成熟理智者的利益以及普遍的交易安全。

2）法人

法人是指依法成立的，具有民事权利能力和民事行为能力，依法独立享有民事权利和承担民事义务的组织。

法人是独立的组织，有独立的财产，独立承担责任。法人从成立时即具有完全行为能力。我国《民法典》规定了法人的类型、成立条件、法人机关、法定代表人及其责任、法人的变更、终止与清算等内容。

依据不同的标准，法人可以分为公法人与私法人、社团法人与财团法人、公益法人和营利法人等。《民法典》将法人分为营利法人、非营利法人和特别法人。以取得利润并分配给股东等出资人为目的成立的法人，为营利法人。为公益目的或者其他非营利目的成立，不向出资人、设立人或者会员分配所取得利润的法人，为非营利法人。特别法人则包括机关法人、农村集体经济组织法人、城镇农村的合作经济组织法人、基层群众性自治组织法人。

一般认为，法人的设立原则包括：自由设立原则、特许主义原则、许可主义原则和准则主义原则四种类型。自由设立原则是指法人的设立完全取决于当事人之间的自由意志，国家不得任意干涉；特许主义原则是指，法人的设立并非由于当事人之间的合意而产生，其需要经过国家特许命令方可成立，如英属东印度公司便是例证；许可主义原则是指行政机关对法人的设立采取实质审查，须经行政机关许可后，法人方可成立；准则主义原则是申请人向登记机关提出申请，登记机关对申请材料进行形式审查，只要符合法人设立的条件，即可设立法人。

营利法人一般采取准则主义。《民法典》第七十七条规定："营利法人经依法登记成立。"《公司法》第六条规定："设立公司，应当依法向公司登记机关申请设立登记。符合本法规定的设立条件的，由公司登记机关分别登记为有限责任公司或者股份有限公司；不符合本法规定的设立条件的，不得登记为有限责任公司或者股份有限公司。"

非营利法人的设立采取许可主义原则。具备法人条件的事业单位、社会团体，依法不需要办理法人登记的，从成立之日起，具有法人资格；依法需要办理法人登记的，经核准登记，取得法人资格（《民法典》第八十八、九十条）。具备法人条件的基金会、社会服务机构、宗教场所等，经依法登记成立，取得法人资格（《民法总则》第九十二条）。特别法人中的机关法人被国家赋予特定的权利，故不允许自由创设，一般采取特许主义原则。农村集体经济组织法人、城镇农村的合作经济组织法人以及基层群众性自治组织法人，依据法律而设立，也不允许自由创设，采取的也是特许主义原则。

法人的成立包括实质要件和形式要件两方面：①法人成立的实质要件。我国《民法典》第五十八条规定了法人成立应当具备的条件，即依法成立；有自己的名称、组织机构、住所、财产或者经费；此外，设立法人，法律、行政法规规定须经有关机关批准的，依照其规定。此外，独立承担民事责任实际上是法人的特征，而不是法人成立的实质条件。②法人成立的形式要件。在具备法人的实质要件后，要取得法人资格，部分事业单位与大多数社会团体必须得到主管部门的核准并登记。在我国，法人的成立登记一般要经过申请、审查、登记发证和公告的步骤。

3）非法人组织

非法人组织，是指不具有法人资格，但是能够依法以自己的名义从事民事活动的组织。非法人组织主要包括个人独资企业、合伙企业、不具有法人资格的专业服务机构等（《民法典》第一百零二条）。其中，尤其以合伙企业最具有代表性；合伙是指两个或两个以上的人（自然人或法人）为了共同的经济目的，自愿签订合同，共同出资、经营，共负盈亏和风险，对外负无限连带责任的联合体。

非法人组织必须符合相应的规定，取得一定的经营资质，才能从事物流业务。

2. 法律关系的客体

法律关系的客体是指法律关系主体享有的权利和承担的义务所共同指向的对象。

物流活动的多样性决定了物流法律关系客体的多样性。可以成为物流法律关系客体的，通常是物、行为和智力成果。例如：运输合同中运输公司的运送货物的行为。

3.物流法律关系的内容

物流法律关系的内容是指物流法律关系主体在物流活动中享有的权利和承担的义务。

物流法律关系主体的权利，是指权利主体在物流活动中可以依据法律的强制力或合同的约束力，在法律规定的范围内自己为一定行为或不为一定行为，以及要求义务主体为一定行为或不为一定行为，以实现自己的权利的可能性。

物流法律关系主体的义务，是指义务主体在物流活动中，依照法律规定或合同约定必须为或不为一定行为，以协助或不妨碍权利主体实现其利益的责任。

（三）物流法律关系的发生、变更

1.物流法律关系的发生

物流法律关系的发生是指，因某种物流法律事实的存在而在物流法律关系主体之间形成某种权利和义务关系。

物流法律事实，是指由法律所规定的能够引起物流法律关系发生、变更和消灭的客观现象，包括物流法律行为和物流法律事件两大类。

2.物流法律关系的变更

物流法律关系的变更是指因某种物流法律事实的出现而使物流主体之间已经存在的物流法律关系发生改变。物流法律关系变更的结果，往往是使已经存在的物流法律关系的主体、客体或内容发生某种变化。例如运输过程中遭遇严重的交通事故，使交货的时间推迟或货物损坏，致使原合同无法全面履行。

第三节 物流法律制度的作用和地位

物流法律制度的地位是指物流法律制度在一个国家的整个法律体系中所处的位置，以及物流法律制度与其他法的关系。

物流法律制度的地位是由其所发挥的作用决定的。

一、物流法律制度的作用

物流法律制度的作用可以归纳为以下三个方面：

（一）保护物流活动当事人的合法权益

保护当事人合法权益是法律的基本目的。良好的物流法律环境是物流活动正常有序进行的基础，尤其是完善的物流合同法律制度，对保护物流活动当事人的合法权益至关重要。完善的、相对统一的物流法律制度，可以确定物流活动当事人的权利义务，公正地解决物流活动中的纠纷，保证受害人得到法律救济，有效地保护当事人的合法权益。

（二）规范物流行为

物流活动内容广泛，涉及方面众多，需要一个良好的物流市场环境。这就需要从法律层面上规范各种物流行为，建设和维护良好的物流秩序。

1.对物品流通的规范

物品的流通要受法律的制约，并非所有的物品都可以自由流通，有的物品可以自由流通，有的物品被限制流通，有的物品被禁止流通；有的物品可以在国内流通但不能在国外流通。总之，物品的运输、仓储、装卸搬运、流通加工等活动必须在法律允许的可流通的范围内进行。

2.对运输行为的规范

运输是物流活动的重要环节，是通过使用各种运输工具完成的。运输工具作为物品的运输载体，其正常运行对保证物品的顺利运送至关重要。由于运输工具、运输线路、运输环境具有复杂性，法律法规对运输工具的使用作出了严格的规范。

3.对货主和承运人行为的规范

货主和承运人是运输活动的主体，其行为必须受到法律法规的规制。一方面，其行为要受到运输法规的制约；另一方面，还要受到他们依法签订的合同的约束。

4.对货物、运输工具进出口岸的规范

货物、运输工具通过口岸进出国境是国际物流的基本环节。对货物、运输工具进出口岸的监管既是一国主权的体现，也是法律对国际物流进行规制的重要内容之一，是维护国际物流正常秩序的需要。

5.对其他物流环节的规范

储存、装卸搬运、包装、流通加工、配送和物流信息处理等环节同样需要法律法规的规范。对物流活动各个环节行为的规制，从根本上保证了物流活动正常进行及良好的物流秩序，从而保护了物流活动当事人的合法权益。

（三）促进物流业的健康发展

物流对社会经济发展具有重要作用。随着我国改革开放进程的加快，市场经济体制的不断完善，现代物流的理念不断深入人心，物流业有了长足的发展。但是，在社会经济的许多领域里，由于目前的法律体系不健全、制度建设相对滞后、执法力度不够以及市场不成熟等原因，还没有完全形成良好的经济秩序。物流业的发展同样存在法律法规有待进一步健全的问题。

随着物流业的发展，我国开始清理、修改完善与物流相关的法律法规，废止了一些与物流发展不相适应的旧的规章制度，修改了一些法律条文，出台了一些新的法律法规。这些法律法规在很大程度上促进了我国物流业的发展。

二、物流法律制度的地位

物流法律制度在我国的法律体系中居于重要地位。

尽管我国还没有形成独立的物流法律部门,但是现有的关于调整物流活动的法律规范众多,法律渊源多样,而且还有许多专门的单行的法律文件。这些构成了我国物流法律制度的基本框架,对物流业的发展起着重要作用。随着我国社会主义法治建设的深入发展,一个具有中国特色的物流法律部门必将出现。

第四节　我国物流法律制度的现状及其发展趋势

一、我国物流法律制度的现状

我国现行的调整物流活动的法律规范有的包含在其他法律法规中,也有独立的单行法律文件。这些规范涉及物流活动的各个环节,有法律、行政法规、部门规章、地方规章等。

(一)调整物流主体的法律规范

调整物流主体的法律规范众多,主要有:《公司法》《个人独资企业法》《合伙企业法》《外商投资法》《国际海运条例》等。

(二)调整物流活动环节的法律规范

《民法典》是广泛适用于物流活动各环节的最主要的法律。另外,还有许多适用于某一物流环节的法律规范:

1.与供应物流、销售物流相关的法律规范

法律层面主要有《民法典》《产品质量法》《对外贸易法》《进出口商品检验法》等。法规层面主要有《货物进出口管理条例》《出口货物原产地规则》《出口许可证管理规定》《货物进口许可证管理办法》《出口商品配额管理办法》《货物自动进口许可管理办法》《货物进口指定经营管理办法》《机电产品进口管理办法》《机电产品进口配额管理实施细则》《特定机电产品进口管理实施细则》《机电产品自动进口许可管理实施细则》《纺织品被动配额管理办法》等。

相关的国际条约主要有《联合国国际货物销售合同公约》。重要的国际惯例有《国际贸易术语解释通则》《跟单信用证统一惯例》等。

2.与包装、仓储、流通加工相关的法律规范

涉及包装、仓储、流通加工方面的单独的法律、法规、公约等不多,主要以贸易、运输方面涉及的相应规定为基础。

包装方面:主要是按现有的相关标准的要求进行作业和检验。

仓储方面:我国的《民法典》分编有专门的规定,还有国家标准、国务院及有关主管部门制定的规范性文件,如包装国家标准中的第十二部分,GB/T 9174—2008中一般货物运输包装通用技术条件的规定,GB 12463—2009中危险货物运输包装通用技术条件的规定,GB

190—2009危险货物包装标志，《危险化学品安全管理条例》等。

流通加工方面主要有《民法典》中承揽合同的规定。

仓储方面的主要规范有：《民法典》中的租赁合同、保管合同以及仓储合同的相关规定。

此外，涉及包装、仓储、流通加工的法律、法规、标准、公约主要还有：《海商法》《铁路法》《航空法》《水路危险货物运输规则》《危险化学品管理条例》《一般货物运输包装通用技术条件》《危险货物运输包装通用技术条件》《危险货物包装标志》《包装储运图示标志》《联合国国际货物销售合同公约》《国际贸易术语解释通则》《国际海运危险货物规则》等。

3.与装卸搬运相关的法律规范

与装卸搬运相关的独立的法律规范也很少，多是与运输、仓储等适用的法律、法规相关，如《民法典》《海商法》《铁路法》《航空法》等。

此外，较具有针对性的法规、标准或公约有《铁路装卸作业安全技术管理规则》《铁路装卸作业标准》《国际贸易运输港站经营人赔偿责任公约》《集装箱汽车运输规则》《国内水路集装箱货物运输规则》等。

4.与运输相关的法律规范

这方面的法律、法规比较健全，体系也较庞大。

（1）涉及公路运输方面的法律规范主要有：《公路法》《公路管理条例》《汽车危险货物运输规则》等。

（2）涉及航空运输方面的法律规范主要有：《航空法》《民用航空货物国内运输规则》《民用航空货物国际运输规则》等。

（3）涉及铁路运输方面的法律规范主要有：《铁路法》《铁路合同管理办法》《货物运输管理规则》等。

（4）涉及水路运输方面的法律规范主要有：《海商法》《国际海运条例》及其《实施细则》，《水运危险货物运输规则》《国际货运代理业管理规定》及其《实施细则》，《国内水路集装箱货物运输规则》等。

（5）涉及多式联运方面的法律规范主要有《国际集装箱多式联运管理规则》。

相关的国际公约主要有《海牙规则》《维斯比规则》《汉堡规则》《铁路货物运输国际公约》《国际公路运输合同公约》《华沙公约》《海牙议定书》等。

5.与报关、检验检疫相关的法律规范

相关的法律有：《海关法》《环境卫生检疫法》《食品安全法》《进出境动植物检疫法》《进出口商品检验法》。

法规方面主要有：《海关法行政处罚实施细则》《进出口关税条例》《海关稽查条例》《保税区海关监管办法》《海关关于转关运输货物监管办法》《海关对暂时进口货物监管办法》《关于大型高新技术企业适用便捷通关措施的审批规定》《国境卫生检疫法实施细则》《进出境动植物检疫法实施细则》《进出境集装箱检验检疫管理办法》《商品检验法实施条例》《出口食品卫生管理办法》等

有关的国际公约有：《国际卫生条例》《商品名称及编码协调制度的公约》《关于货物

暂准进口的 ATA 单证册海关公约》《伊斯坦布尔公约》《关于货物实行国际转运或过境运输的海关公约》《国际公路车辆运输规则》《1972 年集装箱关务公约》《关于简化和协调海关业务制度的国际公约》及其《附约》，《关于设立海关合作理事会的公约》等。

（三）调整物流活动争议的程序性规范

关于调整物流活动争议的程序性规范主要有《民事诉讼法》《仲裁法》《海事诉讼特别程序法》，以及最高法院相关的司法解释。另外，部分国际公约和国际惯例、国际标准等也可以作为解决争议的程序性规范。

二、我国物流法律制度发展的趋势

（一）我国物流法律制度的缺陷

随着现代物流理念和管理理论在我国的日渐普及，随着我国经济持续、快速的发展，物流业进入了高速发展的时期。但是，我国物流业发展的进程并不是一帆风顺的，制约我国物流业更快发展的重要原因之一就是缺乏完善的物流法律制度对物流活动的规制和引导。

现代物流业的持续发展必须以良好的法律制度环境为依托和动力。市场经济是法治经济，离开相对完善的法律制度，任何行业或产业都不可能得到健康、持续的发展，物流业也不例外。特别是在物流业进行结构性的升级换代的过程中，良好的物流法律制度环境尤为重要。只有健全物流法律制度，同时配合市场机制的正常发挥，现代物流业才能健康、持续地发展。

在物流业相对发达的国家，政府普遍对物流产业发展的政策指引、合理规划和法规建设给予高度重视。目前，日本物流部门运用仓储法、物流中心法、物流综合效率法、货物运输法等四部法律，覆盖了货物流通过程中的仓库保管、物流中心、运输、倒装转运、流通加工等环节。美国、德国、英国、荷兰、比利时等国家也非常重视物流法律制度的建设，都通过适时制定符合各自国情的物流产业政策和法律制度，对物流产业进行合理规划、积极引导、严格规范，从而使本国的物流业得以健康、快速地发展。

我国现行调整物流活动的法律法规涉及采购、运输、仓储、包装、配送、装卸搬运、流通加工和信息处理等各个环节，涉及法律、法规、部门规章等不同的层次，但从法律体系化角度考察，现行的物流法律法规存在着严重的缺陷。

1.层次较低

我国直接具有操作性的法规多由各部委、各地方制定颁布，规范性不强，一般缺乏法律责任的制约作用。由于大多以"办法""条例""通知"等形式存在，在具体运用中缺乏普遍适用性，多数只适合作为物流主体进行物流活动的参照性依据，不利于从宏观上引导物流业的发展，也缺乏对物流主体行为的必要制约。

2.缺乏系统性和专门性

目前，我国实施的物流方面的法律法规以及与物流有关的法律法规，在行业管理和内容上都比较分散，并在形式上散见于各类民事、行政法律法规以及各部门分别制定的有关规则和管理办法上，形成多头而分散的局面，缺乏物流行业系统专门的法律规定。这些立法涉及众多部门，如交通、铁道、航空、内贸、外贸、工商等，而这些部门在制定相关规则时不能够做到协调一致，导致法律法规缺乏统一性，甚至存在冲突。

3.立法滞后

我国现行的相关物流方面的法律法规，有许多是在过去计划经济体制或从计划经济向市场经济体制过渡的社会经济环境下制定并被沿用下来的。在物流业存在和发展所依托的经济体制、管理体制、市场环境等都已经发生根本性变化的今天，这些法律法规已经不适应现代物流业的发展，更不能适应我国物流国际化发展的需要，这将阻碍物流业的快速发展。

4.存在立法空白

随着我国经济持续、快速发展，物流业也得到了充分发展。现代物流的含义与业务已经远远超出了传统物流活动主要是运输仓储的狭小范围。对现代物流带来的新业务、新问题，原有的物流法律规范均没有对其进行规范。譬如，物流标准化问题，我国目前只是颁布了《国家物流术语标准化规定》，对于物流计量标准、技术标准、数据传输标准、物流设施和装备标准、物流作业和服务标准等都还没有制定法定标准。

5.与物流系统化要求不相适应

随着物流产品、物流技术、物流服务方式的不断创新，新型物流行为客体不断涌现，单行法之间泾渭分明、条块分割的传统界限已被突破，交叉综合保护日益重要。应当使物流法律体系化，要使现行的和未来的物流法律规范构成一个有机的内在和谐统一的整体，这是我国现代物流业持续、健康发展的必然选择。

（二）构建现代物流法律体系

构建相对独立的法律体系是现代物流业发展的必然趋势。在对现代物流业的法律体系的构建中，首先应当考虑原有法律对现代物流行为的适用，对于原有法律不能适应现代物流业发展的，应当加以改造。

1.制定新的法律规范

现代物流法律体系应是本土化和国际化的内在融合。在制定新的物流法律规范时，一方面要与国际惯例、国际规范及国际标准相衔接，借鉴国际先进的物流法制经验；另一方面要从中国现代物流业发展的独特性出发，切实反映我国现代物流业的发展规律，进而保障我国经济利益。

2.清理、修改或扩张解释现有的物流法律规范

我国目前尚缺少基本层面的物流立法，主要法律规范表现为行政法规和规章以及地方性法规，而且其中有不少的规定已经不适应新的物流发展形势。因此，有关国家机关应当抓紧对这些规范进行清理。对于陈旧的且已经不能适应物流业新发展的法律规范应及时废止；对于相互重复或相互冲突的法律规范应及时进行整合，并应当尽快制定出新的层级较高的法律规范来代替。对于不能适应新形势的法律，应及时进行修改、完善。

3.加强地方物流立法

发展不平衡是我国经济发展的突出特点。这种不平衡导致不同地区物流发展的规模和水平存在较大差异。因此,在构建全国性物流法律制度体系的同时,各地区应根据自身的情况,在国家物流法律制度的框架内,制定符合本地物流发展需要的地方性物流法规和规章。

4. 提高物流法律制度的系统性

现代物流管理以系统化和综合化的理念,追求物流活动的整体效益。因此,在物流立法方面必须以系统化思想和现代物流管理理念为主导,建立高度系统化的物流法律制度。特别需要注意的是,在建立我国的物流法律制度的同时,要注意与国际通行规则相衔接,以适应经济全球化的要求。

主要发达国家物流法律制度及物流政策简介

▶ **日本**

日本早在1966年就制订了《流通业务城市街道整备法》,统筹规划大城市中心部位物资流通设施的合理布局。1997年制定了《综合物流施政大纲》,目的在于统一指导建立高效的市场竞争环境和必要的基础设施环境。2001年又制定了《新综合物流施政大纲》,拟加强国际竞争力;加强环保,构筑循环型社会;开发现代信息技术,发展物流业,满足国民的需求,与国民生活相和谐。目前日本政府正在修订、制定相关的法规,使大纲目标得到落实,努力构筑具有国际竞争力的物流市场。

进入20世纪90年代以来,日本政府对流通产业相关的法规进行清理,制定"物流二法"(《货物汽车运输事业法》和《货物运输代理事业法》);后面又有"物流三法"的说法,在"物流二法"的基础上增加了《铁路事业法》),从物流角度对物流事业引进了竞争机制,制定《物流效率化法》,从商业角度对现有的物流现状进行改革,形成有效的纵向的物流组织,把零散的小规模商业店组织起来,统一管理。这使自发形成又落后于时代的日本流通系统开始进入流通现代化发展阶段。

无论从物流业整体,还是从某个具体物流功能上看,日本的物流政策法规体系都很完备。以运输业为例,在水、陆、空运输,组织管理,基础设施建设,运输安全,争议的解决等方面都制定了法规,如:在行政组织方面有《运输省设置法》等;陆上交通方面有《铁路营业法》等;海上交通方面有《海上运输法》等;航空交通方面有的《航空法》等。随着社会的变革还在不断对其修订、充实,形成相互协调、配合统一的法律体系。

▶ **美国**

在物流发展目标上,美国主要依靠物流政策指导。在2005年的《国家运输科技发展战略》中,规定交通产业的总目标是:建立安全、高效、充足和可靠的运输系统。其范围是国际性的,形式是综合性的,特点是智能性的,性质是环境友善的。

20世纪80年代,美国通过了《汽车承运人规章制度改革和现代化法案》以及《斯泰格斯铁路法》。这些法规的出台逐步放宽了对公路、铁路、航空、航海等运输市场的管制,取消了运输公司对市场准入的审批与限制。90年代美国又相继通过了《协议费率法》《机场航空通道改善法》和《卡车运输行业规章制度改革法案》。这些制度的实施,减少了联邦法案的约束,推动了运输业更接近"自由市场的体系"。

美国政府对物流市场放松管制,并不是撒手不管,而是将重点从经济职能管理转向生产安全管理。20世纪70年代以来,先后通过了《运输安全法》《清洁空气法》等,以尽量减少物流发展对自然环境和生产、生活安全构成的威胁。

来源：尚建珊，李爱华.外国物流法律制度借鉴[J].中国物流与采购，2007（18）.

第五节 物流法律责任

一、物流法律责任的概念

法律责任是指违法者对违法行为所应承担的具有强制性的法律上的责任。在物流活动中，物流法律责任是指物流法律规定的、物流法律关系主体由于违法行为、违约行为或者由于法律规定而应承担的法律后果。

二、物流法律责任的形式

根据引起责任行为的性质不同，可以将物流法律责任分为：民事责任、行政责任和刑事责任。

（一）民事责任

民事责任是法律关系主体由于民事违法、违约行为或根据法律规定所应承担的民事法律后果。民事责任主要包括违反合同的法律责任和侵权的民事责任。

违反合同的法律责任是指合同当事人不履行合同义务或者履行合同义务不符合法律规定所应当承担的民事法律责任，主要的责任形式有继续履行合同义务、采取补救措施、支付违约金、赔偿损失、定金处罚等。

侵权的民事责任是指行为人不法侵害他人的人身权利和财产权利，依法应当承担的民事法律责任，其责任形式有停止侵害、排除妨碍、消除危险、返还财产、恢复原状、消除影响、恢复名誉、赔礼道歉、赔偿损失等。

（二）行政责任

行政责任是指物流法律关系主体违反行政法规定而应承担的行政法律后果，包括行政处罚和行政处分。行政处罚的主要形式有罚款、责令停产停业、没收违法所得、暂扣或者吊销许可证、暂扣或者吊销执照等。行政处分包括警告、记过、记大过、降级、撤职、开除等。

（三）刑事责任

刑事责任是物流法律关系主体违反刑事法律规范应当承担的刑事法律后果，包括主刑和附加刑两大类。主刑有管制、拘役、有期徒刑、无期徒刑、死刑；附加刑有罚金、剥夺政治权利、没收财产。

小结

本章从正式学习物流法律制度之前必备的基本法律知识入手，引入了法的基本概念和特征、法的渊源、法的效力及作用，并进一步介绍了物流法律制度的内容和特点，分析了物流法律关系的主体、客体和内容，以及物流法律关系的发生、变更和终止，总结了物流法律制度促进物流业发展的作用及其地位，探讨了我国物流法律制度的现状及其发展，并阐述了法律责任的一般原理，为后续各章物流法律法规的学习提供基本知识方面的基础。

案例分析与思考

【案件基本信息】

马戏团运输动物二审改判无罪案。

【案情介绍】

2016年5月末至7月末，李荣某、李瑞某两人为了使其共同经营的马戏团更加盈利，在明知其没有办理运输野生动物的相关手续的情况下，使用货车将老虎、狮子、熊、猴子等动物从安徽省宿州市途经河北省沧州市、辽宁省大连市等地，运输至沈阳市某区某镇某屯。2016年7月28日两人被公安机关抓捕归案，公安机关同时扣押货车1辆、老虎1只、狮子3只、熊1只、猴子1只。经国家林业局野生动植物检测中心鉴定，二被告人运输的虎被列为我国《国家重点保护野生动物名录》一级保护野生动物，狮被列为《濒危野生动植物种国际贸易公约》附录Ⅰ或Ⅱ（2016），猕猴和熊被列为我国《国家重点保护野生动物名录》二级保护野生动物。

检察院提起公诉，一审法院认为，被告人李荣某、李瑞某非法运输国家重点保护的珍贵、濒危野生动物，情节特别严重，其行为已构成非法运输珍贵、濒危野生动物罪，一审分别判处被告人李荣某和李瑞某有期徒刑十年与八年。

李荣某、李瑞某不服一审判决提出上诉，主要上诉理由是：二人运输的野生动物均有合法的驯养繁殖许可证，某某马戏团具有合法经营资质，运输动物是为了进行马戏表演，没有对动物造成任何伤害，只是没有及时办理运输手续，故二人行为不构成犯罪。

二审期间生效施行的修订后的《中华人民共和国野生动物保护法》第三十三条取消了原法第二十三条有关"运输、携带国家重点保护野生动物或者其产品出县境的，必须经省、自治区、直辖市政府野生动物行政主管部门或者其授权的单位批准"的规定。

【案情焦点】

（1）案件审理期间新法的溯及力对案件审理如何判断。

（2）非法运输珍贵、濒危野生动物罪如何界定其"非法性"。

【法院裁判要旨】

二审法院经审理认为，原判认定上诉人（原审被告人）李荣某、李瑞某共同经营的东光县某某马戏杂技艺术团在未办理相关运输许可手续的情况下，运输珍贵、濒危野生动物用于马戏表演的事实清楚，但依照二审期间生效施行的修订后的《中华人民共和国野生动物保护法》的相关规定，运输、携带国家重点保护的野生动物及其制品出县境的，已无需经政府行政主管部门的批准，故二上诉人运输具有合法驯养繁殖许可的野生动物的行为不再具有刑事违法性，最终二审判决撤销原判并依法改判李荣某、李瑞某无罪。

【法官后语】

根据刑法第三百四十一条之规定，非法运输珍贵、濒危野生动物罪是指故意非法运输国家重点保护的珍贵、濒危野生动物的行为，那么本罪的重点就在界定运输行为的"非法性"上面。由于刑法本身不可能面面俱到规定何种行为或者何种对象属于非法运输珍贵动物的情形，故要做出非法与否的判断只能够依据规范保护珍贵、濒危野生动物的相关规定。我国的《中华人民共和国野生动物保护法》对此相关内容做出了界定，因而其可以成为界定运输行为是否合法的直接依据，进而可以判断出某运输行为是否符合刑法关于非法运输珍贵、濒危野生动物罪规定的构成要件。

所谓法律的溯及力（也称溯及既往的效力），其所解决的问题是在法律生效后，对它生效前未经审判或判决未确定的行为是否具有追溯适用效力？如果具有适用效力，就是有溯及力；否则就是没有溯及力。各国刑法关于溯及力的规定不完全相同，有的采取从旧原则，即一概适用行为时的法律（行为时法主义）；有的采取从新原则，即一概适用裁判时的法律（裁判时法主义）；有的采取从轻原则，即一概适用对行为人有利的法律；有的采取从新兼从轻原则，即原则上适用裁判时的新法，但旧法对行为人有利时适用旧法；有的采取从旧兼从轻原则，即原则上适用行为时的旧法，但新法对行为人有利时适用新法。

本案根据一审宣判当时的《中华人民共和国野生动物保护法》第二十三条规定"运输、携带国家重点保护野生动物或者其产品出县境的，必须经省、自治区、直辖市政府野生动物行政主管部门或者其授权的单位批准"，因而李荣某、李瑞某两人在明知其没有办理运输野生动物的相关手续的情况下，使用货车运输老虎、狮子等珍贵、濒危野生动物的行为当属于刑法第三百四十一条规定的"非法运输"行为，则一审法院据此做出认定二人构成非法运输珍贵、濒危野生动物罪的判决无误。

本案的关键在于，在二审期间，《中华人民共和国野生动物保护法》作出了修订并生效，删除了上述旧的"必须经省、自治区、直辖市政府野生动物行政主管部门或者其授权的单位批准"的规定，因而按照修订后的法律，李荣某、李瑞某两人在明知其没有办理运输野生动物的相关手续的情况下，使用货车运输老虎、狮子等珍贵、濒危野生动物的行为便未违反野生动物保护法，也就自然不再属于刑法第三百四十一条规定的"非法运输"行为。二审之所以做出无罪的改判根本原因就在于此。我国刑法第十二条关于溯及力的规定采取的是从旧兼从轻原则，关于其他法律的适用虽未有明确规定，但是从保障被告人权益的角度，同样适用从旧兼从轻原则是正确的。

关于法律的溯及力问题，不同的国家或者在不同的历史时期采用的原则是不尽相同的，但在近现代，从保护公民的权利和自由的角度出发，从维护社会关系的角度出发，法不溯及既往的原则已成为大多数国家所采用的一个原则，甚至有的国家把法不溯及既往作为一个宪法原则规定下来。例如，《美国宪法》第一条第九款规定了"追溯既往的法律不得通过之"。在刑事立法方面，英国及美国数州也均采用法不溯及既往的原则。各国之所以一般坚持"法不溯及既往"的立场，是由于法的效力是一种向后生效的约束力，而法溯及既往的规定，乃是将已经发生的事实向前重新适用此项规定，这显然与法的生效时间相互矛盾。

当然，任何原则都是相对的，都可能有例外，法不溯及既往原则亦如此。当今，绝大多数国家都有条件地否定法不溯及既往原则，采用"从旧兼从轻"的原则，如果法律授予利益时，不论法律属于何种类别，都可以溯及既往。由此来看，本案中二审法院根据审理期间最新生效的野生动物保护法的相关规定改判两人无罪是结果正确并且于法有据的。

最后，认定本罪时需要特别注意行为是否侵害或者威胁了珍贵、濒危野生动物资源，而不能形式化地认定本罪。例如，动物园管理者未经林业主管部门批准，将发情的老虎送往外地交配的，不应更不能认定为非法运输珍贵、濒危野生动物罪。

> **课后习题**

（1）法的概念及其最基本的属性包括哪些？
（2）法的特征包括哪些？
（3）法的渊源包括哪些？
（4）如何理解法的效力？
（5）简述物流法律制度的特征。
（6）简述我国物流法律制度的法律渊源。
（7）简述物流法律关系的概念及构成要素。
（8）如何理解物流法律制度的作用？
（9）我国物流法律制度发展的趋势是怎样的？

第二章

物流企业相关法律制度

学习目标

【掌　握】

（1）掌握企业的概念和特征。
（2）掌握物流企业设立的条件。
（3）掌握公司的概念、分类，公司与企业的区别。
（4）掌握有限责任公司的概念、资合公司与人合公司双重特点。
（5）掌握国有独资公司、股份有限公司的概念。
（6）掌握公积金的概念。
（7）掌握合伙企业的概念。

【理　解】

（1）理解物流企业的概念及其区别于其他各类企业的主要特征。
（2）理解企业的设立原则。
（3）理解有限责任公司的设立条件、程序、组织机构。
（4）理解股份有限公司的设立条件、程序、组织机构。
（5）理解个人独资企业的概念、设立、解散与清算。
（6）理解特殊的普通合伙企业、有限合伙企业的概念。

【了　解】

（1）了解物流企业的分类。
（2）了解物流企业市场准入制度与相关法律规定。
（3）了解物流企业设立登记机关及程序、变更、终止。
（4）了解有限责任公司股权转让要求。
（5）了解股份有限公司股份的发行与转让要求。
（6）了解董事、监事、高级管理人员的任职资格、义务与责任。
（7）了解公司的变更、增资、减资、解散和清算。
（8）了解普通合伙企业的设立、事务执行、入伙、退伙。

第一节 物流企业相关法律制度概述

一、物流企业概述

(一) 企业概念与特征

企业是指依法成立的,以营利为目的,利用各种生产要素,从事商品生产、经营或提供服务的自主经营、自负盈亏、独立核算的经济组织。企业是市场经济的基本单位,是我国主要的市场主体,主要具有以下特征:

1.企业必须依法设立

企业应当依照法律、法规规定的条件和程序设立,向有关国家机关依法办理工商登记,取得相应的民事权利能力和民事行为能力。

2.企业以营利为目的

企业将各种生产要素结合起来,是为了从事一定的生产经营活动,包括商品生产、商品流通和社会服务性经营活动,目的在于营利,这是企业同国家机关、事业单位和社会团体的区别。

3.企业实行自主经营、自负盈亏、独立核算

企业有自己所有或经营管理的财产,能以自己的名义独立进行各种生产经营活动,独立承担法律责任。

4.企业有自己的组织机构

企业由其组织机构和有关高级管理人员对内管理企业、对外代表企业,企业为其行为承担责任。

(二) 物流企业概念与特征

据国家质量监督检验检疫总局、国家标准化管理委员会《物流企业分类与评估指标》的规定,物流企业是指从事物流基本功能范围内的物流业务设计及系统运作,具有与自身业务相适应的信息管理系统,实行独立核算、独立承担民事责任的经济组织。

物流企业区别于其他各类企业的主要特征是:从事商品流通经营活动;专业性较强;国家对特殊物流企业有市场准入制度;物流企业投资较大。

(三) 物流企业的分类

根据不同标准,物流企业主要有以下分类:

(1)按出资人所承担的责任不同,物流企业分为个人独资物流企业、合伙物流企业、物流公司。

(2)按投资主体的不同,物流企业分为内资投资物流企业、外商投资物流企业。

（3）按是否具备独立的法律人格，物流企业分为法人型物流企业、非法人型物流企业。

（4）按业务分工的不同，物流企业分为运输型物流企业、仓储型物流企业、综合服务型物流企业等。

二、物流企业市场准入制度与相关法律规定

（一）国内投资物流企业市场准入制度

1. 普通物流企业的市场准入条件

对从事货物代理、批发、仓储、一般道路运输等行业的普通物流企业，基本准入条件是：企业应当具备法人资格，只要在设立相应企业时有与拟经营的物流范围相应的固定的生产经营场所、必要的生产经营条件、与所提供物流服务相应的人员和技术等，就可以到企业登记机关申请登记。若设立公司形式的物流企业，还应满足《公司法》的相关规定。在我国设立道路运输物流企业时，还应符合行业管理的主要规定，如《道路运输条例》等。

2. 特殊物流企业的市场准入条件

特殊物流企业的设立须经相应主管部门审批后，才能到企业登记管理部申请登记。目前，国内大多数物流企业都必须经过行业主管部门的审批。如经营道路货物运输或货运站的要经县级道路运输管理部门审批；经营危险货物运输要经设区的市级道路运输管理部门审批；国内设立从事国际海上运输业务的物流企业，经营国际船舶运输业务要经交通运输部审批；设立从事空运销售代理业务、经营航空快递业务的物流企业要经民航行政主管部门、中国民航局、商务部审查批准，才能办理企业注册登记。

关系国计民生，涉及我国经济命脉的特殊物流企业，如铁路运输企业的设立、撤销、变更，必须经交通运输部审批；公共航空运输承运人要经中国民航局、民航地区管理局审批运行合格证。国家对此类企业市场准入的规定相当严格，国务院对设立这类企业实施行政审批设定行政许可。此外，设立国有物流企业要经政府或政府主管部门审批。设立物流股份有限公司和国有独资物流公司要经国务院授权的部门或省级人民政府审批，设立物流股份公司还要经国家证券监督管理部门批准。

（二）我国关于内资物流企业市场准入的相关法律规定

国内当前对内资物流企业的市场准入进行调整的法律法规，除《民法典》《公司法》外，还有相当一部分是行政法规和部门规章。

1. 我国关于内资物流企业市场准入的法律

1）《民法典》

《民法典》规定，法人是具有民事权利能力和民事行为能力，依法独立享有民事权利和承担民事义务的组织。《民法典》第五十八条规定，法人应当依法成立。法人应当有自己的名称、组织机构、住所、财产或者经费。法人成立的具体条件和程序，依照法律、行政法规的规定。设立法人，法律、行政法规规定须经有关机关批准的，依照其规定。法人以其全部财产独立承担民事责任。

非法人组织是不具有法人资格，但是能够依法以自己的名义从事民事活动的组织，包括

个人独资企业、合伙企业、不具有法人资格的专业服务机构等。非法人组织应当依照法律的规定登记，法律、行政法规规定须经有关机关批准的，依照其规定。

2）《公司法》

《公司法》调整的是在中华人民共和国境内设立的有限责任公司和股份有限公司，并且规定了这两类公司的设立条件。

3）《个人独资企业法》《合伙企业法》

《个人独资企业法》规范了个人独资企业的行为，规定了设立个人独资企业的条件。《合伙企业法》调整合伙企业经济关系，规定了设立合伙企业的基本要求。合伙企业包括普通合伙企业和有限合伙企业。

4）《全民所有制工业企业法》

该法对设立全民所有制工业企业的设立条件作了规定。全民所有制工业企业必须依照法律和国务院的规定，报请政府或政府主管部门批准，并经工商行政管理机关核准登记，取得营业执照，从而具有法人资格。

2. 我国关于物流企业市场准入的行政法规和部门规章

1）《道路运输条例》

国务院交通主管部门主管全国道路运输管理工作，县级以上地方人民政府交通主管部门负责组织领导本行政区域的道路运输管理工作，县级以上道路运输管理机构负责具体实施道路运输管理工作。

从事道路运输货运经营以及道路运输相关业务的企业应具备的条件是：有与其经营业务相适应并经检测合格的车辆；有符合该条例第二十二条规定条件的驾驶人员；有健全的安全生产管理制度。

该条例还对从事客货运的车辆所应具备的条件、申请从事危险货物运输经营的条件等都作了具体规定，对申请手续与审批机关有详细的说明。

2）《国内水路运输管理条例》

该条例对在始发港、挂靠港和目的港均在我国管辖的通航水域内从事经营性旅客运输和货物运输的行为进行规范。申请经营水路运输业务的企业和个人均需符合相应的条件。该条例第十一条规定，外国的企业、其他经济组织和个人不得经营水路运输业务，也不得以租用中国籍船舶或者舱位等方式变相经营水路运输业务。香港特别行政区、澳门特别行政区和台湾地区的企业、其他经济组织以及个人参照适用前款规定，国务院另有规定的除外。申请经营水路运输业务，应当向主管部门提交申请书和证明申请人符合条例规定条件的相关材料。主管部门定期向社会公布水路运输市场运力供需状况，并根据水路运输市场监测情况，决定在特定的旅客班轮运输和散装液体危险货物运输航线、水域暂停新增运力许可。

3）《水路运输服务业管理规定》

从事水路运输服务的企业必须依法取得中国企业法人资格，并经交通主管部门的批准，领取《水路运输服务许可证》后才能经营。"三资企业"经营水路运输服务业务的，也应经国务院交通主管部门批准。

设立水路运输服务企业的必备条件是：有稳定的水路运输客源、货源和船舶业务来源；有与经营范围相适应的组织机构和专业人员；有固定经营场所和必要的营业设施；有符合各业务要求的最低注册资本,经营船舶代理业务的最低注册资本为人民币20万元,经营客货运输代理业务的最低注册资本为人民币30万元,同时经营上两项业务的最低注册资本为人民币50万元。

4)《国际海运条例》及其实施细则

中国国际船舶运输经营者必须依法取得中国企业法人资格,应当按照该条例及实施细则的规定提出申请,并附送符合规定条件的相关材料。经国务院交通主管部门审核许可,取得《国际船舶运输经营许可证》后,方可经营国际船舶运输业务。

经营国际船舶运输业务,应当具备下列条件:取得企业法人资格;有与经营国际海上运输业务相适应的船舶,其中必须有中国籍船舶;投入运营的船舶符合国家规定的海上交通安全技术标准;有提单、客票或者多式联运单证;有具备国务院交通主管部门规定的从业资格的高级业务管理人员。

5)《定期国际航空运输管理规定》

申请国际航线经营许可的空运企业,应当具备以下条件:已按照《公共航空运输企业经营许可规定》申请增加了国际航班经营范围;具备与经营该国际航线相适应的民用航空器、人员和保险;航班计划和航权使用率符合规定;近两年公司责任原因运输航空事故征候率年平均值未连续超过同期行业水平;守法信用信息记录中没有严重违法行为记录;符合航班正常、服务质量管理的有关规定;符合法律、行政法规规定的其他条件。初次申请国际航线经营许可的,还应具有与经营国际航班相适应的专业技术人员和主要管理人员、相应的经营国际航班的管理制度。

申请国际航线经营许可的空运企业(以下简称申请人),应当向民航局提交书面申请以及规定的材料,初次申请国际航线经营许可的,还应当提供与经营国际航班相适应的专业技术人员和主要管理人员情况、有关管理制度等证明材料。民航局应当自受理申请之日起20日内作出批准或者不予批准的书面决定。申请人取得国际航线经营许可后,应当于国际航线经营许可颁发之日起1年内开通航线,并自开航之日起连续正常运营不少于3个月。

6)《中国民用航空快递业管理规定》

经营航空业务应当向中国民航局申请领取《航空快递经营许可证》,并依法办理工商登记。航空快递企业设立分支机构,应当经中国民航局批准。

经营航空快递业务的企业,应当具备下列条件:符合中国民航局制定的航空快递发展规划、有关规定和市场需要;具有企业法人资格;企业注册资本不少于2 500万元;具有固定的独立营业场所;具有必备的地面交通运输设备、通信工具和其他业务设施;具有较健全的航空快递网络和电脑查询系统;具有与其所经营的航空快递业务相适应的专业人员;民航总局认为必要的其他条件。

(三)我国关于外商投资物流企业的市场准入条件及相关法律规定

1.外商投资物流企业的市场准入条件

境外投资者可以采用中外合资经营、中外合作经营、外商独资的形式,投资设立道路运输企业、水路运输企业、航空运输企业、货运代理企业、商业企业、第三方物流企业及从事其他物流或与物流相关业务的企业。

申请设立外商投资物流企业的投资者必须具备如下条件:拟设立从事国际流通物流业务

的外商投资企业的投资者应至少有一方具有经营国际贸易或国际货物运输或国际货物运输代理的良好业绩和运营经验,符合条件的投资者应为中方投资者或外方投资者中的第一大股东;拟设立从事第三方物流业务外商投资物流企业的投资者应至少有一方具有经营交通运输或物流的良好业绩和运营经验,符合上述条件的投资者应为中方投资者或外方投资者中的第一大股东。

设立的外商投资物流企业必须符合如下要求:注册资本应符合所经营业务的相关规定;从事国际流通物流业务的外商投资物流企业,其境外投资者所占股份不得超过 50%;有固定的营业场所;有从事所经营业务所必需的营业设施。

2.我国关于外资物流企业市场准入的相关法律规定

1)《外商投资法》

2019 年 3 月 15 日通过的《外商投资法》规定,外国的自然人、企业或者其他组织(以下称外国投资者)直接或者间接在中国境内进行的投资活动,适用《外商投资法》。国家坚持对外开放的基本国策,鼓励外国投资者依法在中国境内投资。国家对外商投资实行准入前国民待遇加负面清单管理制度。我国缔结或者参加的国际条约、协定对外国投资者准入待遇有更优惠规定的,可以按照相关规定执行。

2)《国际海运条例》及其实施细则

经国务院交通主管部门批准,外商依法可以设立中外合资经营企业或中外合作经营企业,从事国际船舶运输、国际海运货物装卸、国际海运货物仓储、国际海运集装箱站和堆场业务,国际海运货物仓储业务允许设立外商独资企业。

3)《外商投资民用航空业规定》

外商投资民航业的范围是民用机场、公共航空运输企业、通用航空企业和航空运输相关项目,禁止外商投资和管理空中管制系统。该规定对外商投资的方式、必备的资格等作了规定。

三、物流企业的设立

(一)企业的设立原则

企业的设立原则又称企业的设立方式,是指企业依据何种法定原则、通过何种具体途径获得企业设立的目的。各国对企业的设立主要有以下几种立法原则:

1.自由主义原则

自由主义原则是指法律对公司的设立不予强制规范,当事人可自由设立企业,无须办理任何登记手续。

2.特许主义原则

特许主义原则是指企业必须经国家的特别许可才能设立,如:依照特别法、专门法规、行政命令、国家领导人特许等设立企业。

3.核准主义原则

核准主义原则是指企业的设立除了需要符合法律规定的条件外,还须报请政府主管部门审核批准，方能申请登记成立。

4.准则主义原则

准则主义原则又称"登记主义"，是指企业设立不需要报有关机关批准，只要企业设立时符合法律规定的成立条件，即可向企业登记机关申请登记，经该机关审查合格授予主体资格后方能成立。

我国物流企业的设立原则主要采用准则主义原则和核准主义原则。

（二）物流企业设立的条件

物流企业设立是指物流企业的创立人为使企业具备从事物流活动的能力，取得合法主体资格，依照法律规定的条件和程序所实施的一系列的行为。物流企业设立应具备如下条件：

1.有企业名称和章程

企业具有合法名称是企业获得法律主体资格的条件。设立法人企业的必须制定章程，以规范投资者的相互关系和企业内部机构，也便于国家的监督。

2.必须具有与经营能力相适应的自有资金

物流企业经营过程中要以自己的资产提供担保，并承担相应的民事责任，非法人企业的投资人对企业的债务也要承担民事责任。

3.有合法的组织机构和从业人员

物流企业要有与所经营的业务相适应的专业技术人员。

4.有与企业生产经营规模相适应的经营场所和设备设施

与经营规模相适应的经营场所和设施设备是物流企业开展业务的必要条件。

（三）物流企业的设立登记

物流企业的设立登记是指物流企业的创立人申请企业登记，经登记机关审核批准登记并领取营业执照方可从事物流经营活动。

1.企业设立的登记机关

国家市场监督管理局是我国企业设立的登记主管机关，对企业的设立登记实行分级登记管理原则，级别管辖分为三级：国家、省级、区县级。

2.企业设立的程序

1）要有符合法律规定的物流企业的设立人

企业的设立人是指设立企业的全体股东或发起人，如依照《公司法》和《公司登记管理条例》的规定，设立有限责任公司应由50个以下股东共同出资设立。

2）向登记主管机关提出设立登记申请

由企业的设立人自己或委托代表、代理人向国家质量监督管理部门提出申请，提交企业设立登记申请书和其他文件。

3）登记主管机关对企业提交的申请进行核准、登记

公司登记机关在受理申请后，审核该公司文件，作出核准申请并发给营业执照，对不符合法定条件的申请，予以驳回。

四、物流企业的变更

物流企业的变更是指物流企业在登记机关注册登记事项的变更以及企业发生分立、合并而产生的变化。企业变更应依法进行。

（一）物流企业注册登记事项的变更

企业主要登记事项的变更包括企业名称、企业住所、经营场所、经营范围、经营方式、经营期限、法定代表人或负责人、股东、注册资本等方面的变更。物流企业的变更要按照规定，经过主管部门或审批机关批准，在登记主管机关办理变更登记。

（二）物流企业的合并与分立

企业合并是指两个或两个以上的企业依法合并成一个企业。企业合并有两种情形：一是吸收合并，是指某企业将其他企业吸收到自己企业中，吸收方继续存在，被吸收方不再存在；另一种是新设合并，即某企业与其他企业合并成立新企业，原企业不再存在。

企业分立是指一个企业依法分成两个或两个以上的企业。企业分立有两种情形：一是分立后原企业不存在，新成立若干企业；二是原企业继续存在，同时设立若干新企业。

企业无论是分立还是合并，均应向登记机关办理登记手续。其中，因分立或合并而续存的企业，申请变更登记；因分立或合并而新设的企业，申请设立登记；因分立或合并而终止的企业，申请注销登记。

五、物流企业的终止

（一）物流企业终止的原因

企业终止是指因各种法定解散事由的出现，企业从此消灭法律主体资格。引起物流企业解散的原因主要有以下几种：

1.企业章程规定的企业终止事由发生

企业因企业章程规定的企业终止事由发生而终止，如经营期限届满，企业出资人作出企业解散的决定。

2.依法被撤销

撤销是指企业因从事违法活动，被行业主管机关、市场监督管理机关等职能管理机关依照法律规定，在其职权范围内责令企业解散。

3.依法被宣告破产

物流企业如经营管理不善，不能有效清偿全部到期债务，资不抵债，而由该企业或债权人申请，经法院依法审理，宣告该企业破产。

（二）物流企业的清算

企业无论因何种原因终止，都要进行清算。企业的清算是指在企业解散或宣告破产后，对拟解散的企业尚未了结的债权债务进行清理，使企业的法律人格归于消灭的过程。在清算期间，企业应依法组织清算组，由清算组负责对企业的债权债务进行清理，编制会计表册，偿还企业债务，分配企业剩余财产，以企业的名义参与诉讼等。在此期间，清算组只能以企业的名义从事和清算有关的活动，不再从事生产经营活动。

物流企业依法办理注销登记，该物流企业终止。办理注销登记，应向登记主管机关提交注销登记申请书、原主管部门审查同意的文件、主管部门或清算组出具的清算完结的证明等文件，经登记主管机关核准后，收缴企业营业执照和公章，将注销情况通知开户行并进行公告。

第二节 公司相关法律规定

一、公司概述

（一）公司的概念

公司是依公司法设立的、以营利为目的的企业法人。物流公司是公司按行业进行分类中的一类，物流公司的组织和行为也要遵守公司法的基本规定。

（二）公司的基本分类

1. 有限责任公司与股份有限公司

我国《公司法》所规定的公司包括有限责任公司和股份有限公司。有限责任公司的股东以其认缴的出资额为限对公司承担责任；股份有限公司的股东以其认购的股份为限对公司承担责任。公司以其全部财产对公司的债务承担责任。

2. 本国公司与外国公司

凡依据我国公司法在我国境内登记成立的公司是本国公司；依据外国法律在中国境外设立的公司，为外国公司。

3. 母公司与子公司

母公司是指拥有其他公司一定数额的股份或根据协议能够控制、支配其他公司经营的公司；子公司是指一定数额的股份或依照协议被另一公司控制、支配的公司。子公司具有法人资格，依法独立承担民事责任。

4. 总公司与分公司

总公司是指依法设立并管辖公司全部组织的具有企业法人资格的总机构；分公司是指受总公司管辖的分支机构。分公司不具有法人资格，其民事责任由总公司承担。

> **课堂分析与小结：公司和企业是否是同一概念？**
> （1）公司是由股东共同出资，依法定条件和程序设立，以盈利为目的的企业法人。
> （2）企业泛指一切从事生产、流通或者服务活动，以谋取经济利益为目的的经济组织。
> （3）按照企业财产组织方式的不同，企业在法律上又可以分为三种类型：独资企业、合伙企业、公司企业。
> （4）企业在概念范畴上是包含的公司的。企业是一个组织，而公司是其中的一种组织形式。
> （5）公司是企业法人，有独立的法人财产，享有法人财产权。
> （6）公司以章程为基础而成立，（合伙）企业是以合伙协议为基础而成立的。公司是法人企业，合伙企业不具有法人资格。公司的股东承担有限责任，合伙人承担的是无限连带责任。公司有资本最低限额的规定（2014年取消），而合伙企业却没有。

二、公司法人资格的取得

（一）公司必须具备一定的条件才能取得法人资格

1. 公司必须依法设立

公司的依法设立，一方面要求在我国境内设立的公司，必须依照我国公司法、公司登记管理条例及其他相关法律、法规所规定的条件和程序设立；另一方面要求公司的种类必须是我国公司法所认可的类型，即有限责任公司和股份有限公司。

2. 公司必须具备必要的财产

公司作为一个以营利为目的的法人，必须有其可控制、可支配的财产，以从事经营活动。公司之原始财产由股东的出资构成，股东一旦履行了出资义务，其出资标的物的所有权即转移至公司，构成公司的财产。公司的财产与股东个人的财产相分离。公司作为独立的权利主体，当然为公司财产之权利人。

3. 公司必须具备公司章程

公司章程是公司成立的必备条件之一。公司章程是指公司所必备的，规定其名称、宗旨、资本、组织机构等对内对外事务的基本法律文件。公司章程具有法定性、真实性、自治性、公开性等特征。法定性主要强调公司章程的法律地位、主要内容及修改程序、效力都由法律强制规定，任何公司都不得违反。真实性主要强调公司章程记载的内容必须是客观存在的、与实际相符的事实。这一特征与公司的构成有关。自治性主要强调公司章程在内容上除必须记载公司法所要求必须记载之条款外，留有相当空间允许公司股东根据自治要求记载相应条款，进行各个利益主体之间权利义务的架构，并具有优先适用的效果。公开性主要强调公司章程必须进行登记并允许相关利益主体进行查阅。

根据《公司法》第二十五条规定，有限责任公司的公司章程应当记载：①公司名称和住所；②公司经营范围；③公司注册资本；④股东的姓名或者名称；⑤股东的出资方式、出资额和出资时间；⑥公司的机构及其产生办法、职权、议事规则；⑦公司法定代表人；⑧股东会会议认为需要规定的其他事项。该法第八十一条规定，股份有限公司的公司章程应当记载：①公司名称和住所；②公司经营范围；③公司设立方式；④公司股份总数、每股金额和注册资本；⑤发起人的姓名或者名称、认购的股份数、出资方式和出资时间；⑥董事会的组成、职权和议事规则；⑦公司法定代表人；⑧监事会的组成、职权和议事规则；⑨公司利润分配办法；⑩公司的解散事由与清算办法；⑪公司的通知和公告办法；⑫股东大会会议认为需要规定的其他事项。

公司章程一旦生效，将对公司的股东、董事、经理、监事以及公司本身等均发生约束力，并具有对抗第三人的效力。

4.公司必须有自己的名称、组织机构和住所（场所）

在公司的组织体中，公司的名称最为重要。公司的名称相当于自然人的姓名，可以自由选用，但必须标明公司的种类。若为外国公司的名称，除必须译成中文之外，还必须注明公司的国籍和公司种类。公司名称属于公司章程绝对必要记载事项之一，也为公司登记事项之一。公司名称是公司人格特定化的标记，公司名称具有唯一性，公司名称最重要的作用在于明确表现其主体，并且代表了公司的商业信誉，是一种无形财产权。公司的名称由公司所在地行政区划名称、公司的字号、营业方式或所属行业、公司的组织形式四部分组成。公司名称在登记机关核准注册之后，在同一登记机关管辖范围内具有排斥其他商业名称登记相同名称的效力；公司名称一经注册，具有排他性，未经许可，任何人不得以营利为目的使用他人公司名称；公司名称作为财产权可以依法转让。

公司的组织机构是公司作为法人进行行为的组织保障，包括股东会、董事会和监事会。众所周知，公司法人自身无四肢、无大脑，不能自己行为，必须借助于自然人来代表或者代理其行为。所以，公司股东会选举董事组成董事会，由董事会聘任经理层，共同管理公司财产，主持公司日常的业务经营。股东会选举监事组成监事会，专司公司监督职能。

公司的住所是公司作为商事主体从事商事活动的中心场所，没有住所，公司就无法从事正常的商事活动。我国法律规定，公司以其主要办事机构所在地为住所。此外，经公司登记机关登记的公司只能有一个住所，该住所应当在其公司登记机关所辖区域内。

公司住所是确定公司登记机关、合同履行地、合同诉讼争议管辖、合同纠纷法律适用的重要依据。

（二）公司的权利能力与行为能力

1.公司的权利能力与行为能力

公司依法成立后，即具有民事权利能力和民事行为能力，可以依法独立享有民事权利和承担民事义务。

公司的权利能力自公司成立之时产生，至公司终止之时消灭。我国法律规定，公司应自其依法登记并取得营业执照之日起享有民事权利能力，自其解散并注销企业法人营业执照之日起终止其民事权利能力。公司不能享有自然人基于生命、身体所享有的权利，例如专属于自然人的生命权、健康权、婚姻权、亲属权、肖像权、健康权、隐私权等。公司的权利能力还受到公司的经营范围的限制，因此不同的公司具有不同的权利能力。

公司的行为能力与权利能力同时产生，同时终止。公司的行为能力的范围、内容、限制与权利能力相同。公司作为一种组织体，其行为能力表现为一种社团意思能力。公司的行为能力要通过公司的法定机关形成和表示，由公司的法定代表人实现。

2.公司的责任能力

公司具有独立承担责任的能力，公司享有由股东投资形成的全部法人财产权，依法享有民事权利，承担民事责任。公司的责任能力是其权利能力和行为能力的延伸，基础即在于公司享有独立的财产权。

三、有限责任公司

（一）有限责任公司的概念与特征

有限责任公司是依公司法设立的，股东以其认缴的出资额为限对公司承担责任，公司以其全部资产对公司的债务承担责任的企业法人。有限责任公司具有以下特征：

（1）由50个以下股东出资设立，股东仅以其认缴的出资额为限对公司负责，公司以其全部资产对公司债务负责。

（2）具有人合公司与资合公司的双重性质，股东的股权转让受到较为严格的限制。

（3）证明股东出资份额的是出资证明书。

（4）公司的经营状况一般不公开。

（二）有限责任公司的设立

1.设立条件

我国《公司法》规定了设立有限责任公司应当具备的条件：

（1）股东符合法定人数。有限责任公司由50个以下股东出资设立。

（2）有符合公司章程规定的全体股东认缴的出资额。

（3）股东共同制定公司章程。

（4）有公司名称，建立符合有限责任公司要求的组织机构。

（5）有公司住所。

2.设立程序

有限责任公司的设立为发起设立，主要有以下几个步骤：

（1）制定公司章程。有限责任公司的设立，首先由股东共同制定公司章程，以确定公司类型、目的、出资、组织机构等重大问题，为公司的设立和经营提供基本的行为准则。

（2）必要的行政审批。特殊物流公司要经相应主管机关审批后，才能申请设立登记。

（3）出资。股东必须向公司缴纳出资。股东可以用货币出资，也可以用实物、知识产权、土地使用权等可以用货币估价并可以依法转让的非货币财产作价出资。但是，法律、行政法规规定不得作为出资的财产除外。

（4）登记。股东的首次出资经依法设立的验资机构验资后，由全体股东指定的代表或者共同委托的代理人向公司登记机关报送公司登记申请书、公司章程等文件，申请设立登记。符合公司法规定的设立条件的，予以登记，由公司登记机关发给营业执照，公司营业执照签发日期为公司成立日期。

3.有限责任公司兼具资合公司和人合公司的特点

有限责任公司是一种资合公司,同时也具有人合公司的特点。其资合性表现在:公司注册资本为全体股东缴纳股本的总和,股东的出资以现金及财产为限,不以信誉及劳动出资,股东必须以自己的出资对公司负责。其人合性表现在:股东是基于相互间的信任而集合在一起的,股东间的关系较为紧密,股份的转让,必须征得其他股东的同意。

> **知识拓展1:什么是资合公司和人合公司?**
>
> 人合公司是指以股东个人条件作为公司信用基础而组成的公司。这种公司对外进行经济活动时,依据的主要不是公司本身的资本或资产状况如何,而是股东个人的信用状况。因为人合公司的股东对公司债务承担无限连带责任,公司资不抵债时,股东必须以个人的全部财产清偿公司债务。这种情况下,公司股东间应有相当的了解,因此,这种公司大多具有家族性的特点。
>
> 资合公司:是指一个或数个以达到法律规定的最低注册资金做资本金的自然人或法人注册成立的公司,在资合公司里,资本起着决定作用。公司的资本越雄厚,其信用越好。股东个人的声望、信用与公司信用无关。资本组合公司以出资为条件,强调资本的结合。
>
> **知识拓展2:什么是无限公司?**
>
> 无限公司一般指无限责任公司,其性质是非法人企业。无限责任公司(Unlimited Liability Company)是由两个以上股东组成、股东对公司债务负连带无限责任的公司形式。无限公司为最典型的人合公司。
>
> 我国是没有无限责任公司的,对民事债务承担无限责任的公司包括一人有限公司、合伙企业、个人独资企业等(《公司法》)。国家、集体和私人依法可以出资设立有限责任公司、股份有限公司或者其他企业。国家、集体和私人所有的不动产或者动产投到企业的,由出资人按照约定或者出资比例享有资产收益、重大决策以及选择经营管理者等权利并履行义务(《民法典》)。
>
> **知识拓展3:一人公司制度**
>
> 我国《公司法》在2005年的修订中引入了一人公司制度,即公司全部资本仅由一个自然人或者法人股东拥有的企业法人。

(三)有限责任公司的组织机构

1.股东会

股东会由全体股东组成,是公司的权力机构。股东会依法行使下列职权:决定公司的经营方针和投资计划;选举和更换非由职工代表担任的董事、监事,决定有关董事、监事的报酬事项;审议批准董事会的报告;审议批准监事会或者监事的报告;审议批准公司的年度财务预算方案、决算方案;审议批准公司的利润分配方案和弥补亏损方案;对公司增加或者减少注册资本作出决议;对发行公司债券作出决议;对公司合并、分立、解散、清算或者变更公司形式作出决议;修改公司章程;公司章程规定的其他职权。

股东会会议由股东按照出资比例行使表决权。股东会的议事方式和表决程序,除公司法有规定的外,由公司章程规定。股东会会议对修改公司章程,增加或者减少注册资本,公司合并、分立、解散或者变更公司形式等事项的决议,必须经代表2/3以上表决权的股东通过。

2.董事会

董事会是公司的执行机关。董事会成员为 3~13 人，每届任期不得超过 3 年，可连选连任，非由职工代表担任的董事由股东会选举产生。董事会中的职工代表由公司职工通过职工代表大会、职工大会或者其他形式民主选举产生。

董事会设董事长 1 人，可以设副董事长，董事长、副董事长的产生办法由公司章程规定。股东人数较少或者规模较小的有限责任公司，可以设 1 名执行董事，不设董事会。

董事会对股东会负责，行使下列职权：召集股东会会议，并向股东会报告工作；执行股东会的决议；决定公司的经营计划和投资方案；制订公司的年度财务预算方案、决算方案；制订公司的利润分配方案和弥补亏损方案；制订公司增加或者减少注册资本以及发行公司债券的方案；制订公司合并、分立、解散或者变更公司形式的方案；决定公司内部管理机构的设置；决定聘任或者解聘公司经理及其报酬事项，并根据经理的提名决定聘任或者解聘公司副经理、财务负责人及其报酬事项；制定公司的基本管理制度；公司章程规定的其他职权。

董事会的议事方式和表决程序由公司章程规定。董事会应当对所议事项的决定作成会议记录，出席会议的董事应当在会议记录上签名。董事会决议的表决实行一人一票制。

3.经理

有限责任公司可以设经理，由董事会决定聘任或者解聘，股东人数较少或者规模较小的有限责任公司，可由执行董事兼任公司经理。经理对董事会负责并列席董事会会议，行使下列职权：主持公司的生产经营管理工作，组织实施董事会决议；组织实施公司年度经营计划和投资方案；拟订公司内部管理机构设置方案；拟订公司的基本管理制度；制定公司的具体规章；提请聘任或者解聘公司副经理、财务负责人；决定聘任或者解聘除应由董事会决定聘任或者解聘以外的负责管理人员；董事会授予的其他职权；公司章程对经理职权另有规定的，从其规定。

4.监事会

监事会是公司的监督机关，其成员不得少于 3 人。监事每届任期为 3 年，可连选连任。股东人数较少或者规模较小的有限责任公司，可以设 1~2 名监事，不设监事会。监事会应当包括股东代表和不低于 1/3 比例的公司职工代表，董事、高级管理人员不得兼任监事。非由职工代表担任的监事由股东会选举和更换，监事会中的职工代表由公司职工通过职工代表大会、职工大会或者其他形式民主选举产生。

监事会、不设监事会的公司的监事行使下列职权：检查公司财务；对董事、高级管理人员执行公司职务的行为进行监督，对违反法律、行政法规、公司章程或者股东会决议的董事、高级管理人员提出罢免的建议；当董事、高级管理人员的行为损害公司的利益时，要求董事、高级管理人员予以纠正；提议召开临时股东会会议，在董事会不履行《公司法》规定的召集和主持股东会会议职责时召集和主持股东会会议；向股东会会议提出提案；依《公司法》的规定，对董事、高级管理人员提起诉讼；公司章程规定的其他职权。

监事可以列席董事会会议，对董事会决议事项提出质询或者建议，如发现公司经营情况异常，可以进行调查，费用由公司承担。

（四）国有独资公司

国有独资公司是指国家单独出资、由国务院或者地方人民政府授权本级人民政府国有资产监督管理机构履行出资人职责的有限责任公司。国有独资公司章程由国有资产监督管理机构制定，或者由董事会制订报国有资产监督管理机构批准。国有独资公司不设股东会，由国有资产监督管理机构行使股东会职权。

国有独资公司设董事会，董事会成员由国有资产监督管理机构委派，董事会成员中应当有公司职工代表，董事每届任期不得超过3年。董事会设董事长1人，由国有资产监督管理机构从董事会成员中指定。国有独资公司设经理，由董事会聘任或者解聘，经国有资产监督管理机构同意，董事会成员可以兼任经理。

国有独资公司监事会成员不得少于5人，其中职工代表的比例不得低于1/3，监事会成员由国有资产监督管理机构委派。监事会成员中的职工代表由公司职工代表大会选举产生，监事会主席由国有资产监督管理机构从监事会成员中指定。

（五）有限责任公司股权转让

有限责任公司的股东之间可以相互转让其全部或者部分股权。股东向股东以外的人转让股权，应当经其他股东过半数同意。股东应就其股权转让事项书面通知其他股东征求同意，其他股东自接到书面通知之日起满30日未答复的，视为同意转让。其他股东半数以上不同意转让的，不同意的股东应当购买该转让的股权；不购买的，视为同意转让。经股东同意转让的股权，在同等条件下，其他股东有优先购买权。

人民法院依照法律规定的强制执行程序转让股东的股权时，应当通知公司及全体股东，其他股东在同等条件下有优先购买权。其他股东自人民法院通知之日起满20日不行使优先购买权的，视为放弃优先购买权。

四、股份有限公司

（一）股份有限公司的概念

股份有限公司是由一定人数以上的股东依法设立，全部资本分为等额股份，股东以其认购的股份为限对公司承担责任的企业法人。股份有限公司具有以下特征：

（1）股份有限公司的全部资本分为等额股份。

（2）股东人数较多。股份有限公司股东人数只规定了最低限额，并无上限规定。

（3）组织机构设置严格。股东大会、董事会和监事会是股份有限公司的必设机构。

（4）所有权与经营权分离。股份有限公司的资本虽然归股东所有，但负责公司日常经营管理的是董事会和经理。

（二）股份有限公司的设立

1.设立的条件

我国《公司法》规定设立股份有限公司应具备下列条件：

（1）发起人符合法定人数。设立股份有限公司，应当有2人以上200人以下为发起人，其中须有半数以上的发起人在中国境内有住所。

（2）有符合公司章程规定的全体发起人认购的股本总额或者募集的实收股本总额。
（3）股份发行、筹办事项符合法律规定。
（4）发起人制定公司章程，采用募集方式设立的公司章程需经公司创立大会通过。
（5）有公司名称，建立符合股份有限公司要求的组织机构。
（6）有公司住所。

2.设立的方式

股份有限公司的设立，可以采取发起设立或者募集设立的方式。发起设立，是指由发起人认购公司应发行的全部股份而设立公司；募集设立，是指由发起人认购公司应发行股份的一部分，其余股份向社会公开募集或者向特定对象募集而设立公司。

3.设立的程序

股份有限公司采取发起设立方式的设立程序较为简单。①发起人订立协议。发起人应当签订发起人协议，明确各自在公司设立过程中的权利和义务，发起人承担公司的筹办事务。②制定公司章程，并向公司登记机关申请名称预先核准。③发起人认购股份和交纳股款。④选举董事会和监事会。⑤申请设立登记。

采取募集设立方式的设立程序则较为复杂。①发起人订立协议和制定公司章程。②发起人认购股份并制作招股说明书。③申请批准募股，签订承销协议和代收股款协议，公开募股。④发起人应当自股款缴足之日起30日内主持召开公司创立大会。⑤由董事会申请设立登记。

（三）股份有限公司的组织机构

1.股东大会

股东大会是公司的权力机构，由全体股东组成，依法行使职权，有限责任公司股东会职权的规定适用于股份有限公司股东大会。

股东大会应当每年召开一次年会。有下列情形之一的，应当在两个月内召开临时股东大会：董事人数不足公司法规定人数或者公司章程所定人数的2/3时；公司未弥补的亏损达实收股本总额1/3时；单独或者合计持有公司10%以上股份的股东请求时；董事会认为必要时；监事会提议召开时；公司章程规定的其他情形。股东出席股东大会会议，所持每一股份有一表决权，但公司持有的本公司股份没有表决权。

股东大会作出决议，必须经出席会议的股东所持表决权过半数通过。但股东大会作出修改公司章程、增加或者减少注册资本的决议，以及公司合并、分立、解散或者变更公司形式的决议，必须经出席会议的股东所持表决权的2/3以上通过。股东大会选举董事、监事，可以依照公司章程的规定或者股东大会的决议，实行累积投票制。

2.董事会

股份有限公司设董事会，其成员为5~19人，董事会成员中可以有公司职工代表。董事会中的职工代表由公司职工通过职工代表大会、职工大会或者其他形式民主选举产生。公司法关于有限责任公司董事会职权、董事任期的规定同样适用于股份有限公司。

董事会设董事长一人，可以设副董事长，董事长和副董事长由董事会以全体董事的过半数选举产生，董事长召集和主持董事会会议，检查董事会决议的实施情况。董事会每年度至少召开两次会议，每次会议应当于会议召开10日前通知全体董事和监事。代表1/10以上表决权的股东、1/3以上董事或者监事会，可以提议召开董事会临时会议。

董事长应当自接到提议后10日内，召集和主持董事会会议。董事会会议应有过半数的董事出席方可举行，董事会作出决议，必须经全体董事的过半数通过，董事会决议的表决，实行一人一票。董事会应当对会议所议事项的决定作成会议记录，出席会议的董事应当在会议记录上签名。

3.经理

股份有限公司设经理，由董事会决定聘任或者解聘，公司董事会可以决定由董事会成员兼任经理。公司应当定期向股东披露董事、监事、高级管理人员从公司获得报酬的情况。公司法关于有限责任公司经理职权的规定也适用于股份有限公司经理。

4.监事会

股份有限公司设监事会，其成员不得少于3人。监事会应当包括股东代表和适当比例的公司职工代表，其中职工代表的比例不得低于1/3，具体比例由公司章程规定，监事会中的职工代表由公司职工通过职工代表大会、职工大会或者其他形式民主选举产生。

监事任期以及监事会职权的规定与有限责任公司的相关规定相同。

监事会每6个月至少召开一次会议，监事可以提议召开临时监事会会议。监事会决议应当经半数以上监事通过，监事会应当对所议事项的决定作成会议记录，出席会议的监事应当在会议记录上签名。董事、高级管理人员不得兼任监事。

（四）股份有限公司股份的发行与转让

1.股份发行

股份是股份有限公司资本的基本构成单位，也是划分股东权利义务的基本构成单位。

股份的发行，实行公开、公平、公正的原则。同种类的每一股份应当具有同等权利。同次发行的同种类股票，每股的发行条件和价格应当相同；任何单位或者个人所认购的股份，每股应当支付相同价额。股票发行价格可以按票面金额，也可以超过票面金额，但不得低于票面金额。股票采用纸面形式或者国务院证券监督管理机构规定的其他形式。

公司发行的股票，可以为记名股票，也可以为无记名股票，但公司向发起人、法人发行的股票，应当为记名股票，并应当记载该发起人、法人的名称或者姓名，不得另立户名或者以代表人姓名记名。

2.股份转让

股份可以依法转让。记名股票由股东以背书方式或者法律、行政法规规定的其他方式转让，转让后由公司将受让人的姓名或者名称及住所记载于股东名册。无记名股票由股东将该股票交付给受让人后即发生转让的效力。

公司法对股份转让作了如下限制：发起人持有的本公司股份，自公司成立之日起1年内不得转让。公司公开发行股份前已发行的股份，自公司股票在证券交易所上市交易之日起1年内不得转让。公司董事、监事、高级管理人员应当向公司申报所持有的本公司的股份及其变动情况，在任职期间每年转让的股份不得超过其所持有本公司股份总数的25%；所持本公司股份自公司股票上市交易之日起1年内不得转让。上述人员离职后半年内，不得转让其所持有的本公司股份。公司章程可以对公司董事、监事、高级管理人员转让其所持有的本公司股份作出其他限制性规定。

> **知识拓展：有限责任公司与股份有限公司之间的主要区别**
>
> 　　第一，股东人数不同。根据我国公司法，有限责任公司股东人数被限定在50人以下，但没有下限限制。如果仅有一个自然人股东或一个法人股东，则为一人有限责任公司；而股份有限公司的股东最少为2人，上限则根据公司的设立方式而有所不同。如果是发起设立的股份公司，发起人不得超过200人，但募集设立的股份公司，在发起人之外，股东人数还因公开募集而无限度地扩展，值得注意的是，募集股份除《公司法》外，还要受到《证券法》的规制。
>
> 　　第二，公司章程的产生方式不同。有限责任公司（包括一人有限责任公司）的章程由全体股东制定并通过；股份有限公司的章程由发起人制定，随后在创立大会上通过。
>
> 　　第三，公司资本缴纳方式要求不同。根据2013年《公司法》的最新规定，有限责任公司注册资本不设最低限额要求，缴纳时间与缴纳方式由股东自主约定。而股份有限公司因区分发起设立的股份有限公司与募集设立的股份有限公司而适用不同规则。对于发起设立的股份有限公司，其规则与有限责任公司相同，而对于募集设立的股份有限公司，则注册资本仍然采取实缴制。除此之外，根据国务院于2014年发布的《注册资本登记制度改革方案》，商业银行、信托公司、保险公司、证券公司、财务公司等一些特殊的公司也采取实缴制。
>
> 　　第四，设立的方式不同。有限责任公司采取发起方式设立；股份有限公司既可以采取发起设立，又可以采取募集方式设立。而后者又分为定向募集设立和向社会公开募集设立。
>
> 　　第五，股权表现形式不同。有限责任公司的股权表现形式是出资，由公司发给股东的出资证明书可以叫作股单，不可以公开发行和转让；股份有限公司股东的出资形成公司的股份，公司向出资人发行股票，股票是有价证券，可以流通和转让。
>
> 　　第六，对股权转让限制不同。有限责任公司股东之间可以相互转让其全部或者部分股权，但向股东以外的人转让股权，应当经其他股东过半数同意。公司法还对股东对外转让股权的具体程序作了规定。当然，公司章程对股权转让另有规定的，可以从其规定。股份有限公司股东的股份可以自由转让。
>
> 　　第七，机构设置的灵活性不同。有限责任公司内部机构设置比较灵活，可以设董事会和监事会，其中董事会成员数3至13人，也可以因公司规模较小、股东人数较少而只设执行董事或监事。一人有限公司不设股东会，股东会的职权由一人股东行使，但必须采用书面方式记载，并置于公司所在地备查。股份有限公司的机构设置比较规范，有股东大会、董事会和监事会，其中董事会成员数为5至19人。
>
> 　　可见，有限责任公司与股份有限公司的根本区别在于，前者是人合性兼资合性公司，具有一定的封闭性，股东人数一般较少且相互之间存在着一定的信任因素。后者是典型的资合公司，其信用基础是公司的资本，而不取决于股东个人。并且，上市的股份有限公司具备开放性特点。

五、董事、监事、高级管理人员的任职资格、义务与责任

（一）董事、监事、高级管理人员的任职资格

公司法规定有下列情形之一的，不得担任公司的董事、监事、高级管理人员：

（1）无民事行为能力或者限制民事行为能力。

（2）因贪污、贿赂、侵占财产、挪用财产或者破坏社会主义市场经济秩序，被判处刑罚，执行期满未逾5年，或者因犯罪被剥夺政治权利，执行期满未逾5年。

（3）担任破产清算的公司、企业的董事或者厂长、经理，对该公司、企业的破产负有个人责任的，自该公司、企业破产清算完结之日起未逾3年。

（4）担任因违法被吊销营业执照、责令关闭的公司、企业的法定代表人，并负有个人责任的，自该公司、企业被吊销营业执照之日起未逾3年。

（5）个人所负数额较大的债务到期未清偿。公司违反公司法的规定选举、委派董事、监事或者聘任高级管理人员的，该选举、委派或者聘任无效。董事、监事、高级管理人员在任职期间出现第（1）项所列情形的，公司应当解除其职务。

（二）董事、监事、高级管理人员的义务

董事、监事、高级管理人员应当遵守法律、行政法规和公司章程，对公司负有忠实义务、勤勉义务和诚信义务。董事、监事、高级管理人员不得利用职权收受贿赂或者其他非法收入，不得侵占公司的财产。公司不得直接或者通过子公司向董事、监事、高级管理人员提供借款，公司应当定期向股东披露董事、监事、高级管理人员从公司获得报酬的情况。

董事、高级管理人员不得有下列行为：①挪用公司资金；②将公司资金以其个人名义或者以其他个人名义开立账户存储；③违反公司章程的规定，未经股东（大）会或董事会同意，将公司资金借贷给他人或者以公司财产为他人提供担保；④违反公司章程的规定或者未经股东（大）会同意，与本公司订立合同或者进行交易；⑤未经股东（大）会同意，利用职务便利为自己或者他人谋取属于公司的商业机会，自营或者为他人经营与所任职公司同类的业务；⑥接受他人与公司交易的佣金归为己有；⑦擅自披露公司秘密；⑧违反对公司忠实义务的其他行为。董事、高级管理人员违反以上规定所得的收入应当归公司所有。

股东（大）会要求董事、监事、高级管理人员列席会议的，董事、监事、高级管理人员应当列席并接受股东的质询。

（三）董事、监事、高级管理人员的责任

董事、监事、高级管理人员执行公司职务时违反法律、行政法规或者公司章程的规定，给公司造成损失的，应当承担赔偿责任。

六、公司财务、会计制度

《公司法》规定公司应当依照法律、行政法规和国务院财政部门的规定建立本公司的财务、会计制度。

（一）公司财务会计报告

公司应当在每一会计年度终了时编制财务会计报告，并依法经会计师事务所审计。财务会计报告应当依照法律、行政法规和国务院财政部门的规定制作。有限责任公司应当依照公司章程规定的期限将财务会计报告送交各股东。股份有限公司的财务会计报告应当在召开股东大会年会的20日前置备于本公司，供股东查阅；公开发行股票的股份有限公司必须公告其财务会计报告。

公司除法定的会计账簿外，不得另立会计账簿。对公司资产，不得以任何个人名义开立账户存储。

（二）公积金

公积金，这里指的是公司公积金，是依公司法和公司章程的规定或股东会的决议，按确定的比例从营业利润或其他收入中提取的，留存于公司内部，不作股息分配，具有特定用途的资金。公积金是公司为了弥补公司的亏损，扩大公司生产经营或转增公司资本，依照法律或者公司章程的规定，从公司盈余或资本中提取的积累资金。

公积金可分为盈余公积金和资本公积金。

盈余公积金是指从公司盈余中提取的资金，又分为法定公积金和任意公积金。法定公积金是指公司依法律的强制性规定而必须从公司当年净利润中按比例提取的储备金。公司分配当年税后利润时，应当提取利润的10%列入公司法定公积金。公司法定公积金累计额为公司注册资本的50%以上的，可以不再提取。公司的法定公积金不足以弥补以前年度亏损的，在依照规定提取法定公积金之前，应当先用当年利润弥补亏损。任意公积金也称为任意储备金，是指根据公司章程或者股东大会决议于法定公积金以外从公司当年盈利中提取的积累资金。我国公司法规定，公司从税后利润中提取法定公积金后，经股东会或者股东大会决议，可以从税后利润中提取任意公积金。股东（大）会或董事会违反以上规定，在公司弥补亏损和提取法定公积金之前向股东分配利润的，股东必须将违反规定分配的利润退还公司。公司持有的本公司股份不得分配利润。

资本公积金也称为资本储备金，是指因法律规定由资本及与资本有关的资产项目而产生的应当作为资本储备的利益收入。股份有限公司以超过股票票面金额的发行价格发行股份所得的溢价款以及国务院财政部门规定列入资本公积金的其他收入，应当列为公司资本公积金。资本公积金不得用于弥补公司的亏损。法定公积金转为资本时，所留存的该项公积金不得少于转增前公司注册资本的25%。

> **概念拓展：基本公积金**
> 基本公积金也就是住房公积金，则是为本单位在职职工缴存的长期住房储金。

（三）公司分配制度

按公司法的规定，公司利润分配方案和弥补亏损方案由董事会制定，提交股东（大）会审议，经出席会议的股东所持表决权的半数以上批准，经批准后的税后利润方案由董事会负责执行。公司当年税后利润的分配顺序如下：先弥补亏损；再提取法定公积金和任意公积金，最后支付股利。

公司弥补亏损和提取公积金后所余税后利润，有限责任公司股东按照实缴的出资比例分配，但全体股东约定不按照出资比例分配的除外；股份有限公司按照股东持有的股份比例分配，但股份有限公司章程规定不按持股比例分配的除外。

七、公司的变更、增资、减资、解散和清算

（一）公司的变更

公司的变更是指公司的合并、分立或者改变公司类型所导致的公司实体的变化。

1.公司的合并、分立

公司合并，应当由合并各方签订合并协议，并编制资产负债表及财产清单。公司应当自作出合并决议之日起10日内通知债权人，并于30日内在报纸上公告。债权人自接到通知书之日起30日内，未接到通知书的自公告之日起45日内，可以要求公司清偿债务或者提供相应的担保。公司合并时，合并各方的债权、债务，应当由合并后存续的公司或者新设的公司承继。

公司分立，其财产作相应的分割，应当编制资产负债表及财产清单。公司应当自作出分立决议之日起10日内通知债权人，并于30日内在报纸上公告。

公司合并或者分立，登记事项发生变更的，应依法向公司登记机关办理变更登记；公司解散的，应依法办理公司注销登记；设立新公司的，应依法办理公司设立登记。

2.公司实体变更

有限责任公司变更为股份有限公司的，应当符合公司法规定的股份有限公司的条件；股份有限公司变更为有限责任公司，也应当符合公司法规定的有限责任公司的条件。公司变更前的债权、债务由变更后的公司承继。

（二）公司的增资、减资

有限责任公司增加注册资本时，股东认缴新增资本的出资，依照公司法设立有限责任公司缴纳出资的有关规定执行。股份有限公司为增加注册资本发行新股时，股东认购新股，依照公司法设立股份有限公司缴纳股款的有关规定执行。

公司需要减少注册资本时，必须编制资产负债表及财产清单。公司应当自作出减少注册资本决议之日起法定期限内通知债权人，并予以公告。债权人在法定期限内有权要求公司清偿债务或者提供相应的担保。公司减资后的注册资本不得低于法定的最低限额。

（三）公司的解散和清算

1.公司的解散

公司因下列原因解散：公司章程规定的营业期限届满或者公司章程规定的其他解散事由出现；股东会或者股东大会决议解散；因公司合并或者分立需要解散；依法被吊销营业执照、责令关闭或者被撤销；人民法院依照公司法的规定予以解散。

公司经营管理发生严重困难，继续存续会使股东利益受到重大损失，通过其他途径不能解决的，持有公司全部股东表决权10%以上的股东可以请求人民法院解散公司。

2.公司的清算

清算，是终结已解散公司的一切法律关系，处理公司剩余财产的程序。除公司因合并或分立解散无须清算，以及因破产适用破产清算程序外，因其他原因解散的公司都应当按照法律规定进行清算。

公司的解散除合并、分立外均应在解散事由出现之日起 15 日内成立清算组，开始清算。清算组在清算期间行使下列职权：清理公司财产，分别编制资产负债表和财产清单；通知、公告债权人；处理与清算有关的公司未了结的业务；清缴所欠税款以及清算过程中产生的税款；清理债权、债务；处理公司清偿债务后的剩余财产；代表公司参与民事诉讼活动。

清算组在清理公司财产、编制资产负债表和财产清单后，应当制订清算方案，并报股东（大）会或者人民法院确认。清算组在清理公司财产、编制资产负债表和财产清单后，发现公司财产不足清偿债务的，应当依法向人民法院申请宣告破产。公司清算结束后，清算组应当制作清算报告，报股东（大）会或者人民法院确认，并报送公司登记机关，申请注销公司登记，公告公司终止。

第三节 个人独资企业、合伙企业相关法律规定

一、个人独资企业法

（一）个人独资企业概念

个人独资企业是指依照个人独资企业法在中国境内设立，由一个自然人投资，财产为投资人个人所有，投资人以其个人财产对企业债务承担无限责任的经营实体。个人独资企业不具有法人资格。

（二）个人独资企业的设立及事务管理

1.设立条件

设立个人独资企业应具备下列条件：①投资人为一个自然人；②有合法的企业名称；③有投资人申报的出资；④有固定的生产经营场所和必要的生产经营条件；⑤有必要的从业人员。

2.设立程序

申请设立个人独资企业，应当由投资人或者其委托的代理人向个人独资企业所在地的登记机关提交设立申请书、投资人身份证明、生产经营场所使用证明等文件。委托代理人申请设立登记时，应当出具投资人的委托书和代理人身份的合法证明。

个人独资企业不得从事法律、行政法规禁止经营的业务；从事法律、行政法规规定须报经有关部门审批的业务，应当在申请设立登记时提交有关部门的批准文件。

3.事务管理

个人独资企业投资人可以自行管理企业事务,也可以委托或者聘用其他具有民事行为能力的人负责企业的事务管理。投资人对受托人或者被聘用的人员职权的限制,不得对抗善意第三人。个人独资企业应当依法设置会计账簿进行会计核算。

> **概念拓展：善意第三人和不得对抗善意第三人**
>
> 善意第三人即该第三人不知道法律关系双方的真实情况,通常是指不合法交易中,不知情的且不属于应当知情的,已经办理了登记的权利人。
>
> 不得对抗善意第三人是指,依法成立的合同一般仅对当事人具有法律约束力,当事人不能利用合同的相对性来损害善意第三人的合法权益。合同双方当事人的内部约定一般不对善意第三人产生效力。

（三）个人独资企业的解散与清算

1.个人独资企业的解散

个人独资企业的解散是指独资企业因出现某些法律事由而导致其民事主体资格消灭的行为。个人独资企业应当解散的情形有：①投资人决定解散；②投资人死亡或者被宣告死亡,无继承人或者继承人决定放弃继承；③被依法吊销营业执照；④法律、行政法规规定的其他情形。

2.个人独资企业的清算

个人独资企业解散,由投资人自行清算或者由债权人申请人民法院指定清算人进行清算,清算人执行清算事务并对外代表企业。投资人自行清算的,应当在清算前法定期限内书面通知债权人或予以公告。债权人应当在法定期限内向投资人申报其债权。

个人独资企业清算结束后,投资人或者人民法院指定的清算人应当编制清算报告,并于15日内到登记机关办理注销登记。

3.责任消灭制度

个人独资企业解散后,原投资人对个人独资企业存续期间的债务仍应承担偿还责任,但债权人在5年内未向债务人提出偿债请求的,该责任消灭。

二、合伙企业法

（一）合伙企业的概念

合伙企业,是指自然人、法人和其他组织依照合伙企业法在中国境内设立的普通合伙企业和有限合伙企业。

普通合伙企业由普通合伙人组成,合伙人对合伙企业债务承担无限连带责任。

有限合伙企业由普通合伙人和有限合伙人组成,普通合伙人对合伙企业债务承担无限连带责任,有限合伙人以其认缴的出资额为限对合伙企业债务承担责任。

（二）普通合伙企业的设立

1.设立条件

普通合伙企业的设立应当符合以下条件。
（1）有两个以上合伙人，合伙人为自然人的，应当具有完全民事行为能力。
（2）有书面合伙协议。
（3）有合伙人认缴或者实际缴付的出资。
（4）有合伙企业的名称和生产经营场所。
（5）法律、行政法规规定的其他条件。

2.设立程序

申请设立合伙企业，应由全体合伙人指定的代表或共同委托的代理人向企业登记机关申请设立登记，合伙企业名称中应当标明"普通合伙"字样。

申请设立合伙企业，应当向企业登记机关提交登记申请书、合伙协议书、合伙人身份证明等文件。合伙企业的经营范围中有属于法律、行政法规规定在登记前须经批准的项目的，该项经营业务应当依法经过批准，并在登记时提交批准文件。

（三）普通合伙企业的事务执行

合伙人对执行合伙事务享有同等的权利。事务执行有四种方式：①由全体合伙人共同执行；②由各合伙人分别单独执行；③由一名合伙人受全体合伙人共同委托执行；④由受委托的数名合伙人共同执行。

合伙人的权利主要有：执行权、知情权、监督权、异议权、撤销权等。执行权是指如根据合伙协议的约定或经全体合伙人的同意，由一人或数个合伙人执行合伙事务的，其他合伙人不再执行合伙事务。知情权是指合伙人为了解合伙企业的经营状况和财务状况，有权查阅合伙企业会计账簿等财务资料。监督权是指不执行合伙事务的合伙人有权监督执行事务合伙人执行合伙事务的情况，由一个或者数个合伙人执行合伙事务的，执行事务合伙人应当定期向其他合伙人报告事务执行情况以及合伙企业的经营和财务状况。异议权是指合伙人分别执行合伙事务的，执行事务合伙人可以对其他合伙人执行的事务提出异议，提出异议时应当暂停该项事务的执行，如发生争议依合伙协议约定的表决办法办理。撤销权是指受委托执行合伙事务的合伙人不按照合伙协议或者全体合伙人的决定执行事务的，其他合伙人可以决定撤销该委托。

合伙人的义务主要有：出资义务、忠实义务、竞业禁止义务、利润分配与风险承担义务等。出资义务是指合伙人应当按照合伙协议约定的出资方式、数额和缴付期限，履行出资的义务。忠实义务是合伙事务执行人要本着认真负责、诚信勤勉的原则执行合伙事务。竞业禁止义务是指在普通合伙企业存续期间，合伙人不得自营或者同他人合作经营与本合伙企业相竞争的业务，除合伙协议另有约定或者经全体合伙人一致同意外，合伙人不得同本合伙企业进行交易，合伙人不得从事损害本合伙企业利益的活动。利润分配与风险承担义务是指合伙企业的利润分配、亏损分担一般按照合伙协议的约定办理。

合伙企业事务的决议应当由全体合伙人依法作出，不得委托其他合伙人或合伙人以外的人进行。合伙人对合伙企业有关事项作出决议，按照合伙协议约定的表决办法办理，一般为全体合伙人过半数通过的表决办法。

除合伙协议另有约定外，必须由合伙企业的全体合伙人一致同意的事项如下：①改变合伙企业的名称；②改变合伙企业的经营范围、主要经营场所的地点；③处分合伙企业的不动产；④转让或者处分合伙企业的知识产权和其他财产权利；⑤以合伙企业名义为他人提供担保；⑥聘任合伙人以外的人担任合伙企业的经营管理人员；⑦修改或补充合伙协议；⑧合伙人向合伙人以外的人转让其在合伙企业中的全部或者部分财产份额；⑨吸收新的合伙人入伙。

（四）普通合伙企业的入伙、退伙

1.入伙

入伙是指在合伙企业的存续期间，合伙人以外的第三人加入合伙企业并取得合伙人资格的行为。新合伙人入伙，除合伙协议另有约定外，应当经全体合伙人一致同意，并依法订立书面入伙协议。订立入伙协议时，原合伙人应当向新合伙人如实告知原合伙企业的经营状况和财务状况。

入伙的新合伙人与原合伙人享有同等权利，承担同等责任；入伙协议另有约定的，从其约定。新合伙人对入伙前合伙企业的债务承担无限连带责任。

2.退伙

退伙是指在合伙企业存续期间，合伙人资格的消灭，退伙有自愿退伙和法定退伙两类。自愿退伙是指合伙人基于自愿的意思表示而退伙，可分为单方退伙和通知退伙。法定退伙是指直接根据法律的规定而退伙，也可分为当然退伙和除名退伙。

单方退伙是出现了合伙协议约定的情形，合伙人可单方提出退伙，无须全体合伙人一致同意。

通知退伙是在合伙协议未约定合伙期限的情况下的退伙，合伙人在不给合伙企业事务执行造成不利影响的情况下，可以退伙，但应当提前30日通知其他合伙人。

当然退伙是发生了某些客观情况下的退伙，一般是主体不合格或出现了法定事由。

除名退伙是在某一合伙人出现法定事由被其他合伙人决定开除。

3.退伙后的效力

合伙人退伙后就丧失了合伙人的身份，并导致合伙企业财产进行清理与结算。退伙并不必然导致合伙企业的解散。

（五）特殊的普通合伙企业

特殊的普通合伙企业是指以专业知识和专门技能为客户提供有偿服务的专业服务机构，如律师事务所、会计师事务所、评估师事务所、设计师事务所等。法律规定，合伙企业可以设立为特殊的普通合伙企业。特殊的普通合伙企业名称中应当标明"特殊普通合伙"字样。

合伙企业法对特殊的普通合伙的责任承担有特别规定：一个合伙人或者数个合伙人在执业活动中因故意或者重大过失造成合伙企业债务的，应当承担无限责任或者无限连带责任，其他合伙人以其在合伙企业中的财产份额为限承担责任；合伙人执业活动中因故意或者重大过失造成的合伙企业债务，以合伙企业财产对外承担责任后，该合伙人应当按照合伙协议的约定对给合伙企业造成的损失承担赔偿责任。

合伙人在执业活动中非因故意或者重大过失造成的合伙企业债务以及合伙企业的其他债务，由全体合伙人承担无限连带责任。

（六）有限合伙企业

有限合伙企业由普通合伙人和有限合伙人组成，普通合伙人对合伙企业债务承担无限连带责任，有限合伙人以其认缴的出资额为限对合伙企业债务承担责任。有限合伙企业一般由2个以上50个以下合伙人设立，并且至少应当有一个普通合伙人，企业名称中应当标明"有限合伙"字样。

有限合伙企业由普通合伙人执行合伙事务，有限合伙人不执行合伙事务。

除非合伙协议另有约定，有限合伙企业不得将全部利润分配给部分合伙人。有限合伙人可以同本有限合伙企业进行交易，可以自营或者同他人合作经营与本有限合伙企业相竞争的业务，可以将其在有限合伙企业中的财产份额出质，也可以按照合伙协议的约定向合伙人以外的人转让其在有限合伙企业中的财产份额。

有限合伙人是自然人的，在有限合伙企业存续期间丧失民事行为能力的，其他合伙人不得因此要求其退伙；作为有限合伙人的自然人死亡、被依法宣告死亡或者作为有限合伙人的法人及其他组织终止时，其继承人或者权利承受人可以依法取得该有限合伙人在有限合伙企业中的资格。普通合伙人转变为有限合伙人，或者有限合伙人转变为普通合伙人，应当经全体合伙人一致同意。有限合伙企业仅剩有限合伙人的，应当解散；有限合伙企业仅剩普通合伙人的，转为普通合伙企业。

（七）合伙企业的解散与清算

合伙企业解散，应当由清算人进行清算。清算人由全体合伙人担任，也可以由全体合伙人同意指定一个或者数个合伙人担任，或委托第三人担任清算人；全体合伙人确定不了清算人的，可以申请人民法院指定清算人。清算人负责在法定期限内将合伙企业解散事项通知债权人，并在报纸上公告；债权人应当在法定期限向清算人申报债权。清算期间，合伙企业存续，但不得开展与清算无关的经营活动。

合伙企业财产在支付清算费用、职工工资、社会保险费用、法定补偿金、缴纳所欠税款、清偿债务后的剩余财产，在合伙人之间分配。清算结束，清算人向企业登记机关报送清算报告，申请办理合伙企业注销登记。合伙企业注销后，原普通合伙人对合伙企业存续期间的债务仍应承担无限连带责任。

小结

物流企业是物流活动的最广泛的重要主体。本章介绍了物流企业的概念与特征，以及我国对物流企业市场准入制度的相关规定。阐述了公司法对有限责任公司和股份有限公司这两种类型公司的基本规定，主要是公司的设立、组织机构以及重要的公司运行的具体规则。个人独资企业、合伙企业也是重要的企业形式，需要注意的是，与公司不同，这两种企业不具有法人资格。

案例分析与思考（案例一）

【案件基本信息】

案件名称：被告认可原告并非公司股东不能免除原告的举证责任——张某文诉××公司股东资格确认案。

（1）裁判书字号：北京市第三中级人民法院（2019）京03民终14120号民事裁定书。

（2）案由：股东资格确认纠纷。

（3）当事人：

原告（上诉人）：张某文。

被告（被上诉人）：××公司。

【案情介绍】

××公司成立于2005年5月19日，工商登记信息显示：注册资本100万元，股东是刘某华、张某文、赖某辉、胡某生，其中刘某华持股比例是70%，认缴金额是70万元，张某文持股比例是20%，认缴金额是20万元，赖某辉持股比例是5%，认缴金额是5万元，胡某生持股比例5%，认缴金额是5万元。工商档案中留存的张某文身份信息属实。

张某文称2017年其资产被顺义区人民法院冻结，张某文经向执行法官询问才知道案外人以股东损害公司债权人利益责任纠纷为由将张某文诉至法院，得到法院支持后持生效判决申请执行。张某文经向工商部门查询才知道他人曾持张某文身份证复印件及冒充张某文签字办理××公司设立登记的有关事宜。张某文对本人被冒充签字并被注册为××公司股东完全不知情。张某文未在××公司章程签字，未与其他股东达成设立××公司的合意，亦未出资。故请法院确认张某文并非××公司股东。

××公司同意张某文的诉讼请求，也认可张某文起诉的事实、理由。××公司称，当时张某文是××公司的员工，负责公司水、电等，当时××公司还没有取得营业执照。办理××公司营业执照的时候，××公司的法定代表人刘某华让赖某辉去办理，赖某辉找了一个中介，后来赖某辉对刘某华说要四个股东才能成立公司，刘某华就全权交给赖某辉办理，让他再找三个人做股东，称反正也不用他们出资，就是挂个名，赖某辉当时说他算一个，再找两个人，刘某华告诉赖某辉需要经过其他人的同意，当时赖某辉找了谁刘某华也不清楚，后来赖某辉就把营业执照办下来了，因为营业执照上没有股东信息，所以股东是谁刘某华也不清楚。张某文和胡某生是赖某辉选的股东，赖某辉有没有取得他俩的同意刘某华也不清楚。张某文与××公司签劳动合同的时候留了身份证复印件。

【案情焦点】

（1）股东资格确认纠纷中被告公司认可原告并非公司股东是否可以免除原告的证明责任；

（2）身份被冒用登记为股东的认定标准。

【法院裁判要旨】

北京市顺义区人民法院经审理认为：当事人对自己提出的诉讼请求所依据的事实有责任

提供证据加以证明，没有证据或者证据不足以证明当事人的事实主张的，由负有举证责任的当事人承担不利后果。现原告主张其身份被冒用成为××公司股东，原告需要对其身份被冒用的事实承担举证证明责任。现原告提供的证据仅为××公司工商档案，用于证明工商档案中的张某文签名不是原告本人所签。张某文经工商机关核准登记为××公司的股东，工商登记信息具有公示性，即使工商档案中的张某文签名不是原告本人所签，也不足以证明原告被冒用身份登记成为××公司股东的事实，原告需就其身份被谁冒用，如何被冒用等关键事实完成举证证明责任。现原告提交的证据不足以证明其主张成立，本院对其要求确认自己不具有××公司的股东资格的诉讼请求不予支持。据此，依照《最高人民法院关于民事诉讼证据的若干规定》第二条之规定，判决如下：

驳回张某文的全部诉讼请求。

张某文不服一审判决，提出上诉。二审审理过程中，张某文撤回了上诉，北京市第三中级人民法院作出裁定：

准许张某文撤回上诉。

【法官后语】

随着依法治国的脚步不断迈进，市场主体的法律意识越来越强，越来越多的债权人以股东损害公司债权人利益责任纠纷为由，要求债务人公司的股东对公司债务承担连带给付责任。司法实践中，在此类纠纷发生后，债务人的部分股东便会提起股东资格确认之诉，要求法院确认其并非债务人公司股东，以免除承担股东损害公司债权人利益责任纠纷项下可能的责任。

本案便是发生在这样的背景之下，原告作为被告公司的股东已经在股东损害公司债权人利益责任纠纷案件中被判决对被告公司的债务承担连带清偿责任，在执行过程中，原告提起本案诉讼，要求确认其并非被告公司的股东。

关于焦点一，工商登记具有公示性，市场主体之间在发生经济往来的过程中对对方主体的工商登记信息具有合理的信赖利益。被告公司的工商登记信息显示张某文为该公司股东，其他市场主体（尤其是债权人）在与被告公司进行经济往来的过程中，对该登记信息具有合理信赖利益，故即使被告公司认可原告并非该公司股东的情况下也不能免除原告的证明责任，原告需对其身份被冒用的事实承担举证证明责任。

《最高人民法院关于适用〈中华人民共和国公司法〉若干问题的规定（三）》第二十八条规定："冒用他人名义出资并将该他人作为股东在公司登记机关登记的，冒名登记行为人应当承担相应责任；公司、其他股东或者公司债权人以未履行出资义务为由，请求被冒名登记为股东的承担补足出资责任或者对公司债务不能清偿部分的赔偿责任的，人民法院不予支持。"根据该司法解释的规定，该类案件原告需要对其身份被谁冒用，如何被冒用的事实承担相应的举证证明责任。

关于焦点二，身份被冒用的事实，可以从以下几方面进行认定：第一，工商登记中原告的签名均非原告本人所签；第二，原告曾经丢失身份证或有证据表明其身份证被他人冒名使用；第三，将原告登记为原始股东的工商登记实际办理人未取得原告的授权；第四，继受取得股东身份的股权转让方无法提供与原告（受让方）的股权转让协议或其他股权转让证据；第五，原告未履行过出资或认缴出资义务，未签署公司章程，未参与设立公司，未行使过股东权利。

在本案审理中，原告就上述事实均未能举证证明，应予驳回。且原告已经经过生效的法律文书确认作为被告公司股东承担股东损害公司债权人利益责任纠纷中的义务，故该类案件的处理直接涉及公司债权人的利益及法院生效文书的效力，原告证明责任之标准相较于其他股东资格确认纠纷案件还应更高。

案例分析与思考（案例二）

【案件基本信息】

案件名称：刘某个人独资企业家庭财产偿债案。

【案情介绍】

刘某是某高校的在职研究生，经济独立于其家庭。2018年8月注册成立了一家主营物流信息咨询的个人独资企业，取名为"××物流信息咨询有限公司"。营业形势良好，收益甚丰，于是，黄某与刘某协议参加该个人独资企业的投资经营，并注入投资5万元人民币。后来该独资企业经营不善导致负债10万元。刘某决定于2019年10月自行解散企业，但因为企业财产不足以清偿债务而被债权人、企业职工诉诸人民法院，请求以刘某家庭财产偿债。

【法院裁判要旨】

根据我国《个人独资企业法》规定，自然人可以单独投资设立个人独资企业。因此刘某经法定工商登记程序投资设立个人独资企业的做法，符合法律规定。但根据第十一条的规定，个人独资企业的名称应与其责任形式及从事的营业相符合。而个人独资企业为投资人个人负无限责任，因此刘某将其取名为"××物流信息咨询有限公司"违反法律规定，应纠正。

刘某允许黄某参加投资，共同经营的行为不合法。根据《个人独资企业法》第十五条规定，个人独资企业存续期间登记事项发生变更的，应当在作出变更决定之日起的十五日内依法向登记机关申请办理变更登记。因此，刘某如允许他人参加投资经营，必须依法办理变更登记，并改变为其他性质的企业，因为此时已经不符合个人独资企业的法定条件了。

该企业的债权人在刘某不能清偿债务时不能向刘某的家庭求偿。根据《个人独资企业法》第十八条的规定，个人独资企业投资人在申请企业设立登记时明确以其家庭共有财产作为个人出资的，应当依法以家庭共有财产对企业债务承担无限责任。刘某经济上独立于其家庭，因此债权人不能向刘某的家庭求偿，而应当是由刘某个人负无限责任。

课后习题

（1）企业的概念和特征是什么？

（2）物流企业区别于其他各类企业的主要特征是什么？

（3）国内普通物流企业的市场准入条件是什么？

（4）物流企业的设立原则、条件、程序有哪些？

（5）公司的概念是什么？

（6）有限责任公司的设立条件、程序与组织机构是什么？

（7）股份有限公司的设立条件和方式是什么？

（8）个人独资企业的设立条件是什么？

（9）什么是特殊的普通合伙企业？常见的有哪些？

第三章

物流合同法律制度

学习目标

【掌　握】

（1）掌握合同的概念及类型。
（2）掌握物流合同的概念、特征。
（3）掌握合同的订立过程，要约、要约邀请、承诺等概念和内涵。
（4）掌握物流合同有效的条件。
（5）掌握物流合同担保的概念、主要方式。
（6）掌握一般保证的概念、连带责任保证的概念。
（7）掌握抵押、质押、留置、定金的概念。
（8）掌握质押与留置的区别。
（9）掌握物流合同终止的原因。

【理　解】

（1）理解物流合同的基本原则。
（2）理解物流合同的形式、内容。
（3）理解无效物流合同的常见情形。
（4）理解可撤销物流合同的常见情形。
（5）理解一般保证与连带保证的区别。

【了　解】

（1）了解物流合同的法律适用。
（2）了解物流合同成立的时间和地点如何确立。
（3）了解效力待定的合同。
（4）了解合同履行的原则和主要规则。
（5）了解物流合同变更与转让。
（6）了解承担违约责任的方式。

第一节 物流合同概述

物流活动是指在一定时间和空间里，对物流各种功能的实施与管理过程，涉及运输、仓储、包装、装卸、搬运、流通加工、配送和信息处理等诸多环节，具有十分明显的综合性特点。物流活动中所形成的合同关系应适用《民法典》中的有关规定。

一、合同的概念和分类

（一）合同的概念

《民法典》所称合同，是指民事主体之间设立、变更、终止民事法律关系的协议。

（二）合同的分类

合同作为商品交易的法律形式，因其交易方式的多样化而具有不同的类型。根据一定的标准可以将合同划分为不同的类型。

1.有名合同与无名合同

根据合同在法律上有无名称和专门规定，可以将合同分为有名合同与无名合同。有名合同又称典型合同，是指法律明确规定其名称及规则的合同。无名合同是指法律尚未规定其名称及规则的合同。

具体的有名合同包括借款合同、买卖合同、担保合同、赠与合同、委托合同等。

2.诺成合同与实践合同

根据合同的成立是否以交付标的物为必要条件，可以将合同分为诺成合同与实践合同。诺成合同是指双方当事人意思表示一致就可以成立的合同，例如买卖合同。实践合同是指除双方当事人意思表示一致外，还需要交付标的物才能成立的合同，这里标的物是指当事人双方权利义务指向的对象。

实践合同主要有：①定金合同，自实际交付定金时成立；②自然人之间的借款合同，自贷款人提供借款时成立；③保管合同，自保管物交付时成立，但是当事人另有约定的除外。

3.要式合同与不要式合同

根据法律或当事人对合同的形式是否有特殊要求，可以将合同分为要式合同与不要式合同。要式合同是指法律规定或当事人约定必须采用特定形式的合同，包括依法应当采用书面形式，或需要公证、审批、登记等的合同。不要式合同是指法律规定或当事人约定不需要具备特定形式的合同。合同原则上都是不要式合同。

要式合同包括：担保法上的所有合同（保证、抵押、质押、定金）、金融机构的借款合同、建筑工程合同、长期租赁合同（租赁期限在6个月以上）、融资租赁合同、技术开发合同、技术转让合同，这些合同要求必须采用书面形式。

4.双务合同与单务合同

根据当事人双方权利义务的分担方式,可以将合同分为双务合同与单务合同。双务合同是指当事人双方都享有权利并承担义务的合同,例如仓储合同。单务合同是指当事人一方只承担义务不享有权利的合同;常见的单务合同有赠与、归还原物的借用、无偿保管合同三种。物流合同多为双务合同。

5.有偿合同与无偿合同

根据当事人取得权益是否需要支付相应代价,可以将合同分为有偿合同与无偿合同。有偿合同是指当事人一方享有权益必须偿付相应代价的合同;有偿合同包括买卖合同,承揽合同,建筑合同,运输合同,融资租赁合同,供电、水合同等合同类型。无偿合同是指当事人一方享有权益不必偿付相应代价的合同;无偿合同包括赠与合同、遗嘱、无偿借用合同、无偿保管合同等。

6.主合同与从合同

根据合同相互间的主从关系,可以将合同分为主合同与从合同。主合同是指不需要依附其他合同而能单独存在的合同,从合同是指以主合同的存在为前提的合同,如担保合同。

二、物流合同的概念和特征

物流合同是确定物流服务需求方与第三方物流经营人之间权利与义务关系的最重要的法律形式,既是物流业务开发最终确定的结果,也是物流业务实施过程中对照执行和解决物流业务纠纷的依据。

(一)物流合同的概念

物流合同,是指物流服务需求方与第三方物流经营人订立的,约定由第三方物流经营人为物流服务需求方完成一定的物流行为,而由物流服务需求方向第三方物流企业支付物流服务费的合同。

(二)物流合同的特征

物流合同是合同的种类之一,首先它具有合同的一般特征,这些特征包括:①合同当事人的法律地位平等;②合同当事人意思表示真实;③合同以明确权利义务关系为目的;④依法成立的合同具有法律上的约束力。

但同时,物流合同的综合性又使其具有自己的特性:

1.物流合同主体的特定性

物流合同中的物流经营人主要是投资建立的第三方物流企业,为提供物流服务收取报酬而经营的法人或其他组织。物流由仓储、运输、加工、信息处理等流程组成,因此,物流企业是统筹、综合处理上述过程的企业。

2.物流合同标的的特殊性

物流服务合同的标的是物流经营人向物流服务需求方提供物流服务的行为。这种服务行为可以表现为第三方物流经营人为物流服务需求方进行物流系统的设计，或负责整个物流系统的管理和运营，承担系统运营责任；也可以表现为第三方物流经营人为物流服务需求方提供部分的物流服务，如单纯的货物运输、仓储等。

3.物流合同行为的对等性

在物流合同中，双方当事人都既是债权人又是债务人，既享有债权也负有债务，并且一方的义务就是对方的权利。物流服务提供者有收取物流服务费的权利，必须以为物流服务需求者设计和管理物流系统并承担整个物流系统运营责任为代价；物流服务需求者必须以支付物流服务费为代价，获取享受物流服务提供者提供的物流服务的权利。

4.物流合同方式的综合性

物流经营人可以通过合同约定，向物流服务需求方提供运输、仓储等单一或者少数物流功能的组合服务项目，或者提供运输、仓储、配送、分销、流通加工、采购、咨询和信息以及其他增值作业等服务；或者是物流服务需求方与物流经营人建立长期物流服务合同，形成一体化供应链物流方案，根据集成方案将所有物流运作以及管理业务全部交给物流经营人。

（三）物流合同的法律适用

物流合同是无名合同，但从物流活动的本质与实践来看，应属于民事合同的范畴，受《民法典》的调整。《民法典》中的"合同"编规定："本法或者其他法律没有明文规定的合同，适用本编通则的规定，并可以参照适用本编或者其他法律最相类似合同的规定。"这就为物流合同适用《民法典》提供了直接的法律依据。

三、物流合同的基本原则

物流合同的基本原则，是指贯穿于物流合同法律制度的总的指导思想和根本法律原则，是物流合同当事人在合同活动中应当遵守的基本准则。

（一）平等原则

平等是民事权利义务关系的本质和基础。民事主体在民事活动中的法律地位一律平等。当事人无论具有何种身份，都是独立平等的，一方不得将自己的意志强加给另一方。平等原则要求不仅在订立合同时当事人法律地位平等，而且在履行合同中和承担合同责任时的法律地位也是平等的。

（二）自愿原则

民事主体从事民事活动，应当遵循自愿原则，按照自己的意思设立、变更、终止民事法律关系。任何单位和个人不得非法干预。自愿原则贯穿合同活动全过程：当事人可以自主决定是否与他人订立合同；与何人订立合同；在不违法的情况下自愿约定合同内容。当事人可以协议补充、变更有关内容；双方也可以协议解除合同；在发生争议时，当事人可以自愿选择解决争议的方式等。

（三）公平原则

民事主体从事民事活动，应当遵循公平原则，合理确定各方的权利和义务。公平原则要求当事人根据公平观念确定各方的权利与义务，在不侵害他人合法权益的基础上实现自己利益，不得滥用自己的权利。当事人权利与义务要对等，公平合理，以利益均衡作为价值判断标准来调整合同主体之间的关系，强调双方负担和风险的合理分配。

（四）诚实信用原则

民事主体从事民事活动，应当遵循诚信原则，秉持诚实，恪守承诺。诚实信用原则来源于市场经济活动中形成的道德规则。诚实信用原则要求当事人在订立合同时，必须遵循公平原则确定双方的权利和义务，不得欺诈，不得假借订立合同恶意进行磋商或有其他违背诚实信用的行为；在履行合同以及合同终止后，依据法律规定或合同约定承担给付义务和与之相联系的附随义务。

（五）公序良俗原则

民事主体从事民事活动，不得违反法律，不得违背公序良俗。合同的订立和履行，属于合同当事人之间的民事权利义务关系，主要涉及当事人的利益，国家一般不干预，由当事人自主约定，采取自愿的原则。但是，自愿原则也不是绝对的，当事人必须遵守法律、行政法规，尊重社会公德，不得扰乱社会经济秩序，不得违背公序良俗。

（六）节约资源、保护生态环境原则

民事主体从事民事活动，应当有利于节约资源、保护生态环境。

第二节 物流合同的订立

物流合同的订立，是指物流服务需求方与第三方物流经营人，依法就合同的主要条款经过协商一致达成协议的法律行为。

一、物流合同的形式

合同形式，是指合同当事人之间明确相互权利义务的方式，是双方当事人意思表示一致的外在表现。物流合同主要有三种形式，即书面形式、口头形式和其他形式。

（一）书面形式

书面形式是合同书、信件、电报、电传、传真等可以有形地表现所载内容的形式。以电子数据交换（如：网络购物的订单）、电子邮件等方式能够有形地表现所载内容，并可以随时调取查用的数据电文，视为书面形式。

书面形式明确肯定，有据可查，对于防止争议和解决纠纷有积极意义。物流活动实践中，书面形式是当事人最为普遍采用的一种合同约定形式。

（二）口头形式

口头形式是当事人双方就合同内容面对面或以通信设备交谈达成协议的形式。口头形式直接、简便、迅速，但在当事人发生纠纷时难以取证，不易分清责任。因此，对于不能即时清结的和较重要的合同不宜采用口头形式。

（三）其他形式

除了书面形式和口头形式，合同还可以以其他形式成立。一般可以根据当事人的行为或者特定情形推定合同已成立。

二、物流合同的内容

物流合同的内容，是指合同中经物流服务需求方与第三方物流经营人协商一致，规定双方当事人权利义务的具体条款。物流合同的条款分为一般条款和格式条款。

（一）一般条款

物流合同的一般条款包括以下内容：

1.当事人的名称和住所

当事人的名称和住所涉及合同的履行，以及发生争议时管辖权的确定，有的要在合同中明确约定。

2.物流服务的范围和内容

物流经营人在提供物流服务时，需要在合同中明确物流服务的范围和内容，包括：服务包含的具体事项和环节、服务到何种程度及服务的期限、参照的具体物流运作标准、费用计算办法、对物流服务的特殊要求，应详细描述有关货物的物理特征，所有装卸、搬运和运输的需要，运输方式，信息流和物流过程中的每一个细节。

3.合作方式和期限

合作方式和期限是指物流经营人以何种运营模式向物流服务需求方提供服务，是仅提供单一或者少数物流功能的组合服务项目，还是建立长期物流服务合同。

4.双方的具体权利和义务

物流合同中应当明确物流经营人提供的物流服务并收取费用，物流服务需求方交付费用并享受对方提供的物流服务。

5.服务所应达到的指标

物流服务具有很强的技术性，当事人在物流合同中应当详细规定技术指标、具体物流运作标准、对物流服务的特殊要求等。

6.实物交接和费用的结算、支付

物流活动分为很多环节，物流合同应具体地规定每个环节的实物交付和费用支付的具体内容。

7.违约的处理

物流合同应当约定违约的解决办法、费用及责任承担方式。

8.争议的解决方法

在物流合同中,当事人可以约定通过仲裁或者诉讼的方式解决纠纷。

物流服务合同中的服务范围和内容、当事人的合作方式、服务所应达到的标准等条款是物流实务中当事人容易发生纠纷的条款,当事人签订合同时应当注意尽量完善这些条款。

(二)格式条款

格式条款是指当事人为了重复使用而预先拟定,并在订立合同时未与对方协商的条款。合同的条款如果全部都是格式条款,则称为格式合同。格式合同是社会经济发展的产物,它存在于许多领域,例如保险、电讯、邮政、运输等。这些领域中的某些行业要进行大量的、重复性的交易活动,为简化订立合同的程序,形成了格式条款或格式合同。此类行业一般是发展较大的、具有一定规模的企业,往往具有垄断性。

格式条款所产生的影响和效果是两方面的。积极的方面主要表现为:便捷快速、减少交易成本、提高交易效率;利于事先分配合同风险,避免纷争。不利的方面主要表现为:因格式条款的提供者处于优势地位,通常可以利用其优越的经济地位,拟定有利于自己的条款,相对人为了生产或生活的需要又不得不屈从于该条款,这就违反了公平原则、合同自由原则,当事人地位平等原则也受到损害。因此,《民法典》合同编对格式条款作了相应的限制。

1.提供格式条款一方的义务

(1)应当遵循公平原则确定当事人之间的权利和义务。

(2)采取合理的方式提示对方注意免除或者减轻其责任等与对方有重大利害关系的条款,并按照对方的要求,对该条款予以说明。

2.格式条款无效的情形

(1)内容违反法律法规强制性规定的。

(2)提供格式条款一方不合理地免除或者减轻其责任、加重对方责任、限制对方主要权利。

(3)提供格式条款一方排除对方主要权利。

3.格式条款的解释规则

(1)对格式条款的理解发生争议时,应按通常理解予以解释。

(2)对格式条款有两种以上解释的,应作出不利于提供格式条款一方的解释。

(3)格式条款与非格式条款不一致时,应当采用非格式条款。

三、物流合同订立的方式

(一)要约

要约是希望和他人订立合同的意思表示,是一方当事人向对方提出签订合同的建议和要求。

1. 要约生效的条件

（1）要约必须明确地表达订立合同的意思。要约人发出要约的目的在于订立合同，这种订约的意图一定要由要约人通过要约充分表达出来，才能在受要约人承诺的情况下产生合同。

（2）要约的内容必须明确、肯定。要约应当包括未来合同的主要条款，否则，受要约人难以作出承诺。

（3）表明经受要约人承诺，要约人即受该意思表示约束。

2. 要约邀请

要约邀请是希望他人向自己发出要约的意思表示。要约邀请与要约不同，实践中注意区别。要约是以订立合同为目的的法律行为，要约一经承诺，合同即告成立。要约邀请的目的则是邀请他人向自己发出要约，自己承诺才成立合同。要约邀请处于合同的准备阶段，没有法律约束力。

3. 要约生效的时间

要约到达受要约人时生效。

以对话方式作出的意思表示，相对人知道其内容时生效。

以非对话方式作出的意思表示，到达相对人时生效。

以非对话方式作出的采用数据电文形式的意思表示，相对人指定特定系统接收数据电文的，该数据电文进入该特定系统时生效；未指定特定系统的，相对人知道或者应当知道该数据电文进入其系统时生效。当事人对采用数据电文形式的意思表示的生效时间另有约定的，按照其约定。

4. 要约的撤回和撤销

1）要约撤回

要约撤回是指要约人在发出要约后，要约生效前，使要约不发生法律效力的意思表示。要约可以撤回，原因在于这时要约尚未发生法律效力，撤回要约不会对要约人产生任何影响，也不会对交易秩序产生不良影响。由于要约在到达受要约人时即生效，因此撤回要约的通知应当在要约到达受要约人之前或者与要约同时到达受要约人。

2）要约撤销

要约撤销是指要约人在要约生效后、受要约人承诺前，使要约失去法律效力的意思表示。由于撤销要约可能会给受要约人带来不利的影响，损害受要约人的利益，因此法律规定，撤销要约的通知应当在受要约人发出承诺通知之前到达受要约人。

具有以下情形之一的，要约不得撤销：

（1）要约人以确定承诺期限或者其他形式明示要约不可撤销。

（2）受要约人有理由认为要约是不可撤销的，并已经为履行合同做了合理准备工作。

5. 要约的失效

要约失效是指要约丧失法律效力，即要约人不再受其约束，受要约人也终止承诺的权利。

要约失效的情形有：

（1）要约被拒绝。
（2）要约被依法撤销。
（3）承诺期限届满，受要约人未作出承诺。
（4）受要约人对要约的内容作出实质性变更。

（二）承诺

承诺是受要约人同意要约的意思表示。承诺生效时合同成立。

1.承诺生效的条件

1）必须由受要约人或其代理人作出

受要约人是要约人选择的订约对象，要约到达受要约人之后，受要约人便取得了承诺的权利，只有受要约人或其授权的代理人才有权作出承诺，任何第三人无此权利。

2）承诺的内容应当和要约的内容一致

承诺的内容应当和要约的内容一致，是指不能对要约的内容进行实质性的修改。承诺与要约的内容不一致，相当于受要约人向要约人发出的一项新要约。法律对受要约人改变要约内容的不同情况，分别规定了不同的法律后果：

（1）受要约人对要约的内容作出实质性变更的，为新要约。有关合同标的、数量、质量价款或者报酬、履行期限、履行地点和方式、违约责任和解决争议方法等的变更，是对要约内容的实质性变更。

（2）承诺对要约的内容作出非实质性变更的，除要约人及时表示反对或者要约表明承诺不得对要约的内容作出任何变更以外，该承诺有效。合同的内容以承诺的内容为准。

3）必须在规定的期限内作出

要约因有效期届满而失效，如果承诺超过要约的有效期则为"迟到的承诺"。"迟到的承诺"不是有效的承诺，而是一项新要约，须经原要约人承诺后，合同才能成立。但是如果"迟到的承诺"是由于受要约人之外的原因造成的，一般情况下该承诺有效。

我国《民法典》合同编对"迟到的承诺"的不同情形规定了不同的法律后果。

（1）受要约人超过承诺期限发出承诺，或者在承诺期限内发出承诺，按照通常情形不能及时到达要约人的，为新要约；但是，要约人及时通知受要约人该承诺有效的除外。

（2）受要约人在承诺期限内发出承诺，按照通常情形能够及时到达要约人，但是因其他原因致使承诺到达要约人时超过承诺期限的，除要约人及时通知受要约人因承诺超过期限不接受该承诺外，该承诺有效。

2.承诺的方式

承诺方式，是指受要约人将其承诺的意思表示传达给要约人所采用的方式。承诺可以分为两种方式：

1）明示方法

当事人既可以用书面形式也可以用口头方式将接受要约的意思表示通知要约人。

2）默示方式

当事人通过实施一定的行为表示承诺。包括两种情形：

（1）受要约人根据交易习惯作出履行行为；

（2）要约表明可以通过行为作出承诺。

> **概念拓展：默示**
>
> 承租人在租赁期限届满后继续支付租金，出租人也予以接受——民事法律行为的默示。
>
> 一方面，承租人与出租人皆以举动（继续付租金、接受租金）表达意思，故二者皆以默示表达意思表示；另一方面，租赁合同为双方民事法律行为，其成立需要双方意思表示一致，此处可以认为承租人以继续付租金为要约，出租人以接受租金为承诺，二者达成了以原有租赁合同为基础的新合同。法律亦对该情形有规定：《民法典》第七百三十四条第一款，租赁期限届满，承租人继续使用租赁物，出租人没有提出异议的，原租赁合同继续有效，但是租赁期限为不定期。故该种情况下的租赁合同为民事法律行为的默示形式。

3. 承诺的期限

承诺应当在要约确定的期限内到达要约人。

要约没有确定承诺期限的，承诺应当依照下列规定到达：

（1）要约以对话方式作出的，应当即时作出承诺。

（2）要约以非对话方式作出的，承诺应当在合理期限内到达。

承诺期限的计算，如果要约以信件或者电报作出的，承诺期限自信件载明的日期或者电报交发之日开始计算。信件未载明日期的，自投寄该信件的邮戳日期开始计算。要约以电话、传真、电子邮件等快速通讯方式作出的，承诺期限自要约到达受要约人时开始计算。

4. 承诺生效的时间

承诺通知到达要约人时生效。以通知方式作出的承诺，其生效时间的规定适用《民法典》中合同编关于要约生效的规定。承诺不需要通知的，根据交易习惯或者要约的要求作出承诺的行为时生效。

四、物流合同成立的时间和地点

（一）物流合同成立的时间

一般来说，物流合同谈判成立的过程，就是要约、新要约、再新要约直到承诺的过程。承诺生效时合同即告成立，当事人开始享有合同权利、承担合同义务。物流合同成立的时间在实践中意义重大。

承诺生效时合同成立。对于不同形式的物流合同，法律上具体规定如下：

（1）口头订立的合同，自口头承诺时生效。

（2）当事人采用合同书形式订立合同的，自当事人均签名、盖章或者按指印时合同成立。

（3）当事人采用合同书形式订立合同的，在签名、盖章或者按指印之前，当事人一方已经履行主要义务，对方接受时，该合同成立。

（4）当事人采用信件、数据电文等形式订立合同要求签订确认书的，签订确认书时合同成立。当事人一方通过互联网等信息网络发布的商品或者服务信息符合要约条件的，对方选择该商品或者服务并提交订单成功时合同成立，但是当事人另有约定的除外。

（5）法律、行政法规规定或者当事人约定合同应当采用书面形式订立，当事人未采用书面形式但是一方已经履行主要义务，对方接受时，该合同成立。

（二）物流合同成立的地点

承诺生效的地点为物流合同成立的地点。物流合同成立的地点是发生合同纠纷后确定管辖法院的依据，在国际贸易中还可以作为确定适用法律的依据，因此具有重要意义。

（1）口头订立的合同以口头承诺地点为合同生效地点；根据贸易习惯或要约人要求作出承诺行为的地点为合同成立地点。

（2）当事人采用合同书形式订立合同的，最后签名、盖章或者按指印的地点为合同成立的地点。

（3）采用数据电文形式订立合同的，收件人的主营业地为合同成立的地点；没有主营业地的，其住所地为合同成立的地点。

（4）当事人另有约定的，按照其约定。

五、缔约过失

缔约过失责任是指物流合同订立中的损害赔偿责任，即在物流合同订立的过程中，一方因违背诚实信用原则而给对方造成损失时所应承担的法律责任。

当事人在订立合同过程中有下列情形时，造成对方损失的，应当承担赔偿责任：

（一）假借订立合同，恶意进行磋商

当事人一方根本没有与对方签订合同的目的，以与对方谈判为借口，损害对方或第三人的利益，恶意进行磋商的行为。

（二）故意隐瞒与订立合同有关的重要事实或者提供虚假情况

当事人对于例如市场形势发生重大变化波及缔约的结果，或者合同标的有瑕疵，而没有如实告知对方当事人的行为。

（三）未履行保密义务

当事人泄露或者不正当地使用在订立合同过程中知悉的商业秘密或者其他应当保密的信息，或者泄露、不正当地使用该商业秘密或者信息，造成对方损失的行为。

（四）有其他违背诚实信用原则的行为

在订立合同的过程中，当事人之间应当依照诚实信用原则履行附随义务，当事人违反附随义务，造成对方损失的行为。

第三节 物流合同的效力

物流合同的效力，是指物流合同具有法律约束力。当事人必须全面正确履行合同，任何一方不得擅自变更或解除合同；任何一方违反合同，必须承担法律责任。

一、有效物流合同

具备下列条件的物流合同有效：

（一）行为人具有相应的民事行为能力

任何合同都是以当事人的意思表示为基础的，行为人必须具备正确理解自己的行为性质和后果的能力，具备独立地表达自己意思的能力，即具备与订立某项合同相应的民事行为能力。

（二）意思表示真实

合同是当事人之间的合意，这种合意能否依法产生法律约束力，取决于当事人的意思表示是否同其真实意思相符合。

（三）不违反法律、行政法规的强制性规定，不违背公序良俗

任何有订约能力的人，都可以按照自己的意愿自由地订立合同，但是法律同时规定，当事人订立的合同必须合法，必须符合公共秩序与善良风俗。

二、无效物流合同

（一）无效物流合同的概念

无效物流合同是指已经订立，因违反法律规定的生效条件而不发生法律效力，国家不予承认和保护的合同。

（二）无效物流合同的种类

根据《民法典》规定的无效合同的种类，结合物流合同的特点，下列物流合同无效：

（1）无民事行为能力人订立的物流合同。
（2）限制民事行为能力人订立的与其年龄、智力、精神健康状况不相适应的物流合同。
（3）行为人与相对人以虚假的意思表示订立的物流合同。
（4）行为人与相对人恶意串通，损害他人合法权益的物流合同。
（5）违反法律、行政法规的强制性规定的物流合同。
（6）违背公序良俗的物流合同。

> **概念拓展：无民事行为能力人、限制民事行为能力人**
>
> 无民事行为能力人，是指不具有以自己独立的意思表示进行民事法律行为的能力的自然人。不满八周岁的未成年人为无民事行为能力人；不能辨认自己行为的成年人以及不能辨认自己行为的八周岁以上的未成年人为无民事行为能力人。
>
> 限制民事行为能力人，是指独立通过意思表示进行民事法律行为的能力受到一定的限制的自然人，主要包括：8周岁以上不满18周岁的未成年人，和不能完全辨认自己行为的成年人。
>
> 实施行为的人是合同行为人，在合同关系中，双方存在着利益关系对立的人是合同相对人。

此外，合同中的下列免责条款无效：

（1）造成对方人身损害的。
（2）因故意或者重大过失造成对方财产损失的。

三、可撤销物流合同

可撤销物流合同是指当事人在订立合同时意思表示不真实，通过有撤销权的当事人行使撤销权，可使已经生效的合同归于无效的合同。

下列物流合同，当事人一方有权请求人民法院或者仲裁机构予以撤销：

（1）因重大误解订立的。
（2）一方以欺诈手段，使对方在违背真实意思的情况下订立的。
（3）第三人实施欺诈行为，使一方在违背真实意思的情况下订立的，对方知道或者应当知道该欺诈行为的。
（4）一方或者第三人以胁迫手段，使对方在违背真实意思的情况下订立的。
（5）一方利用对方处于危困状态、缺乏判断能力等情形，致使合同成立时显失公平的。

欺诈，是指一方当事人故意告知对方虚假情况，或者故意隐瞒真实情况，诱使对方当事人作出错误意思表示而与之订立合同。胁迫，指以将来要发生的损害或者以直接施加损害相威胁，使对方当事人产生恐惧而与之订立合同。以欺诈、胁迫手段，使对方在违背真实意思的情况下订立的物流合同，受欺诈方、受胁迫方有权请求人民法院或者仲裁机构予以撤销。一方利用对方处于危困状态、缺乏判断能力等情形，致使合同成立时显失公平的，受损害方有权请求予以撤销。

有下列情形之一的，撤销权消灭：

（1）当事人自知道或者应当知道撤销事由之日起1年内、重大误解的当事人知道或者应当知道撤销事由之日起90日内没有行使撤销权的。
（2）当事人受胁迫，自胁迫行为终止之日起1年内没有行使撤销权的。
（3）当事人知道撤销事由后明确表示或者以自己的行为表明放弃撤销权的。
（4）当事人自民事法律行为发生之日起5年内没有行使撤销权的，撤销权消灭。

四、效力待定的物流合同

效力待定的物流合同是指合同虽然已经成立，但是其效力尚未确定，须经有权人表示承认才能生效的合同。

限制民事行为能力人订立的合同，经法定代理人追认后，该合同有效，但纯获利益的合同或者与其年龄、智力、精神健康状况相适应而订立的合同，不必经法定代理人追认。相对人可以催告法定代理人自收到通知之日起30日内予以追认。法定代理人未作表示的，视为拒绝追认。民事法律行为被追认前，善意相对人有撤销的权利。撤销应当以通知的方式作出。

行为人没有代理权、超越代理权或者代理权终止后，仍然实施代理行为，未经被代理人追认的，对被代理人不发生效力。相对人可以催告被代理人自收到通知之日起30日内予以追认。无权代理人以被代理人的名义订立合同，被代理人已经开始履行合同义务或者接受相对人履行的，视为对合同的追认。被代理人未作表示的，视为拒绝追认。行为人实施的行为被追认前，善意相对人有撤销的权利。撤销应当以通知的方式作出。行为人实施的行为未被追认的，善意相对人有权请求行为人履行债务或者就其受到的损害请求行为人赔偿。相对人知道或者应当知道行为人无权代理的，相对人和行为人按照各自的过错承担责任。

五、物流合同被确认无效的后果

（一）物流合同被确认无效的效力

1.物流合同自始无效

物流合同被确认无效导致合同自成立时起就是无效的，对当事人不具有法律约束力。《民法典》第一百五十五条规定："无效的或者被撤销的民事法律行为自始没有法律约束力。"

2.物流合同部分无效不影响其他部分的效力

在内容可分的物流合同中，如果被确认无效只涉及合同部分内容，不影响其他部分效力的，合同其他部分内容仍然有效。

3.争议解决条款具有相对独立性

争议解决条款是指当事人约定解决合同争议的方法及适用法律的条款，合同不生效、无效、被撤销或者终止的，不影响合同中有关解决争议方法的条款的效力。

（二）物流合同被确认无效的法律后果

1.返还财产

物流合同被确认无效、被撤销或者确定不发生效力后，一方当事人应当将因该合同而从对方得到的财产归还给对方。返还财产以恢复原状为原则，应当尽量返还原物。如果财产不能返还或者没有必要返还的，应当折价补偿。

2.赔偿损失

物流合同被确认无效、被撤销或者确定不发生效力后，有过错的一方应当赔偿对方由此所受到的损失；各方都有过错的，应当各自承担相应的责任。

第四节 物流合同的履行和担保

一、物流合同的履行

物流合同的履行，是指物流合同生效后，双方当事人按照合同规定的各项条款，完成各自承担的义务和实现各自享有的权利，使双方当事人的合同目的得以实现的行为。

（一）合同履行的原则

1.全面履行原则

全面履行原则又称适当履行原则或正确履行原则，是指当事人应当按照物流合同的约定全面履行自己的义务。

2.诚信履行原则

当事人应当遵循诚信原则,根据合同的性质、目的和交易习惯履行通知、协助、保密等义务。

3.保护资源与环境原则

当事人在履行合同过程中,应当避免浪费资源、污染环境和破坏生态。

(二) 合同履行的主要规则

1.部分条款不明确时合同的履行

合同生效后,当事人就质量、价款或者报酬、履行地点等内容没有约定或者约定不明确的,可以协议补充;不能达成补充协议的,按照合同相关条款或者交易习惯确定。当事人就有关合同内容约定不明确,依据以上规定仍不能确定的,适用下列规定:

(1)质量要求不明确的,按照强制性国家标准履行;没有强制性国家标准的,按照推荐性国家标准履行;没有推荐性国家标准的,按照行业标准履行;没有国家标准、行业标准的,按照通常标准或者符合合同目的的特定标准履行。

(2)价款或者报酬不明确的,按照订立合同时履行地的市场价格履行;依法应当执行政府定价或者政府指导价的,依照规定履行。

(3)履行地点不明确,给付货币的,在接受货币一方所在地履行;交付不动产的,在不动产所在地履行;其他标的,在履行义务一方所在地履行。

(4)履行期限不明确的,债务人可以随时履行,债权人也可以随时请求履行,但是应当给对方必要的准备时间。

(5)履行方式不明确的,按照有利于实现合同目的的方式履行。

(6)履行费用的负担不明确的,由履行义务一方负担;因债权人原因增加的履行费用,由债权人负担。

2.价格调整时合同的履行

执行政府定价或者政府指导价的,在合同约定的交付期限内政府价格调整时,按照交付时的价格计价。逾期交付标的物的,遇价格上涨时,按照原价格执行;价格下降时,按照新价格执行。逾期提取标的物或者逾期付款的,遇价格上涨时,按照新价格执行;价格下降时,按照原价格执行。

(三) 涉及第三人的合同履行

1.向第三人履行债务

当事人约定由债务人向第三人履行债务的,债务人未向第三人履行债务或者履行债务不符合约定,应当向债权人承担违约责任。

2.第三人代为履行

当事人约定由第三人向债权人履行债务的,第三人不履行债务或者履行债务不符合约定,债务人应当向债权人承担违约责任。

二、物流合同的担保

（一）物流合同担保的概念

物流合同的担保是指依照法律规定，或由当事人双方经过协商一致而约定的，为保障合同债权实现的法律措施。合同订立后，一方当事人不履行合同或不适当履行合同，就会给对方造成损失，使对方所期望的经济利益无法实现。为了保证合同的切实履行，既保障合同债权人实现其债权，也促使合同债务人履行其债务，可以采取担保的措施。

当事人可以设定保证、抵押、质押、留置和定金等担保方式。

（二）物流合同担保的主要方式

1. 保证

保证是指第三人为债务人的债务履行作担保，由保证人和债权人约定，当债务人不履行到期债务或者发生当事人约定的情形时，保证人履行债务或者承担责任的行为。

保证方式有一般保证和连带责任保证两种。一般保证是指当事人在保证合同中约定，债务人不能履行债务时，由保证人承担保证责任。一般保证的保证人在主合同纠纷未经审判或者仲裁，并就债务人财产依法强制执行仍不能履行债务前，有权拒绝向债权人承担保证责任，但是有下列情形之一的除外：①债务人下落不明，且无财产可供执行；②人民法院已经受理债务人破产案件；③债权人有证据证明债务人的财产不足以履行全部债务或者丧失履行债务能力；④保证人书面表示放弃本款规定的权利。

连带责任保证是指当事人在保证合同中约定保证人与债务人对债务承担连带责任。连带责任保证的债务人在主合同规定的债务履行期届满没有履行债务或者发生当事人约定的情形的，债权人可以要求债务人履行债务，也可以要求保证人在其保证范围内承担保证责任。当事人在保证合同中对保证方式没有约定或者约定不明确的，按照一般保证承担保证责任。

知识拓展：一般保证与连带保证的区别？

（1）承担责任的具体做法不同。一般保证的保证人只是在主债务人不履行时，有代为履行的义务，即补充性；而连带责任保证中的保证人与主债务人为连带责任人，债权人在保证范围内，既可以向债务人求偿，也可以向保证人求偿，无论债权人选择谁，债务人和保证人都无权拒绝。

（2）连带责任保证中保证人与主债务人的权利义务及其责任承担问题适用于连带责任的法律规定；而一般保证中保证人与主债务人之间不存在连带债务问题，只是在保证人向债权人履行债务后，保证人对主债务人有求偿权。

（3）一般保证中的保证人享有先诉抗辩权，而连带责任保证中的债务人没有先诉抗辩权，即不能以债权人是否催告主债务人作为是否履行保证义务的抗辩理由。

（4）当事人在保证合同中对保证方式没有约定或者约定不明确的，按照一般保证承担保证责任。当事人在保证合同中约定，债务人不能履行债务时，由保证人承担保证责任的，为一般保证。当事人在保证合同中约定保证人和债务人对债务承担连带责任的，为连带责任保证。

概念拓展

连带责任亦称连带债务,是指具有连带关系的多数债务人所承担的债务。根据连带债务,任何一个连带债务人都有义务向债权人履行全部义务。经债务人中一人作出全部履行后,债即消灭。连带责任是数个债务人就同一债务各负全部给付的一种责任形式。

先诉抗辩权,指的是一般保证的保证人在主合同纠纷未经审判或者仲裁,并就债务人财产依法强制执行仍不能履行债务前,有权拒绝向债权人承担保证责任。

2. 抵押

抵押是指为担保债务的履行,债务人或者第三人以其特定财产在不转移占有的前提下,将该财产作为对债权的担保。当债务人不履行到期债务或者发生当事人约定的实现抵押权的情形时,债权人有权依法就该财产优先受偿。债务人或者第三人为抵押人,债权人为抵押权人,提供担保的财产为抵押财产。

抵押人只能以法律规定可以抵押的财产提供担保;法律规定不可以抵押的财产,抵押人不得用于提供担保。

3. 质押

质押是指债务人或第三人将其特定财产移交债权人占有,作为债权的担保。债务人不履行债务时,债权人有权依法将其特定财产折价或以拍卖、变卖的价款优先受偿。质押的形式包括动产质押和权利质押。债务人或者第三人为出质人,债权人为质权人,交付的动产为质押财产。

动产质押,是指为担保债务的履行,债务人或者第三人将其动产出质给债权人占有的,债务人不履行到期债务或者发生当事人约定的实现质权的情形,债权人有权就该动产优先受偿。

权利质押的标的为具有财产内容并可以转让的权利。债务人或者第三人有权处分的下列权利可以出质:①汇票、本票、支票;②债券、存款单;③仓单、提单;④可以转让的基金份额、股权;⑤可以转让的注册商标专用权、专利权、著作权等知识产权中的财产权;⑥现有的以及将有的应收账款;⑦法律、行政法规规定可以出质的其他财产权利。

质押合同自质物移交质权人占有之日起生效。以汇票、本票、支票、债券、存款单、仓单、提单出质的,质权自权利凭证交付质权人时设立;没有权利凭证的,质权自办理出质登记时设立。以基金份额、股权出质的,质权自办理出质登记时设立。以注册商标专用权、专利权、著作权等知识产权中的财产权出质的,质权自办理出质登记时设立。以应收账款出质的,质权自办理出质登记时设立。

4. 留置

留置是指债权人按照合同约定占有债务人的动产,债务人不按照合同约定的期限履行债务的,债权人可以留置已经合法占有的债务人的动产,并有权就该动产优先受偿。债权人为留置权人,占有的动产为留置财产。

债权人留置的动产,应当与债权属于同一法律关系。法律规定或者当事人约定不得留置的动产,不得留置。

留置权人负有妥善保管留置财产的义务;因保管不善致使留置财产毁损、灭失的,应当承担赔偿责任。留置权人有权收取留置财产的孳息。

> **概念拓展：孳息**
>
> 孳息是指物或者权益而产生的收益，包括天然孳息和法定孳息。天然孳息是原物根据自然规律产生的物。法定孳息指因法律关系所获得的收益，如房屋租金、存款利息等。

留置权人与债务人应当约定留置财产后的债务履行期限；没有约定或者约定不明确的，留置权人应当给债务人60日以上履行债务的期限，但是鲜活易腐等不易保管的动产除外。债务人逾期未履行的，留置权人可以与债务人协议以留置财产折价，也可以就拍卖、变卖留置财产所得的价款优先受偿。留置财产折价或者拍卖、变卖后，其价款超过债权数额的部分归债务人所有，不足部分由债务人清偿。

思考：质押与留置之间有哪些区别？

	质押权	留置权
成立条件不同	依当事人双方合意而成立	以法律直接规定（合同约定）
占有条件不同	质权在设定时才转移占有，担保物与债权事先没有占有关系	留置权的债权事先就与担保物有法律上的牵连。即债权人事先占有是留置权成立的前提
法律关系客体不同	动产+财产	仅为动产
权利实现不同	质权在债权已届清偿期而未受清偿时，就可以行使质权	留置权在债权已届清偿期而未受清偿时，还必须具备法律规定的程序——协议，才可实现留置权
消灭不同	质权不因债务人另行提供担保而消灭	留置权则在债务人另行提供担保时消失

5.定金

定金是指当事人一方为了担保合同的履行而预先向对方支付的一定数额的金钱。定金合同从实际交付定金之日起生效。债务人履行债务后，定金应当抵作价款或者收回。给付定金的一方不履行约定的债务的，无权要求返还定金；收受定金的一方不履行约定的债务的，应当双倍返还定金。

> **概念拓展与思考：定金还是订金？**
>
> （1）读懂定金
>
> ➢ **定金是担保合同双方当事人履行各自合同义务的法定担保方式**
>
> 在合同履行当中，双方当事人可以约定，由其中一方当事人向对方支付一定金额的定金，以担保合同双方当事人履行各自的合同义务；如果支付定金的一方不履行合同义务，那么定金就归属对方所有；如果接受定金的一方不履行合同义务，那么其就要向支付定金的一方双倍返还定金。定金是普通人采买商品、定制服务或者商人生意往来经常采用的一种担保方式，它的担保性质很强，对支付定金和接受定金的双方当事人均具有比较强的法律约束力。

> **定金合同（条款）自交付定金时成立、生效**

想要采用"定金"这一担保方式的人一定要注意，定金合同是相对独立于商品买卖、服务提供等主合同的从合同；法律明文规定，定金合同自实际交付定金时才能成立，成立时才能生效——这显著不同于合同一般自签名盖章时成立、生效的做法。也就是说，当事人白纸黑字地在合同文本上写明定金条款、签名盖章之后都还不够，必须由支付定金的一方将定金交付给接受定金的一方，定金条款才发生法律效力。定金的金额也不以合同文本约定的数额为准，而以实际交付的定金数额为准。换言之，各方当事人有权在交付定金的时候突然改变，交不交定金，交多少定金，都可以更改。即使当事人是在同一份合同当中既写明了商品买卖、服务提供等主合同条款，又写明了定金条款，还写明合同自各方当事人签名盖章时立即生效，定金条款也不随着当事人签名盖章或者主合同条款生效而生效，而只能在支付定金的一方实际向另一方交付定金时才生效。

> **定金数额最高不超过主合同标的额的20%，超过部分不发生定金效力**

定金的数额由合同当事人自由约定，但是最高不能超过主合同标的额的20%，超过部分不发生定金的效力。例如买方向卖方购买货物若干，合同总金额10万元，双方可以在2万元以下的范围内自由约定定金金额；如买方最终交给卖方3万元定金，那么其中只有2万元享有定金效力，剩余1万元不具有定金效力，只能折抵合同价款或者返还给买方。

> **定金罚则的具体适用规则**

适用定金罚则的前提是合同无法继续履行，合同的目的不能实现；定金罚则的目的就是惩罚那些不完全履行合同并导致合同目的不能实现的当事人。在合同目的无法实现的时候，守约的当事人既难以依据合同主张合同权利，也不必继续履行相应合同义务，而是可以援引定金罚则享有定金利益——在不负担合同义务的时候还可以享有定金利益，这对于守约合同当事人而言当然是一件好事，但对于违约的合同当事人来说则是一种惩罚。

定金的处理有四种情形。一是双方当事人各自遵守合同约定，履行合同义务的，此时无人违约，不再需要定金担保合同履行，定金可以冲抵支付定金方所需要支付的主合同价款，也可以由接受定金方将定金退给支付定金方。二是支付定金方不履行合同义务，或者履行义务不符合约定，致使不能实现合同目的的，定金归接受定金一方所有。接受定金的一方不能同时主张适用定金罚则与继续履行合同，因为定金罚则只有在合同无法继续履行的时候才能够触发。在这种情况下，定金不能冲抵"合同价款"，而是作为对违约方的惩罚，归守约方所有。三是接受定金方不履行合同义务，或者履行义务不符合约定，致使不能实现合同目的的，接受定金方应当向支付定金方双倍返还定金。在这种情况下，定金成为对接受定金方的惩罚；接受定金方既可以拿回自己支付的定金，还可以要求对方再支付一份定金，作为对自己的赔偿。四是双方当事人均不履行合同义务，或者履行义务不符合约定，致使不能实现合同目的的，此时双方当事人既是定金罚则的权利人，又是定金罚则的义务人；权利义务可以互相抵销，互不相欠。

为了惩罚违约方，保护守约方，法律规定如果守约方的实际损失高于定金数额的，守约方有权要求违约方赔偿超过定金数额的损失；如果守约方的实际损失低于定金数额的，守约方有权要求违约方按照定金数额赔偿。也就是说，违约方的赔偿金额"就高不就低"，定金数额和守约方的实际损失哪个更高，就按照哪个赔偿。有时候合同当事人在合同中既

约定了违约金条款,又约定了定金条款,并交付了定金。一方违约时,对方可以选择适用违约金或者定金条款,但不能同时主张违约方支付违约金和定金,只能选择其一。一般来说,当然是违约金和定金之中哪个金额高,就选择适用哪个。

(2)读懂订金

> **订金的法律性质是预付款,不具有法律意义上的合同担保效力**

"订金"与"定金"同音,法律效力却迥然不同。订金是民间市场交易的习惯用语,并非严谨的法律概念。在我国法律当中也没有相应的明文规定。一般而言,订金其实就是预付款,是合同当中负有给付金钱债务义务的当事人向对方先期支付的部分合同价款。在市场交易中,订金一般只是商品或服务的接受者在签订合同时先期支付的一笔费用或者价款,不具有担保合同签订或者义务履行的法律效力,也不设任何惩罚性规则。订金的具体金额、交付时间都可以由当事人自由约定。从法律效力上而言,订金与合同当事人依照合同支付的其他合同价款没有差异。如果合同当事人完全履行了合同义务,订金就是一方当事人所支付的合同价款的一部分,归属对方所有;如果订金支付方或者订金接受方解除合同,订金接受方均应当向订金支付方足额退还订金,订金支付方也不能要求双倍返还。

> **订金在促进市场交易、提高订金接受方履约能力方面有重要的社会价值**

订金作为消费者购买商品、服务以及商人生意往来当中一种常见的交易习惯,是有它存在的社会价值的。支付订金在相当程度上体现了自己订立合同、履行义务的诚意,有助于订金接受方信任订金支付方,促进双方达成合同交易。而且,订金还可以提高订金接受方的履约能力。订金接受方在订金进账后,有助于尽快回笼资金,实现现金周转,购买原材料、设备等,支付员工工资,可以做好为订金支付方提供商品或服务的准备。因此,不应轻视订金在促进市场交易、提高接受方履约能力方面的社会价值,而应当结合具体交易场景判断是否支付订金或者请求对方提供订金,并妥善保存相应的订金交易证据。

(3)案件分析

【案情】不少读者也许看过春晚小品《策划》。在小品里,白云(宋丹丹饰)为了偿还欠出版社的两万元债务,和牛策划(牛群饰)签订了合同,将自家的下蛋公鸡卖给了牛策划。小品中,牛策划为了吸引白云和黑土(赵本山饰)配合自己炒作,往白云家的桌子上放了两万元现金,并称"这就是预付款"。这里的"预付款"应理解成"订金",不具有担保下蛋公鸡买卖合同订立或者履行的效力。此外,在双方于合同上签字之前,下蛋公鸡的买卖合同也尚未达成;如果最终白云不卖或者牛策划不买了,牛策划完全有权拿回两万元的"预付款"。而牛策划也是多次以拿回两万元预付款、不再购买下蛋公鸡为筹码,诱使白云和黑土配合自己炒作。白云和牛策划最终签下了下蛋公鸡的买卖合同:牛策划将两万元付给白云,作为买断下蛋公鸡的合同价款;双方还约定,如果白云违约,应当向牛策划双倍返还合同价款,共计人民币四万元。牛策划还向白云特别指出了这项合同条款,白云明确表示同意。但是下蛋公鸡被儿媳妇炖了,已经成了白云招待牛策划的盘中餐,白云是不是反过来欠牛策划四万元呢?

【分析】牛策划与白云约定的双倍返还条款是典型的定金罚则条款;虽然双方没有明确指出牛策划支付的两万元是"定金",但是从有关合同条款性质判断,可以认为牛策划与白云不仅订立了下蛋公鸡买卖合同,还约定了总额两万元的定金合同,并完成了定金交付。但是定金总额已经与两万元的买卖合同总标的额持平，不符合法律规定；买卖合同总标的额的20%，即四千元具有定金效力；剩余一万六千元不具有定金效力，仅仅是牛策划向白云支付的买卖合同价款而已。由于白云家将下蛋公鸡炖了，导致白云无法将活鸡交付给牛策划，合同目的已无法实现，白云应当双倍返还定金，共计八千元；还需要向牛策划返还一万六千元的买卖合同价款——白云共计只需要向牛策划返还两万四千元，而不是四万元。

第五节 物流合同的变更、转让和终止

一、物流合同的变更

物流合同变更，是指在物流合同成立以后、尚未履行或者尚未完全履行前，当事人根据客观情况的变化，依照法律规定的条件和程序，对合同的内容进行修改或者补充。当事人对合同变更的内容约定不明确的，推定为未变更。

二、物流合同的转让

物流合同转让，是指当事人一方依法将合同的权利和义务全部或部分地转让给第三人的法律行为。合同的转让分为合同权利的转让、合同义务的转移、合同权利义务的概括转让。

（一）物流合同权利转让

物流合同权利转让是指债权人通过协议将其债权全部或部分转让给第三人的行为。债权人转让权利，一般情况下不需要经过债务人同意，但是应当通知债务人。未经通知债务人的，该转让对债务人不发生效力。债权转让的通知一般情况下不得撤销。

（二）物流合同义务转移

物流合同义务转移，是指经债权人同意，债务人将合同义务的全部或部分转移给第三人。债务人转移合同义务的，应当征得债权人的同意。

（三）物流合同权利义务概括转让

物流合同权利义务的概括转让，是指当事人一方将其在合同中的权利和义务一并转让给第三人。当事人进行合同权利义务一并转让的，应当征得对方的同意，并遵守相关法律法规对合同权利转让和合同义务转移的规定。

三、物流合同的终止

物流合同的终止又称为物流合同的消灭，是指由于某种原因而引起合同关系在客观上已不存在，合同债权和合同债务归于消灭。

关于物流合同终止的原因，主要有清偿、解除、抵销、提存、免除、混同等。

（一）清偿

清偿，是指债务已经按照约定履行，债权人的债权得到实现。

债务按照合同约定得到履行，一方面可以使合同债权得到满足，实现订立合同的目的；另一方面也使得合同义务归于消灭，产生合同权利义务终止的后果。

（二）解除

《民法典》规定："合同解除的，该合同的权利义务关系终止。"

解除是指合同成立后，在没有履行或者没有完全履行之前，当事人依照法律规定或者当事人约定的条件和程序，解除合同确定的权利义务关系，从而使合同归于消失。

1.合同解除的方式

合同的解除分为约定解除和法定解除。

1）约定解除

约定解除是指在合同成立后全部履行前，当事人可以通过协议或者行使约定的解除权而进行的合同解除。

约定解除合同包括协商解除和约定解除。协商解除是合同成立后全部履行前，根据主客观情况的变化，当事人协商一致解除合同。约定解除是指当事人在订立合同时，可以约定合同解除的条件，当该解除条件出现时，当事人一方可以依约解除合同。

2）法定解除

法定解除是指在合同成立后全部履行前，当事人一方在法律规定的解除条件出现时，行使解除权而使合同关系消灭。

有下列情形之一的，当事人可以解除合同：

（1）因不可抗力致使不能实现合同目的。

（2）在履行期限届满之前，当事人一方明确表示或以自己的行为表明不履行主要债务。

（3）当事人一方迟延履行主要债务，经催告后在合理期限内仍未履行。

（4）当事人一方迟延履行债务或者有其他违约行为致使不能实现合同目的。

（5）法律规定的其他情形。

2.合同解除的程序

当事人一方依法主张解除合同的，应当通知对方。合同自通知到达对方时解除；通知载明债务人在一定期限内不履行债务则合同自动解除，债务人在该期限内未履行债务的，合同自通知载明的期限届满时解除。

法律规定或者当事人约定解除权行使期限，期限届满当事人不行使的，该权利消灭。法律没有规定或者当事人没有约定解除权行使期限，自解除权人知道或者应当知道解除事由之日起1年内不行使，或者经对方催告后在合理期限内不行使的，该权利消灭。

（三）抵销

抵销，是指当事人互负到期债务，依照法律规定或者当事人约定，各自用其债权来充当债务进行清偿，从而使双方的债务在对等的额度内相互消灭。

根据抵销产生原因的不同,可以分为:

1.法定抵销

法定抵销,是指法律规定了抵销条件,当条件具备时,依照当事人一方的意思表示即可发生抵销的效力。法定抵销的条件:①当事人互负债务。②债务的履行期限届满。③债务的标的物种类、品质相同。④该债务按照法律规定和合同性质可以抵销。

2.约定抵销

约定抵销是指当事人双方协商一致,使自己的债务与对方的债务在等额内消灭。只要当事人互负债务,不论标的物种类、品质是否相同,都可以在协商一致后抵销,但不得违反法律规定。

(四)提存

> **拓展:提存的由来**
>
> 【案情】甲、乙两人约定,10日之内,甲要求乙制造一百台电视机。结果乙在10日之内为甲制造了一百台电视机,而甲于第5日出国,甲原本打算第9日回来,因此未告知乙,但因为其他原因第20日才回来。那么,第11日到第20日之间,乙该怎么办?
>
> 【分析】在早期,如债权人无正当理由而拒绝受领或不能受领,债权人虽应负担受领迟延责任,但债务人的债务却因未能履行而不能消灭。在此期间,债务人仍处于债务拘束之下,很不公平。因此法律允许债务人在债权人拒绝受领时,抛弃标的物而免除债务。那么,如果甲已经支付了电视机的价款,乙可能选择对自己最有利的办法——把电视机抛弃;如果甲未支付电视机费用,乙可能不得不支付大量保管费用,直到甲回来之后再向其索取电视机价款和保管费用。可见,抛弃电视机对甲明显不公平,而保管电视机对乙明显不公平。于是后来各国法律普遍设立了提存制度,即由于债权人的原因而无法向其交付债的标的物时,债务人将该标的物提交给提存机关而消灭债务的一项制度。这时,乙就可以把电视机提交到提存机关而免除保管义务。

提存,是指由于债权人的原因致使债务人难以履行债务的,债务人将标的物交给提存机关从而终止合同权利义务关系的行为。

1.提存的原因

有下列情形之一,难以履行债务的,债务人可以将标的物提存:

(1)债权人无正当理由拒绝受领。

(2)债权人下落不明。

(3)债权人死亡未确定继承人、遗产管理人,或者丧失民事行为能力未确定监护人。

(4)法律规定的其他情形。

2.提存的标的物

提存的标的物应当是合同规定给付的标的物,标的物不适于提存或者提存费用过高的,债务人依法可以拍卖或者变卖标的物,提存所得的价款。

3.提存的效力

（1）债务人依法将标的物提存后，视为债务已清偿，当事人的合同关系归于消灭。

（2）标的物提存后，标的物毁损、灭失的风险由债权人承担。

（3）提存费用由债权人承担。

（五）免除

免除是指债权人抛弃债权而使合同关系归于消灭的行为。债权人免除债务人部分或者全部债务的，合同的权利义务部分或者全部终止。但是免除不能损害第三人的利益。

（六）混同

混同是指由于某种客观事实的发生，使得一项合同中，原本由一方当事人享有的债权和另一方当事人承担的债务，同归于一人，从而导致合同权利义务的终止，但是损害第三人利益的除外。混同发生的原因主要有合并、继承等。

第六节　违反物流合同的法律责任

物流合同依法成立后，对双方当事人具有法律约束力，当事人必须按照合同规定全面、适当地履行义务，否则构成违约，违约方应该对自己的违约行为承担法律责任。

一、违约行为的形式

违约行为是指合同一方当事人不履行合同义务或者履行合同义务不符合约定的行为。物流合同的违约行为的表现形式包括预期违约和实际违约。

（一）预期违约

预期违约是指合同成立生效后履行期到来之前，当事人一方明确表示或者以自己的行为表明不履行合同义务的行为。

（二）实际违约

实际违约是指合同履行期届满时，当事人实际不履行合同义务或不适当履行合同义务的行为。

二、违约责任

违约责任是违反合同的民事责任的简称，是指合同当事人一方不履行合同义务或履行合同义务不符合合同约定所应承担的民事责任。

违约责任的法律特征包括：①违约责任的成立必须以合法有效的合同为前提；②违约责任的产生必须有违约事实的存在；③违约责任可以由当事人在法律允许的范围内约定；④违约责任的目的在于补偿因违约行为造成的损害后果。

三、承担违约责任的方式

《民法典》合同编规定,当事人一方明确表示或者以自己的行为表明不履行合同义务的,对方可以在履行期限届满前请求其承担违约责任。当事人一方不履行合同义务或者履行合同义务不符合约定的,应当承担继续履行、采取补救措施或者赔偿损失等违约责任。

(一)继续履行

继续履行又称实际履行,是指当事人一方不履行合同义务或者履行合同义务不符合约定时,另一方当事人可以要求其在合同履行期届满后,继续按照原合同的约定履行义务。在可以履行的条件下,违反合同的当事人无论是否已经承担赔偿金或者违约金责任,对方当事人都有权要求违约方继续按照合同约定履行其尚未履行的义务。

(二)采取补救措施

采取补救措施,是指当事人一方履行合同义务不符合约定后,对违约情形进行补救的一种行为。质量不符合约定的,应当按照当事人的约定承担违约责任。对违约责任没有约定或者约定不明确,依照《民法典》第五百一十条的规定仍不能确定的,受损害方根据标的的性质以及损失的大小,可以合理选择请求对方承担修理、重作、更换、退货、减少价款或者报酬等违约责任。

(三)赔偿损失

赔偿损失是指因合同一方当事人的违约行为而给对方当事人造成财产损失时,违约方给予对方的经济补偿。当事人违约,在继续履行义务或者采取补救措施后,对方还有其他损失的,应当赔偿损失。

1.完全赔偿原则

赔偿损失的目的主要是补偿未违约方的财产损失,因此,以实际发生的损害为赔偿标准。损失赔偿额应当相当于因违约所造成的损失,包括实际损失和合同履行后可以获得的利益损失。

2.合理预见规则

损失赔偿额不得超过违反合同一方订立合同时能够预见到或者应当预见到的因违反合同可能造成的损失。

(四)支付违约金

违约金,是指当事人在合同中预先约定的在一方违约时根据违约情况向对方支付的一定数额的金钱。当事人既可以约定违约金的数额,也可以约定因违约产生的损失赔偿额的计算方法。

当约定的违约金低于造成的损失时,当事人可以请求人民法院或者仲裁机构予以增加;约定的违约金过分高于造成的损失时,人民法院或者仲裁机构可以根据当事人的请求予以适当减少。

(五) 定金罚则

定金具有双重功能。一方面，定金由债务人向债权人预先支付，债务人履行债务后，定金应当抵作价款或者收回，这就表明定金是一种担保方式，起保证债务履行的作用。另一方面，给付定金的一方不履行约定的债务的，无权要求返还定金；收受定金的一方不履行约定的债务的，应当双倍返还定金，这又表明定金是一种违约责任形式。

当事人在订立合同时，既可以约定违约金，又可以约定定金，一方违约时，对方可以选择适用违约金条款或者定金条款，即二者不能同时适用。定金不足以弥补一方违约造成的损失的，对方可以请求赔偿超过定金数额的损失。

四、违约责任的免除

违约责任的免除是指在合同履行过程中，出现法律规定或合同约定的免责事由，从而导致合同不能履行的，可以免除合同当事人的违约责任。

在发生违反合同的事实后，免除违约方违约责任的事实和理由被称为免责事由。免责事由包括法定免责事由和约定免责事由。法定免责事由是指法律规定的免除责任的事由，主要是指不可抗力；约定免责事由，是指当事人通过合同约定的免除责任的事由，主要是当事人约定的免责条款。

(一) 不可抗力

1. 不可抗力的概念

不可抗力，是指当事人在订立合同时不能预见、对其发生和后果不能避免并不能克服的事件。一般而言，不可抗力包括：①自然灾害，例如火灾、地震等。②政府行为，例如政府征用、发布新政策法规等。③社会异常事件，例如罢工、战争等。

2. 不可抗力的法律后果

因不可抗力不能履行合同的，根据不可抗力的影响，可以全部或部分免除当事人的违约责任。但是当事人迟延履行后发生不可抗力的不能免责。

3. 当事人的义务

遭遇不可抗力的一方当事人同时负有两项义务：

1）及时通知义务

遭遇不可抗力的一方当事人，应当向对方通报自己不能履行合同的情况和理由，使对方及时采取措施，防止和减少损失，否则应赔偿扩大的损失部分。

2）提供证明义务

遭遇不可抗力的一方当事人，应当在合理期限内向对方提供有关机构的书面证明，以证明不可抗力事件的发生及影响当事人履行合同的具体情况。

（二）免责条款

1.免责条款的概念

免责条款是指当事人在合同中约定的排除或限制其未来民事责任的合同条款。

免责条款具有以下法律性质：①免责条款已被订入合同中，成为合同的组成部分。②免责条款以排除或限制当事人未来民事责任为目的。③免责条款多数属于格式条款。

2.对免责条款的规定

免责条款的订立，原则上应是双方自愿协商一致的结果，但也要经过要约和承诺两个阶段。免责条款必须是明示，不允许以默示方式作出。另外，法律也允许免责条款由一方当事人事先拟定，但这类免责的格式条款，应遵守法律对格式条款的规定。

合同中的下列免责条款无效：一是造成对方人身伤害的；二是因故意或者重大过失造成对方财产损失的。

小结

物流合同是物流活动最主要的法律形式。本章重点介绍了合同的概念和分类、物流合同的概念和法律特征、物流合同的法律适用和基本原则。阐述了物流合同订立的形式、内容与程序；物流合同的生效与担保；无效物流合同的判定与处理；物流合同的变更、转让与终止；违反物流合同的责任等一系列重要问题，为进一步学习以后各章中所包含的各种具体合同奠定基础。

案例分析与思考（案例一）

【案件基本信息】

案件名称：未采取一切必要措施避免航空运输延误损失的发生应当赔偿——郭某海诉航空公司航空旅客运输合同案。

（1）裁判书字号：北京市朝阳区人民法院（2020）京0105民初53436号民事判决书。

（2）案由：航空旅客运输合同纠纷。

（3）当事人：

原告：郭某海。

被告：航空公司。

【案情介绍】

原告因2020年6月3日上午9时需前往广东省湛江市雷州市人民法院开庭，购买了2020年6月2日从北京到广州的某航空公司A航班机票，该航班18时30分自首都机场T2起飞，21时35分到达白云机场T2，票价970元（含机场建设费50元）。原告同时购买了2020年6月2日从广州到湛江的某航空公司B航班机票，该航班23时5分自白云机场T2起飞，0时20分到达湛江机场，票价370元（含机场建设费50元）。2020年6月2日，原告在A航班登机后，飞机自身出现故障，导致延误。2020年6月4日，被告向原告出具了一份《航班不正常证明》，载明是被告原因导致航班不正常，A航班计划出港时间18时30分，计划到达时间 21 时 35 分,实际出港时间 22 时 17 分,实际到达时间 01 时 52 分,航班出港、到港时间均延误。A 航班到达延误,导致原告未能乘坐广州至湛江的 B 航班。原告乘坐出租车自广州前往雷州,花费车费 1 929 元。

【案情焦点】

因飞机故障导致延误,承运人是否应当对旅客的经济损失承担赔偿责任。

【法院裁判要旨】

北京市朝阳区人民法院经审理认为:旅客、行李或者货物在航空运输中因延误造成的损失,承运人应当承担责任;但是,承运人证明本人或者其受雇人、代理人为了避免损失的发生,已经采取一切必要措施或者不可能采取此种措施的,不承担责任。本案中,原告购买了被告 A 航班机票,双方形成航空旅客运输合同关系,被告应当按照约定的时间将原告送达目的地。因被告飞机自身故障,导致起飞、降落时间发生重大延误,被告构成违约。航班延误期间,原告向被告工作人员说明了自己需要赶往广州乘坐被告另外一个航班的情况,但被告只是采取了为乘客办理退票等通常措施,而这些通常措施无法避免原告经济损失的发生。被告没有证据证明被告为避免损失的发生已经采取一切可能的措施,因此,对于原告的经济损失,被告应承担赔偿责任。被告提交的《地面服务保障手册》中规定的因被告自身原因造成航班延误的补偿标准,属于被告内部的规范性文件,并非对所有旅客均具有约束力,不妨碍旅客就被告的违约行为提出超过该补偿标准的赔偿请求。关于原告主张的各项损失,原告已经实际乘坐了北京到广州的航班,原告要求退还机票费 970 元没有依据,法院不予支持。关于原告主张的三倍票价赔偿,原告没有证据证明其存在欺诈行为,法院对原告该项诉讼请求不予支持。对于原告主张的熬夜所致感冒的健康损失,原告未举证,法院不予支持。原告主张的精神损害抚慰金,没有法律依据,法院不予支持。关于原告主张的广州到湛江的机票损失、打车费,原告按照预定计划是从广州乘坐飞机至湛江,后从湛江打车前往雷州,由于被告航班延误,导致被告直接从广州打车至雷州,致使费用增加,因此核定原告损失时,应当从打车费中扣除原告本来应该支出的从广州至湛江、湛江至雷州的费用,原告再主张广州到湛江的机票损失没有依据,因此法院酌定被告赔偿原告打车费损失 1 400 元。

北京市朝阳区人民法院依照《中华人民共和国合同法》第六十条第一款、第一百零七条,《中华人民共和国民用航空法》第一百二十六条,《中华人民共和国消费者权益保护法》第五十五条,《中华人民共和国民事诉讼法》第一百六十二条之规定,作出如下判决:

一、被告航空公司于本判决生效之日起七日内赔偿原告郭某海车费损失 1 400 元;

二、驳回原告郭某海的其他诉讼请求。

一审宣判后,双方当事人未上诉,现判决已发生法律效力。

【法官后语】

乘坐飞机出行已经成为一种十分普遍的交通方式。旅客与民用航空器承运人订立航空旅客运输合同后,承运人应当出具客票,并按照约定时间将旅客运送至目的地点。现实生活中,飞机可能因天气、空中交通管制、机械故障等发生延误,给旅客造成损失。本案是因飞机自身机械故障延误引发的纠纷,其核心争议焦点在于承运人是否应当赔偿旅客的延误损失。

1. 因飞机自身原因导致延误，承运人构成违约

航空旅客运输合同成立并生效后，承运人的主要义务是按照约定时间将旅客安全送至目的地点。根据相关法律规定，当事人一方不履行合同义务或者履行合同义务不符合约定，应当承担继续履行、采取补救措施或者赔偿损失等违约责任。本案中，被告飞机故障致使出港和到达时间均延误近四个小时，构成违约，应当承担赔偿损失的违约责任。但是，《中华人民共和国民用航空法》第一百二十六条为承运人提供了一项免责事由，即承运人证明本人或者其受雇人、代理人为了避免损失的发生，已经采取一切必要措施或者不可能采取此种措施的，不承担责任。

2. 承运人未采取必要措施避免损失发生，应当承担赔偿责任

在发生飞机故障后，旅客一般处于较为被动的地位，承运人应当采取一些必要措施，减少或避免旅客的损失。例如，为旅客退票、安排酒店住宿或其他航班、转签机票、主动给予适当的补偿等。本案原告乘坐的飞机延误，原告告知被告后续要换乘被告的另外一趟航班，被告并未为原告换乘或退票，也没有按照其自行制定的补偿标准对原告进行补偿，而是放任损害结果的发生，导致原告不仅未能乘坐后续航班，而且因到达目的地点的时间较晚，支出了更多的打车费用。所以应当认为被告没有为避免损失的发生采取一切必要的措施，不符合免责的情形，其有义务对原告的损失承担赔偿责任。

3. 承运人的补偿标准不能排除旅客按照实际损失求偿

承运人一般会制定航班延误的补偿标准，并报请相关行政主管部门备案。但该补偿标准属于承运人自行制定的内部规定，可以作为其主动对旅客进行赔偿的参考，但对旅客并无法律约束力，不能排除旅客就其实际损失提出超过承运人补偿标准的赔偿数额。另外，特价机票的改签、退票根据航空旅客运输合同的约定会受到一定限制，这种限制不应该包含因承运人违约导致旅客需要改签、退票的情况。本案被告以原告购买的机票系特价票为由拒绝为原告办理后续的退改机票事宜，不构成正当的抗辩事由，其没有采取适当措施防止损失扩大，原告有权要求被告按照实际损失进行赔偿。

综上，因飞机故障导致延误，承运人构成违约，其有义务采取一切必要措施避免旅客损失的发生，如果承运人没有采取一切必要措施或者不能证明不可能采取此种措施的，应当对旅客的实际损失承担赔偿责任。承运人自行制定的补偿标准，不能排除旅客按照实际损失获得赔偿。

案例分析与思考（案例二）

【案件基本信息】

案件名称：某运输公司因不当行使留置权与某水轮机公司赔偿纠纷案。

【案情介绍】

原告某水轮机公司向第三人某物资公司购买了100吨螺纹钢，价值35万元，并委托第三人代办托运。第三人于2008年2月16日以自己的名义口头委托被告某运输公司于次日将钢材从南宁运到百色田林，交给两个收货人（谢某和李某），运费由谢某、李某支付。2008年2月17日，被告司机将100吨钢材运达田林云贵停车场。谢某、李某二人到来后与被告司

机进行了接洽，但未提货。直至 2 月 20 日晚，被告司机未见收货人来提货，遂于当晚将钢材运回南宁并于 2 月 22 日在某停车服务公司将钢材卸下，并从该日起提交该公司保管至 2008 年 10 月 18 日。

被告经与第三人联系，第三人向被告披露其并非实际托运人而是受原告委托代办托运；谢某、李某二人是原告的员工。2008 年 2 月 27 日，原告派人来南宁与被告协商并要求返还全部钢材未果；被告要求原告支付运费、保管费，原告以被告未将钢材运达指定地点为由予以拒绝，于 2008 年 6 月 25 日以此为由并主张被告扣押钢材无理向法院提起诉讼，要求被告返还钢材 100 吨，并赔偿钢材资金积压所致利息损失 3 607.11 元和其他经济损失 12 303 元。

被告某运输公司辩称：本案纠纷的责任完全在于原告，请求法院驳回原告的诉讼请求，并提出反诉，要求原告支付运费 15 282 元和保管费 8 260 元。

审理过程中，经法院组织调解，被告于 2008 年 10 月 18 日将钢材全部返还给了原告。但双方对各自主张的损失和费用未能达成合意。对运输到达具体的约定地点，原、被告各执一词：原告主张系自己向第三人购买了钢材后，随即口头委托被告的司机代为向第三人提取钢材并负责运到指定地点——"田林县百乐河水电站工地"；被告则主张系第三人口头委托被告运至"田林云贵停车场"。

【法院裁判要旨】

承运人行使留置权是否恰当，即被告某运输公司将钢材运回南宁并于 2 月 22 日在某停车服务公司将钢材卸下是否恰当。

谢某、李某二人与被告司机进行了接洽，但未提货，是否恰当。

【法院裁判要旨】

法院审理后认为：被告因原告拒付运费、保管费而拒以返还所运钢材给原告之日，实为被告行使留置权之日。被告留置财产的价值应以合理限度为限。现被告留置原告全部货物已数倍超出自己对原告享有的债权金额，构成了不当留置，应就超出部分赔偿原告的损失。除被告留置相当于其债权金额的财产部分外，法院对原告要求被告赔偿因占用钢材资金所致利息损失的请求予以支持，该损失依法应按银行同期商业贷款利率从留置之日计至被告返还钢材之日。被告依法行使留置权之日前产生的保管费应由原告承担。被告要求原告赔偿其不当留置产生的保管费于法无据，法院不予支持。原告请求被告赔偿其他经济损失属重复计算损失，法院不予支持。

最终法院判决被告某运输公司赔偿原告某水轮机公司占用钢材资金所致利息损失（利息计算：从 2008 年 2 月 27 日起计至 2008 年 10 月 18 日，按中国人民银行同期流动资金贷款利率分段计付），判决原告某水轮机公司向被告某运输公司支付运费 15 282 元和保管费 245 元；驳回原告某水轮机公司的其他诉讼请求；驳回被告某运输公司的其他诉讼请求。

原、被告双方不服，分别提出上诉，二审维持原判。

> 课后习题

（1）合同的概念和分类。
（2）物流合同的概念、一般特征和区别普通合同的独特特征。

（3）物流合同的条款有哪些？
（4）承诺生效的条件是什么？
（5）物流合同生效的要件是什么？
（6）合同履行的原则是什么？
（7）物流合同担保的主要方式有哪些？
（8）质押权和留置权的区别有哪些？
（9）物流合同的终止原因有哪些？
（10）承担违约责任的方式有哪些？

第四章

物流采购与销售法律制度

学习目标

【掌　握】

（1）掌握买卖合同的概念以及其中的法律关系主体。
（2）掌握买卖合同的特征。
（3）掌握出卖人瑕疵担保义务的内涵。
（4）掌握几类特种买卖合同的概念。

【理　解】

（1）理解买卖合同双方当事人的义务。
（2）理解买卖合同中标的物转移过程中风险的承担规则。
（3）理解《联合国国际货物买卖合同公约》的适用范围。
（4）理解国际货物买卖合同的订立过程。

【了　解】

（1）了解买卖合同内容。
（2）了解拍卖相关的几种合同。
（3）了解对违反买卖合同的补救方法。
（4）了解《解释通则2020》对11种贸易术语的定义。

第一节　物流采购与销售合同

物流是物品从供应地向接收地的实体流动过程。物流活动涉及采购、运输、仓储、流通、加工、配送、销售等环节的物品流动过程。货物只有经过买卖阶段才能进入物流活动的各个环节，实现物流各环节的功能。当事人在货物买卖活动中关于商品的品质、交付、包装、检验、保管、保险等事项的规定，直接与物流活动环节中货物的交接、包装、仓储、运输、装卸、加工、配送等有密不可分的联系。

一、买卖合同的概念与特征

（一）买卖合同的概念

买卖合同是出卖人转移标的物的所有权给买受人，买受人支付价款的合同。交付货物并转移的一方是出卖人，支付货款并取得货物所有权的一方是买受人。

买卖合同是《民法典》中规定的有名合同，也是最基本的有名合同。

买卖合同的内容一般包括标的物的名称、数量、质量、价款、履行期限、履行地点和方式、包装方式、检验标准和方法、结算方式、合同使用的文字及其效力等条款。

（二）买卖合同的特征

（1）买卖合同是双务合同。
（2）买卖合同是有偿合同。
（3）买卖合同是转移财产所有权的合同。
（4）买卖合同一般情况下是诺成合同。
（5）买卖合同一般情况下是不要式合同。

二、买卖合同双方当事人的义务

（一）出卖人的义务

出卖人在买卖合同中主要承担向买受人交付标的物或者交付提取标的物的单证，并转移标的物所有权的义务。

1.交付标的物

交付标的物是出卖人的主要合同义务。出卖人应当按照合同约定的期限、地点、方式、数量、质量等将标的物交付给买受人。

出卖人应当按照约定的时间交付标的物。约定交付期间的，出卖人可以在该交付期间内的任何时间交付。合同生效后，当事人就履行时间没有约定或者约定不明确的，可以协议补充；不能达成补充协议的，按照合同相关条款或者交易习惯确定。如果仍不能确定的，《民法典》规定，履行期限不明确的，债务人可以随时履行，债权人也可以随时请求履行，但是应当给对方必要的准备时间。

出卖人应当按照约定的地点交付标的物。当事人没有约定交付地点或者约定不明确，依据《民法典》第五百一十条的规定仍不能确定的，适用下列规定：①标的物需要运输的，出卖人应当将标的物交付给第一承运人以运交给买受人；②标的物不需要运输，出卖人和买受人订立合同时知道标的物在某一地点的，出卖人应当在该地点交付标的物；不知道标的物在某一地点的，应当在出卖人订立合同时的营业地交付标的物。

出卖人应当按照约定的数量交付标的物。出卖人多交标的物的，买受人可以接收或者拒绝接收多交的部分。买受人接收多交部分的，按照约定的价格支付价款；买受人拒绝接收多交部分的，应当及时通知出卖人。

出卖人应当按照约定的质量要求交付标的物。出卖人提供有关标的物质量说明的，交付的标的物应当符合该说明的质量要求。当事人对标的物的质量要求没有约定或者约定不明确，依据《民法典》第五百一十条的规定仍不能确定的，适用以下规定：质量要求不明确的，按照强制性国家标准履行；没有强制性国家标准的，按照推荐性国家标准履行；没有推荐性国家标准的，按照行业标准履行；没有国家标准、行业标准的，按照通常标准或者符合合同目的的特定标准履行。

出卖人应当按照约定的包装方式交付标的物。对包装方式没有约定或者约定不明确，依据《民法典》第五百一十条的规定仍不能确定的，应当按照通用的方式包装；没有通用方式的，应当采取足以保护标的物且有利于节约资源、保护生态环境的包装方式。

2.将所交付标的物的所有权转移给买受人

买卖合同是转移财产所有权的合同。出卖人出卖的货物应当属于出卖人所有或者出卖人有权处分的财产。出卖人应当将货物的所有权交付给买受人，买卖合同标的物的所有权自标的物交付时起转移。当事人也可以约定标的物所有权的转移。

3.交付提取标的物的单证

出卖人应当履行向买受人交付标的物或者交付提取标的物的单证，并转移标的物所有权的义务。出卖人应当按照约定或者交易习惯向买受人交付提取标的物单证以外的有关单证和资料。

4.瑕疵担保义务

出卖人将买卖合同标的物的所有权转移给买受人，并应当就标的物的瑕疵承担担保义务。瑕疵担保义务包括：标的物的品质瑕疵担保义务和权利瑕疵担保义务。

1）标的物的品质担保义务

标的物的品质担保义务是指，出卖人应当保证所交付的标的物的品质符合合同的约定或者符合法律的规定，如果出卖人所交付的标的物存在质量不符合约定或法定品质的，出卖方应当承担责任。

当事人约定减轻或者免除出卖人对标的物瑕疵承担的责任，因出卖人故意或者重大过失不告知买受人标的物瑕疵的，出卖人无权主张减轻或者免除责任。

2）标的物的权利担保义务

标的物的权利担保义务是指，出卖人应当就交付的标的物，负有保证第三人不得向买受人主张任何权利的义务。

因出卖人未取得处分权致使标的物所有权不能转移的，买受人可以解除合同并请求出卖人承担违约责任。法律、行政法规禁止或者限制转让的标的物，依照其规定。

买受人有确切证据证明第三人对标的物享有权利的，可以中止支付相应的价款。

（二）买受人的义务

1.支付货款

支付货款是买受人的主要义务。买受人应当按照合同规定的数额、时间、地点、方式支付货款。分期付款的买受人未支付到期价款的金额达到全部价款的 1/5 的，出卖人可以要求买受人支付全部价款或者解除合同。

买受人应当按照约定的数额和支付方式支付价款。对价款的数额和支付方式没有约定或者约定不明确的，当事人可以协议补充；不能达成补充协议的，按照合同相关条款或者交易习惯确定。当事人就有关合同内容约定不明确，依据以上规定仍不能确定的，适用《民法典》第五百一十一条规定：价款或者报酬不明确的，按照订立合同时履行地的市场价格履行；依法应当执行政府定价或者政府指导价的，依照规定履行；履行方式不明确的，按照有利于实现合同目的的方式履行。

买受人应当按照约定的时间支付价款。对支付时间没有约定或者约定不明确，依据《民法典》第五百一十条的规定仍不能确定的，买受人应当在收到标的物或者提取标的物单证的同时支付。

买受人应当按照约定的地点支付价款。对支付地点没有约定或者约定不明确，当事人可以协议补充；不能达成补充协议的，按照合同相关条款或者交易习惯确定。依据以上规定仍不能确定的，买受人应当在出卖人的营业地支付。但是，约定支付价款以交付标的物或者交付提取标的物单证为条件的，在交付标的物或者交付提取标的物单证的所在地支付。

2.受领标的物

买受人应当按照约定受领标的物。

因买受人的原因致使标的物未按照约定的期限交付的，买受人应当自违反约定时起承担标的物毁损、灭失的风险。

3.检验出卖方所交付的货物

买受人在接受标的物时，应当在约定的期限内检验货物。当事人在合同中没有约定检验期限的，应当及时检验。

当事人约定检验期限的，买受人应当在检验期限内将标的物的数量或者质量不符合约定的情形通知出卖人。买受人怠于通知的，视为标的物的数量或者质量符合约定。

当事人没有约定检验期限的，买受人应当在发现或者应当发现标的物的数量或者质量不符合约定的合理期限内通知出卖人。买受人在合理期限内未通知或者自收到标的物之日起2年内未通知出卖人的，视为标的物的数量或者质量符合约定；但是，对标的物有质量保证期的，适用质量保证期，不适用该2年的规定。

出卖人知道或者应当知道提供的标的物不符合约定的，则买受人不受以上规定的通知时间的限制。

当事人对检验期限未作约定，买受人签收的送货单、确认单等载明标的物数量、型号、规格的，推定买受人已经对数量和外观瑕疵进行检验，但是有相关证据足以推翻的除外。

当事人约定的检验期限过短，根据标的物的性质和交易习惯，买受人在检验期限内难以完成全面检验的，该期限仅视为买受人对标的物的外观瑕疵提出异议的期限。约定的检验期限或者质量保证期短于法律、行政法规规定期限的，应当以法律、行政法规规定的期限为准。

三、标的物所有权转移与风险的承担

（一）标的物所有权的转移

买卖合同是转移标的物所有权的合同。一般情况下，标的物的所有权自标的物交付时起转移，但法律另有规定或者当事人另有约定的除外。

我国法律原则上采用货物交付时转移财产所有权，法律另有规定或者当事人另有约定的除外。对于出卖具有知识产权的计算机软件等标的物的，除法律另有规定或者当事人另有约定的以外，该标的物的知识产权并不随着标的物所有权的转移而转移给买受人。

（二）风险的承担

一般情况下，标的物毁损或灭失的风险，在标的物交付之前由出卖人承担，交付之后由买受人承担。由此可见，关于货物风险的转移是以标的物的交付为原则的，即标的物交付之前的风险由出卖人承担，标的物交付之后的风险由买受人承担。

具体规则有：

（1）因买受人的原因致使标的物不能按照约定的期限交付的，买受人应当自违反该约定之日起承担标的物毁损、灭失的风险。

（2）出卖人出卖交由承运人运输的在途标的物，除当事人另有约定的以外，毁损、灭失的风险自合同成立时起由买受人承担。

（3）出卖人按照约定或者依据法律规定的地点将标的物置于交付地点，买受人违反约定没有收取的，标的物毁损、灭失的风险自违反约定时起由买受人承担。

（4）出卖人按照约定将标的物运送至买受人指定地点并交付给承运人后，标的物毁损、灭失的风险由买受人承担。

（5）当事人没有约定交付地点或者约定不明确，依据法律的规定，标的物需要运输的，出卖人将标的物交付给第一承运人后，标的物毁损、灭失的风险由买受人承担。

（6）因标的物不符合质量要求，致使不能实现合同目的，买受人可以拒绝接受标的物或者解除合同。买受人拒绝接受标的物或者解除合同的，标的物毁损、灭失的风险由出卖人承担。

出卖人按照约定未交付有关标的物的单证和资料的，不影响标的物毁损、灭失风险的转移。标的物毁损、灭失的风险由买受人承担的，不影响因出卖人履行义务不符合约定，买受人请求其承担违约责任的权利。

四、特种买卖合同

（一）凭样品买卖合同

凭样品买卖合同是买卖标的物时依一定样品模型而定的买卖合同。出卖人对于交付的标的物应当担保其与样品有同等的品质。凭样品买卖的当事人应当封存样品，并可以对样品质量予以说明。出卖人交付的标的物应当与样品及其说明的质量相同。

如果凭样品买卖的买受人不知道样品有隐蔽瑕疵的，即使交付的标的物与样品相同，出卖人交付的标的物的质量仍然应当符合同种物品的通常标准。

（二）试用买卖合同

试用买卖合同是买卖合同当事人在合同中约定，出卖人将买卖标的物交由买受人试验，经过买受人认可后再购买的买卖合同。试用买卖合同是附条件的买卖合同。如果当事人对于标的物进行试验后，表示满意，条件就成立，买卖合同成立；如果当事人对于标的物不满意，那么，条件不成立，买卖合同也就不成立。

试用买卖的买受人在试用期内可以购买标的物，也可以拒绝购买。试用期间届满，买受人对是否购买标的物未作表示的，视为购买。试用买卖的买受人在试用期内已经支付部分价款或者对标的物实施出卖、出租、设立担保物权等行为的，视为同意购买。

试用买卖的当事人可以约定标的物的试用期间。对试用期间没有约定或者约定不明确，依照《民法典》第五百一十条的规定仍不能确定的，由出卖人确定。

试用买卖的当事人对标的物使用费没有约定或者约定不明确的，出卖人无权请求买受人支付。

标的物在试用期内毁损、灭失的风险由出卖人承担。

（三）分期付款买卖合同

分期付款买卖是将价金分期支付的买卖。分期付款买卖合同是指买受人将应付的总价款，在一定期限内分次向出卖人支付的买卖合同。

在分期付款的买卖中，买受人没有支付全部贷款就提走货物，出卖人在没有得到全部价金的情况下就转移买卖的标的给买受人，这样就会使出卖人存在有可能不能取得全部价金的风险。为了保护出卖人的权益，《民法典》规定，分期付款的买受人未支付到期价款的数额达到全部价款的 1/5，经催告后在合理期限内仍未支付到期价款的，出卖人可以请求买受人支付全部价款或者解除合同。出卖人解除合同的，可以向买受人请求支付该标的物的使用费。

（四）拍卖合同

1.拍卖的概念

拍卖是拍卖人以公开竞价的方式，将拍卖的标的出售给最高应价人的买卖方式。

《民法典》第六百四十五条规定，拍卖的当事人的权利和义务以及拍卖程序等，依照有关法律、行政法规的规定。

2.拍卖当事人

拍卖人是主持拍卖活动的人。根据我国《拍卖法》的规定，拍卖人是指依照《拍卖法》和《公司法》设立的从事拍卖活动的企业法人。设立拍卖企业必须经所在地的省、自治区、直辖市人民政府负责管理拍卖业的部门审核许可，并向国家市场监督管理部门申请登记，领取营业执照。

委托人是委托拍卖人拍卖物品或者财产权利的人。委托人可以是自然人、法人或者非法人组织。委托人应当与拍卖人签订书面委托拍卖合同。委托人应当向拍卖人说明拍卖标的的来源和瑕疵。委托人不得参与竞买，也不得委托他人代为竞买。

竞买人是参加竞购拍卖标的物的自然人、法人或者其他组织。竞买人可以自行参加竞买，也可以委托其代理人参加竞买。竞买人有权了解拍卖标的的瑕疵，有权查验拍卖标的和查阅有关拍卖资料。

买受人是以最高应价购得拍卖标的物的竞买人。买受人应当按照约定支付拍卖标的的价款，未按照约定支付价款的，应当承担违约责任，或者由拍卖人征得委托人的同意，将拍卖标的再行拍卖。

3. 拍卖标的

拍卖的标的是拍卖的物品或财产权利。拍卖标的应当是依法可以拍卖的物品或财产权利，禁止流通物不能作为拍卖标的。拍卖人有权要求委托人说明拍卖标的的来源和瑕疵。拍卖人应当向竞买人说明拍卖标的的瑕疵。

4. 拍卖程序

1）拍卖委托

委托人委托拍卖物品或者财产权利时，应当提供身份证明和拍卖人要求提供的拍卖标的的所有权证明或者依法可以处分拍卖标的的证明及其他资料。拍卖人应当对委托人提供的有关文件、资料进行核实。

拍卖人接受委托的，应当与委托人签订书面委托拍卖合同。委托拍卖合同应当载明以下事项：①委托人、拍卖人的姓名或者名称、住所；②拍卖标的的名称、规格、数量、质量；③委托人提出的保留价；④拍卖的时间、地点；⑤拍卖标的交付或者转移的时间、方式；⑥佣金及其支付的方式、期限；⑦价款的支付方式、期限；⑧违约责任；⑨双方约定的其他事项。

2）拍卖公告与展示

拍卖人在拍卖前7日发布拍卖公告。拍卖公告应当通过报纸或者其他新闻媒介发布。

拍卖人应当按照拍卖公告的时间、地点向公众展示拍卖物，并保障察看拍卖物的条件和提供有关资料。

3）拍卖的实施

拍卖师应当于拍卖前宣布拍卖规则和注意事项。竞买人一经应价，不得撤回。

在最高应价时，拍卖人应当作出买定的意思表示。买定的意思表示以落槌或者其他公开表示买定的方式公开作出，拍卖成交。拍卖成交后，拍卖人与买定人签订成交确认书。

5. 拍卖相关的合同

委托拍卖合同是指委托人为拍卖物品或者财产权利而与拍卖人签订的明确双方权利义务关系的协议。在委托拍卖合同法律关系中，委托人是指委托拍卖人拍卖物品或者财产权利的公民、法人或者其他组织，拍卖人是指依法从事拍卖活动的企业法人。

竞买协议书是拍卖人与竞买人（成交后为买受人）之间重要的权责合同文书，一般内容包括拍卖佣金规定、拍卖款支付、标的瑕疵声明、标的交付、标的过户及过户税费结算和相关违约责任条款。竞买人一经进入拍卖会场参与竞买，即视为已认同并接受拍卖竞买协议书的全部约定条款。

拍卖成交合同指拍卖人与买受人之间根据约定或拍卖既定规则所达成的成交协议。

第二节 《联合国国际货物买卖合同公约》

有关货物买卖的国际公约主要有三个：由国际统一私法协会制订、于 1964 年在海牙会议上通过的《国际货物买卖统一法公约》《国际货物买卖合同统一成立公约》以及 1980 年在维也纳通过的《联合国国际货物买卖合同公约》（以下简称《公约》）。

一、《联合国国际货物买卖合同公约》概述

《联合国国际货物买卖合同公约》（the United Nations Convention on Contracts for the International Sale of Goods，CISG）于 1980 年 4 月 11 日在维也纳签订，由联合国国际贸易法委员会主持制定，并于 1988 年 1 月 1 日生效，该公约分为四个部分：①适用范围；②合同的成立；③货物买卖，包括总则、买方的义务、卖方的义务、风险的转移、违约责任等；④最后条款，规定了公约的批准、接受、核准和加入、保留、生效等。中华人民共和国于 1987 年加入该公约。

1980 年《联合国国际货物买卖合同公约》是迄今为止关于国际货物买卖的最重要的国际公约。《公约》确定的基本原则是：建立国际经济新秩序的原则，平等互利原则与兼顾不同社会、经济和法律制度的原则。这些基本原则是执行、解释和修订公约的依据，也是处理国际货物买卖关系和发展国际贸易关系的准绳。

二、《联合国国际货物买卖合同公约》的适用范围

根据《公约》的规定，《公约》只适用于国际货物买卖合同，即适用于营业地处于不同的缔约国的当事人之间订立的货物买卖合同，但对某些货物的国际买卖不能适用该公约也作了明确规定。《公约》还规定，只要当事人的营业地处于不同的国家，即使他们的营业地所在国不是公约的缔约国，但是按照国际私法的规则导致适用某一缔约国的法律，则《公约》也将适用于这些当事人之间订立的货物买卖合同，而不管合同当事人在该缔约国有无营业所。比如说中国和美国的公司，可能约定的是英国法律（the Laws of England），这里假定英国不是 CISG 的缔约国，那么英国的国际私法规则（也就是冲突法规则，Rules Governing Conflicts of Laws）却规定这样的争议要适用美国法，那么美国是缔约国（Contracting State），于是 CISG 应该适用。

需要注意的是，《公约》采用的用于衡量国际货物买卖合同的标准是营业地处于不同的国家，而不考虑双方当事人的国籍和其他因素。

《公约》规定，该《公约》不适用以下 6 种货物的买卖：
（1）供私人、家人或家庭使用的货物的销售。
（2）以拍卖的方式进行的销售。
（3）根据法律执行令状或者其他令状的销售。
（4）公债、股票、投资证券、流通票据或货币的销售。
（5）船舶、船只、气垫船或飞机的销售。

（6）电力的销售。

三、国际货物买卖合同的订立

买卖合同是双方当事人就货物的买卖意思表示一致的结果，是通过一方提出要约，另一方对要约表示同意而成立的。《公约》对于合同成立的基本问题作了详细的规定。由于大陆法系国家和英美法系国家在合同订立中的某些法律规则存在重大分歧，《公约》在许多方面反映出这两大法系的折中，使《公约》所确立的原则能够被各国普遍接受。

（一）要约

1.要约的含义

《公约》第十四条规定，凡是向一个或一个以上特定的人提出的订立合同的提议，如果其内容十分确定，并且表明要约人有当其要约一旦被承诺就将受其约束的意思，就构成要约。根据《公约》的规定，构成要约应当符合以下要求：

1）要约应当向一个或一个以上特定的人提出

要约是要约人向受要约人发出的提议，因此，要约人应当是特定的，受要约人一般也应当是特定的。如果受要约人不是特定的，而是广大的公众，则此项提议不能构成一项要约，例如，普通的商业广告就不属于要约。

《公约》规定，凡不是向一个或一个以上特定的人提出的订立合同的提议，仅能被视为要约邀请。但是，如果该项提议符合要约的要求，而且提议明确地表示该提议是作为一项要约提出来的，则该项提议也被视为要约。

2）要约的内容必须十分确定

一般来说，要约应当包括合同订立的主要条件，如货物名称、数量、质量、价格、交货地点、付款方式等。但是，也不要求要约人将全部条款全部列出，只要具备足以确定合同的内容就可以。《公约》规定，一项关于订立合同的提议如果要构成一项要约，其内容必须足够确定。

如何判断提议的内容足够确定，《公约》提出了认定的标准有以下三项，即一项要约符合以下内容，就构成"足够确定"：

（1）应当载明货物的名称。

（2）应当明示或默示地规定货物的数量或者规定如何确定数量的方法。

（3）应当明示或者默示地规定货物的价格或者如何确定价格的方法。

《公约》对于要约内容的以上要求是关于"确定性"的最低要求，在合同订立以后，当事人还可以通过援引公约的有关规定来填补其他未规定的事项。

3）要约人必须有当其要约被承诺时即受该要约约束的意思

要约人做出订立合同提议的目的是订立合同，所以，要约一旦被受要约人接受，要约人即受自己所发出的要约的约束，合同成立。

2.要约的生效

要约在其到达受要约人时生效。

3.要约的撤回与撤销

要约的撤回是指要约人发出要约之后,在该要约到达受要约人之前,将要约收回,使其不发生效力。《公约》规定,一项要约,即使是不可撤销的要约,也可以撤回,只要撤回要约的通知在该要约到达受要约人之前或者与要约同时到达受要约人。

要约的撤销是指要约已经到达受要约人,即要约已经生效后,要约人取消其效力。关于要约的撤销,大陆法和英美法存在严重的分歧。大陆法国家原则上认为,要约对要约人有约束力,要约一经生效就不能随意撤销;英美法国家认为,要约作为一种诺言,在被承诺之前没有对价,因而对要约人没有约束力。但是,两大法系对于上述原则都做了一定的限制。《公约》兼采了两大法系的制度,规定:

(1)在合同成立之前,要约得予撤销,但是撤销要约的通知必须在受要约人做出承诺之前送达受要约人。

(2)如果发生以下情形的,要约一旦生效,则不得撤销:

在要约中已经载明了承诺的日期,或者以其他方式表示该要约是不可撤销的。如:要约人在要约中规定:"本要约在 11 月 15 日以前承诺有效。"或者,要约人在要约中明确表示要约是不可撤销的,如要约人在要约中注明"此要约是不可撤销的要约"。

受要约人有理由相信该项要约是不可撤销的,并且已经本着对该项要约的信赖按照该项要约行事,该项要约也属于不可撤销的要约。

《公约》的以上规定,维护了受要约人的权益并且保障了交易安全。

概念拓展:对价

对价(consideration)原本是英美合同法中的重要概念,其内涵是一方为换取另一方做某事的承诺而向另一方支付的金钱代价或得到该种承诺的代价。指当事人一方在获得某种利益时,必须给付对方相应的代价。

4.要约的终止

《公约》规定,一项要约,应于拒绝该要约的通知送达要约人时终止。

要约终止的原因主要有:

(1)要约因被要约人撤销而终止。

(2)如果是规定了承诺期限的要约,假如受要约人不在规定的期限内接受要约,那么该项要约因承诺期限届满而终止。

(3)如果要约中没有规定承诺的期限的,受要约人没有在一段合理的时间内将承诺的通知送达给要约人,则该项要约失效,致使要约终止。

(二)承诺

1.承诺的含义

《公约》第十八条规定,受要约人以作出声明或者其他行为对一项要约表示同意,就构成对要约的承诺,缄默或不行动本身不等于接受。

承诺的方式有以下两种:受要约人向要约人作出表示承诺的声明;受要约人通过行为向要约人表示承诺,例如:受要约人虽然没有明确地表示接受要约,但是已经按照要约中规定的货物要求向要约人发货。

受要约人在接到要约以后表示沉默而没有向要约人作出任何表示的，不构成一项承诺，而且受要约人也没有接受要约或者答复要约人的义务。但是，如果双方有约定或者存在以往的已经确认了的交易惯例，受要约人保持沉默也构成承诺。

2. 承诺的生效

按照《公约》的规定，对要约所作的承诺，应当于承诺的通知到达要约人时才生效。一般情况下，表示承诺的通知在要约人所规定的时间内到达要约人；对口头要约必须立即接受。如果按照要约的要求或者依照当事人之间已经确立的习惯做法或者惯例，受要约人可以通过做出某种行为对要约表示承诺的，也可以无须向要约人发出承诺的通知，当受要约人做出该行为时，承诺生效。

3. 受要约人对要约中的条件的变更

承诺是受要约人对要约表示同意的意思表示，如果受要约人对要约的条件作了变更，则不能构成一项接受，而是反要约。《公约》规定，受要约人对要约表示承诺时，如果载有添加、限制或者其他更改的，应当视为对该项要约的拒绝，并构成反要约。但是，并不是任何一项对要约的变更都可以被看成是对要约的拒绝。《公约》规定，如果受要约人对表示接受但载有添加、限制或者更改并不在实质上变更该项要约的条件，除要约人在不过分迟延的期间内以口头或者书面提出异议外，仍视为承诺，合同仍可以成立。合同的内容以要约提出的条件和承诺时所添加、更改的内容为准。

至于哪些项目属于"实质性变更"，《公约》规定：凡是在承诺中对以下事项作了添加或者变更的，均认为是在实质上变更了要约的条件：①货物的价格；②付款；③货物的数量与质量；④交货的时间和地点；⑤当事人的赔偿责任范围；⑥解决争议的方法等。受要约人对要约的内容中所涉及的上述任何一项条件作了添加或者更改，则认为受要约人没有对要约真正地承诺，而是提出了一项反要约，合同不能成立。

4. 承诺的撤回

《公约》规定，承诺可以撤回。受要约人可以在承诺通知发出以后撤回。只要受要约人撤回承诺的通知在承诺到达要约人之前到达或者与该项承诺同时到达要约人。

5. 逾期的承诺

逾期的承诺是接受的通知到达要约人时已经超过了要约规定的期限，或者在要约没有规定有效期的情况下，已经超过了合理的期限。

《公约》认为，逾期的承诺原则上是无效的。但是，逾期承诺仍有接受的效力，如果要约人毫不迟延地以口头形式或者书面形式表示接受，并将此意思通知受要约人的，该逾期的承诺仍然构成有效的承诺。

《公约》还规定，如果载有逾期承诺的信件或者其他书面文件表明，依照寄送的情况，只要邮寄正常，该项承诺本来是能够及时送达要约人的，则此项逾期的承诺仍然具有承诺的效力。

如果要约人在收到逾期的承诺后，不及时向受要约人表示其要约已经逾期而失效，则该项逾期的承诺仍然有效，合同宣告成立。

四、《公约》确定的当事人之间的权利义务关系

在国际货物买卖合同中，买卖双方的权利义务关系是核心内容。《公约》规定了买方与卖方的义务。但是，《公约》的规定对合同当事人并不具有强制的效力，而是属于非强制性规定，当事人可以根据《公约》的规定确定其权利义务关系，也可以排除《公约》的规定而约定与公约不同的权利义务。当事人之间的权利义务关系以双方约定的内容为准。

（一）卖方的义务

在国际货物买卖合同中，卖方的主要义务是按照合同的规定交货。根据《公约》的规定，卖方的义务主要有以下三项：①交付货物；②转移有关货物的单据；③转移货物的所有权给买方。

1.交付货物的时间和地点

1）交付货物的时间

《公约》规定：

（1）合同中规定了交货的日期，或者从合同中可以确定交货的日期的，卖方应当按照合同的规定交货。

（2）合同中规定了一段交货的期间，或者从合同中可以确定一段时间的，一般情况下，卖方有权决定在该交货期间内的任何一天交货。

（3）其他情况下，卖方应当在订立合同后的一段合理的时间内向买方交货。

2）交付货物的地点

在合同中对交付货物的地点没有明确规定的情况下，有关交货地点依据《公约》的规定。《公约》规定，卖方应当按照以下三种不同的情况履行其交货义务：

（1）合同没有涉及交货地点，而该合同又涉及运输的，卖方将货物交付给第一承运人。如果该合同中有两个以上的承运人，则卖方也将货物交付给第一承运人。

（2）合同没有规定具体的交货地点，也没有要求卖方将货物运送给买方的，《公约》规定，如果该合同的标的物是特定物的，或者是从某批特定的存货中提取的货物，或者是待加工生产或者制造的未经特定化的货物，而双方当事人在订立合同时已经知道该批货物存放在某个地方，或者已经知道它们将在某个地方生产或者制造的，则卖方应当在该地点把货物交给买方。

（3）在其他情况下，卖方的交货义务在其订立合同时的营业地点交付买方处置。

2.提交有关货物的单据

国际货物买卖中，货物的单据有十分重要的意义，它是卖方提取货物、办理报关手续、转售货物以及向承运人或者保险公司请求赔偿所需要的凭证。因此，移交货物的单据是卖方的一项重要义务。

《公约》规定，如果卖方有移交货物单据的义务，他就应当按照合同规定的时间、地点和方式移交这些单据。

3.卖方的品质担保义务

卖方交付的货物应当与合同规定的数量、质量和规格相符，并按照合同规定的方式装箱或者包装，除当事人另有约定的以外，卖方交付的货物应当符合以下要求：

（1）货物应当适用于同一规格货品通常的使用用途。

（2）货物应当适用于订立买卖合同时买方曾经明示或者默示地通知卖方的任何特定用途，除非有情况表明买方并不依赖卖方的技能和判断力，或者这种依赖对卖方来说是不合理的。

（3）货物的质量应当与卖方向买方提供的货物样品或者样式相同。

（4）货物应当按照同类货物通用的方式装入容器或者包装，如果无此通用方式，则应当按照足以保全和保护货物的方式装进容器或者包装。

4.卖方的权利担保义务

卖方的权利担保是指卖方应当保证对其所出售的货物享有合法的权利，没有侵犯任何第三人的权利，并且任何第三人都不会就该项货物向买方主张权利。

《公约》对于卖方的权利担保义务主要有以下规定：

（1）卖方所交付的货物必须是第三方不能提出任何权利或者请求的货物。

（2）卖方所交付的货物不得侵犯任何第三方的工业产权或者其他知识产权。

（二）买方的义务

买方的主要义务是：支付货款；受领货物。《公约》规定，买方必须按照合同和本公约规定支付货物价款和收取货物。

1.支付货款

《公约》对于买方的支付货款的义务规定较为详细具体。主要有以下规定：

1）履行必要的付款手续

买方支付货款的义务包括买方应当按照合同或者相关法律规定的手续、步骤办理，以便货款的支付。

2）确定货物的价格

如果合同已有效订立，但合同中没有明示或者默示地规定货物的价格或者规定确定价格的方法，则认为当事人已经默示引用订立合同时这种货物在有关贸易中的类似情况下出售货物的通常价格。

3）确定支付货款的地点

《公约》规定在卖方的营业地付款。如果卖方有一个以上营业地的，则在与该合同以及合同的类型有最为密切联系的营业地点向买方支付货款。

如果买方没有义务在任何其他特定地点支付价款，他必须在以下地点向卖方支付价款：①卖方的营业地；②如果是凭移交货物或者单据支付货款，则在移交货物或者单据的地点支付货款。卖方必须承担因其营业地在订立合同后发生变动而增加的支付方面的有关费用。

2.受领货物

受领货物是买方的基本义务，包括：①采取一切理应采取的措施，以便卖方能够交付货物；②接受货物。

五、货物所有权和风险的转移

（一）货物所有权的转移

《公约》不涉及买卖合同对所售货物所有权可能产生的影响。由于各国关于所有权转移的法律分歧较大，不容易统一，所以，《公约》没有对货物所有权的问题作出具体规定。《公约》明确规定，本公约只适用于销售合同的订立以及卖方和买方因此种合同而产生的权利和义务。特别是，本公约除非另有明文规定，与以下事项无关：①合同的效力，或其任何条款的效力，或任何惯例的效力；②合同对所售货物所有权可能产生的影响。

（二）货物风险的转移

货物风险的转移直接涉及买卖双方的基本权利义务，关系到货物风险产生的损失由卖方还是由买方承担的问题。在货物的风险没有转移给买方的情况下，货物发生损毁或者灭失时，不仅买方没有交付货款的义务，而且卖方还要承担不交货的责任，除非卖方能够证明该损失是由不可抗力造成的。如果货物的风险已经转移给买方，货物即使遭受损坏或灭失，买方仍有交付货款的义务。

《公约》原则上以交货的时间来确定风险的转移。

《公约》允许双方当事人在合同中约定风险转移的规则。当事人可以在合同中使用国际贸易术语或者以其他方法规定货物的损失的风险转移的时间和条件。当事人有约定的，则依据合同的约定。

买卖合同中涉及运输的，如果卖方有义务在某一特定地点交付货物，则货物交付第一承运人时起，风险转移给买方承担；如果卖方有义务在某一特定地点将货物交付给承运人，在货物于该地点交付给承运人之前，风险不转移给买方承担。

对于在运输途中出售的货物，从订立合同时起，风险转移给买方承担。由于货物在订立合同时已经装在运输工具上，在货物到达目的地后发现货物已经发生损坏或者灭失，但是难以确定该项货物是在运输过程中哪个阶段损失，是在订立合同之前发生的损失还是在订立合同后发生的损失，这种损失是由卖方来承担还是由买方来承担，对此，《公约》也规定了解决办法。

六、对违反买卖合同的补救方法

（一）卖方违反合同时买方的补救方法

卖方违反合同的情形主要有：①不交货；②延迟交货；③交付的货物与合同规定不符。
卖方不履行国际货物买卖合同规定时，买方可以采取以下的补救方法：
（1）要求卖方履行合同义务。
（2）要求卖方交付替代货物。
（3）要求卖方对货物不符合同之处进行修补。
（4）给卖方一段合理的额外时间履行合同义务。
（5）卖方对不履行合同义务做出补救。
（6）撤销合同。

（7）要求减价。

（8）当卖方只交付部分货物或者所交付的货物只有一部分符合合同规定时，买方可以对漏交或者与合同请求不符合的那一部分采取补救措施，一般不能宣告撤销整个合同或者拒收全部货物。

买方可以在卖方违反合同义务时请求退货、减价和赔偿损失等，在卖方违反合同的行为构成根本违约的情况下，买方可以宣告解除合同。

（9）当卖方提前交货或超量交货时，买方可以采取的救济方法。

卖方在规定日期之前交货的，买方可以提取全部货物，也可以拒收货物。对于卖方超量交货的，买方可以提取全部货物，也可以拒收多交的货物。

（10）请求损害赔偿。

（二）买方违反合同时卖方的补救方法

买方违反合同的情形主要有：①不付款；②延迟付款；③不收取货物；④延迟收取货物。买方不履行国际货物买卖合同规定时，卖方可以采取以下的补救方法：

（1）要求买方实际履行合同义务。

（2）规定一段合理的额外时间，让买方履行义务。

（3）卖方可以在规定的情况下，宣告撤销合同。

（4）自行规定货物的具体规格。

（5）请求损害赔偿。

（6）要求支付利息。

（三）买卖双方都可以采取的补救方法

1. 损害赔偿

《公约》规定，一方当事人违反合同时，对方都有权利要求赔偿损失，而且该项权利不因已经采取其他救济方法而丧失。

关于损害赔偿责任的原则，《公约》规定，一方当事人违反合同应当负责的损害赔偿额，应当与另一方当事人因为前者违反合同而遭受的包括利润在内的损失额相等。但是这样损害赔偿不得超过违反合同一方当事人在订立合同时，依照他当时已经知道或者理应知道的事实和情况，对合同预料到的或者理应预料到的可能损失。

2. 预期违约

预期违约是合同一方当事人在合同规定的履行期到来之前，已经有事实根据表明将不履行合同义务。

《公约》规定，在合同订立以后，一方当事人因为以下原因显然将不履行其大部分重要义务，另一方当事人可以中止履行合同义务：

（1）一方履行义务的能力或者其信用有严重缺陷。

（2）一方在履行合同前或者履行合同中的行为表明他将不履行其主要义务。

中止履行合同义务的一方当事人必须立即通知对方当事人；如果对方当事人对于履行义务提供了充分的保证，则当事人必须履行合同义务。

如果在履行合同日期之前，明显看出一方当事人将根本违反合同，另一方当事人可以宣告合同无效。

3.对于分批交货的合同发生违约的救济方法

分批交货合同将一个合同项下的货物分成若干批交货。对于分批交付货物的合同，如果一方当事人不履行对任何一批货物的义务，便对该批货物构成根本违反合同，则另一方当事人可以宣告合同对该批货物无效。

如果一方当事人不履行对任何一批货物的义务，使另一方当事人有充分理由断定其对今后各批货物将会发生根本违反合同，该另一方当事人可以在一段合理时间内宣告合同今后无效。

如果合同项下的各批货物相互依存、不可分割，不能将其中的一批货物单独用于当事人在订立合同时的目的，买方可以宣告合同对于已经交付的或者今后交付的各批货物均为无效，即撤销整个合同。

第三节 国际贸易术语

在国际货物买卖中，双方当事人可以在合同中约定采用国际贸易惯例。国际贸易惯例不具有普遍的约束力，当事人可以选择采用，也可以选择不采用。如果双方当事人选择采用某种国际贸易惯例确定他们之间的权利义务并规定在合同中，则该项惯例对于当事人具有约束力。

一、关于国际货物买卖的国际惯例

（一）《国际贸易术语解释通则》

《国际贸易术语解释通则》是由国际商会在1935年制定的。为了适应国际运输方式的发展，国际商会在1953年、1967年、1976年、1980年、1990年、2000年、2010年对该规则多次进行修订和补充。此后，在国际商会成立100周年之际，国际商会于法国巴黎正式向全球发布《国际贸易术语解释通则2020》（以下简称《解释通则2020》），该规则于2020年1月1日正式生效，对贸易实务、国际结算等方面产生了重要影响，反映了全球贸易的发展。

《解释通则2020》对11种贸易术语作了详细的解释，具体规定了买卖双方的权利义务，从而减少潜在的法律纠纷的可能性。现在，《解释通则2020》在国际上得到了广泛的承认和采用，成为国际货物买卖中最重要的贸易惯例。

（二）《华沙—牛津规则》

《华沙—牛津规则》是国际法协会在1932年制定的，该规则是针对"成本加运费、保费合同"制定的。对CIF合同中买卖双方所承担的责任、费用、风险等问题作了详细的规定。

（三）《1941年美国对外贸易定义修订本》

1941年，美国商会、美国进出口协会及全国对外贸易协会所组成的联合委员会通过了

《1941年美国对外贸易定义修订本》（以下简称《对外贸易定义》），该《对外贸易定义》对美国在对外贸易中经常使用的贸易术语作了解释，规定了不同的贸易术语中买卖双方在交货方面的权利和义务。需要注意的是，该《对外贸易定义》主要适用于美洲国家，在很多解释上与其他惯例不同，例如对于FOB这一术语的解释，与《解释通则2020》的解释有较大的差异，而我国在对外贸易中较为习惯按照《解释通则2020》的解释，所以，使用本定义或对该地区交易时一定要注意这些不同之处。

二、《解释通则2020》的适用范围

贸易术语，又称"价格术语"，是用简明的外贸语言或者缩写的字母，来概括说明合同当事人双方在交易中的权利义务、货物交接的责任、费用，以及风险的划分和货物价格构成等方面的特殊用语。国际贸易术语是在长期的国际贸易实践中形成的，用以确定买卖双方在交付货物中的责任、费用和风险等问题的一种国际贸易惯例。

《解释通则2020》适用于买卖合同当事人因交付出售的货物而产生的权利义务。具体说，《解释通则2020》仅适用于买卖合同，而不是所有合同关系；此外《解释通则2020》只适用于有形货物的贸易。

还应当注意的是，《解释通则2020》是国际贸易惯例，如果合同当事人需要援引《解释通则2020》的，必须在合同中明确约定适用该通则。《解释通则2020》虽然规定许多的权利义务，有些义务是强制性的义务，但是它并不能将当事人的权利义务全部包括进来，所以，仍然需要当事人对彼此间的权利义务关系做进一步的协商。

三、国际贸易术语的分类

《解释通则2020》将贸易术语分为四组，共11个贸易术语，规定了买卖双方在贸易活动中的权利义务和风险责任等，如表4-1所示。

表4-1 常用国际贸易术语分类

分组	术语代码及全称	对应中文含义
E组（启运）	EXW，EX Work	工厂交货
F组（主运费付至）	FCA，Free Carrier（named place）	货交承运人
	FAS，Free Along-side Ship	装运船边交货
	FOB，Free on Board	装运港船上交货
C组（到达）	CFR，Cost and Freight	成本加运费
	CIF，Cost，Insurance and Freight	成本、保险费加运费
	CPT，Carriage Paid to	运费付至
	CIP，Carriage，Insurance Paid to	运费、保险费付至
D组（到达）	DAP，Delivered at Place	目的地交货
	DPU，Delivered at Place Unloaded	目的地卸货后交货
	DDP，Delivered Duty paid	完税后交货

（一）E 组

该组只有一种贸易术语 EXW：EX Work（named place），工厂交货。这个术语代表了在商品的产地或者所在地交货的条件。

"工厂交货"是指出卖人在出卖人的场所或者其他指定地（即工厂或仓库），将货物置于买受人支配时，就完成了交付。依照本术语的规定，出卖人承担的义务最小，只需在规定的时间、地点将符合合同要求的货物交给买方，就完成了任务。买受人需要承担自出卖人处提取货物后的一切费用与风险。

（二）F 组

该组有三个术语：FAS，FOB，FCA。主要特点是：运输责任由买方承担。由买方指定承运人，订立从交货地至目的地的运输合同，并通知买方。卖方将货物运至指定地点，并按照约定的方式交货。

1.FAS：Free Alongside Ship（named port of shipment），船边交货（指定装运港）

"船边交货"是指在卖方规定的时间将符合合同要求的货物，在指定装运港将货物置于买方指定的船只的船边，就完成了交付。买卖双方所承担的责任、费用和风险均以船边为界。出卖人要办理出口清关手续。该术语适用于海运和内河运输。

2.FOB：Free on Board（named port of shipment），船上交货（指定装运港）

也称离岸价格，"装运港船上交货"是指出卖人在指定装运港将货物装上船完成交付。买受人应承担自交货时起货物灭失或损坏的一切风险。该术语只适用于海运或内河运输。

3.FCA：Free Carrier（named place），货交承运人（指定地点）

"货交承运人"是指出卖人在指定地点将已经出口清关的货物，交付给买受人指定的承运人，就完成了交付任务。该术语可以适用于任何运输方式。

（三）C 组

该组有四个术语：CFR，CIF，CPT，CIP。卖方在出口国的内地、港口或者其他约定地点交货，并负责办理从交货地点至指定目的地的货物运输事项，承担运输费用。

1.CFR：Cost and Freight（named port of destination），成本加运费（指定目的港）

"成本加运费"是指出卖人在装运港于货物装上船时完成交付，货物灭失或者损坏的风险在货物交到船上时转移。该术语只适用于海运或内河水运运输。

2.CIF：Cost，Insurance and Freight（named port of destination），成本、保险费加运费（指定目的港）

"成本、保险费加运费"是指出卖人在装运港于货物装上船时完成交付。出卖人要支付货物运至目的港所需的费用，以及为货物办理运输保险并支付运费。该术语只适用于海运或内河水运运输。

3.CPT：Carriage Paid to（named place of destination），运费付至（指定目的港）

"运费付至（指定目的港）"是指出卖人将货物交付给他指定的承运人，以及支付将货物运到指定目的地所必需的运费。该术语适合于所选择的任何运输方式。

4.CIP：Carriage，Insurance Paid to（named place of destination）运费、保险费付至（指定目的港）

"运费、保险费付至（指定目的地）"是出卖人将货物交付给他指定的承运人，支付将货物运到目的地的运费，办理货物运输保险并支付保险费。

（四）D组

该组有三个术语：DAP，DPU，DDP。与其他各组术语相比较，卖方承担的风险、责任和费用都要大，成交价格也较高。

1.DAP：Delivered at Place（named place of destination），目的地交货

出卖人在指定的目的地将还在运输工具上可供卸载的货物交由买受人处置时即完成交货，承担将货物运送到指定地点的一切风险，承担目的地的卸载费用，不办理清关手续。

2.DPU：Delivered at Place Unloaded（named place of destination），目的地卸货后交货

出卖人将货物已经从抵达的运输工具上卸载交由买受人处置或者在指定目的地或者该指定目的地内的约定交货点向买受人完成交货及风险转移，承担将货物运送到指定目的地以及卸载货物的一切风险。买受人必须提取货物，并且按照买卖合同的约定支付货物价款，承担交货时起货物灭失或损坏的一切风险。

3.DDP：Delivered Duty paid（named place of destination），完税后交货（指定目的地）

"完税后交货"是出卖人在指定的目的地，将货物交付给买受人，并负责办理货物进口清关，完成交付。出卖人不负责任何运输方式下的卸货义务，但是，必须承担货物运至指定目的地的费用和风险，包括支付进口关税。

四、几种常用的国际贸易术语

在国际贸易中，经常使用的主要贸易术语有：FOB、CFR、CIF、FCA、CPT、CIP等，下面主要介绍买卖双方以这些术语成交时的主要权利义务。适用装运港交货的常用术语有：FOB、CFR、CIF；向承运人交货的贸易术语是FCA、CPT、CIP，都是在出口国货交承运人时使用。

（一）装运港交货的常用贸易术语

装运港交货的三种常用贸易术语是FOB、CFR、CIF。

1.FOB

FOB指卖方将合同规定的货物在合同规定的装运港和期限内装到买方指定的船上，并承担货物装上船为止的一切风险和费用。买方安排到目的港的运输和保险，承担运费和保险费；风险在货物装上船时由卖方转移给买方。

卖方的基本义务有：

（1）在指定的装运港，在约定装运期内，把货物装到买方指定的船上，并向买方发出装船的通知。

（2）向买方提交合同规定的各项单证等。

（3）办理出口结关的手续，并承担货物到装运港装上船前的一切费用与风险。

买方的基本义务有：

（1）按照合同的约定，受领货物以及交货凭证并支付货款。

（2）按时租船开往约定的装运港接运货物，支付运费。买方应当将船名和船舶到港装运的日期通知卖方。

（3）承担货物越过装运港装上船后的各种费用并承担货物装上船以后货物损失的一切风险。

2.CFR

CFR 是卖方负责租船订舱，并在合同规定的装运港和期限内将合同规定的货物装上船完成交付，货物灭失或者损坏的风险在货物交到船上时转移。该术语只适用于海运或内河水运运输。

1）卖方的基本义务

（1）提供合同规定的货物。

（2）租船订舱，按照合同规定的时间在指定的装运港装船，支付运费，并向买方发出已经装船的充分通知。

（3）办理出口结关的手续，并承担货物在装运港装上船前的一切风险以及在装运港将货物交至船上前的费用。

（4）向买方提交合同规定的各项单证等。

2）买方的基本义务

（1）按照合同的约定，在目的港受领货物。办理进口结关手续，缴纳进口税。

（2）承担货物在装运港装上船后的货物损失的风险。

（3）受领货物以及交货凭证，并按照合同规定支付货款。

3.CIF

CIF 是卖方负责租船订舱，在合同规定的装运港和期限内将合同规定的货物装上船，并支付将货物运至目的港所需的运费和费用，办理海运货物保险，承担货物在装运港装上船前的风险。该术语适用于海运和内河运输。

1）卖方的基本义务

（1）在合同规定的时间和港口，将合同规定的货物装上船，支付至目的港的运费，在将货物装上船后应当及时通知买方。

（2）办理出口所需的海关手续，承担货物在装运港装上船前的一切费用和风险。

（3）按照合同的规定，办理运输保险，支付保险费。

（4）提交商业发票和在目的港提货所需的通常的运输单据。

2）买方的基本义务

（1）受领货物，以及接受卖方提供的交货凭证，并按照合同规定支付货款。

（2）承担货物在装运港装上船之后的货物损失的风险。

（3）办理货物进口所需的海关手续，缴纳进口税。

（二）向承运人交货的常用贸易术语

向承运人交货的三种贸易术语是FCA、CPT、CIP。

1.FCA

FCA是卖方将货物在指定的地点交给买方指定的承运人，并办理出口清关手续，就完成了交货的任务。有关货物的风险从货物交付给承运人时起就由卖方转移给买方。

1）卖方的基本义务

（1）在合同规定的交货地点和时间，将合同规定的货物交付给买方指定的承运人，并及时通知卖方。

（2）承担货物在货交承运人之前的一切费用和风险。

（3）自负风险和费用，办理货物出口的许可证等，办理货物出口所需的海关手续。

（4）提交商业发票或具有同等作用的商业发票或电子单证。

2）买方的基本义务

（1）订立合同，支付运费，并将承运人的名称以及相关信息通知卖方。

（2）承担货交承运人之后所发生的一切费用和货物损失的风险。

（3）根据买卖合同的规定受领货物并支付货款。

（4）自负费用和风险，办理货物进口所需许可证或其他官方证件以及海关手续。

2.CPT

CPT是卖方向指定的承运人交货，支付将货物运至目的地的运费，由买方承担交货以后的一切风险和其他费用。

1）卖方的基本义务

（1）在合同规定的时间和地点，将合同规定的货物交付给买方指定的承运人，并及时通知买方。

（2）承担货物在货交承运人之前的一切费用和风险。

（3）自负风险和费用，办理货物出口的许可证等，办理货物出口所需的海关手续，支付关税以及报关费。

（4）交付商业发票和在目的港提货所需的通常的运输单据或同等的电子信息。

2）买方的基本义务

（1）受领货物，以及接受卖方提供的有关单据，并按照合同规定支付货款。

（2）承担货物在约定地点交付给承运人之后的风险。

（3）自负费用、自担风险，办理货物进口所需的海关手续。

3.CIP

CIP是卖方向指定的承运人交货，支付将货物运到目的地的运费，办理货物在运输中灭失或者损坏风险的保险并支付保险费，由买方承担交货以后的一切风险和额外费用。

1）卖方的基本义务

（1）承担货物在约定地点交给承运人之前的一切费用和风险。

（2）提交商业发票和在约定目的地提货所需的通常的运输单据或者同等的电子信息。

（3）自负费用投保货物运输险。

（4）自负费用和风险，取得出口许可证等，办理货物出口所需的海关手续，支付关税以及有关费用。

2）买方的基本义务

（1）受领货物，以及接受卖方提供的有关单证，并按照合同规定支付货款。

（2）承担货物在约定地点交付给承运人之后的货物损失的风险。

（3）自负费用，自担风险，办理货物进口所需的有关证件，并办理货物进口的海关手续，缴纳进口税以及相关费用。

小结

本章介绍了我国《民法典》关于买卖合同的基本规定，强调了买卖双方的主要义务。

1980年《联合国国际货物买卖合同公约》是迄今为止关于国际货物买卖的最重要的国际公约。《公约》主要适用于营业地处于不同缔约国的当事人之间订立的买卖合同。本章介绍了国际货物买卖合同订立的阶段、当事人的权利义务，以及当事人违反合同义务时可以采取的救济措施。

《国际贸易术语解释通则2020》是国际货物买卖中最重要的贸易惯例。它对11种贸易术语作了详细的解释，具体规定了买卖双方的权利义务，标的物所有权的转移以及风险的承担。

案例分析与思考（案例一）

【案件基本信息】

案件名称：金某诉李某等买卖合同纠纷案。

上海市浦东新区人民法院民事判决书〔2013〕浦民一（民）初字第18851号。

【案情介绍】

2013年2月19日，李某称有牌号为沪××××的出租车转让，经协商，出租车转让价为人民币55 000元，当日双方签订书面合同，约定出租车沪××××转与金某，到2013年6月份，李某换部新车，如果不换新车，此旧车退还给李某，李某将退给金某人民币伍万伍仟元整（大写）。于是金某将55 000元分两次通过银行转账给李某。而后金某发现出租车实际营运人为张某，于是当日金某又与张某签订了书面合同。张某将出租车交付给了金某。

3月6日晚，金某在出租车无准营证的情况下，驾驶该车上路营运，被上海市交通运输和港口管理局查扣。3月18日，上海某某出租汽车有限公司（以下简称某某出租公司）到公安机关处理相关事宜领回该车，李某、张某却一直未出面协调，后出租车被某某出租公司收回。金某多次联系李某、张某，要求协助取回该出租车或退还购车款，但都遭拒绝。金某认为其与李某、张某之间的买卖合同实质为出租车营运权的转让，系双方真实意思表示，应为

有效，要求解除与李某、张某间的买卖合同，并请法院判令李某、张某连带返还购车款 55 000 元。

【案情焦点】

（1）出租车转让实质是车辆本身的转让还是出租车营运权的转让。

（2）非实际营运人李某与金某达成的买卖合同是否有效。

【法院裁判要旨】

经法院审理，合同是平等主体的自然人、法人、其他组织之间设立、变更、终止民事权利义务关系的协议。违反法律、行政法规的强制性规定的，合同无效。被告李某将沪××××出租车转让给原告金某，实质为出租车营运权的转让。被告李某非沪××××出租车所有人，亦无证据证明其系该车的实际营运人，其擅自转让出租车营运权，且转让的对象为无准营证的金某，违反了我国法律、行政法规的强制性规定，致该车被上海市交通运输和港口管理局扣押，故原告金某与被告李某签订的合同无效。因金某未能提供其与被告张某签订的合同原件，故法院对原告金某与被告张某之间的合同不予认可。合同无效后，因该合同取得的财产，应当予以返还。沪××××出租车已经被其所有人某某出租公司领回，所以原告交付被告李某的营运权转让款 55 000 元，被告李某应予返还。最终，法院经过公开审理，根据《中华人民共和国合同法》第二条第一款、第五十二条第五项、第五十八条及《中华人民共和国民事诉讼法》第一百四十四条之规定，判决原告金某交付被告李某的营运权转让款 55 000 元，并驳回了原告金某的其他诉讼请求。

案例分析与思考（案例二）

【案件基本信息】

案件名称：金某诉洛阳市××公司买卖合同纠纷案。

【案情介绍】

2009 年 3 月 12 日、3 月 24 日、3 月 27 日，原告金某分三次向被告洛阳市××公司出售废铁 6.05 吨、41.56 吨、39.9 吨，按照双方约定价格为每吨 2 650 元。双方约定 2009 年 3 月 24 日的货款，一个月内支付；3 月 27 日的货款当月付清，逾期均按月息 2 分计息；3 月 12 日的货款未约定付款期限及利息，以上货款总计 231 901.5 元。被告××公司于 2009 年 4 月 2 日付给原告金某 5 万元货款，对于剩余货款，因原告金某没有向被告××公司提供货物销售发票，被告××公司拒绝支付货款，双方遂引起诉争。

【案情焦点】

（1）出卖人不提供发票，买受人是否可以不付款。

（2）发票是否构成行使先履行抗辩权的先决条件。

【法院裁判要旨】

河南省嵩县人民法院经审理认为，原告金某向被告××公司出售废铁，被告公司工作人员给原告出具加盖被告财务专用章的收条，双方形成事实上的货物买卖合同关系。作为买受人，被告××公司有义务在规定期限内支付货款，故原告要求被告清偿货款的诉讼请求，应予支持，对被告已付货款应从总货款中扣除，按照应付货款的时间顺序，先扣除2009年3月12日货款16 032.5元，剩余33 967.5元应从2009年3月24日货款110 134元中扣除。原告要求计算利息，双方约定2009年3月24日、2009年3月27日货款利息为月息2分，虽然高于同期银行贷款利率，但并不违反不超过同期银行贷款利率4倍的规定，应予支持；对于2009年3月12日的货款利息，因双方并未约定，则不予支持。

对被告辩称原告没有履行出具发票义务，主张行使先履行抗辩权而拒绝支付剩余货款之抗辩。本院认为，先履行抗辩权中当事人的互负债务，要求双方债务具有对价关系。买卖合同中形成对价关系的债务是出卖人的货物供给义务和买受人的支付货款义务，出卖人向买受人开具销售发票是附随义务。在出卖人已经履行了向买受人提供货物的主要义务以后，买受人不能以出卖人单纯违反出具发票这一附随义务为由主张行使先履行抗辩权而拒绝支付货款。在一般交易习惯中，销售发票是买受方付款后由出卖方根据所付款项的具体数额予以开具，本案被告作为买受方要求行使先履行抗辩权违背一般交易习惯和诚实信用原则，故被告的辩称意见不予采纳。据此判决：

（1）被告××公司除已付原告金某货款5万元外，于判决书生效后10日内给付所欠原告金某货款181 901.5元。

（2）被告××公司于判决书生效后10日内给付原告金某货款76 166.5元的利息（自2009年4月25日至判决限令履行期限届满之日，按月息2分计算）；给付原告金某货款105 735元的利息（自2009年4月1日至判决限令履行期限届满之日，按月息2分计算）。

（3）驳回原告其他诉讼请求。

宣判后，被告××公司不服一审判决，提起上诉。

河南省洛阳市中级人民法院经审理，判决：驳回上诉，维持原判。

【法官后语】

上述案例中，××公司拒绝支付剩余货款，其理由是金某虽然交付货物，但没有向××公司提供货物销售发票，××公司认为其享有拒绝付款的先履行抗辩权。合同抗辩权的享有和行使需要符合法律规定。金某要求××公司支付货款，法院是否支持其请求，关键是看提供发票是否构成行使先履行抗辩权的先决条件。

《中华人民共和国合同法》第六十七条："当事人互负债务，有先后履行顺序，先履行一方未履行的，后履行一方有权拒绝其履行要求。先履行一方履行债务不符合约定的，后履行一方有权拒绝其相应的履行要求。"

《中华人民共和国合同法》第六十八条："应当先履行债务的当事人，有确切证据证明对方有下列情形之一的，可以中止履行：

（一）经营状况严重恶化；

（二）转移财产、抽逃资金，以逃避债务；

（三）丧失商业信誉；

（四）有丧失或者可能丧失履行债务能力的其他情形。

当事人没有确切证据中止履行的，应当承担违约责任。"

《中华人民共和国合同法》第六十九条："当事人依照本法第六十八条的规定中止履行的，应当及时通知对方。对方提供适当担保时，应当恢复履行。中止履行后，对方在合理期限内未恢复履行能力并且未提供适当担保的，中止履行的一方可以解除合同。"

《中华人民共和国合同法》第一百三十条："买卖合同是出卖人转移标的物的所有权于买受人，买受人支付价款的合同。"

《中华人民共和国合同法》第一百三十五条："出卖人应当履行向买受人交付标的物或者交付提取标的物的单证，并转移标的物所有权的义务。"

《中华人民共和国合同法》第一百三十六条："出卖人应当按照约定或者交易习惯向买受人交付提取标的物单证以外的有关单证和资料。"

《中华人民共和国发票管理办法》第二十条："所有单位和从事生产、经营活动的个人在购买商品、接受服务以及从事其他经营活动支付款项，应当向收款方取得发票。取得发票时，不得要求变更品名和金额。"

双务合同履行的抗辩权是指，在符合一定的法定条件下，一方当事人对抗另一方当事人的履行请求权，暂时拒绝履行其债务的权利。其行使是在一定期限内抗辩权人中止履行债务，但并不消灭债的履行。当产生抗辩权的理由消失后，债务人仍然应当履行债务。因此，双务合同履行中的抗辩权属于一时抗辩权或延缓抗辩权。其目的是保护抗辩权人的利益，为其提供一种可以提前预防损害发生的手段。首先，与违约责任相比较，抗辩权具有及时性和防患于未然的优势，避免自己先有损失再去寻求救济的被动。其次，抗辩权人是暂时停止履行义务，当产生抗辩权的原因消失后，对方继续履行，因此免去因自己履行后得不到对方履行的风险。最后，督促对方及时履行或提供担保，尽可能实现合同的目的。在合同履行中，根据不同的情形，当事人享有相应的抗辩权对抗对方的主张。双务合同分为双方当事人有先后履行顺序和无先后履行顺序两种情况。如果有先后履行顺序，先履行的一方享有不安抗辩权，后履行的一方享有先履行抗辩权。如果无先后履行顺序，双方当事人都享有同时履行抗辩权。因此，双务合同履行的抗辩权包括同时履行抗辩权、先履行抗辩权和不安抗辩权。

（一）先履行抗辩权构成要件

先履行抗辩权是指依照合同约定或法律规定，负有先履行义务的一方当事人，未履行义务或履行义务不符合约定条件时，另一方当事人中止履行合同的权利。其构成要件包括以下几点。

1. 同一双务合同互负债务

首先，双方当事人的债务由同一个合同而产生，也就是说，双方当事人根据同一合同互负债务。否则，即使在事实上双方当事人关系再密切，也不可能主张先履行抗辩权。其次，双方存在对待给付，也就是说，一方履行与他方对待履行互为条件。这就要求双方债务具有对价关系。这种合同对价关系，是指合同双方当事人的互负对待给付义务之间具有功能上的牵连关系，即双务合同的当事人一方不履行义务，对方原则上也不履行，换句话说，一方所负给付与对方当事人所负对待给付为前提，只有这样，双方当事人才能维持利益的平衡。典型的双务合同如买卖合同中，这种对价关系表现在，买方承担支付价款的义务，而卖方承担交付货物并转移货物所有权的义务，双方的债务具有对价的关系，且在功能上具有牵连关系，既符合"你与则我与，你不与则我亦不与"。

本案中，金某支付销售发票与××公司支付货款不具有对价性。主要有以下两个原因：

第一，从合同本身看，提供支票与支付货款不具有对价性。本案是一个典型的买卖合同，金某有获得价款的权利，而××公司有支付价款的义务；反之，××公司有取得货物的权利，而金某有交付货物并转移货物所有权的义务。与××公司支付货款具有对价性的应当是金某交付货物，而不是提供货物销售发票。所谓发票是指在购销商品、提供或者接受服务以及从事其他经营活动中，开具、收取的收付款凭证。因此，提供支票与支付货款不具有对价性。

第二，从义务性质看，附随义务与主给付义务不具有对价性。合同义务包括给付义务和附随义务。其中，给付义务分为主给付义务和从给付义务。所谓主给付义务是指在合同法律关系中，固有的、必备的、能够决定合同类型的基本义务。根据合同法第一百三十条的规定，买卖合同是出卖人转移标的物的所有权于买受人，买受人支付价款的合同。本案中××公司支付货款义务和金某交付货物的义务就属于主给付义务。所谓从给付义务是指，具有补助主给付义务功能的义务。其目的不在于决定合同的类型，而是为了使债权人的利益获得最大限度的满足。如承揽合同中未经定做人许可不得留存复印件或技术资料的义务，汽车出卖人交付必要文件等义务都属于从给付义务。附随义务是指，以诚实信用为依据，随着合同关系的发展逐渐产生的相关义务。如在买卖合同中，货物交付前的妥善保管义务；技术开发合同中，技术人员对技术的保密义务，等等。对于提供发票义务的性质，目前主要存在两种观点，一种观点认为它是从给付义务，一种观点认为是附随义务。本案法院认为，提供发票的义务属于附随义务，是基于一般交易习惯和诚实信用原则产生的。一般来说，只有合同双方当事人的主给付义务间存在对价关系，一方的主给付义务与另一方的附随义务或从给付义务之间不具有对价关系。当然，如果合同双方当事人在合同中约定，提供发票作为一项具体的义务，如果当事人没有履行，可以请求对方履行。但不应认定为与对方支付货款具有对价性的义务。除非合同明确约定提供发票是主给付义务。

2. 两个债务须有先后履行顺序

其顺序的确定，既可以依法律规定，也可以由当事人约定。假如既没有法律规定，也没有合同约定的，双务合同的履行顺序依交易习惯确定。本案所涉及的合同属于有先后履行顺序的买卖合同。因为2009年3月12日、3月24日、3月27日，原告金某分三次向被告××公司送售废铁6.05吨、41.56吨、39.9吨，双方约定2009年3月24日的货款，一个月内支付；3月27日的货款当月付清；3月12日的货款未约定付款期限及利息。可见，金某依约应当先交付货物，××公司再支付货款，存在先后履行顺序。其中，先履行抗辩权的行使主体，是负有后履行义务的当事人一方，负有先履行义务的一方不享有。

但是，先履行一方却享有不安抗辩权，即当事人互负债务，有先后履行顺序的，先履行的一方有确切证据表明另一方丧失履行债务能力时，在对方没有恢复履行能力或者没有提供担保之前，先履行一方当事人有权中止合同履行的权利。一般包括以下几个要件：第一，同一双务合同互负债务。第二，存在先后履行顺序。如果说先履行抗辩权是在保护后履行人的权利，那么不安抗辩权是在保护先履行人的权利。第三，先履行一方有确切证据证明后履行一方有丧失或可能丧失履行债务的能力。我国合同法的不安抗辩权采取了英美法系预期违约制度权利发生的多原因主义，因此，合同法第六十八条规定，应当先履行债务的当事人，有确切证据证明对方有下列情形之一的，可以中止履行：①经营状况严重恶化；②转移财产、抽逃资金，以逃避债务；③丧失商业信誉；④有丧失或者可能丧失履行债务能力的其他情形。在这个要件中，有两个问题需要把握。首先，后履行一方应当在何时发现不安抗辩事由。目前存在两种立法例,其一是要求不安抗辩事由发生在合同订立后,原德国民法和我国台湾地区民法采用此说。其二是要求不安抗辩事由发生在合同缔约后,奥地利民法、德国现行民法采用此说。我国多数学者认为,后者较为合理,其理由主要在于,如果不安抗辩权事由发生在合同订立时,先履行人明知此情况仍订立合同,应属自愿冒险行为,甚至别有用心。因此,不应当通过立法特别保护。其次,不安抗辩事由的标准。即不安抗辩的事由达到何种标准,先履行人才能主张不安抗辩权。比如,《德国民法典》规定"相对人因财产状况的恶化而使先有为给付义务的人的请求权濒临危险"。《瑞士债务法》规定契约当事人之一方支付不能,尤其是破产或扣押无效果,因此使财产恶化使对方的请求权陷入危险时,方可行使不安抗辩权。对此,我国法律没有规定。我国多数学者赞同上述国家的做法,将危及对方债权实现,作为达到不安抗辩权事由的程度。对其标准的明确,有利于避免行使不安抗辩权的扩大化。

假如双方当事人没有先后履行顺序,一方当事人若要对抗对方当事人的请求,则应适用同时履行抗辩权。所谓同时履行抗辩权是指,双务合同中没有约定先后履行顺序,当事人一方在对方未履行或履行不适当的情况下,有权拒绝履行。所谓双方没有约定先后履行顺序主要包括两种情况:一是双方当事人约定同时履行,即人们通常所说的"一手交钱,一手交货";二是推定双方当事人同时履行,即双方在合同中没有明确约定履行顺序,或是依照交易习惯和惯例推定。尤其是在现实生活中,因为合同的履行往往存在时间和空间的差异,在认定同时履行的时候,通常在交易习惯或惯例中推定。

3. 先履行的一方没有履行或没有适当履行

先履行一方没有履行,是指先履行一方在履行期限届满尚未进入履行状态。先履行一方没有适当履行,是指先履行一方虽然履行了债务,但是并不符合约定或法定的要求,比如迟延履行、不完全履行、部分履行和不能履行等。本案中,原本金某认为自己履行了义务并且是适当履行的,而被告××公司则认为,金某虽然履行了交付货物的义务,但是没有完全履行,理由就是没有提供货物销售发票。

因此,有必要讨论提供发票是否应当作为适当履行的必要组成部分。本书认为,开具发票不是一项民事义务,而是一项行政法义务,因此不构成合同适当履行的组成部分。国家税务总局根据税收征收管理法制定了《中华人民共和国发票管理办法》(简称《发票管理办法》)和《中华人民共和国发票管理办法实施细则》。其中,《发票管理办法》第二十条规定:"所有单位和从事生产、经营活动的个人在购买商品、接受服务以及从事其他经营活动支付款项,应当向收款方取得发票。取得发票时,不得要求变更品名和金额。"按照第三十五条的规定,未按照规定开具发票的,属于本法违反本办法的规定情形之一的,由税务机关责令改正,可以处1万元以下的罚款;有违法所得的予以没收。因此,开具发票是一项行政法义务。如果以一方没有履行行政法义务来抗辩对方不履行民事义务,有违公平正义原则。当然,如果合同双方当事人在合同中约定,提供发票作为一项具体的义务,即可将其作为一项民事义务。如果当事人没有履行,可以作为对方没有适当履行的理由来抗辩。

(二)先履行抗辩权的效力

双务合同履行抗辩权在性质上属于一时性抗辩权。因此,抗辩权人拒绝履行并不是对方请求权的消灭,而是在一定时间内不能实现,也不是自己的履行义务消灭,而是暂时停止履行。当产生抗辩权的理由消失后,抗辩权人仍然应当履行债务。

行使先履行抗辩权,抗辩权人可以中止履行自己的债务,所谓中止履行是指暂停履行或延期履行，但其履行义务并不消失。以此对抗先履行一方的履行请求。当先履行一方采取了补救措施，先履行抗辩权即消灭，抗辩权人应履行其债务。本案中，假设先履行抗辩权成立，则被告××公司有权中止履行，待金某履行其义务，××公司即应履行其付款义务。

不安抗辩权稍微复杂，根据合同法第六十八条的规定，首先，先给付义务人可以先中止履行。如果后给付义务人提供适当担保，先给付义务人应当恢复履行。对于适当担保的理解，一般以能够保障先给付义务人的债权实现为标准。其次，如果后给付义务人在合理期限内没有提供适当担保的，中止履行的一方可以解除合同。

综上所述，本案虽然是一个有先后履行顺序的双务买卖合同，但是，由于原告金某不提供销售发票的义务与被告××公司不支付货款的义务，在内容上，不具有对价性，在性质上，附随义务与主给付义务也不具有对价性，且不能以一方没有履行行政法义务来抗辩对方不履行民事义务。因此，被告××公司无权以此为由行使先履行抗辩权。××公司应给付货款及利息。

课后习题

（1）我国《民法典》规定的买卖合同的概念、特征是什么？

（2）在买卖合同中，双方当事人的权利义务是什么？

（3）我国《民法典》对买卖合同中标的物所有权与风险转移有何规定？

（4）根据《联合国国际货物买卖合同公约》的规定，买卖双方的义务有哪些？

（5）根据《联合国国际货物买卖合同公约》的规定，买方违约时卖方有哪些救济方法？

（6）根据《联合国国际货物买卖合同公约》的规定，卖方违约时买方有哪些救济方法？

（7）《国际贸易属于解释通则 2020》规定的贸易术语之间的差异是什么（买卖双方义务与支付费用方面）？以表格或者图示的方式进行整理。

第五章

货物运输法律制度

学习目标

【掌　握】

（1）掌握多式联运的概念。
（2）掌握货物运输合同的概念、特征、合同主体。
（3）掌握承运人行使留置权需要符合的条件。
（4）掌握海上货物运输合同的概念、种类，能够区分件杂货运输合同和船次租船合同。
（5）掌握海上货物运输中提单的含义、提单的种类，能区分记名提单、指示提单、不记名提单之间的差别。
（6）掌握多式联运的法律特征、多式联运单据的概念及功能。

【理　解】

（1）理解货物运输的概念、几种常见的运输方式的特点。
（2）理解货运合同当事人的权利和义务。
（3）理解海上货物运输合同的订立过程。
（4）理解清洁提单、不清洁提单的区别。
（5）理解直达提单、转运提单、多式联运提单的区别。
（6）理解汽车货物运输合同的概念、种类。
（7）理解航空货物运输合同的含义。
（8）理解多式联运经营人的责任、我国的法律法规中多式联运经营人的责任形式。

【了　解】

（1）了解承运人可以免除赔偿责任的情况。
（2）了解海上货物运输合同当事人的义务和责任。
（3）了解铁路货物运输合同的概念，整车货物运输合同和零担货物运输合同的区别。
（4）了解铁路货物运输合同的订立、变更和解除。
（5）了解铁路货物运输合同双方的义务。
（6）了解申请从事公路货运经营应当具备的条件。
（7）了解汽车货物运输合同双方当事人的义务。
（8）了解水路货物运输合同的含义、订立过程、合同双方的义务。

（9）了解航空货物运输合同双方的义务。
（10）了解国际航空货物运输承运人的免责事项及责任限额。
（11）了解多式联运合同的订立。

第一节 货物运输法律制度概念

一、货物运输的概念

货物运输是指物品借助运力在空间内所发生的位置移动，具体说，就是通过火车、汽车、轮船、飞机等交通运输工具将货物从一处运送到另一处的活动。货物运输实现了物品空间位置的物理转移，实现了物流的空间效用。货物运输是整个物流系统中极为重要的环节，在物流活动中处于中心地位，是物流业的支柱之一。

二、几种常见的货物运输方式

（一）公路货物运输

公路货物运输是指使用汽车和其他交通工具在公路上载运货物的一种运输方式，是物流运输的主要方式。公路运输主要优点是运输速度较快，效率高，运输费用相对较低，机动灵活，可以满足用户的多种需求，适于近距离、中小量货物运输。其缺点是运量小，长途运输成本高，对环境造成的污染严重。

（二）铁路货物运输

铁路货物运输是指将火车车辆编组成列车在铁路上载运货物的一种运输方式。其优点是：运行速度较快，运输能力大，很少受自然条件的限制，适宜各种货物的运输，运输的安全性和运输时间的准确性较高，远距离铁路运输的成本较低。其缺点是：受铁轨和站点的限制，受运行时刻、配车、编列、中途编组等因素的影响，不能适应用户的紧急需要，近距离运输的费用较高。铁路是我国物流的重要交通工具，常常被利用来完成中长距离的大宗货物运输任务。

（三）水路货物运输

水路货物运输是指使用船舶及其他航运工具，在江河湖泊、运河和海洋上载运货物的一种运输方式。其优点是：运载能力大，适合运输体积和重量较大的货物，运输成本相对较低。缺点是：受自然条件的影响很大，运输速度较慢，运输时间较长，装卸和搬运费用较高等。通常用以运输运量大、运距长、对时间要求不太紧、运费负担能力较低的货物。

（四）航空货物运输

航空货物运输是指在具有航空线路和航空港（飞机场）的条件下，利用飞机进行货物运输的一种运输方式。其优点是：运输速度快、安全性和准确性很高、散包事故少、货物包装费用小。其缺点是：运输成本较高、飞机的运载能力有限、机场所在地以外的城市受到限制。

适合运送量小、距离远、时间紧、运费负担能力相对较高的货物。

（五）多式联运

多式联运是指把两种或两种以上的运输方式结合起来，实行多环节、多区段相互衔接的一种接力式运输方式，是一种综合性的运输方式。多式联运具有托运手续简单方便、货物在途时间短、车船周转快、运输工具利用率高等优点。但是，进行多式联运必须具有一定的条件，如在运输沿线上必须具有装卸搬运的车站、码头，有高效率、高质量的中途转乘和换乘管理等。从理论上讲，多式联运是物流中最理想的运输方式，它能够充分发挥各种运输方式的长处，实现运输最优化，但对物流企业的要求较高。

三、货物运输合同

（一）货物运输合同的概念和特征

1.货物运输合同的概念

货物运输合同是承运人将货物从起运地点运输到约定地点，托运人或者收货人支付运输费用的合同。

2.货物运输合同的特征

（1）货物运输合同的标的是运输行为，而不是被运送的货物本身。托运人与承运人签订运输合同，其目的是利用承运人的运输工具将货物由起运地运输到目的地，承运人的运输劳务行为是双方权利义务共同指向的目标。

（2）货物运输合同是双务合同。承运人负有将货物由起运地运至目的地的义务，托运人有向承运人支付运费的义务。

（3）货物运输合同是有偿合同。在运输合同中，托运人让承运人运输货物，应当支付运费。

（4）货物运输合同大多是诺成合同。大宗货物的长期运输合同一般为诺成合同；零担货物或集装箱货物运输合同一般为实践合同，以货物的交付验收为成立要件，承运人在运单上加盖承运日期戳之时合同成立。

（5）货物运输合同可以是"为第三人利益合同"。货物运输合同往往有第三人参加，即以承运人、托运人之外的第三人为收货人。虽然收货人并非签订合同的当事人，但他可以独立享有合同约定的权利，并承担相应的义务。如果运输合同约定由收货人支付运费，则属于由三方当事人参加的运输合同，必须有收货人的同意，合同才能成立。

（6）货物运输合同可以采用留置的方式担保。

（7）货物运输合同一般为格式合同。大部分货物运输合同的主要内容和条款都是国家授权交通运输部门以法规的形式统一规定的，双方当事人无权自行变更。

（二）货物运输合同的主体

1.托运人

托运人是指与承运人订立货物运输合同并将货物交给承运人运输的人。托运人是货物运输合同的一方当事人，可以是自然人、法人或非法人组织；可以是货物的所有人、货物所有人委托的代理人或货物的保管人。

2.承运人

承运人是指与托运人订立货物运输合同并提供运输服务的人，包括运输企业和从事运输服务的个人。凡是取得运输服务资格的企业和个人，都可以在营业范围内从事运输活动。承运人是货物运输合同的另一方当事人，负责用约定的运输方式把货物运送到指定的目的地。

3.收货人

收货人是依运输合同的约定而接受承运人送达的货物的人，也是托运人指定的领取货物的人。收货人可以是个人、法人或非法人组织，一般是承运人和托运人以外的第三人。托运人也可以指定自己作为收货人。

（三）货物运输合同当事人的权利和义务

1.托运人的义务

1）如实告知的义务

托运人办理货物运输，应当向承运人准确表明收货人的姓名、名称或者凭指示的收货人，货物的名称、性质、重量、数量，收货地点等有关货物运输的必要情况。告知的内容必须充分、完整和准确，除危险品的名称、性质以外，还应包括防止危险和急救措施等内容。因托运人申报不实或者遗漏重要情况，造成承运人损失的，托运人应当承担赔偿责任。

2）办理审批等手续的义务

货物运输需要办理审批、检验等手续的，托运人应当将办理完有关手续的文件提交承运人，并随货同行。如果托运人不愿提供的，承运人有权拒绝运输。这类货物一般包括以下几种：一是涉及公共安全的货物需要办理运输证，如烟花爆竹；二是有关人民健康的货物需要办理检疫证，如进口食品；三是国家保护性资源需要办理准运证，如文物等；四是国家实行专卖、专营的物资需要办理主管机关签发的准运证，如烟草等。

3）包装及装载义务

托运人应当按照约定的方式包装货物。对包装方式没有约定或者约定不明确的，可以协议补充；不能达成补充协议的，按照合同相关条款或者交易习惯确定。仍然不能确定的，应当按照通用的方式包装；没有通用方式的，应当采取足以保护标的物且有利于节约资源、保护生态环境的包装方式。托运人违反前款规定的，承运人可以拒绝运输。

因为包装的原因发生货物毁损灭失的，其损失由托运人自行负责。承运人明知包装不合格而承运的，应当对该损失负责。双方都有过错的，按照各自过错的大小分别承担责任。实践中一般是承运人提出包装要求，如果托运人不同意，则可以通过包装试运协议明确双方的权利义务。

托运人托运易燃、易爆、有毒、有腐蚀性、有放射性等危险物的，应当按照国家有关危险物的运输规定对危险物品妥善包装，制作危险物品标志和标签，并将有关危险物品的名称、性质和防范措施的书面材料提交承运人。托运人违反此义务的，承运人可以拒绝运输，也可以采取相应措施以避免损失的发生，因此产生的费用由托运人负担。

4）交付货物的义务

托运人要按照合同约定的时间和要求向承运人交付托运的货物，具体要求包括：按时交付托运货物；所交付的托运货物必须与合同记载的内容相一致，不得在一般货物中夹带、藏匿危险货物；正确制作货物的运输标志和必要的指示标志，并贴在明显位置。

5）及时支付运费的义务

支付运费是托运人的法定义务。双方可以约定由托运人在货物发运前或者到站由收货人支付运费。铁路运费通常都是由托运人在发运站承运货物当日支付。水路货物运输合同中，双方除另有约定外，应当预付运费。航空货物运输合同中，除非双方有不同约定，运费应当在承运人开具航空货运单时一次付清。

2.承运人的义务

1）提供适合运输的运输工具的义务

适合运输的运输工具包含两层含义：一是运输工具具有抵御运输途中通常出现的或能合理预见的自然风险的能力；二是运输工具适合装载合同约定的货物。如船舶要处于适航状态，妥善配备船员，装备船舶和配备供应品，并使干货舱、冷藏舱、冷气舱和其他载货处所适于并能完全接受、载运和保管货物。

2）按照约定或合理经济的原则确定运输线路的义务

承运人应当按照合同的约定或者通常的线路将货物运输到约定地点。但水路运输承运人为救助或企图救助人命或财产而发生的绕航或其他合理绕航，不属于违反此规定。

3）妥善装卸货物的义务

按合同约定或有关规定由承运人负责装卸的，承运人应严格遵守作业规范，保证装卸质量。水上货物运输除按约定或货运习惯外，承运人不得将货物装载于船面甲板。

4）保管义务

承运人受领托运人托运的物品后，即负有善良管理人的注意义务，应妥善保管货物。在到达约定地点后交付收货人之前，也应妥善保管货物。

5）安全运输义务

承运人对货物的运输安全负责，保证货物在运输过程中不受损害。货物在承运责任期间内，发生毁损或灭失，承运人应当负赔偿责任。

6）货物运输到达后及时通知和交付的义务

货物运输到达后，承运人知道收货人的，应当及时通知收货人，收货人应当及时提货。收货人逾期提货的，应当向承运人支付保管费等费用。如收货人不明或者无正当理由拒绝受领货物时，承运人可以将货物提存。

3.承运人的留置权

承运人为保全其运费或其他费用请求权，在托运人或收货人不支付运费、保管费以及其他运输费用的情况下，承运人对相应的运输货物享有留置权。

承运人行使留置权，必须符合法律所规定的条件：

（1）承运人的债权必须与运输的货物有关联关系。承运人的债权包括：为了追索因运输而产生的运费、保管费以及其他费用（如垫付关税、报关费、运输物的改装费等），以及由此产生的利息、违约金、损害赔偿金、留置物担保费用和实现留置权的费用。

（2）承运人必须直接、合法地占有货物。如果承运人已经失去对货物的占有，比如已经将货物交付给收货人，则不能再行使留置权。

（3）必须是运输合同所约定的运费等费用已到支付期限。在履行期限届满之前，承运人无权留置运输的货物。

（4）必须符合运输合同中当事人的特别约定。如果当事人双方特别约定不得留置货物，承运人就不得行使留置权。

（5）所留置货物的价值应当与费用数额相等。如果可以留置的货物为可分物，如米、布匹等，留置物的价值应相当于费用的数额；如果货物属于不可分物，如钻石、汽车等，承运人可以将全部货物留置，在留置权实现后，应把剩余金额返还给债务人。

4.收货人的义务

1）提货义务

收货人在接到承运人的到货通知后，应当及时在规定时间或合理期限内提取货物，收货人逾期提货的，应当向承运人支付保管费等费用。收货人不明或者收货人无正当理由拒绝受领货物的，承运人依法可以提存货物。

2）提货时检验货物的义务

收货人提货时应当按照约定的期限检验货物。对检验货物期限没有约定或者约定不明确的，可以协议补充；不能达成补充协议的，按照合同相关条款或者交易习惯确定。仍然不能确定的，应当在合理期限内检验货物。收货人在约定期限或者合理期限内对货物数量、毁损等未提出异议的，视为承运人已经按照运输单证的记载交付的初步证据。

3）支付运费、保管费或者其他费用的义务

收货人不支付运费、保管费或者其他费用的，承运人对相应的运输货物享有留置权，但是当事人另有约定的除外。

（四）承运人对运输中的货物毁损、灭失承担责任

在货物运输中，承运人应当将货物安全运输到目的地。承运人应当对自接收货物时起至交付货物时止所发生的货物的毁损、灭失承担损害赔偿责任。

承运人可以免除赔偿责任的有三种情况：①不可抗力；②货物本身的自然性质或者合理损耗；③托运人、收货人的过错造成的货物损失。

在货物发生毁损、灭失的情况下，货物的赔偿额根据如下原则确定：①当事人对货物毁损、灭失的赔偿额有约定的，应当按约定数额进行赔偿。②当事人对赔偿额没有约定或者约定不明确的，可以补充协议；不能达成补充协议的，按照合同相关条款或者交易习惯确定。③按照以上规定仍不能确定的，按照交付或者应当交付时货物到达地的市场价格来计算货物的赔偿额。④法律、行政法规对赔偿额的计算方法和赔偿限额另有规定的，依照其规定赔偿。

概念拓展：代位求偿权

代位求偿权是保险人的一种权利。当一保险人对某一损失做出赔偿后，有权将他自己置于投保人的地位，并因此获得投保人就该损失而可能拥有的所有权利与补偿。

第二节 海上货物运输法律规定

海上货物运输是指使用船舶经过海路或与海相通的可航水域，将货物从一个港口运送到另一个港口的运输方式，分为国际海上货物运输和国内沿海运输。按照我国法律规定，国际海上货物运输适用《海商法》第四章的规定，我国港口间的海上货物运输，即沿海运输，则适用《民法典》运输合同和交通部《国内水路货物运输规则》的规定。本节主要介绍《海商法》第四章的内容。

一、海上货物运输合同

（一）海上货物运输合同的概念

海上货物运输合同是指承运人收取运费，负责将托运人托运的货物经海路由一港运至另一港的合同。

在海上货物运输合同中，承运人是一方当事人，通常称为船方，是指本人或者委托他人以本人名义与托运人订立海上货物运输合同的人。托运人是另一方当事人，称为货方，是指本人或者委托他人以本人名义或者委托他人，为本人与承运人订立海上货物运输合同的人；本人或者委托他人以本人名义或者委托他人，为本人将货物交给与海上货物运输合同有关的承运人的人。海上货物运输合同的标的物是海上货物，包括活动物和由托运人提供的用于集装货物的集装箱、货盘或者类似的装运器具。

（二）海上货物运输合同的种类

海上货物运输合同主要包括件杂货运输合同和航次租船合同两种。

1. 件杂货运输合同

件杂货运输合同又称零担运输合同，是指承运人在不出租船舶的情况下负责将件杂货由一港运至另一港，而由托运人支付运费的协议。班轮运输通常采用件杂货运输合同。承运人接受众多托运人的货物，将它们装于同一船舶，按规定的船期，在一定的航线上，以规定的港口顺序运输货物。

件杂货运输合同大多数是以提单的形式表现和证明，因此件杂货运输又被称作提单运输。海运单作为件杂货运输合同的特别形式，在国际海运实践中得到应用广泛。

2. 航次租船合同

航次租船合同又称航程租船合同，是指船舶出租人向承租人提供船舶或者船舶的部分舱位，装运约定的货物，从一港运至另一港，并由承租人支付约定运费的合同，分为单航次租船合同、往返航次租船合同、连续单航次租船合同、连续往返航次租船合同等多种形式，适用于不定期船舶运输。

(三) 海上货物运输合同的订立过程

海上货物运输合同的订立过程就是双方当事人协商一致的过程，要经过要约和承诺两个阶段。件杂货运输合同与航次租船合同订立的具体方式和程序各有不同。

从事件杂货运输的班轮公司，通常在其航线经过的地方或其他地方设有营业场所或代理机构。货物托运人及其代理人在向班轮公司或其上述机构申请货物运输时，通常要填写订舱单，并载明货物的品种、数量、装船期限、卸货港等内容。承运人根据上述内容并结合情况决定是否接受，如果接受托运，即在订舱单上指定船名并签字，运输合同即告成立。我国各专业进出口公司在出口货物时，通常采取的办法是，由中国对外贸易运输公司作为托运人向中国船务代理公司或中国外轮代理公司办理托运手续。班轮运输的特点决定了件杂货运输合同一般通过订舱的方式成立。

航次租船合同除了由船舶出租人和承租人直接洽谈协商外，通常还通过船舶经纪人而达成。船舶经纪人受出租人或承租人的委托，代表出租人或承租人磋商租船事宜。在航运实践中，一些航运组织、船公司、货主组织和大货主，事先根据不同航线或货种的需要，拟订租船合同标准格式，以供订约时参考。实际上，几乎所有的租船合同，都是双方当事人在协议选用的标准合同基础上，订立附加条款，对原有条款进行修改、删减和补充而达成的。

关于运输合同的形式，我国《海商法》第四十三条规定："承运人或者托运人可以要求书面确认海上货物运输合同的成立。但是，航次租船合同应当书面订立。电报、电传和传真具有书面效力。"

(四) 海上货物运输合同当事人的义务和责任

1. 承运人的义务

1) 提供船舶并保证适航的义务

船舶是海上货物运输的工具。承运人在海上货物运输合同中最主要的义务是提供约定的适航船舶，即"适航义务"，具有法定义务的性质。我国《海商法》第四十七条规定："承运人在船舶开航前和开航时，应当谨慎处理，使船舶处于适航状态，妥善配备船员、装备船舶和配备供应品，并使货舱、冷藏舱、冷气舱和其他载货处所适于并能安全收受、载运和保管货物。"

2) 装卸、运送和交付货物的义务

承运人应当妥善地、谨慎地装载、搬移、积载、运输、保管、照料和卸载所运货物，即"管货义务"。管货义务也属于法定义务，适用于整个航程的存续期间。

管货义务的主观状态要求承运人做到"妥善"和"谨慎"，并且要求此种主观状态具体地适用于"装载、搬移、积载、运输、保管、照料和卸载等七种管理货物的行为或措施"。管货义务的客观标准应依据预定航程的海上危险、船舶的技术标准和状态、货物的性质、航运习惯等因素确定。

3) 合理速遣义务

承运人应当按约定的或者习惯的或者地理上的航线将货物运往卸货港，即"合理速遣义务"，它也属于法定义务，包括按顺序选航线和不得非合理绕航两方面的内容。在班轮运输的情况下，承运人应当按照船期表的规定，使船舶按时在装货港停泊，并将托运人早已备好的货物装船积载。货物装载妥当后，船舶应按船期表的规定准时启航。

船舶启航后，应按约定的或者习惯的或者地理上的航线航行，除了为救助或者企图救助人命或者财产而绕航或者其他合理绕航外，不得发生不合理的绕航。同时，在航行过程中，承运人应妥善保管和照料所载货物。货物到目的港后，承运人应将船舶停泊在适于卸货的地点，将货物卸下交付给提单中载明的收货人、提单受让人或其代理人。

2. 承运人的责任

我国《海商法》对承运人违约的损害赔偿责任作了详细、系统的规定。

1）承运人的责任期间

承运人的责任期间是指承运人对货物运送负责的期间。我国《海商法》第四十六条规定："承运人对集装箱装运的货物的责任期间，是指从装货港接收货物时起至卸货港交付货物时止，货物处于承运人掌管之下的全部期间。承运人对非集装箱装运的货物的责任期间，是指从货物装上船时起至卸下船时止，货物处于承运人掌管之下的全部期间。"

2）承运人的免责范围和赔偿责任原则

承运人对下列原因造成的货物灭失或者损坏，不负赔偿责任：①船长、船员、引航员或者承运人的其他受雇人在驾驶船舶或者管理船舶中的过失；②火灾，但是由于承运人本人的过失所造成的除外；③天灾，海上或者其他可航水域的危险或者意外事故；④战争或者武装冲突；政府或者主管部门的行为、检疫限制或者司法扣押；⑤罢工、停工或者劳动受到限制；海上救助或者企图救助人命或者财产；⑥托运人、货物所有人或者他们的代理人的行为；⑦货物的自然特性或者固有缺陷；⑧货物包装不良或者标志欠缺、不清；⑨经谨慎处理仍未发现的船舶潜在缺陷；⑩非由于承运人或者承运人的受雇人、代理人的过失造成的。承运人依照上述规定免除赔偿责任的，除第2项规定的原因外，应负举证责任。

3）承运人赔偿责任范围及赔偿责任限制

（1）承运人赔偿责任范围。《海商法》第五十五条规定："货物灭失的赔偿额，按照货物的实际价值计算；货物损坏的赔偿额，按照货物受损前后实际价值的差额或者货物的修复费用计算。"货物的实际价值按照货物装船时的价值加保险费和运费计算。计算赔偿数额时，应当减去因货物灭失或者损坏而少付或者免付的有关费用，即承运人的赔偿责任范围仅限于直接损失而不包括间接损失，这是与海上运输风险的特殊性有密切关系的。

（2）承运人赔偿责任限制。承运人（船舶所有人）赔偿责任限制，又称"单位责任限制"，是指承运人应承担的赔偿责任，按计算单位计算，限制在一定范围之内的责任限制制度，即法律规定一个单位最高赔偿额，超过限额的部分承运人不负赔偿责任。

《海商法》第五十六条规定："承运人对货物的灭失或者损坏的赔偿限额，按照货物件数或者其他货运单位数计算，每件或者每个其他货运单位为 666.67 计算单位，或者按照货物毛重计算，每公斤为 2 计算单位，以二者中赔偿限额较高的为准。但是，托运人在货物装运前已经申报其性质和价值，并在提单中载明的，或者承运人与托运人已经另行约定高于本条规定的赔偿限额的除外。"

（3）承运人对货物因迟延交付造成经济损失的赔偿限额，为所迟延交付的货物的运费数额。货物的灭失或者损坏和迟延交付同时发生的，承运人赔偿责任限额适用货物灭失或损坏的限额。

（4）承运人赔偿责任的承担和分担。承运人将货物运输或者部分运输委托给实际承运人履行的，承运人仍然应当依照《海商法》的规定对全部运输负责。承运人应当对实际承运人的行为或者实际承运人的受雇人、代理人在受雇或者受委托的范围内的行为负责。在海上运输合同中明确约定合同所包括的特定的部分运输由承运人以外的指定的实际承运人履行的，货物在指定的实际承运人掌管期间发生的灭失、损坏或者迟延交付，承运人不负赔偿责任。

此外，《海商法》第六十一条规定："对承运人责任的规定，适用于实际承运人。"第六十三条规定："承运人与实际承运人都负有赔偿责任的，应当在此项责任范围内负连带责任。"实际承担了赔偿责任的一方，在承担赔偿责任后有权向应当承担责任的另一方追偿。

3.托运人的义务

1）提供约定货物和运输所需各项单证的义务

《海商法》规定："托运人托运货物，应当妥善包装，并向承运人保证，货物装船时所提供的货物的品名、标志、包数或者件数、重量或者体积的正确性；由于包装不良或者上述资料不正确，给承运人造成损失的，托运人应当承担赔偿责任。"

"托运人应向港口、海关、检疫、检验和其他主管机关办理货物运输所需要的各项手续，并将已办各项手续的单证送交承运人；因办理各项手续的有关单证送交不及时、不完备或者不正确，使承运人的利益受到损害的，托运人应当负赔偿责任。"

2）支付运费及其他费用的义务

托运人应当按照约定向承运人支付运费。托运人与承运人可以约定运费由收货人支付；但是，此项约定应当在运输单证中载明。

3）收受货物的义务

在货物运抵目的港后，收受货物既是托运人的义务，也是托运人的重要权利。

二、运输单证

国际海上货物运输中最常见的运输单证就是提单。

（一）提单的含义

提单是指用以证明海上货物运输合同和货物已经由承运人接受或者装船，以及承运人保证据以交付货物的单证。提单中载明的向记名人交付货物，或者按照指示人的指示交付货物，或者向提单持有人交付货物的条款，构成承运人据以交付货物的保证。

（二）提单的签发及内容

1.提单的签发

货物由承运人接受或装船后，应托运人的要求，承运人应当签发提单。提单的签发人一般包括承运人、承运人的代理人和船长。在国际航运实践中，提单通常由船长签发。船长是承运人的当然代理人，无须经承运人的特别授权便可签发提单。但是，如果提单由承运人的代理人签发，则代理人必须得到承运人的合法授权，否则代理人无权签发。

2.提单的内容

提单内容一般包括下列各项：货物的品名、标志、包数或者件数、重量或者体积，以及运输危险货物时对危险性质的说明；承运人的名称和主营业所；船舶名称；托运人的名称；收货人的名称；装货港和在装货港接收货物的日期；卸货港；多式联运提单增列接收货物地点和交付货物地点；提单的签发日期、地点和份数；运费的支付；承运人或者其代表的签字。提单缺少上述其中的一项或几项的，不影响提单的性质；但是应当符合《海商法》有关提单的规定。

（三）提单的种类

按照不同的划分标准，提单可以划分为许多种类。常见的提单主要有以下几种。

1.记名提单、指示提单、不记名提单

记名提单是由托运人指定收货人的提单，又称收货人抬头提单。这种提单由托运人在提单正面收货人一栏中注明特定的收货人。承运人只能将货物交给托运人指定的收货人。如果承运人擅自将货物交给提单指定的收货人以外的人，那么，即使该人占有提单，承运人也应承担责任。收货人不能将记名提单背书转让。如要转让货物，收货人只能按照一般的财产转让手续办理。记名提单避免了转让中的风险，但同时也失去了流通性，因而，在国际贸易中较少使用，一般只用于运输展览品或贵重物品。

指示提单是指提单正面收货人一栏填有"凭指示"或"凭某某指示"字样的一种提单，是一种可转让提单。提单持有人可以通过背书方式把它转让给第三者，而无须经过承运人认可，所以这种提单受到买方的欢迎，在国际海运业务中使用较广泛。

不记名提单，又称空白提单，是指在提单正面收货人一栏内不具体填写收货人或"凭某人指示"，而只注明"持有人"或"交与持有人"字样，凭单取货的提单，承运人交付货物仅凭提单不凭人，谁持有提单，谁就有权提货。它不加背书即可转让，手续简便，但是，它给买卖双方带来的风险都很大，因此在国际贸易中已较少使用。

2.已装船提单、备运提单

已装船提单是指货物装船后由承运人签发给托运人的提单。如果承运人签发了已装船提单，就是确认他已经将货物装在船上。这种提单除载明一般事项外，通常还必须注明装载货物的船舶名称及装船日期。在航运实践中，除集装箱货物运输外，现在大都采用已装船提单。

备运提单又称待运提单，是承运人在收到托运人交付的货物但还没有装船时应托运人的要求而签发的提单。承运人签发了备运提单，只说明他确认货物已交给他保管，并存入他所控制的仓库，而不能说明他确实已将货物装到船上。这种提单通常要载明货物拟装某船，如果预定的船舶不能按时到港，承运人对此不负责任，并有权另换他船。当货物装上预定船舶后，承运人可以在备运提单正面加注"已装船"字样和装船日期，并签字盖章，从而使之成为已装船提单；同样，托运人也可以用备运提单向承运人换取已装船提单。

3.清洁提单、不清洁提单

清洁提单是承运人未加批注的提单。由于托运人交付的货物"外表状况良好"，所以承运人在签发提单时，未加任何有关货物减损、外表包装不良或其他影响结汇的批注。所谓"外

表状况良好"仅意味着在目力所及的范围内，货物是在外观良好的情况下装上船的，但它并不排除货物存在着内在瑕疵及其他目力所不及的缺陷。

不清洁提单又称有批注提单，是指承运人加有批注的提单。这种提单，承运人因在货物装船时发现并非"外观状况良好"，而加上诸如"包装箱损坏""渗漏""破包""锈蚀"等形容货物的外观状态的批注。但是，并非加上任何批注的提单都属于不清洁提单。如果提单上批注的只是如"重量、数量不详"等内容，则视为"不知条款"，不能视为不清洁提单。

4.直达提单、转运提单、多式联运提单

直达提单又称直运提单，是指货物自装货港装船后，中途不转船，直接运至卸货港的提单。直达提单上不得有"转船"或"在某港转船"的批注。有时提单条款内虽无"转船"批注，却列有承运人有权转装他船的"自由转船条款"，通常也属于直达提单。

海上联运提单又称转运提单，是指货物从装货港装船后，在中途转船，交由其他承运人用船舶接运至目的港的提单。通常，签发联运提单的联运承运人又是第一程承运人，应对全程运输负责，其他接运承运人则应分别对自己承担的那部分运输负责。

多式联运提单是指多式联运承运人将货物以包括海上运输在内的两种以上运输方式，从一地运至另一地而签发的提单，通常用于国际集装箱货物运输。

第三节 铁路货物运输法律规定

在我国，铁路货物运输要受《铁路法》《民法典》《铁路货物运输合同实施细则》等相关法律法规的调整。

一、铁路货物运输合同概述

（一）铁路货物运输合同的含义

铁路货物运输合同是指铁路承运人根据托运人的要求，按期将托运人的货物运至目的地，交与收货人的合同。物流企业通常作为托运人或托运人的代理人与铁路承运人签订铁路货物运输合同。

铁路货物运输合同可分为整车货物运输合同和零担货物运输合同。整车货物运输合同是铁路承运人和托运人约定将货物用一整辆货车来装载运送的铁路货物运输合同。零担货物运输合同是铁路承运人与托运人就不需要整车运输的少量货物签订的铁路货物运输合同。

（二）铁路货物运输合同的订立

对于大宗货物的运输，物流企业可以与铁路承运人签订年度、半年度、季度运输合同。零担货物的运输，则用铁路的货物运单代替运输合同。托运人按照货物运单的有关要求填写，经由铁路承运人确认，并验收核对托运货物无误后，合同即告成立。

（三）铁路货物运输合同的变更和解除

铁路货物运输合同经双方同意，在允许的变更范围内可以办理变更。但在下列情况下，不得办理变更：①违反国家法律、行政法规、物资流向或运输限制。②变更后的货物运输期限大于货物容许运送的期限。③对一批货物中的部分货物进行变更。④第二次变更到站。

在承运人同意承运货物后至其发货前，经双方协商一致，可以解除铁路货物运输合同。物流企业要求变更或解除合同时，要提交领货凭证和货物运输变更要求书；不能提交领货凭证时，要提交其他的有效证明文件，应在货物运输变更要求书内注明，并应该按照规定支付费用。

二、铁路货物运输合同双方的义务

（一）托运人的义务

（1）按照货物运输合同约定的时间和要求向承运人交付托运的货物。

（2）需要包装的货物，应当按照国家包装标准或部包装标准（专业包装标准）进行包装；没有统一规定包装标准的，要根据货物性质，在保证货物运输安全的原则下进行包装，并按国家规定标明包装储运指示标志，笨重货物应在每件货物包装上标明货物重量。

（3）按规定需要凭证运输的货物，应出示有关证件。

（4）对整车货物，提供装载货物所需的货车装备物品和货物加固材料。

（5）托运人组织装车的货物，装车前应对车厢完整和清洁状态进行检查，按规定的装载技术要求进行装载，在规定的装车时间内将货物装载完毕或在规定的停留时间内，将货车送至交接地点。

（6）在运输中需要特殊照料的货物，须派人押运。

（7）向承运人交付规定的运输费用。

（8）将领取货物凭证及时交给收货人并通知其向到站领取货物。

（9）货物按保价运输办理时，须提出货物声明价格清单，支付货物保价费。

（10）国家规定必须保险的货物，托运人应在托运时投保货物运输险，对于每件价值在700元以上的货物或每吨价值在500元以上的非成件货物，实行保险与负责运输相结合的补偿制度，托运人可在托运时投保货物运输险。

（二）铁路承运人的义务

铁路承运人的义务主要包括以下几方面。

（1）及时运送货物。铁路承运人应当按照铁路运输的要求，及时组织调度车辆，做到列车正点到达。

（2）保证货物运输的安全，对承运的货物妥善处理。铁路承运人对于容易腐烂的货物和活动物，应当按照国务院铁路主管部门的规定和双方的约定，采取有效的保护措施。

（3）货物运抵到站后，及时通知收货人领取货物，并将货物交付收货人。

（三）无法交付的货物

无法交付的货物是指货物按期运抵到站后，收货人未在规定期限内及时领取货物或者托运人没有在规定期限内及时提出具体处理意见，而导致承运人无法及时交付的货物。

自承运人发出领取货物的通知之日起满30日仍无人领取货物，或者收货人书面通知铁路运输企业拒绝领取货物，承运人应通知作为托运人的物流企业。物流企业自接到通知之日起满 30 日未作答复的，该货物将由承运人变卖；所得价款在扣除保管等费用后尚有余款的，退还给物流企业；无法退还，而自变卖之日起 180 日内物流企业又未领回的，将上缴国库。对危险物品和规定限制运输的物品，承运人将其移交给公安机关或者有关部门处理，不能自行变卖。对于不宜长期保存的物品，承运人可以按照国务院铁路主管部门的规定缩短处理期限。

三、违约责任

（一）托运人的责任

物流企业错报或匿报货物的品名、重量、数量、性质而导致承运人的财产损失的，要承担赔偿责任。因物流企业对货物的真实情况申报不实，而使承运人少收取了运费，物流企业要补齐运费并按规定另行支付一定的费用，承担由于货物包装上的从外表无法发现的缺陷，或者由于未按规定标明储运图示标志而造成的损失。在物流企业负责装车的情况下，因加固材料的不合格或在交接时无法发现的对装载规定的违反而造成的损失，物流企业承担责任。作为托运人的物流企业承担由于押运人过错而造成的损失。

（二）承运人的责任

1. 货损责任

铁路承运人应当对承运的货物自接受承运时起到交付时止发生的灭失、短少、变质、污染或者损坏，承担赔偿责任。如果物流企业办理了保价运输的，按照实际损失赔偿，但最高不超过保价额；未办理保价运输的话，按照实际损失赔偿，但最高不超过国务院铁路主管部门规定的赔偿限额；如果损失是由于承运人的故意或者重大过失造成的，不适用赔偿限额的规定，按照实际损失赔偿。

2. 迟延交付的责任

承运人应当按照合同约定的期限或者国务院铁路主管部门规定的期限，将货物运到目的站；逾期运到的，承运人应当支付违约金。违约金的计算以运费为基础，按比例退还。对于超限货物、限速运行的货物、免费运输的货物以及货物全部灭失的情况，承运人不支付违约金。如果迟延交付货物造成收货人或托运人的经济损失，承运人应当赔偿所造成的经济损失。承运人逾期 30 日仍未将货物交付收货人的，托运人、收货人有权按货物灭失向承运人要求赔偿。

由于下列原因造成的货物损失，铁路承运人不承担赔偿责任：①不可抗力。②货物本身的自然属性，或者合理损耗。③托运人或者收货人的过错。

四、国际铁路货物运输

我国是《国际铁路货物联运协定》（以下简称《国际货协》）的缔约国，托运人在办理国际铁路货物运输时要遵守该公约的规定。

(一）运单的性质和作用

《国际货协》对运单的法律性质明确规定为铁路始发站签发的运单是缔结运输合同的凭证，而不是合同本身。其作用为：①是国际铁路货物运输合同的证明；②是铁路方收到货物和承运运单所列货物的内容的表面证据；③是铁路方在终点到站向收货人检收运杂费和点交货物的依据；④是货物出入沿途各国海关的必备文件；⑤是买卖合同支付货款的主要单证。

（二）国际铁路货物运输合同双方的义务

1.托运人的义务

根据《国际货协》的规定，托运人除了要遵守国内铁路运输中托运人须遵守的义务以外，还必须将在货物运送全程中为履行海关和其他规章所需要的添附文件附在运单上，必要时，还须附有证明书和明细书。如果托运人不履行这项义务，承运人应拒绝承运。这项义务是由国际铁路货物运输需跨越国境的特点决定的。

2.承运人的义务与责任

承运人的义务与国内铁路货物运输中承运人的义务基本相同。

《国际货协》对承运人所承担的责任作了与国内铁路货物运输基本一致的规定。但对赔偿的范围和金额的计算有更详细的规定：对于货物全部或部分灭失，铁路的赔偿金额应按外国出口方在账单上所开列的价格计算；如发货人对货物的价格另有声明，铁路应按声明的价格予以赔偿。

如果货物遭受损毁，铁路应赔偿相当于货物减损金额的款额，不赔偿其他损失。声明价格的货物毁损时，铁路应按照货物由于毁损而降低价格的百分数，支付声明价格的部分赔款。如果货物逾期运到，铁路应以所收运费为基础，按逾期的长短，向收货人支付规定的逾期罚款。如果货物在某一铁路逾期，而在其他铁路都早于规定的期限运到，则确定逾期的同时，应将上述期限相互抵消。

对货物全部灭失予以赔偿时，不得要求逾期罚款。如逾期运到的货物部分灭失，则只对货物的未灭失部分，支付逾期罚款。如逾期运到的货物毁损时，除货物毁损的赔款额外，还应加上逾期运到罚款。铁路对货物赔偿损失的金额，在任何情况下，都不得超过货物全部灭失时的数额。

第四节 公路货物运输法律制度

我国有关公路货物运输的法律法规主要有《民法典》《道路运输条例》等。

物流企业进行公路运输一般有三种情况：使用自有汽车进行运输，租用他人汽车进行运输，或者交给专业的汽车承运人来运输。使用自有汽车进行运输，物流企业是承运人。租用汽车进行运输的，物流企业要签订租赁合同，承担承运人和承租人的义务。最为常见的运输方式是物流企业与汽车承运人签订汽车货物运输合同进行运输。

一、汽车货物运输合同的种类

汽车货物运输合同是指汽车承运人与托运人之间签订的明确相互权利义务关系的协议。在实践中，很多物流企业是把货物运输交给专业的汽车承运人来完成的，并作为托运人或托运人的代理人与之签订汽车货物运输合同。

汽车货物运输合同的订立可以采用书面形式、口头形式和其他形式。书面形式合同可以分为定期运输合同、一次性运输合同和道路货物运单（以下简称运单）。

（一）定期运输合同

定期运输合同是汽车承运人与托运人签订的在规定的期间内用汽车将货物分批量地由起运地运至目的地的汽车货物运输合同。

（二）一次性运输合同

一次性运输合同，是指汽车承运人与托运人之间签订的一次性将货物由起运地运至目的地的货物运输合同。

（三）运单

在很多情况下，物流企业直接向汽车承运人托运货物。货物托运和承运的过程就是合同订立的过程。物流企业要作为托运人或托运人的代理人填写运单，并将运单与运送的货物交给汽车承运人。请求托运货物即是物流企业向承运人发出要约的过程，承运人接受货物托运，并在运单上签字，就是表示承诺。运单本身成为汽车货物运输合同。

二、申请从事货运经营应当具备的条件

申请从事货运经营的，应当具备下列条件：
（1）有与其经营业务相适应并经检测合格的车辆。
（2）有符合规定条件的驾驶人员。
（3）有健全的安全生产管理制度。

申请从事危险货物运输经营的，还应当具备下列条件：
（1）有5辆以上经检测合格的危险货物运输专用车辆、设备。
（2）有经所在地设区的市级人民政府交通主管部门考试合格，取得上岗资格证的驾驶人员、装卸管理人员、押运人员。
（3）危险货物运输专用车辆配有必要的通信工具。
（4）有健全的安全生产管理制度。

运输危险货物应当采取必要措施，防止危险货物燃烧、爆炸、辐射、泄漏等。运输危险货物应当配备必要的押运人员，保证危险货物处于押运人员的监管之下，并悬挂明显的危险货物运输标志。托运危险货物的，应当向货运经营者说明危险货物的品名、性质、应急处置方法等情况，并严格按照国家有关规定包装，设置明显标志。

货运经营者应当使用符合国家规定标准的车辆从事道路运输经营，应当加强对车辆的维护和检测，确保车辆符合国家规定的技术标准；不得使用报废的，擅自改装的和其他不符合

国家规定的车辆从事道路运输经营。

货运经营者应当制定有关交通事故、自然灾害以及其他突发事件的道路运输应急预案。应急预案应当包括报告程序、应急指挥、应急车辆和设备的储备以及处置措施等内容。道路运输车辆应当随车携带车辆营运证，不得转让、出租。道路运输车辆运输货物的，不得运输旅客，运输的货物应当符合核定的载重量，严禁超载；载物的长、宽、高不得违反装载要求。违反以上规定的，由公安机关交通管理部门依照我国《道路交通安全法》的有关规定进行处罚。

三、汽车货物运输合同双方当事人的义务

（一）汽车托运人的义务

汽车托运人的主要义务包括以下几个方面。

（1）托运的货物名称、性质、件数、质量、体积、包装方式等，应与运单记载的内容相符。

（2）按照国家有关部门规定需办理准运或审批、检验等手续的货物，将准运证或审批文件提交承运人，并随货同行。

（3）托运的货物中，不得夹带危险货物、贵重货物、鲜活货物和其他易腐货物、易污染货物、货币、有价证券以及政府禁止或限制运输的货物等。

（4）托运货物的包装，应当按照双方约定的方式进行。没有约定或者约定不明确的，可以协议补充；不能达成补充协议的，按照通用的方式包装，没有通用方式的，应在足以保证运输、搬运装卸作业安全和货物完好的原则下进行包装。依法应当执行特殊包装标准的，按照规定执行。

（5）应根据货物性质、运输要求和国家规定，正确使用运输标志和包装储运图示标志。

（6）托运特种货物（如冷藏货物、鲜活货物等）时，应按要求在运单中注明运输条件和特约事项。

（7）运输途中需要饲养、照料的生物、植物、尖端精密产品、稀有珍贵物品、文物、军械弹药、有价证券、重要票证和货币等，必须派人押运。应在运单上注明押运人员姓名及必要的情况。押运人员须遵守运输和安全规定，并在运输过程中负责货物的照料、保管、交接；如发现货物出现异常情况，应及时做出处理并告知车辆驾驶人员。

（8）托运人应该按照合同的约定支付运费。

（二）汽车承运人的义务

汽车承运人的主要义务包括以下几方面。

（1）根据货物的需要和特性，合理安排，提供适宜的车辆。

（2）按照约定的运输路线进行运输。

（3）在约定的运输期限内将货物运达，应当及时通知收货人或按托运人的指示及时将货物交给收货人。

（4）对货物的运输安全负责，保证货物在运输过程中不受损害。

（三）货物的接收与交付

在货物接收与交付问题上，承运人与托运人双方应履行交接手续。包装货物采取件交件收；集装箱重箱及其施封的货物凭封志交接；散装货物原则上要磅交磅收或采用双方协商的交接方式交接。交接后双方应在有关单证上签字。

四、违约责任

汽车货物运输合同当事人不履行合同规定的义务，要承担相应的违约责任。违约责任既包括支付违约金，也包括因货物损失而产生的损害赔偿金，以及《民法典》规定的其他责任形式。有关的公路货物运输法律法规也对承运人、托运人的违约责任进行了规定。

（一）承运人的责任

承运人未按运输期限将货物运达,应当承担违约责任;因承运人责任将货物错送或错交，可以要求其将货物无偿运到指定的地点，交给指定的收货人。

承运人未遵守双方商定的运输条件或特约事项，对于由此造成托运人的损失负赔偿责任。货物在承运责任期间内，发生毁损或灭失，承运人应当负赔偿责任。

如果有下列情况之一，承运人举证后可不负赔偿责任：不可抗力；货物本身的自然性质变化或者合理损耗；包装内在缺陷，造成货物受损；包装体外表面完好而内装货物毁损或灭失；托运人违反国家有关法令，致使货物被有关部门查扣、弃置或作其他处理；押运人员责任造成的货物毁损或灭失；托运人或收货人过错造成的货物毁损或灭失。

（二）托运人的责任

托运人未按合同规定的时间和要求备好货物和提供装卸条件以及货物运达后无人收货或拒绝收货，而造成承运人车辆放空、延滞及其他损失，应负赔偿责任。不如实填写运单，错报、误填货物名称或装卸地点，造成承运人错送、装货落空以及由此引起的其他损失，应负赔偿责任。

由于物流企业的下列过错，造成承运人、站场经营人、搬运装卸经营人的车辆、机具、设备等损坏、污染或人身伤亡以及因此而引起的第三方的损失，应负责赔偿：在托运的货物中有故意夹带危险货物和其他易腐蚀、易污染货物以及禁、限运货物等行为；错报、匿报货物的重量、规格、性质；货物包装不符合标准，包装、容器不良，而从外部无法发现；错用包装、储运图示标志。

第五节　水路货物运输法律规定

对物流企业来说，如果要运送距离远、时间要求不紧的大批货物，水路运输是一个不错的选择。水路运输是利用船舶运载工具在水路上的运输，这是一种应用很广的运输方式。我国有关水路货物运输的法律法规包括《民法典》《海商法》等。

其中，国内水路货物运输（包括沿海运输）适用《民法典》中的运输合同的规定；国际海上货物运输则适用《海商法》第4章海上货物运输合同的规定；租用船舶运输适用《海商法》第 6 章船舶租用合同的规定。

一、水路货物运输合同的含义

水路货物运输合同，是指承运人收取运输费用，负责将托运人托运的货物经水路由一港（站、点）运至另一港（站、点）的合同。水路货物运输包括班轮运输和航次租船运输。班轮运输，是指在特定的航线上按照预定的船期和挂靠港从事有规律水上货物运输的运输形式。航次租船运输，是指船舶出租人向承租人提供船舶的全部或者部分舱位，装运约定的货物，从一港（站、点）运至另一港（站、点）的运输形式。

二、水路货物运输合同的订立

订立水路货物运输合同可以采用书面形式、口头形式和其他形式。书面形式包括合同书、信件和数据电文等形式。

班轮运输形式下的运输合同一般通过订舱的方式成立。托运人通过填写订舱单，向班轮公司或其代理机构申请货物运输。订舱单一般应载明货物的品名、种类、数量、重量或体积、装货港、卸货港，以及装船期限等内容。班轮公司会根据订舱单的内容，结合船舶的航线、挂靠港、船期、舱位等情况决定是否接受货物的托运。如果班轮公司决定接受托运，双方意思达成一致，合同即告成立。

航次租船运输形式下的运输合同订立过程与船舶租用合同的订立过程类似，往往也是由双方在租船市场上通过询价、报价、还价等过程，最后签订合同。航次租船合同常常采用租船合同范本，托运人应注意对这些合同范本进行充分的利用。

三、运单

运单是水路货物运输合同的证明，而不是合同本身，运单的记载如果与运输合同不一致，可以视为对运输合同的变更；运单又是承运人已经接受货物的收据，它表示承运人已经按运单记载的状况接受货物，但运单不是承运人据以交付货物的凭证。

运单一般包括下列内容：承运人、托运人和收货人名称；货物名称、件数、重量、体积（长、宽、高）；运输费用及其结算方式；船名、航次；起运港、中转港和到达港；货物交接的地点和时间；装船日期；运到期限；包装方式；识别标志；相关事项。

承运人接收货物应当签发运单，运单由载货船舶的船长签发的，视为代表承运人签发。运单签发后承运人、承运人的代理人、托运人、到达港港口经营人、收货人各留存一份，另外一份由收货人收到货物后作为收据签还给承运人。承运人可以视情况需要增加或者减少运单份数。

四、水路货物运输合同双方的义务

（一）托运人的义务

水路货物运输中托运人的主要义务包括下列内容。

（1）及时办理港口、海关、检验、检疫、公安和其他货物运输所需的各项手续，并将已办理各项手续的单证送交承运人。

（2）所托运货物的名称、件数、重量、体积、包装方式、识别标志，应当与运输合同的约定相符。

（3）妥善包装货物，保证货物的包装符合国家规定的包装标准；没有包装标准的，货物的包装应当保证运输安全和货物质量。

（4）在货物的外包装或者表面上正确制作识别标志和储运指示标志。识别标志和储运指示标志应当字迹清楚、牢固。

（5）除另有约定外，应当预付运费。

（6）托运危险货物时，应当按照有关危险货物运输的规定，妥善包装，制作危险品标志和标签，并将其正式名称和危险性质以及必要时应当采取的预防措施书面通知承运人。未通知承运人或者通知有误的，承运人可以在任何时间、任何地点根据情况需要将危险货物卸下、销毁或者使之不能为害，而不承担赔偿责任。

承运人知道危险货物的性质并已同意装运的，仍然可以在该项货物对于船舶、人员或者其他货物构成实际危险时，将货物卸下、销毁或者使之不能为害，而不承担赔偿责任。但是，不影响共同海损的分摊。

（7）除另有约定外，运输过程中需要饲养、照料的活动物、植物，以及尖端保密物品、稀有珍贵物品和文物、有价证券、货币等，应当向承运人申报并随船押运，在运单内注明押运人员的姓名和证件。

（8）负责笨重、长大货物和舱面货物所需要的特殊加固、捆扎、烧焊、衬垫、苫盖物料和人工，卸船时拆除和收回相关物料；需要改变船上装置的，货物卸船后应当负责恢复原状。

（9）托运易腐货物和活动物、植物时，应当与承运人约定运到期限和运输要求；使用冷藏船（舱）装运易腐货物的，应当在订立运输合同时确定冷藏温度。

（二）承运人的义务

承运人在合同履行过程中要承担下列义务：

（1）使船舶处于适航状态，妥善配备船员、装备船舶和配备供应品，并使干货舱、冷藏舱、冷气舱和其他载货处所适于并能安全收受、载运和保管货物。

（2）按照运输合同的约定接收货物。

（3）妥善地装载、搬移、积载、运输、保管、照料和卸载所运货物。

（4）按照约定的或者习惯的或者地理上的航线将货物运送到约定的到达港。

（5）在约定期间或者在没有这种约定时在合理期间内将货物安全运送到约定地点。

（6）货物运抵到达港后，向收货人发出到货通知，并将货物交给指定的收货人。

托运人与承运人交接货物应按约定进行。

五、违约责任

（一）托运人的责任

托运人未按合同约定提供货物应承担违约责任。托运人因办理各项手续和有关单证不及时、不完备或者不正确，造成承运人损失的，应当承担赔偿责任。因托运货物的名称、件数、重量、体积、包装方式、识别标志与运输合同的约定不相符，造成承运人损失的，因未按规定托运危险货物给承运人造成损失的,应当负赔偿责任。

托运人因不可抗力不能履行合同的,根据不可抗力的影响,部分或者全部免除责任。迟延履行后发生不可抗力的,不能免除责任。

(二)承运人的赔偿责任和免责事项

承运人对运输合同履行过程中货物的损坏、灭失或者迟延交付承担损害赔偿责任。如果托运人在托运货物时办理了保价运输,货物发生损坏、灭失,承运人应当按照货物的声明价值进行赔偿,但承运人证明货物的实际价值低于声明价值的,按照货物的实际价值赔偿。货物未能在约定或者合理期间内在约定地点交付的,为迟延交付。对由此造成的损失,承运人应当承担赔偿责任。

承运人能够证明货物的损坏、灭失或者迟延交付是由于下列原因造成的除外。①不可抗力。②货物的自然减量和合理损耗。③包装不符合要求。④包装完好但货物与运单记载内容不符。⑤识别标志、储运指示标志不符合规则的规定。⑥托运人申报的货物重量不准确。⑦托运人押运过程中的过错。⑧普通货物中夹带危险、流质、易腐货物。⑨托运人、收货人的其他过错。

(三)对特殊货物的特殊规定

承运人在舱面上装载货物,应当同托运人达成协议,或者符合航运惯例,或者符合有关法律、行政法规的规定。承运人与托运人约定将货物配装在舱面上的,应当在运单上注明"舱面货物"。承运人依照上述规定将货物装载在舱面上,对由于此种装载的特殊风险造成的货物损坏、灭失,不承担赔偿责任。承运人违反上述规定将货物装载在舱面上,造成货物损坏、灭失的,应当承担赔偿责任。

第六节 航空货物运输法律规定

实践中,物流公司更多的是选择与航空公司签订航空货物运输合同来完成货物运输。在我国,航空货物运输要受《民法典》《民用航空法》《中国民用航空货物国内运输规则》等法律法规的调整。

一、航空货物运输合同概述

(一)航空货物运输合同的含义

航空货物运输合同是指航空承运人与托运人签订的,由航空承运人通过空运的方式将货物运至托运人指定的航空港,交付给托运人指定的收货人,由托运人支付运费的合同。

(二)航空货物运输合同双方的义务

1.托运人的义务

航空货物运输合同中托运人的主要义务包括下列内容。

（1）应当按照航空货物运输合同的约定提供货物。如实申报货物的品名、重量和数量。

（2）托运人托运货物须凭有效身份证明，填写货物托运书，办理托运手续。托运政府规定限制运输的货物以及需要向公安、检疫等有关部门办理手续的货物，应当随附有效证明。

（3）应对货物按照国家主管部门规定的包装标准进行包装；如果没有上述包装标准，则应按照货物的性质和承载飞机的条件，根据保证运输安全的原则，对货物进行包装。如果不符合上述包装要求，承运人有权拒绝承运。托运人必须在托运的货件上标明出发站、到达站和托运人、收货人的单位、姓名和地址，并按照国家规定标明包装储运指示标志。

（4）遵守国家有关货运安全的规定妥善托运危险货物，并按国家关于危险货物的规定对其进行包装。不得以普通货物的名义托运危险货物，也不得在普通货物中夹带危险品。

（5）及时支付运费。运费应当在承运人开具航空货运单时一次付清，托运人与承运人另有约定的除外。

2.承运人的义务

航空运输合同中，承运人的主要义务包括下列内容。

（1）按照航空货运单上填明的地点，在约定的期限内将货物运抵目的地。

（2）按照合理或经济的原则选择运输路线，避免货物的迂回运输。

（3）对承运的货物应当精心组织装卸作业，轻拿轻放，严格按照货物包装上的储运指示标志作业，防止货物损坏。

（4）保证货物运输安全。

（5）按货运单向收货人交付货物。货物运至到达站后，除另有约定外，承运人应当及时向收货人发出到货通知。通知包括电话和书面两种形式。急件货物的到货通知应当在货物到达后两小时内发出，普通货物应当在24小时内发出。自发出到货通知的次日起，货物免费保管3日。逾期提取，承运人按规定核收保管费。货物被检查机关扣留或因违章等待处理存放在承运人仓库内，由收货人或托运人承担保管费和其他有关费用。

（三）违约责任

1.托运人的违约责任

因在托运货物内夹带、匿报危险物品，错报笨重货物重量，或违反包装标准和规定，而造成承运人或第三人的损失，须承担赔偿责任。因没有提供必需的资料、文件，或者提供的资料、文件不充足或者不符合规定而造成的损失，除由承运人或者其受雇人、代理人的过错造成的外，应当对承运人承担责任。

未按时缴纳运输费用的，应承担违约责任。

2.承运人的违约责任

1）承运人的赔偿责任

因发生在航空运输期间的事件，造成货物毁灭、遗失或者损坏的，承运人应当承担责任。航空运输期间，是指在机场内、民用航空器上或者机场外降落的任何地点，托运行李、货物处于承运人掌管之下的全部期间，其中不包括机场外的任何陆路运输、海上运输、内河运输过程；但是，如果此种陆路运输、海上运输、内河运输是为了履行航空运输合同而进行装载、交付或者转运，在没有相反证据的情况下，所发生的损失视为在航空运输期间发生的损失。

在货物运输中，经承运人证明，损失是由索赔人或者代行权利人的过错造成或者促成的，应当根据造成或者促成此种损失的过错程度，相应免除或者减轻承运人的责任。

货物在航空运输中因延误造成的损失，承运人应当承担责任；但是，承运人证明本人或者其受雇人、代理人为了避免损失的发生，已经采取一切必要措施或者不可能采取任何措施的，不承担责任。

2）承运人的免责事项

承运人证明货物的毁灭、遗失或者损坏是由于下列原因之一造成的，不承担赔偿责任：①货物本身的自然属性、质量或者缺陷。②承运人或者其受雇人、代理人以外的人包装货物的，货物包装不良。③战争或者武装冲突。④政府有关部门实施的与货物入境、出境或者过境有关的行为。

3）承运人的责任限额

国内航空运输承运人的赔偿责任限额由国务院民用航空主管部门制定，报国务院批准后公布执行。《中国民用航空货物国内运输规则》规定："货物没有办理声明价值的，承运人按照实际损失的价值进行赔偿，但赔偿最高限额为毛重每公斤人民币20元。"托运人在交运货物时，特别声明在目的地交付时的利益，并在必要时支付附加费的，除承运人证明托运人声明的金额高于货物在目的地交付时的实际利益外，承运人应当在声明金额范围内承担责任。任何旨在免除承运人责任或者降低承运人赔偿责任限额的条款，均属无效。但是，此种条款的无效，不影响整个航空运输合同的效力。

二、国际航空货物运输

在国际航空货物运输方面，我国加入了《统一国际航空运输规则的公约》（通称《华沙公约》）及《海牙议定书》。我国《航空法》中对国际航空货物运输的部分事项也作了特别规定。中国民航总局于2000年发布并实施了《中国民用航空货物国际运输规则》，专门对国际航空货物运输中的相关问题做出特殊规定。

国际航空货物运输在承运人的责任方面与国内航空货物运输的不同主要表现在承运人的免责事项和责任限额方面。

（一）承运人的免责事项

《航空法》虽然没有对承运人的免责事项做出特别规定，但《华沙公约》和《海牙议定书》规定，在下列情况下，承运人可以免除或减轻责任：

（1）如果承运人证明自己及其代理人为了避免损失的发生，已经采取了一切必要的措施，或者不可能采取这种措施时，即可免责。

（2）如果承运人能证明损失是由受损方引起或助成的，则可视情况免除或减轻责任。

（二）承运人的责任限额

《航空法》规定，国际航空货物运输承运人的赔偿责任限额为每公斤17计算单位（特别提款权）。托运人在交运货物时，特别声明在目的地交付时的利益，并在必要时支付附加费的，除承运人证明托运人声明的金额高于货物在目的地交付时的实际利益外，承运人在声明金额范围内承担责任。

货物的一部分或者货物中的任何物件毁灭、遗失、损坏或者延误的，用以确定承运人赔偿责任限额的重量，仅为该一包件的总重量。但是，因货物的一部分或者货物中的任何物件的毁灭、遗失、损坏或者延误，影响同一航空货运单所到其他包件的价值的，确定承运人的赔偿责任限额时，此种包件的总重量也应当考虑在内。

《航空法》规定，在国际航空运输中，承运人同意未经填具航空货运单而载运货物的，或者航空货运单上未依照所适用的国际航空运输公约的规定而在首要条款中做出此项运输适用该公约的声明的，承运人无权援用《航空法》第一百二十九条有关赔偿责任限制的规定。

《华沙公约》规定，货物的灭失、损坏或迟延交付，承运人的最高赔偿限额为每公斤250金法郎。但是，托运人在向承运人交货时，特别声明货物运到后的价值，并已缴付必要的附加费，则不适用此限额。在这种情况下，承运人的赔偿以声明的金额为限，除非承运人证明该金额高于货物运到的实际价值。《海牙议定书》还规定，如经证明损失系由承运人、其雇佣人或代理人故意或明知可能造成损失而漠不关心的行为或不行为造成的，并证明他是在执行其受雇职务范围内的行为时造成的，则不适用公约的责任限额。

> **概念拓展：计算单位**
>
> 计算单位，是指国际货币基金组织规定的特别提款权。特别提款权是一种计价单位，并不是真实的货币，使用时必须先换成其他货币。依据汇率每日波动，比如马航MH370航班相关赔偿案例中，根据2014年3月11日的汇率，10万元特别提款权约合人民币94万元。

第七节 多式联运法律规定

多式联运是在集装箱运输的基础上产生和发展起来的。20世纪60年代，多式联运首先在美国出现。随后，美洲、欧洲及亚洲部分地区纷纷效仿推广。目前，它在国际货物运输中正日益发挥重要作用。采用多式联运方式来运送货物可以缩短运输时间，保证货运质量，节省运输费用，实现真正的运输合理化。

我国的《海商法》和《民法典》对多式联运的相关事项都作了规定，1997年交通部和铁道部还联合颁布了《国际集装箱多式联运管理规则》，专门对集装箱多式联运的有关问题作了规定。

一、多式联运概述

（一）多式联运的概念

多式联运是指以两种及两种以上的运输方式完成同一货物的运输全过程的行为。多式联运涉及两个及以上的承运人，而且是不同运输方式的承运人。

（二）多式联运合同

多式联运合同是指多式联运经营人与托运人签订的，由多式联运经营人以两种或者两种以上不同的运输方式将货物由接管地运至交付地，并收取全程运费的合同。《民法典》第八百三十八条规定："多式联运经营人负责履行或者组织履行多式联运合同，对全程运输享有

承运人的权利，承担承运人的义务。"《海商法》第一百零二条规定："本法所称多式联运合同，是指多式联运经营人以两种以上的不同运输方式，其中一种是海上运输方式，负责将货物从接收地运至目的地交付收货人，并收取全程运费的合同。"

多式联运承运人，又称为多式联运经营人，是指本人或者委托他人以本人名义与托运人订立多式联运合同的人。《联合国国际货物多式联运公约》第一条规定："国际多式联运是指按照多式联运合同，以至少两种不同的运输方式，由多式联运经营人将货物从一国境内接管货物的地点运至另一国境内指定交付货物的地点。"

（三）多式联运的法律特征

1.只有一个多式联运承运人，而且要对全程运输负责

《海商法》第一百零二条第二款规定："前款所称多式联运经营人，是指本人或者委托他人以本人名义与托运人订立多式联运合同的人。"多式联运合同的承运人只有一个，但实际承担运输义务的人至少是两个，而且分别采用不同的运输方式，否则，就不能称之为多式联运。例如公路运输企业与铁路运输企业进行联合运输，就是一种多式联运。如果仅是铁路运输企业之间进行联合运输，则不属于多式联运。

多式联运经营人与托运人签订多式联运合同，按照合同规定，多式联运经营人对全程运输负总的责任。

2.存在一个多式联运合同

多式联运合同明确规定多式联运经营人和托运人之间的权利、义务和责任。多式联运经营人收到托运人交付的货物时，应当签发多式联运单据。多式联运单据具有合同的效力。缔约承运人的行为对全体承运人均具有法律效力。运费的单一性、运输全程化是多式联运的基本特征。

3.使用一份全程多式联运单据

多式联运单据是由多式联运经营人在接管货物时签发给托运人的，用以证明多式联运合同以及证明多式联运经营人已接管货物并交付货物的单据。

4.是两种以上不同运输方式的连贯运输

多式联运是两种以上不同运输方式的连贯运输，包括铁路、公路、航空、海运等任何两种运输方式的联合运输。

二、多式联运合同的订立

（一）合同的订立

签订多式联运合同的程序与一般合同一样，都要经过要约和承诺两个阶段。所不同的是多式联运合同的实际承运人是数个不同的具有独立法人资格的运输企业，除了缔约承运人参与订立合同外，其他承运人并不参与合同的订立过程，也不作为当事人出现在合同中。托运人只与缔约承运人发生法律上的权利和义务关系，缔约承运人的行为对全体承运人具有法律约束力。

因此，多式联运的经营人（缔约承运人）要充分考虑其他区段承运人的运输能力，与各个实际承运人之间签订协议，约定在履行多式联运合同过程中相互之间权利义务关系，并与托运人商定具体的运输条件，以保证运输活动的顺利进行。多式联运的各个区段的承运人可以约定相互之间的责任，但是该约定不影响多式联运承运人对全程运输所应承担的义务。

（二）多式联运合同的内容

多式联运合同的内容是多式联运合同的主要条款。一般情况下，多式联运合同应当具备以下内容：货物名称、重量、件数；包装；运输标志；起运站（港）和到达站（港）；换装站（港）；托运人、收货人名称及详细地址；运费、港口费和有关的其他费用及结算方式；承运日期及到达期限；经由站名及线名；货物价值；双方商定的其他事项。

三、多式联运单据

（一）多式联运单据概念

多式联运单据，是指证明多式联运合同以及证明多式联运经营人已接管货物并负责按照合同条款交付货物的单据。经常用于国际集装箱多式联运的多式联运提单是多式联运单据的主要形式。

（二）多式联运单据的功能

1.多式联运单据是多式联运合同已经订立的证明

多式联运单据的签发，意味着托运人已经与多式联运经营人就多式联运合同的主要内容达成一致意见，确立了合同关系。同时，多式联运单据的签发，也是履行多式联运合同的一种形式和具体表现，单据记载的内容以及背面所载的条款也是多式联运合同的重要组成部分，进一步明确多式联运经营人与托运人之间的权利义务关系。

2.多式联运单据是货物的收据

多式联运单据的签发，表明货物已经交由多式联运经营人保管和控制，承运人对于货物的责任期间开始启动。多式联运经营人必须在目的地按照多式联运单据记载的事项，向收货人交付货物。

3.多式联运单据是提货的凭证

收货人必须以单据要求提货；多式联运经营人也以此为依据交付货物。如果多式联运单据属于可转让的多式联运提单，则又具有货物所有权凭证的效力。

（三）多式联运单据的性质

多式联运单据具有可转让性，可以按照一定的方式和程序进行流通。多式联运单据是否具有可转让性，取决于托运人的意志，但必须在单据上注明。不可转让的联运单据，应当指明具体的收货人，与记名提单相似，多式联运经营人将货物交付给该记名的收货人即为履行了交货义务。在多式联运单据上，也可以记载按照托运人的指示交付货物，多式联运经营人向托运人书面通知所指定的收货人交付货物。按照指示交付货物的多式联运单据，转让必须以背书的方式进行；向持有人交付货物的多式联运单据，则无须背书即可转让。

（四）多式联运单据的内容

多式联运单据一般应当记载以下事项：

（1）货物的种类、包装或者件数、货物的毛重或者以其他方式表示的数量识别货物的主要标志。如果属于危险品，还应具有危险特性的说明。上述事项由托运人负责提供。

（2）货物的外表状况。多式联运经营人接管货物时，应当在多式联运单据上记载货物的外在状况。

（3）托运人的名称或者姓名。

（4）经托运人指定的收货人的名称或者姓名。

（5）多式联运经营人接管货物的地点和日期。

（6）交货地点以及双方约定的交货日期。

（7）表示该多式联运单据为"可转让"或者"不可转让"的声明。

（8）多式联运经营人或者其授权人的签字以及单据签发的日期、地点。

（9）运费的交付，预期运输经由路线、运输方式以及换装地点。

四、多式联运经营人的责任

（一）责任期间

多式联运经营人的责任期间是指多式联运经营人对所运输保管的货物负责的期间。托运人可以要求多式联运经营人对在其责任期间发生的货物灭失、损坏和迟延交付承担赔偿责任。《海商法》第一百零三条规定："多式联运经营人对多式联运货物的责任期间，自接收货物时起至交付货物时止。"《民法典》第八百三十九条规定："多式联运经营人可以与参加多式联运的各区段承运人就多式联运合同的各区段运输约定相互之间的责任；但是，该约定不影响多式联运经营人对全程运输承担的义务。"《国际集装箱多式联运管理规则》对多式联运经营人的责任期间也作了与《海商法》和《民法典》相一致的规定。

（二）责任形式

目前，国际上大多采用的是网状责任制。多式联运经营人就全程运输向货主负责，各区段承运人对且仅对自己完成的运输区段负责。无论货物损害发生在哪个运输区段，托运人或收货人既可以向多式联运经营人索赔，也可以向该区段的实际承运人索赔。但各区段适用的责任原则和赔偿方法仍根据该区段的法律予以确定。多式联运经营人赔偿后有权就各区段承运人过失所造成的损失向区段承运人进行追偿。

我国的法律法规在多式联运经营人的责任形式方面一致采用了网状责任制。《海商法》规定，多式联运经营人负责履行或者组织履行多式联运合同，并对全程运输负责。多式联运经营人与参加多式联运的各区段承运人，可以就多式联运合同的各区段运输，另签合同约定相互之间的责任。但此项合同不得影响多式联运经营人对全程运输所承担的责任。

货物的灭失或者损坏发生于多式联运的某一运输区段的，多式联运经营人的赔偿责任和责任限额，适用调整该区段运输方式的有关法律法规。货物的灭失或者损坏发生的运输区段不能确定的，多式联运经营人应当依照《海商法》第四章关于承运人赔偿责任和责任限额的规定负赔偿责任。《国际集装箱多式联运管理规则》则作了如下规定，货物的灭失、损坏或迟延交付发生于多式联运的某一区段的，多式联运经营人的赔偿责任和责任限额，适用该运输区段的有关法律法规。不能确定所发生的区段时，多式联运经营人承担赔偿责任的赔偿责任限制为：多式联运全程中包括海运的适用于《海商法》的规定，多式联运全程中不包括海运的适用于有关法律、法规的规定。

五、国际货物多式联运

在国际货物多式联运领域内，较有影响的国际公约主要有三个：1973年《联运单证统一规则》、1980年《联合国国际货物多式联运公约》、1991年《多式联运单证规则》。这三个公约与我国的规定之间相比较，主要的不同点在于多式联运经营人的责任制度方面的不同。

（一）多式联运经营人的责任基础

1.《联合国国际货物多式联运公约》的规定

该公约实行修正后的统一责任制。多式联运经营人对全程运输负责。不管是否能够确定货运事故发生的实际运输区段，都适用公约的规定。但是，若货运事故发生的区段适用的国际公约或强制性国家法律规定的赔偿责任限额高于公约规定的赔偿责任限额，则应该按照该国际公约或国内法的规定限额进行赔偿。

该公约实行推定过失责任制，即如果造成货物灭失、损坏或迟延交付的事故发生在联运责任期间，联运经营人就应负赔偿责任，除非联运经营人能证明其本人、雇佣人或代理人等为避免事故的发生及后果已采取了一切所能采取的措施。

2.《联运单证统一规则》的规定

该规则实行网状责任制。如果能够确定灭失、损坏发生的运输区段，多式联运经营人的责任适用于该运输区段的强制性国内法或国际公约的规定办理。如不能确定灭失、损坏发生的区段，则按本规则的规定办理。该规则对多式联运经营人实行推定过失责任制，具体规定类似于《汉堡规则》的承运人推定过失责任制。

3.《多式联运单证规则》的规定

该规则实行的是一种介于网状责任制和统一责任制之间的责任形式。总体上采用推定过失责任原则，但是对于水上运输的区段，实际上仍采用了《海牙—维斯比规则》的不完全过失责任制。该规则规定，多式联运经营人对海上或内河运输中由于下列原因造成的货物灭失或损坏以及迟延交付，不负赔偿责任：船长、船员、引航员或受雇人在驾驶或管理船舶中的行为、疏忽或过失；火灾（除非由承运人的实际过失或私谋造成）。

（二）多式联运经营人的赔偿责任限额

各公约在责任限额方面的规定不尽相同。

1.《联合国国际货物多式联运公约》的规定

该公约规定，多式联运包括水运的，每包或其他货运单位的最高赔偿额不得超过920特别提款权，或者按毛重每公斤不得超过 2.75 特别提款权计算，并以其中较高者为准；如联运中不包括水运，则按毛重每公斤不超过 8.33 特别提款权计算，单位限额不能适用。关于迟延交付的责任限额为所迟延交付的货物应付运费的总额。

如经证明，货物的灭失、损坏或迟延交付系多式联运经营人的故意或者明知可能造成的轻率作为或不作为所引起，多式联运经营人便丧失引用上述责任限制的权利。

2.《联运单证统一规则》的规定

该规则规定，如果能够知道货物损失发生的运输区段，多式联运经营人的责任限额依据该区段适用的国际公约或强制性国内法的规定确定。如果不能确定损失发生的区段，责任限额为货物毛重每公斤 30 金法郎，如果经联运经营人同意，发货人已就货物申报较高的价值，则不在此限。但是，在任何情况下，赔偿金额都不应超过有权提出索赔的人的实际损失。

3.《多式联运单证规则》的规定

该规则规定，如果能够确定货物损失发生的运输区段，则应适用该区段适用的国际公约或强制性国内法规定的责任限额。当不能确定损失发生的区段时，如果运输方式中包含水运，其责任限额为每件或每单位 666.67 特别提款权或者毛重每公斤 2 特别提款权，并以其中较高者为准；如果不包含水运，责任限额则为每公斤 8.33 特别提款权。如果发货人已对货物价值作出声明的，则应以声明价值为限。

小结

本章主要阐述了货物运输的有关法律规定。首先从总体上介绍了货物运输合同的概念、特征、承运人和托运人的权利义务及其责任。然后分别介绍了海上货物运输法律规定、铁路货物运输法律规定、公路货物运输法律规定、水路货物运输法律规定、航空货物运输法律规定、多式联运法律规定。介绍时主要是从托运人和承运人的权利义务、违约责任角度展开的，以此让学生熟练掌握在货物运输实践中，各种运输方式的托运人和承运人应当注意和避免的问题。

案例分析与思考

【案件基本信息】

案例名称：运输合同逾期可否主张运费及利息——张某诉诸葛某某运输合同案。

（1）裁判书字号：广西壮族自治区桂林市阳朔县人民法院（2020）桂 0321 民初 1735 号民事判决书。

（2）案由：运输合同纠纷。

（3）当事人：

原告：张某。

被告：诸葛某某。

【案情介绍】

2020 年 3 月 7 日，原告张某在某平台接到由某货运信息部发布的运输单信息，订单信息上载明运费9 000元，原告接单后与被告货主诸葛某某联系，按照被告诸葛某某指示将树苗从A地运输至B地。待原告将树苗运输至目的地并将树苗卸载完毕，被告以财务下班为由未支付运费；此后原告多次通过打电话、发短信、发微信的方式要求被告支付运费，被告以各种理由拖欠，至今分文未付。原告为维护自身的合法权益，故诉至法院。

【案情焦点】

原告要求被告给付9 000元运费和要求被告给付利息是否有事实和法律依据。

【法院裁判要旨】

广西壮族自治区桂林市阳朔县人民法院经审理认为：原告为被告提供运输服务，按照约定将被告的货物从起运点运输到约定地点，原、被告双方之间的运输合同关系成立。现原告已履行运输货物的义务，被告亦应向原告履行支付运输费用的义务，被告至今未将运输费用支付给原告，已构成违约，故原告要求被告支付运输费用9 000元的诉请，理由充分，法院予以支持。关于原告诉请要求被告给付利息，因双方对此并未约定，故对原告的该诉请，法院不予支持。

广西壮族自治区桂林市阳朔县人民法院依照《中华人民共和国合同法》第六十条、第一百零七条、第一百零九条、第二百八十八条，《中华人民共和国民事诉讼法》第一百四十四条、第一百六十二条的规定，作出如下判决：

一、被告诸葛某某给付原告张某运输费用9 000元；
二、驳回原告张某的其他诉讼请求。

一审宣判后，双方当事人未上诉，现判决已发生法律效力。

【法官后语】

运输合同是指承运人将旅客或者货物从起运地点运输到约定地点，旅客、托运人或者收货人支付票款或者运输费用的合同。托运人的主要义务是如实告知货运的基本情况，办理有关手续、包装货物、支付运费和其他有关费用等；承运人的主要义务是接受承运的货物、按期将货物运到指定地点、对运输过程中货物负有安全运输和妥善保管的义务、到达目的地及时通知托运人或者收货人收货等。承运人对托运人享有收取运费及符合规定的其他费用、对逾期提货的有权收取逾期提货的保管费、拒绝收货可以提存货物或者留置货物等权利。本案中被告诸葛某某在某货运信息部发布的运输单信息，订单信息上载明运费9 000元，当原告张某看到发布的信息表示接受并实际履行，客观上原、被告双方形成了货物运输合同的民事法律关系，双方当事人对对方都享有权利和义务。原告张某将货物按照被告诸葛某某的指示运输到目的地后，将货物交给了收货人，被告诸葛某某就应向原告张某支付运费，否则将构成违约，原告可以向其主张给付运输费用的权利。

除要求被告诸葛某某向其给付运费外，原告还要求被告向其给付运费的利息，这种诉请值得商榷。诉请给付运费的利息能否得到支持，关键要看双方当事人签订的运输合同中是否有约定，有约定的按约定自不待言。如当事人仅约定了运费的利息，但未约定利息的数额及计算方式，该如何裁决？应从结合以下三个法条进行思考：

第一，依照《中华人民共和国民法典》第五百八十三条规定，当事人一方不履行合同义务或者履行合同义务不符合约定的，在履行义务或者采取补救措施后，对方还有其他损失的，应当赔偿损失。

第二，依照《中华人民共和国民法典》第五百八十四条规定，当事人一方不履行合同义务或者履行合同义务不符合约定，造成对方损失的，损失赔偿额应当相当于因违约所造成的损失，包括合同履行后可以获得的利益；但是，不得超过违约一方订立合同时预见到或者应当预见到的因违约可能造成的损失。

第三，依照《中华人民共和国民法典》第五百八十五条规定，当事人可以约定一方违约时应当根据违约情况向对方支付一定数额的违约金，也可以约定因违约产生的损失赔偿额的计算方法。约定的违约金低于造成的损失的，人民法院或者仲裁机构可以根据当事人的请求予以增加；约定的违约金过分高于造成的损失的，人民法院或者仲裁机构可以根据当事人的请求予以适当减少。当事人就迟延履行约定违约金的，违约方支付违约金后，还应当履行债务。

课后习题

（1）货物运输合同的概念、特征是什么？

（2）货物运输合同的托运人和承运人各自应当履行哪些义务？

（3）货物运输合同中承运人可以免除赔偿责任的情况有哪些？

（4）海上货物运输合同的种类有哪些？

（5）简述海上货物运输合同的订立过程。

（6）国际海上货物运输中承运人的义务是什么？其免责事项有哪些？

（7）什么是提单？记名提单、指示提单、不记名提单三者之间的差别是什么？

（8）汽车货物运输合同有哪些种类？

（9）从事公路货物运输经营应当具备的条件有哪些？

（10）多式联运的概念、法律特征是什么？

（11）简述多式联运经营人的责任制类型以及我国所采用的责任类型。

第六章 货物仓储法律制度

学习目标

【掌　握】

（1）掌握仓储合同的概念、法律特征。
（2）掌握仓单的概念和作用、仓单的法律性质。
（3）掌握保税仓库的仓储对象。

【理　解】

（1）理解仓储活动的类型。
（2）理解仓单的内容。
（3）理解仓单的转让与出质形式。
（4）理解保税仓库的含义。
（5）理解保税仓库经营者及保税仓库的设立条件。
（6）理解海关对保税仓库及所存货物的监管。

【了　解】

（1）了解仓储合同的内容。
（2）了解仓储合同当事人的权利义务。
（3）了解保税仓库所存放货物的进出口监管。

第一节　货物仓储概述

货物仓储是专为他人货物的储存、流通、运输提供储藏和保管的一种商业活动，是货物从生产地向消费地的转移过程中，在一定时间内储存于仓库的活动。储存是物流的一种运动状态，在这里可以对物品进行检验、保管、加工、集散、转换运输方式等多种作业。货物仓储是现代物流服务系统中的一个重要环节，随着商品经济的发展，特别是国际贸易的不断发展，仓储活动对于加速物资流通、减少仓储保管的货物的损耗、节省仓库的基建投资、提高仓库的利用率、增加经济效益，都具有重要意义，因此调整仓储保管合同的法律规定成为物流法律法规的重要内容。

在实践中，不同的物流企业参与仓储活动的形式不尽相同，其法律地位也有所不同。仓储活动按仓储经营主体的不同可以划分为以下几种类型：

一、企业自营仓储

企业自营仓储包括生产企业和流通企业的自营仓储。生产企业自营仓储以满足生产为原则，用企业自有的仓库设施储存、保管生产使用的原材料、生产的中间产品、最终产品，其储存的对象较为单一。流通企业自营仓储的目的是支持销售，对流通企业经营的商品进行仓储、保管，仓储对象种类较多。

企业自营仓储行为不具有独立性，仅仅是为企业的产品生产或商品经营活动服务。相对来说规模小，数量众多，专用性强，而仓储专业化程度低，设施简单。企业自营仓储为自用仓储，一般不开展商业性仓储经营。

二、商业营业仓储

商业营业仓储是指仓库营业人以其拥有的仓储设施，向社会提供商业性仓储服务的仓储行为。仓库营业人与存货人通过订立仓储合同的方式建立仓储关系，并且依据合同约定提供服务和收取仓储费。商业营业仓储的目的是在仓储活动中获得经济回报，实现经营利润最大化。

三、公共仓储

公共仓储是公用事业的配套服务设施，为车站、码头提供仓储配套服务。其运作的主要目的是保证车站、码头的货物作业，具有内部服务的性质，处于从属地位。但对于存货人而言，公共仓储也适用营业仓储的关系，只是一般不单独订立仓储合同，而是将仓储关系列在作业合同之中。

第二节 仓储合同

一、仓储合同的概念和法律特征

（一）仓储合同的概念

仓储合同，又称仓储保管合同，是指双方当事人约定一方接受报酬而为他方提供仓储保管服务的合同。《民法典》第九百零四条规定："仓储合同是保管人储存存货人交付的仓储物，存货人支付仓储费的合同。"仓储合同一方称为存货人，是仓储服务的需求者；另一方称为保管方（也称仓库营业人），是仓储服务的提供者，仓储物是存货方交由保管方进行储存的物品，仓储费是保管方向存货方提供仓储服务而取得的报酬。

我国《民法典》对保管合同和仓储合同各自设有专门的规定，但保管与仓储这两种活动具有许多相似性，都具有保管寄托人交付的保管物，并返还该物的行为特征。因此，仓储合同是一种特殊的保管合同，法律对仓储合同没有规定的，可以适用保管合同的有关规定。

（二）仓储合同的法律特征

仓储合同是我国《民法典》规定的有名合同，具有以下法律特征。

1.仓储合同为诺成合同

我国《民法典》规定："仓储合同自保管人和存货人意思表示一致时成立。"即双方根据存货人的委托储存计划及保管方的仓储能力，依法就合同的主要条款协商一致，合同即成立。而保管合同原则上是实践合同，从保管物交付时成立。

仓储合同是诺成合同，实际上是由仓储合同的主体特性所决定的。在仓储合同中，保管人是具有专业性和营利性的从事仓储营业服务的民事主体，从仓储营业中牟取利益是其根本特性。在仓储合同成立后、仓储物交付之前，保管人必然要耗费一定的人力、物力、财力为履行合同做必要准备。如果仓储合同是实践合同，就意味着，一旦存货人反悔不交付货物，保管人只能依缔约过失责任而不是违约责任请求赔偿，这显然不利于保护保管人。

同时，仓储合同中的存货人一般为营利性法人。如果仓储合同是实践合同，在存货人交付货物前合同不能成立，那么，在存货人交付货物时，假设保管人违约——例如没有仓位而使存货人的货物不能入库，那么存货人也不能以违约责任请求损害赔偿，这对存货人也是不利的。因此，《民法典》关于仓储合同的明确定义具有重要的实践意义，它强调了仓储合同的严肃性、稳定性。

2.仓储合同的一方当事人必须具备专业资格

仓储保管人必须拥有仓储设备且具备专业资格从事仓储保管业务。

3.仓储合同为双务有偿合同

仓储合同的双方当事人互负给付义务，一方的义务即是对方的权利。保管人提供仓储服务，存货人给付报酬和其他费用。这与一般的保管合同不同，因为保管合同既可有偿、也可无偿。有偿无偿取决于当事人的意愿，在未作约定或约定不明时，应视为无偿。

仓储合同是双务有偿合同，是由提供仓储服务的一方为专业的仓库营业人的性质所决定的。一方面，仓储合同所进行的保管，储存量一般很大，不同于日常生活中的保管，而保管人付出的劳动量也很大；另一方面，保管人是以营利为目的的法人、其他组织和个人，仓储业务是保管人的营业项目，以营利为目的。

4.仓储合同的标的物必须是动产

由于仓储合同是由仓库营业人提供储存、保管以及其他服务的合同，存货人应当将仓储物交付给仓库营业人，由仓库营业人按照合同的约定进行储存和保管，这就要求仓储物能够完整地入库、出库，才能保证仓储人利用仓储设备不断地运入、运出货物，从而不断地开展其他业务。因此仓储合同的标的物只能是动产，不动产不能成为仓储合同的标的物。但是，并不是所有的动产都能成为仓储合同的标的物。一般情况下，仓储合同的标的物是作为生产资料的动产，而不包括一般零星生活用品。

5.仓单是仓储合同的必备要件

我国《民法典》第九百一十五条规定，储存期限届满，存货人或者仓单持有人应当凭仓单、入库单等提取仓储物。仓单是指由保管人在收到仓储物时向存货人签发的、表明已收到一定数量的仓储物的法律文书。仓单作为法定的提取或存入仓储物的书面凭证，是每一仓储合同中必备的，因此仓单是仓储合同中最为重要的法律文件之一。

仓单是当事人交付货物以及提取仓储物的凭证。因此，仓储合同的标的物都是特定的，即使原属于种类物的标的物，通过仓单也被特定化了。因此，当储存期限届满后，仓单持有人有权领取原物，仓储经营人不得擅自调换、动用。

6.仓储合同一般是格式合同

经营公共仓库的保管人为了与多数相对人订立仓储合同，通常以存货单、入库单等形式，事先拟订好仓储合同的大部分条款。在实际订立仓储合同时，双方可以通过协商，将议定的内容填进去从而形成仓储合同，而不另行签订独立的仓储合同。

二、仓储合同的内容

仓储合同的内容是明确保管人和存货人双方权利义务关系的根据，主要体现在合同的条款上。关于仓储合同的主要条款，除可参照《民法典》第七十条规定的合同一般包括的条款外，双方当事人还应当对仓储合同特殊要求的一些条款进行约定。

（一）当事人的姓名或名称及住所

当事人是合同权利义务的承受者，如果没有当事人，就无法实现合同的权利、承担合同的义务。因此仓储合同的首要内容就是表明有关双方当事人的信息，仓储合同的当事人一般是指存货人和保管人（仓库营业人）。

（二）仓储物的品名、品种、规格

仓储合同的标的物是仓储物，对仓储物具体详细的描述有助于明确双方当事人权利的维护，因此，合同当事人要明确规定仓储物的品名、品种和规格。

（三）仓储物的品种、数量、质量、包装及其件数和标记

仓储合同应明确规定仓储物的计量单位、数量和仓储物质量，以保证双方顺利履行合同。同时，双方还要对货物的包装、件数以及包装上的货物标记作出约定。双方要根据货物的性质、仓库中原有货物的性质、仓库的保管条件等约定货物进行何种包装。

（四）仓储物验收的项目、标准、方法、期限和相关资料

对仓储物的验收，主要是指保管人按照约定对入库仓储物进行验收，以确定仓储物入库时的状态。仓储物验收的具体项目、标准、方法、期限等应当由当事人根据具体情况在仓储合同中事先作出约定。如果储存易燃、易爆、有毒、有腐蚀性、有放射性等危险物品或者易变质物品，存货人应当说明该物品的性质并提供有关资料。

保管人为顺利验收，需要存货人提供货物的相关资料的，双方可以在仓储合同中就资料的种类、份数等作出约定。

（五）仓储物的储存期间、保管要求和保管条件

储存期间是指仓储物在仓库的存放期间，期间届满，存货人或者仓单持有人应当及时提取货物。保管要求是存货人针对仓储物的特征，为保持其状态、性质、功能完好，而要求保管人应当提供的具体条件和标准。对一些特殊性质的仓储物，例如易燃、易爆、有毒、有腐蚀性、有放射性等危险物品要求保管人储存的，保管人还应当提供相应的保管条件。因此，为便于双方权利义务和责任的划分，双方当事人一定要对储存期间、保管要求和保管条件作出明确具体约定。

（六）仓储物进出库手续、时间、地点和运输方式

仓储物的入库，即意味着保管人保管义务的开始，而仓储物的出库，则意味着保管人保管义务的终止。因此，仓储物进出库的时间、地点对双方是否实际履行义务显得非常关键。而且，仓储物进出库方式的不同，也会影响到双方权利的实现，乃至影响到双方的责任划分。因此，双方当事人一定要对仓储物进出库的方式、手续等作出明确约定，以便于分清责任。

（七）仓储物的损耗标准和损耗处理

仓储物在储存、运输、搬运过程中，由于自然现象（如干燥、风化、挥发、黏结等）、货物本身的性质、度量衡的误差等原因，不可避免地要发生一定数量的减少、破损或者计量误差。对此，当事人应当约定一个损耗的标准，并约定损耗发生时的处理方法。当事人对损耗标准没有约定的，应当参照国家有关主管部门规定的相应标准。

（八）计费项目、标准、结算方式

仓储合同的一方当事人是专业性和营利性的民事主体，它通过提供仓储服务获得收益，因此会根据仓储物的性质、保管的条件、提供的服务等因素收取费用。因此双方当事人要本着平等、公平原则，友好协商计费标准以及结算方式。

（九）违约责任条款

违约责任条款是任何合同的主要条款，是对一方当事人违反合同约定义务时应如何承担违约责任，承担违约责任的方式等进行的约定。为保护双方当事人的权利，在仓储合同中应当约定违约责任。违约责任的承担方式包括继续履行、支付违约金、赔偿损失等。

除此之外，双方当事人还可以根据具体情况，就变更和解除合同的条件、期限，以及争议的解决方式等作出约定。

三、仓储合同当事人的权利义务

（一）保管人的权利和义务

1.保管人的权利

（1）有权要求客户按照合同约定交付仓储物。

（2）有权要求客户就所交付的危险货物或易变质货物的性质进行说明并提供相关资料。

（3）对入库货物进行验收时，有权要求客户配合并提供验收资料。

（4）发现货物有变质或其他损坏时，有权催告客户做出必要的处置。

（5）有权在情况紧急时，对变质或者有其他损坏的仓储物进行处置。

（6）有权要求客户按时提取仓储物。

（7）客户逾期提取货物的，有权加收仓储费。

（8）有权提存客户逾期未提取的仓储物。

（9）有权要求客户按约定支付仓储费和其他费用。

2.保管人的义务

1）签发、给付仓单的义务

作为保管人的物流企业签发仓单，既是其接收客户所交付仓储货物的必要手段，也是其履行仓储合同义务的一项主要内容。《民法典》第九百零八条规定，存货人交付仓储物的，保管人应当出具仓单、入库单等凭证。物流企业在向客户给付仓单时，应当在仓单上签字或者盖章，保证仓单的真实性。

2）及时接收货物并验收入库的义务

保管人应按照有关法律规定及合同的约定，对所有保管的货物及时接收并验货。保管人应当按照约定对入库仓储物进行验收。验货项目包括货物的品种、规格、数量、外包装状况、外观质量等。保管人验收时发现入库仓储物与约定不符合的，应当及时通知存货人。保管人验收后，发生仓储物的品种、数量、质量不符合约定的，保管人应当承担赔偿责任。

仓储物入库后，发生损害和灭失的，保管人应当承担损害赔偿责任。保管人应按合同约定或国家规定的验收项目、验收方法、验收期限进行验收。保管人在验收时发现入库的仓储物与约定不符的，例如入库的仓储物的品名、规格、数量、外包装状况与合同中的约定不一致的，应当及时通知存货人。由存货人作出解释，或者修改合同，或者将不符合约定的货物予以退回。

保管人验收方法主要有全部验收和按比例验收。保管人未能按照合同约定和国家有关规定进行验收，以致验收不准确的，因此造成的损失，由保管人负责。货物的验收期限，合同有约定的依约定；没有约定的，依仓储保管合同规定，国内到货不超过10天，国外到货不超过30天。自货物和验收资料全部送达保管方之日起计算。

3）妥善保管仓储物的义务

保管人要按照约定的储存条件和要求保管仓储物，特别是对于危险品和易腐物品，要按国家和合同规定的要求操作、储存。保管方因保管不当造成仓储物灭失、短少、变质、污染的，应当承担赔偿责任。但是，由于不可抗力或货物本身性质发生的毁损，保管人可以免责。

4）接受检查的义务

存货人或仓单持有人在储存期间请求检查仓储物或提取样品的，保管人应予以准许。《民法典》第九百一十一条规定，保管人根据存货人或者仓单持有人的要求，应当同意其检查仓储物或者提取样品。物流企业具有允许客户或者仓单持有人及时检查货物或者提取样品的义务，以便客户或者仓单持有人及时了解、知悉仓储物的有关情况及储存、保管情况，并在发现问题后及时采取补救措施。

5）危险通知义务

当仓储物或外包装上标明了有效期或合同上申明了有效期的，保管人应在货物临近失效期 60 天前通知存货方；如果发现货物有异常情况，或因第三人主张权利而起诉或被扣押的，应当及时通知存货方。

6）紧急处置的义务

《民法典》第九百一十二条规定，保管人发现入库仓储物有变质或者其他损坏的，应当及时通知存货人或者仓单持有人。第九百一十三条规定，保管人发现入库仓储物有变质或其他损坏，危及其他仓储物的安全和正常保管的，应当催告存货人或者仓单持有人作出必要的处置。因情况紧急，保管人可以作出必要的处置；但是，事后应当将该情况及时通知存货人或者仓单持有人。

7）按期如数出库义务

储存期限届满，保管人应按约定的时间、数量将货物交给存货人或仓单持有人。当事人对储存期限没有约定或者约定不明确的，存货人或者仓单持有人可以随时提取仓储物，保管人也可以随时请求存货人或者仓单持有人提取仓储物，但是应当给予必要的准备时间。储存期限届满，存货人或者仓单持有人不提取仓储物的，保管人可以催告其在合理期限内提取；逾期不提取的，保管人可以提存仓储物。

一般来说，仓单合同对储存期间有约定的，在储存期限届满前，保管人不得要求存货人取回仓储物。但是，在存货人要求返还时，保管人不得拒绝返还，但可以就其因此所受到的损失请求存货人赔偿。

（二）存货人的权利和义务

1.存货人的权利

（1）有权要求保管人给付仓单。

（2）有权要求保管人对入库货物进行验收并将不符情况予以通知，保管人未及时通知的，有权认为入库货物符合约定。

（3）有权对入库货物进行检查并提取样品。

（4）保管人没有或者怠于将货物的变质或者其他损坏情形向物流企业催告的，存货人有权对因此遭受的损失向保管人请求赔偿。

（5）对因保管人未尽妥善储存、保管货物的义务造成的损失，有权要求保管人赔偿。

（6）储存期满，有权凭单提取货物。

（7）未约定储存期间的，也有权随时提取货物，但应当给予保管人必要的准备时间。

（8）储存期间未满，也有权提取货物，但应当加交仓储费。

2.存货人的义务

1）提交储存物

存货人要按合同约定的品名、时间、数量向保管方提交储存物，并向保管方提供必要的入库验收资料。存货人不能全部或部分按合同约定入库时，应承担违约责任；因未提供验收资料或提供的资料不齐全、不及时，造成验收差错及贻误索赔期的，由存货人负责。存货人交付货物有瑕疵或者按货物的性质需要采取特殊保管措施的，应当告知保管人。存货人因过错未告知保管人瑕疵或者特殊保管要求，致使保管人受到损害的，应承担损害赔偿责任。

储存易燃、易爆、有毒、有腐蚀性、有放射性等危险物品或者易变质物品，存货人应当说明货物的性质，提供有关资料。存货人未履行这些义务的，保管人可以拒收该货物，也可以采取相应措施以避免损失的发生，因此产生的费用由存货人负担。

2）负责包装货物

存货方应按照规定负责货物的包装。包装标准有国家或专业标准的，按国家或专业标准规定执行；没有国家或专业标准的，按双方约定的标准执行。包括不符合国家或合同规定，造成货物损坏、变质的，由存货方负责。

3）支付报酬和必要费用

仓储合同为有偿合同，因此，存货方在提取货物时应向保管方支付保管费及因保管货物所支出的必要费用。否则，保管方有权对仓储物行使留置权。

（1）仓储费，是由存货人支付的、保管人因其所提供的仓储服务而应取得的报酬。存货人支付仓储费的时间、金额和方式依据仓储合同的约定。仓储费与一般保管费有所不同。当事人通常约定由存货人在存放货物时提前支付。

（2）其他费用，是为了保护存货人的利益或者避免其损失而发生的费用，例如，存货人所储存的货物发生变质或者其他损坏，危及其他货物的安全和正常保管的，在紧急情况下，保管人可以作出必要的处置，因此而发生的费用，应当由存货人承担。

4）按合同规定及时提取货物

合同期限届满，存货人应按合同约定及时提取货物。如因存货人的原因不能如期出库时，存货人应承担违约责任。提前提取的，除当事人另有约定的外，不减少其仓储费。出库货物由保管人代办运输的，存货人应按合同规定提供有关材料、文件，未及时提供包装材料或未按期变更货物的运输方式、到站、收货人的，应承担延期的责任和增加的费用。

储存期间届满，仓单持有人应当凭仓单提取仓储物，并向保管人提交仓储验收资料。仓单持有人逾期提取的，应当加收仓储费；提前提取的，不减收仓储费。储存期间届满，仓单持有人不提取仓储物的，保管人可以催告其在合理期限内提取，逾期不提取的，保管人可以提存该物。保管人在储存期间届满后，在仓单持有人不提取仓储物的情况下，可以在通知的期间内加收仓储费。

除以上规则外，仓储合同对双方当事人的效力，还适用保管合同的规定。

5）对变质或者有其他损坏的货物进行处置的义务

为了确保其他货物的安全和正常的保管活动，根据《民法典》第九百一十三条的规定，保管人发现入库仓储物有变质或者其他损坏，危及其他仓储物的安全和正常保管的，应当催告存货人或者仓单持有人作出必要的处置。因情况紧急，保管人可以作出必要的处置；但是，事后应当将该情况及时通知存货人或者仓单持有人。对于存货人或仓单持有人的这种处置义务，应当注意以下几点。

（1）以能够保证其他货物的安全和正常保管为限。

（2）如果保管人对存货人或者仓单持有人处置货物的要求过高，存货人或者仓单持有人可以拒绝。

（3）如果存货人或者仓单持有人对货物的处置已明显地超过必要的范围，由此而给保管人造成不便或带来损害的，保管人有权要求赔偿。

（4）如果存货人或者仓单持有人怠于处置，则应对这些损失承担赔偿责任。

6）容忍保管人对变质或者有其他损坏的货物采取紧急处置措施的义务

保管人的职责是储存、保管货物，一般对货物并无处分的权利。然而，在货物发生变质或其他损坏，危及其他货物的安全和正常保管，情况紧急时，保管人可以作出必要的处置，但事后应当将该情况及时通知存货人或者仓单持有人。在这种情况下，存货人和仓单持有人事后不得对保管人的紧急处置提出异议。但是，保管人采取的紧急处置措施必须符合下列条件。

（1）必须是情况紧急，即保管人无法通知存货人、仓单持有人的情况；或者保管人虽然可以通知，但可能会延误时机的情况。

（2）处置措施必须是有必要的，即货物已经发生变质或者其他损坏，并危及其他货物的安全和正常保管。

（3）采取的措施应以必要范围为限，即以能够保证其他货物的安全和正常保管为限。

第三节 仓单

一、仓单的概念和作用

仓单是保管人在收到存货人交付的仓储物时，向存货人签发的、表明其收到仓储物的法律文书。它是存货人取回或处分其仓储物的凭证。

仓单具有以下几方面作用：

（一）具有证约作用

仓单可以证明保管人已收到仓储物，以及保管人和存货人之间仓储关系的存在。

（二）仓单是占有仓储物的凭证

仓单是一种物权证券，仓单就代表储存物，谁拥有仓单，就意味着拥有仓储物，如果存货人可以在仓单上背书并经保管人签字或者盖章，就可以转让仓储物。

（三）仓单是提取仓储物的凭证

《民法典》第九百一十条规定，仓单是提取仓储物的凭证。由此可见，提取仓储物的唯一凭证是仓单，因此仓单在仓储合同中具有重要意义。

虽然仓单在仓储活动中有重要的作用，但是仓单不能代替仓储合同。无论当事人采用书面形式还是采用口头形式，只要意思表达一致后合同即告成立，双方就受合同约束。存货人交付仓储物是履行合同，而保管人给付仓单也是履行合同。尽管仓单中记载了仓储合同中的主要内容，但仓单不是仓储合同，只是作为仓储合同成立的凭证。

二、仓单的法律性质

《民法典》第九百一十条规定："仓单是提取仓储物的凭证。存货人或者仓单持有人在仓单上背书并经保管人签名或者盖章，可以转让提取仓储物的权利。"据此，仓单具有以下性质：

(一) 仓单是有价证券

有价证券是设定并代表一定财产权利的证券,有价证券代表的权利与有价证券不可分离,其权利的行使和处分取决于证券的占有和转移,而仓单是在存货人交付仓储物时,保管人应存货人的请求所填发的,它表明一定价值的仓储物的存在,并且仓单上载明的仓储物的返还请求权与仓单不可分离,所以是有价证券。

(二) 仓单是物权证券

仓单代表存储物品,对仓单的占有即意味着对物品本身的占有;仓单的转移即意味着仓储物品占有的转移,因此仓单是一种物权证券。

(三) 仓单是文义证券

所谓文义证券是指票据上的权利义务必须而且只能根据票据上所记载的文义来确定其效力。仓单具有的权利以仓单上文字记载的内容为准。如果仓单上文字记载的内容与实际情况不符,保管人也有义务按仓单上所记载内容履行义务,例如仓单上记载有某批货物,而实际仓库中并没有,保管人对仓单持有人也有交付该批货物的义务。

(四) 仓单是要式证券

《民法典》第三百八十六条规定,保管人应当在仓单上签名或者盖章。仓单上必须有法定的必须记载的事项。没有法定的完备的形式,保管人出具的仓单是无效的。

三、仓单的内容

根据《民法典》第三百八十六条的规定,仓单包括下列事项。

(一) 存货人的姓名或者名称和住所

存货人为法人或者非法人社会组织、团体的,应当写明其名称,名称应写全称。存货人为自然人的,则应写明姓名。

(二) 仓储物的品种、数量、质量、包装及其件数和标记

这些内容是经过保管人验收确定后再填写在仓单上的。需要注意的是,保管人和存货人订立仓储合同时,对仓储物的上述情况的约定,不能作为填写仓单的依据。

(三) 仓储物的损耗标准

一般地,仓储合同中约定有仓储物的损耗标准,仓单上所记载的损耗标准通常与该约定相同。当事人也可以在仓单上对仓储合同中约定的标准进行变更。当仓储合同约定的标准与仓单上所记载的标准不一致时,一般以仓单的记载为准。

(四) 储存场所

储存场所是指仓储物所在的具体地点。

（五）储存期间

在一般情况下，存货人与保管人在仓储合同中商定储存期间，仓单上的储存期间与仓储合同中的储存期间一般是相同的。

（六）仓储费

仓储费即存货人向保管人支付的报酬。

（七）仓储物已经办理保险的，其保险金额、期间以及保险人的名称

仓储物已经办理保险的，应在仓单上记载保险金额、期间及保险人的名称。如果存货人转让仓储物，则保险费可以计入成本。转让以后，受让人享受保险利益，一旦发生保险合同中约定的保险事故，受让人可以找保险公司索赔。因此仓单上记载上述事项是非常必要的。

（八）填发人、填发地和填发日期

这是任何物权证券的基本要求，仓单也不例外。填发人也就是仓储合同的保管人，填发地一般是仓储物入库地。

四、仓单的转让与出质形式

仓单作为一种有价证券，有的国家的立法采用两券主义，即保管人在收到仓储物后应同时填发两张仓单，一为提取仓单，用提取仓储物和通过背书转让仓储物之用；另一为出质仓单，以供仓储物出质之用。我国《民法典》采用一券主义，即保管人只填发一张仓单，该仓单除作为已收取仓储物的凭证和提取仓储物的凭证外，既可以通过背书转让仓单项下货物的所有权，也可以用于出质。仓单可以出质。以仓单出质的，质押合同自仓单交付之日起生效。

仓单是仓储物的凭证和提取仓储物的凭证，仓单可以通过背书转让或者出质。无论仓单是转让还是出质，必须符合一定的法律形式。

（一）必须有保管人的签字或者盖章

无论转让还是出质，仓单上必须有保管人的签字或者盖章，否则不发生仓单转让或出质的法律效力。

（二）必须有背书

背书是指存货人在仓单的背面或者粘单上记载被背书人（受让人）的名称或姓名、住所等有关事项的行为。如果仓单转让给第三人，或作为权利质押，应当由存货人在仓单背面写明上述事项，否则不发生法律效力。

概念拓展：出质

出质是指物权行为的一种。将本人所占有的物质予他人，不要求一定是所有。出质，也就是质押，分动产质押和权利质押，就是把自己所有的物品或权利交付出去作为抵押。出质在质押行为中，是指债务人或第三人（出质人）将其动产或权利移交给债权人的民事法律行为。

第四节 保税仓库

一、保税仓库概述

（一）保税仓库的含义

保税仓库是专门存放经海关核准的保税货物的转运仓库，保税货物是指经过海关批准未办理纳税手续进境，在境内储存、加工、装配后复运出境的货物。

（二）保税仓库的仓储对象

（1）加工贸易进口货物。
（2）转口货物。
（3）供应国际航行船舶和航空器的油料、物料和维修用零部件。
（4）供维修外国产品所进口寄售的零配件。
（5）外商暂存货物。
（6）未办结海关手续的一般贸易货物。
（7）经海关批准的其他未办结海关手续的货物。

> **概念拓展：转口**
>
> 国外企业将其货物运到保税区，存储在保税区的仓库里，这属于进境，然后将这些货物从保税区运到国外的港口，这属于转口，这些货物就是转口货物。

（三）保税仓库的功能

《海关对保税仓库及所存货物的管理规定》第二十二条规定："保税仓储货物可以进行包装、分级、分类、加刷唛码、分析、拼装等简单加工，不得进行实质性加工。"保税仓库的功能比较单一，主要是货物的保税储存，一般不进行加工制造和其他贸易服务，但也可以依规定进行简单的包装。

二、保税仓库经营者及保税仓库的设立条件

（一）经营保税仓库的企业应具备的条件

保税仓库是专门存放保税货物的专用仓库，设立保税仓库与设立普通仓库不同，经营保税仓库的企业，应当具备下列条件：

（1）经工商行政管理部门注册登记，具有企业法人资格。
（2）注册资本最低限额为300万元人民币。
（3）具备向海关缴纳税款的能力。
（4）具有专门存储保税货物的营业场所。
（5）经营特殊许可商品存储的，应当持有规定的特殊许可证件。

（6）经营备料保税仓库的加工贸易企业，年出口额最低为1 000万美元。

（二）设立保税仓库应具备的条件

《海关对保税仓库及所存货物的管理规定》除了规定经营保税仓库的企业应具备的条件外，对设立保税仓库的条件也作了明确规定：

（1）符合海关对保税仓库布局的要求。
（2）具备符合海关监管要求的隔离设施、监管设施和办理业务必需的其他设施。
（3）具备符合海关监管要求的保税仓库计算机管理系统并与海关联网。
（4）具备符合海关监管要求的保税仓库管理制度。
（5）公用保税仓库面积最低为2 000平方米。
（6）液体危险品保税仓库容积最低为5 000立方米。
（7）寄售维修保税仓库面积最低为2 000平方米。
（8）法律、行政法规、海关规章规定的其他条件。

三、申请设立保税仓库的程序

申请设立保税仓库的经营者应按照有关规定向海关提出申请，其主要程序如下：

（1）向海关提供经工商行政管理部门认可的可以经营进口业务的证明、营业执照和相关其他证明。
（2）申请人填写包括仓库位置、地址、负责人、管理人员、储存面积等项目的保税仓库申请书。
（3）按规定交验经贸主管部门批准经营有关业务的批件。
（4）向海关提出申请，并提供其他规定资料。

海关审核仓库经营人提交的有关文件并派员实地调查后，对符合要求的，批准其设立保税仓库，颁发《保税仓库登记证书》。

四、保税仓库所存放货物的进出口监管

经海关批准暂时进口或出口的货物，以及特准进口的保税货物，在货物收、发货人向海关缴税相当于税款的保证金或者提供担保后，准予暂时免纳税。海关按货物的情况，根据《海关法》及其他相关规定，再决定对货物征税或减免税。因此出入免税仓库的货物必须申报。

（一）保税仓库货物的入库

保税仓库货物的进口分为三种情况：

1.保税仓库所在地海关入境

货主或其代理人应当填写进口货物报关单一式三份加盖"保税仓库货物"印章，并注明此货物将要存入的保税仓库，向海关申报，海关查验放行后，一份由海关留存，另两份随货交保税仓库。

保税仓库的业务人员应在货物入库后将货物与报关单位进行核对，并在报关单上签收，其中一份留存，一份交回海关存查。

2.在非保税仓库所在地海关入境

货主在保税仓库所在地以外的其他口岸进口货物,应按海关对转关运输货物的规定办理转关运输手续。货物运抵后再按上述规定办理入库手续。

3.自用的生产、管理设备的进口

保税仓库经营单位进口供仓库自己使用的设备、装置和用品,如货架、搬运、起重、包装设备,运输车辆,办公用品及其他管理用具,不论是有价购买的或外商无价提供的,均不属于保税货物,进口时应按一般贸易办理进口手续并缴纳进口税款。

(二)保税货物的出库

1.保税货物复运出口

存入保税仓库的货物在规定期限内复运出境时,货物所有人或其代理人应向保税仓库所在地的主管海关申报,填写《出口货物报关单》一式三份,并交验进口时由海关签印的《进口报关单》,办理复运出口手续。经海关核查与实际货物相符后签印,一份留在海关,一份随货物监管运至出境地海关检验,放行货物出境,一份发还货主或其代理人作为保税仓库货物核销依据。

2.用于加工贸易的货物

从保税仓库提取货物用于进料加工、来料加工项目的,经营加工贸易的单位应首先按照进料加工或来料加工的程序办理审批。也就是说货物所有人应事先持批准文件、合同等有关单证向海关办理备案登记手续,并填写来料加工、进料加工准用报关单和《保税仓库领料核准单》一式三份,一份由批准海关备存,一份由领料人留存,一份由海关签章放行章后交给货主。仓库经营人凭海关签印的领料核准单交付有关货物并凭此向海关办理核销手续。

对提取用于来料加工、进口加工的进口货物,海关按来料加工、进料加工的规定进行管理并按实际加工出口情况确定免税或补税。

3.保税货物经海关核准为进入国内市场销售时

由货物所有人或其代理人向海关递交进口货物许可证件、进口货物报关单和海关需要的其他单证并缴纳关税等后,由海关签印放行,将原进口货物报单注销。

五、海关对保税仓库及所存货物的监管

(一)对保税仓库的日常监管

(1)保税仓库对所存的货物,应有专人负责,并于每月的前5天内将上月转存货物的收、付、存等情况列表报送当地海关核查。

(2)保税仓库中不得对所存货物进行加工。如需改变包装,必须在海关监管下进行。

(3)海关认为必要时,可以会同保税仓库经理人共同加锁。海关可以随时派员进入仓库检查货物的储存情况和有关账册,必要时可派员驻库监管。保税仓库经理人应当为海关提供办公场所和必要的方便条件。

(4)保税仓库经理人应照章缴纳监管手续费。

（二）对保税货物的储存监管

1.储存期限

保税仓库所存货物储存期限为1年。如有特殊情况可向海关申请延期，但延期最长不得超过1年。保税货物储存期满仍未转为进口也不复运出境的，海关将货物变卖，所得价款在扣除运输、装卸、储存等费用和税款后，尚有余款的，自货物变卖之日起1年内经收货人申请，予以发还，逾期无人申请的，上缴国库。

2.货物的使用

保税仓库所仓储的货物，属于海关监管的保税货物，未经海关核准并按规定办理有关手续，任何人不得出售、提取、交付、调换、抵押、转让或移作他用。

3.货物的灭失、短少

保税仓库所存货物在储存期间发生短少，除由于不可抗力外，其短少部分应当由保税仓库经理人承担缴纳税款的责任，并由海关按有关规定进行处理。由此产生的货物灭失、损坏的民事责任按一般仓储处理。

4.货物的加工

在保税仓库中不得对所仓储的货物进行加工。如需对货物进行改变包装等整理工作，应向海关申请核准，并在海关监管下进行。

5.货物的查验

海关可随时派员进入保税仓库检查货物储存情况，查阅有关仓库账册，必要时可派员驻库监管。保税仓库经营单位应给予协作配合，并提供便利。

6.货物的存放

保税仓库必须专库专用，保税货物不得与非保税货物混合堆放。加工贸易备料保税仓库的入库货物仅限于该加工贸易经营单位本身所需的加工生产料件，不得存放本企业从事一般贸易进口的货物，或与加工生产无关以及其他企业的货物。

小结

物流仓储是物流企业最重要的行为之一，本章简要介绍了仓储的种类，对仓储合同的概念、法律特征、主要条款以及双方当事人在仓储活动中的权利义务做了较为全面的介绍，要求学生在了解物流形态的基础上熟悉仓储合同的主要内容和基本要求；由于仓单在仓储中的普遍运用和内容的专门性，本章第三节对仓单的作用、内容和转让、出质的注意事项作了详细介绍；由于我国对外贸易的不断发展，保税仓库的使用成为进口货物物流的一项重要环节，本章第四节从保税仓库的概念、作用、设立条件、海关监管等方面对保税仓库作了介绍。

案例分析与思考（案例一）

【案件基本信息】

案件名称：酒店消费者免费停车遭台风水浸的赔偿认定——梁某诉某酒家、××物业保管合同案。

（1）裁判书字号：广东省广州市越秀区人民法院（2018）粤0104民初26408号民事判决书。

（2）案由：保管合同纠纷。

（3）当事人：

原告（被上诉人）：梁某。

被告（上诉人）：某酒家。

被告：××物业。

【案情介绍】

2018年6月8日，梁某开车到某酒家就餐消费，按某酒家指示将车辆停放在某广场地下停车场中的指定专用车位，该地下停车场由××物业进行管理服务。某酒家向梁某发放《某酒家专用车位泊车证》及《某酒家泊车卡》，其中载明了该车位提供给某酒家消费满200元以上的客户免费使用；如非消费视为违约，需收50元/小时违约金等内容。当天16时许，由于台风天气影响，该地下停车库出现雨水倒灌，导致停放在内的部分车辆（包括梁某的车辆）被水淹。

事发后，梁某委托广州市××价格事务所有限公司对涉案车辆进行水浸受损价值评估，评估结论为车辆水浸受损价值为266 512元，为此梁某支付评估费9 795元。

故梁某起诉请求法院判决：

（1）两被告共同赔偿原告车辆损失266 512元；

（2）两被告共同向原告支付车辆受损评估费用9 795元。

【案情焦点】

（1）原告是否与酒店或停车场管理人形成保管合同关系；

（2）酒店用餐免费停车及台风天气能否成为酒店免责的因素。

【法院裁判要旨】

广东省广州市越秀区人民法院经审理认为：根据《中华人民共和国合同法》第三百七十四条的规定，保管期间，因保管人保管不善造成保管物毁损、灭失的，保管人应当承担损害赔偿责任，但保管是无偿的，保管人证明自己没有重大过失的，不承担损害赔偿责任。本案中，原告在某酒家处就餐消费，并按某酒家的要求将车辆停放在某酒家指定的停车位。从某酒家向原告发放的《某酒家专用车位泊车证》《某酒家泊车卡》可知，原告只有在某酒家处消费金额满200元以上的情况下，某酒家才向原告提供免费停车服务，足以说明某酒家向原告提供的并非完全意义上的免费停车服务，而是将停车费的对价包含在上述200元以上的消费金额中，由此说明双方之间形成了主合同关系即餐饮消费服务合同关系以及基于餐饮消费服务产生的从合同关系即有偿保管合同关系。

在涉案车辆保管期间,因某酒家保管不善造成原告车辆损坏,某酒家应当承担赔偿责任。原告主张涉案车辆水浸受损价值为 266 512 元,虽其提供的评估报告有瑕疵,但不影响评估结论的效力,故法院对原告此主张予以采纳。据此,某酒家应向原告赔偿上述水浸受损价值 266 512 元。另原告主张的评估费 9 795 元也应由某酒家承担。因原告未能提供证据证明××物业收取了原告的停车费,也未能提供证据证明其与××物业之间签订了保管合同或者达成了保管约定,故原告以保管合同诉由要求××物业承担保管合同责任依据不足,本院不予支持。

广东省广州市越秀区人民法院依照《中华人民共和国合同法》第三百六十五条、第三百六十七条、第三百六十八条、第三百六十九条、第三百七十四条之规定,作出如下判决:

一、被告某酒家应于本判决发生法律效力之日起三日内一次性将车辆损失费 266 512 元赔偿给原告梁某;

二、被告某酒家应于本判决发生法律效力之日起三日内一次性将评估费 9 795 元赔偿给原告梁某;

三、驳回原告梁某的其他诉讼请求。

判决后,某酒家上诉,但并未缴纳上诉费,广东省广州市中级人民法院依照《中华人民共和国民事诉讼法》第一百五十四条第一款第十一项、《最高人民法院关于适用〈中华人民共和国民事诉讼法〉的解释》第三百二十条之规定,作出如下裁定:本案按上诉人某酒家自动撤回上诉处理。一审判决自本裁定送达之日起发生法律效力。

【法官后语】

随着人们的物质生活水平的提高,越来越多的消费者选择自驾车辆前往商场或酒店消费,商场或酒店也为了吸引顾客消费,推出了诸如消费满多少元即可免费停车的服务。那么当这项免费停车的服务发生纠纷时,消费者应如何维权?如果是遇到恶劣天气,谁又应当来承担损失?

1. 消费者免费停车,商场或酒店是否属于车辆的保管人?

商场或酒店为消费者提供停车服务,一般是两种形式:

第一,抵扣券模式,即商场或酒店提供停车费的抵扣券,如果超出抵扣券的部分,由消费者向停车场的管理者支付停车费。这种情况下,车辆的保管人是停车场的管理者,商场或酒店只是帮消费者代付部分的停车费。如保管期间发生纠纷,消费者可以直接要求停车场管理者承担保管责任。

第二,专用车位模式,即商场或酒店提供停车卡,一般有专用车位,停车费向商场或酒店结算。这种情况下,车辆的保管人是商场或酒店,商场或酒店再将保管服务委托或承包给停车场的管理者。如果保管期间发生纠纷,消费者应向商场或酒店主张保管责任,商场或酒店承担责任后,若停车场的管理者有过错,再行追偿。

2. 消费者免费停车,商场或酒店提供的保管服务是否是无偿的?

根据《中华人民共和国合同法》第三百七十四条的规定,保管期间,因保管人保管不善造成保管物毁损、灭失的,保管人应当承担损害赔偿责任,但保管是无偿的,保管人证明自己没有重大过失的,不承担损害赔偿责任。保管合同是否有偿会影响到归责原则的适用。在专用车位模式中，商场或酒店实际上与消费者建立了基于消费服务而产生的从合同关系即保管合同关系，是否收取停车费用也经常与消费金额挂钩，那么由此可以认定这种保管合同并非无偿，而是将相应的保管费隐藏在消费服务合同的消费金额中。因此，可以认定该保管合同仍是一种有偿合同。

3. 台风等恶劣天气能否成为车辆保管合同的抗辩理由？

虽然台风等恶劣天气非人力所产生，但现有的气象预报机制已成熟完善，人们可以通过不同的公开渠道获得预警信息。作为车辆的保管人也应对这类自然灾害有充分的预知，包括其带来的强降水导致车辆被水漫的风险，并应通知车主注意防范和采取相应的预防措施及救助措施。如保管人并未履行相应的通知义务、预防义务及救助义务，那么对于车辆的损害，保管人应承担全部赔偿责任；如保管人履行了部分义务，则可减轻部分赔偿责任。

案例分析与思考（案例一）

【案件基本信息】

案件名称：广州 A 物流服务有限公司与广州市 B 贸易有限公司仓储合同纠纷案。

【案情介绍】

2008 年 8 月 6 日，广州市 B 贸易有限公司（以下简称 B 公司）把 3 000 千克双丙酮丙烯酰胺（DAAM）存放于广州 A 物流服务有限公司（以下简称 A 公司）租用的广州市 C 物流服务有限公司（以下简称 C 公司）仓内，B 公司、A 公司建立仓储合同关系。同年 9 月 12 日，B 公司又把 500 千克己二酸二酰肼（ADH）存放于 A 公司租用的 C 公司仓内。同年 9 月 23 日，B 公司向 A 公司支付部分仓储费 3 272.42 元。9 月 24 日，台风"黑格比"影响广州，C 仓遭遇河水倒灌，造成 B 公司存放于 C 仓内的己二酸二酰肼（ADH）275 千克及双丙酮丙烯酰胺（DAAM）1 100 千克被水浸泡，使 B 公司价值共计 225 500 元的货物受损。后 B 公司以 A 公司为被告，向法院提起诉讼，请求法院判决 A 公司赔偿其上述损失。审理期间，B 公司向一审法院提出申请，要求对其存放于 C 仓内的案涉货物现时的价值进行鉴定。中国科学院广州化学研究所（以下简称广州所）对案涉的己二酸二酰肼（ADH）及双丙酮丙烯酰胺（DAAM）分别出具《分析报告》，结论为二者都已经不能使用。

A 公司认为：

一、法院委托中国科学院广州化学研究所测试分析中心所做出的《分析报告》为无效证据。理由是：其一，该分析中心并未提供鉴定人员具有鉴定资质的证明；其二，该分析报告仅凭对案涉货物的样品进行分析，就得出不能使用的结论，明显依据不足。且即使样品质量有问题，也不等同于全部案涉货物的质量有问题；其三，该分析报告并未就样品因被污水浸泡后受损的具体时间做出分析，换句话说，即使样品质量有问题，那究竟是在存放前还是在存放后发生的被污水浸泡事故？而从该分析报告中是无法就此做出判断的。

二、法院违反程序未依 A 公司的申请追加实际仓库提供人——C 公司参与诉讼，导致无法查明案件真相。本案中 A 公司将 B 公司的案涉货物存放在其向 C 公司租来的"C 仓"内，而对案涉货物的日常保管工作均实际为该公司操作，C 公司为本案真正的仓储保管方，A 公司只不过是 B 公司与 C 公司仓储保管关系的中间商而已。至于案涉货物是否妥损、仓储保管方是否存在免责情形，最清楚真相的就是 C 公司。因此，A 公司在收到一审法院的应诉材料后，即向一审法院申请追加 C 公司为本案共同被告。然而，一审法院先是同意 A 公司的追加申请，之后又以 B 公司不同意追加为由，没有采纳 A 公司追加诉讼当事人的申请，从而导致本案诸多事实无法查清。

【法院裁判要旨】

法院经审理认为：本案争议焦点有二：

一是 B 公司存放于 A 公司租用的仓库内的案涉货物是否受损及受损程度；

二是如果上述货物受到损害，A 公司是否应对此承担损害赔偿责任。

对于争议焦点一，原审法院根据 B 公司的申请，依法组织 B 公司、A 公司对案涉货物进行现场确认，并委托具有资质认证资格的广州所对案涉货物己二酸二酰肼（ADH）及双丙酮丙烯酰胺（DAAM）进行抽样鉴定。广州所出具的两份《分析报告》的"结论"均为货物受损不能使用。尽管 A 公司抗辩称上述鉴定结论不具有法定形式，不合法有效，但 A 公司未能提供证据反驳上述鉴定结论，故原审法院对 A 公司的抗辩不予采信，认定 B 公司存放于 A 公司租用的仓库内的案涉货物已经受到损害而不能使用。对于争议焦点二，B 公司将案涉货物交由 A 公司仓储，并支付仓储费，A 公司向 B 公司出具进仓确认单，双方形成仓储合同关系，合法有效，原审法院予以确认。在储存期间，案涉货物被水浸泡导致不能使用，B 公司主张 A 公司未尽保管义务，而 A 公司未能举证存在免责事由，应依法承担损害赔偿责任。综上两点，原审法院认为，A 公司在储存 B 公司案涉货物期间，未尽保管义务，造成案涉货物被水浸泡不能使用的结果，应当依法承担损害赔偿责任。B 公司要求 A 公司赔偿直接经济损失合计 225 500 元的主张有理，应予支持。故判决如下：广州 A 物流服务有限公司于本判决生效之日起十日内向广州市 B 贸易有限公司赔偿经济损失人民币 225 500 元及利息。

课后习题

（1）简述仓储活动按仓储经营主体的不同划分的三种类型。

（2）简述仓储合同的法律特征。

（3）仓储合同和保管合同的区别是什么？

（4）仓储合同的内容是什么？双方当事人的义务有哪些？

（5）什么是仓单？简述仓单的作用及法律性质。

（6）简述仓单转让和出质的要求。

（7）简述保税仓所存放货物的进出口监管。

第七章

流通加工、配送及快递服务法律制度

学习目标

【掌　握】

（1）掌握流通加工活动适用的法律。
（2）掌握流通加工的概念。
（3）掌握配送的概念、特征。
（4）掌握快递服务的概念，快递服务和传统的邮政服务相比的特点。

【理　解】

（1）理解流通加工与生产加工的区别。
（2）理解承揽合同的含义、特征。
（3）理解物流配送的种类。
（4）理解配送合同的种类。
（5）理解快递服务的法律特征。
（6）理解快递服务中心的索赔及免责事由。

【了　解】

（1）了解流通加工在物流中的地位。
（2）了解承揽合同的主要内容、当事人的权利义务。
（3）了解物流企业在配送活动中的法律地位。
（4）了解各类型配送合同的主要内容。
（5）了解配送合同当事人的权利义务。
（6）了解快递服务合同的内容、当事人的权利和义务。
（7）了解快递业务经营许可的条件、快递业务经营许可的申请与审批、快递服务活动的法律规定。

第一节 流通加工法律制度

流通加工是现代物流体系中的主要组成部分,是流通中的一种特殊形式,是在物品从生产领域向消费领域流动的过程中,为了促进销售、维护产品质量和提高物流效率,对物品进行加工。我国目前没有单独适用于流通加工的法律,《民法典》关于承揽合同的规定,适用于流通加工活动。

一、流通加工的含义与特征

(一)流通加工的概念

流通加工是指物品在从生产地到使用地的过程中,根据需要施加包装、分割、计量、分拣、刷标志、拴标签、组装等简单作业的总称。

(二)流通加工的特征

流通加工是流通过程中的加工活动,与一般生产加工的区别在于所处领域不同。

(1)流通加工的一个重要目的,是为了消费(或再生产)所进行的加工。而且有时是以自身流通为目的,纯粹是为流通创造条件。一般生产加工是直接为消费进行的加工。

(2)流通加工的对象是进入流通领域的商品,具有商品的属性。生产加工的对象不是最终产品,而是原材料、零配件、半成品。

(3)流通加工由商业或物资流通企业完成。生产加工是由生产企业完成的。

(4)流通加工大多是简单加工,是根据需要对商品进行包装、分割、计量、分拣、刷标志、拴标签、组装等简单作业。生产加工则是复杂加工,一般来说,物品往往经过复杂加工才能形成人们所需的商品。

(5)流通加工在于完善商品的使用价值,并在对商品不作大改变情况下提高其价值。生产加工的目的在于创造商品的价值及使用价值。

(三)流通加工在物流中的地位

1.流通加工有效地完善了物流

通过在物品从生产领域向消费领域流动的过程中,对商品进一步地辅助性加工,可以弥补企业生产过程中加工程度的不足,为配送创造更加便利的条件。通过有效加工,不仅维护了产品质量,也更有效地满足用户的需求。

2.流通加工是物流中的重要利润源

流通加工是低投入高产出的加工方式,通过简单加工解决了物流中的大问题,更好地衔接了生产和需求环节,使流通过程更加合理化,提高流通效率。不仅使产品利用率有效提高,而且通过流通加工还可以使商品档次提高,成为物流中的重要利润源。

二、承揽合同

（一）承揽合同的含义与特征

根据《民法典》的规定，承揽合同是承揽人按照定作人的要求完成工作，交付工作成果，定作人支付报酬的合同。其中，按照他方的要求完成一定工作的人是加工承揽人；接受加工承揽人完成的工作成果并按照约定给付报酬的人是定作人。

承揽合同具有以下特征：

（1）承揽合同以完成一定工作为目的。
（2）承揽合同的标的具有特定性。
（3）承揽合同的承揽人在完成工作过程中承担风险。
（4）承揽合同是双务合同。
（5）承揽合同是有偿合同。

（二）承揽合同的主要内容

（1）承揽的标的。
（2）承揽标的的数量和质量。
（3）报酬。
（4）承揽方式。
（5）材料的提供。
（6）履行期限。
（7）验收标准和方法。
（8）其他条款。

（三）承揽合同当事人的权利义务

1.承揽人的义务

1）按照合同的约定完成工作的义务

承揽人按照合同的约定完成工作，是承揽人最基本的义务。一般情况下，承揽人应当以自己的设备、技术和劳动力，亲自完成主要工作。当事人可以约定将承揽工作交由第三人完成。承揽人将其承揽的主要工作交由第三人完成的，应当就该第三人完成的工作成果向定作人负责；未经定作人同意的，定作人可以解除合同。承揽人可以将其承揽的辅助工作交由第三人完成。承揽人将其承揽的辅助工作交由第三人完成的，应当就该第三人完成的工作成果向定作人负责。

2）检验和保管原材料的义务

原材料可以由定作人提供，也可以由承揽人提供。

定作人提供材料的，定作人应当按照约定提供材料。承揽人对定作人提供的材料，应当及时检验，发现不符合约定时，应当及时通知定作人更换、补齐或者采取其他补救措施。承揽人对定作人提供的材料不得擅自更换，不得更换不需要修理的零部件。承揽人应当妥善保管定作人提供的材料以及完成的工作成果，因保管不善造成毁损、灭失的，应当承担损害赔偿责任。

承揽人提供材料的，应当按照约定选用材料，并接受定作人检验。

3）接受定作人必要的监督检验的义务

承揽人在工作期间，应当接受定作人必要的监督检验。但是，定作人不得因此而妨碍承揽人的正常工作。

4）及时通知定作人的义务

在完成承揽工作中，承揽人发现定作人提供的图纸或者技术要求不合理的，应当及时通知定作人。

5）向定作人交付工作成果的义务

承揽人完成工作的，应当向定作人交付工作成果，并提交必要的技术资料和有关质量证明。

6）保守秘密的义务

承揽人应当按照定作人的要求保守秘密，未经定作人许可，不得留存复制品或者技术资料。

2.定作人的义务

1）及时接受完成的工作成果的义务

承揽人的基本义务是及时接受定作人交付的工作成果。定作人应当验收该工作成果，不得无故拒绝受领。如果承揽人交付的工作成果不符合质量要求的，定作人可以要求承揽人承担修理、重作、减少报酬、赔偿损失等违约责任。

2）按照合同的约定支付报酬的义务

定作人应当按照约定的期限支付报酬。对支付报酬的期限没有约定或者约定不明确，依照《民法典》的规定仍不能确定的，定作人应当在承揽人交付工作成果时支付；工作成果部分交付的，定作人应当相应支付。如果定作人没有向承揽人支付报酬或者材料费等价款，承揽人对完成的工作成果享有留置权。

3）按照合同的约定提供原材料、图纸或技术资料的义务

如果合同约定由定作人提供原材料的，定作人应当按照约定提供。对于提供的不符合约定的原材料，定作人应当及时更换、补齐或者采取其他补救措施。

定作人提供的图纸或者技术要求不合理的，并因此造成承揽人损失的，应当赔偿损失。

4）协助承揽人完成加工任务的义务

承揽工作需要定作人协助的，定作人有协助的义务。因为定作人不履行协助义务致使承揽工作不能完成的，承揽人可以催告定作人在合理期限内履行义务，并可以顺延履行期限；定作人逾期不履行的，承揽人可以解除合同。

（四）承揽合同当事人的违约责任

1.承揽人的违约责任

1）修理、重作、减少报酬

承揽人交付的工作成果不符合质量要求的，定作人可以要求承揽人承担修理、重作、减少报酬的责任。

2）损害赔偿责任

以下情况下，承揽人应当赔偿损失：承揽人交付的工作成果不符合质量要求的；承揽人对于定作人提供的材料以及完成的工作成果，因保管不善造成毁损、灭失的。

2.定作人的违约责任

1）更换、补齐或者采取其他补救措施

定作人提供的材料不符合约定的，应当及时更换、补齐或者采取其他补救措施。

2）赔偿损失

以下情况下，定作人应当赔偿损失：定作人提供的图纸或者技术要求不合理，并且因定作人怠于答复等原因造成承揽人损失的；定作人中途变更承揽工作的要求，造成承揽人损失的；定作人因解除承揽合同，造成承揽人损失的。

第二节 物流配送法律制度

配送是物流服务链末端的一个部分，在整个物流过程中，与采购、运输、保管、装卸、流通加工、包装和物流情报一样，是物流的基本功能之一，具有完善物流系统、提高物流效率、改善物流活动水平的作用。现代配送以用户需求为出发点，是社会再生产的必要条件，促进了商品生产与商品零售的发展。因此，建立健全配送法律制度是物流法律制度的重要组成部分。

配送活动应当有法律的规制。我国目前没有单独适用于流通加工的法律，《民法典》适用于配送合同。

一、物流配送的概念、特征和种类

（一）物流配送的概念

根据我国《国家标准物流术语》的规定，配送是指在经济合理区域范围内，根据用户的要求，对物品进行拣选、加工、包装、分割、组配等作业，并按时送达指定地点的物流活动。配送是按用户的订货要求，在物流节点进行分货、配货工作并将配好的货物以最合理的方式送交收货人。配送集装卸、包装、保管、运输于一身，通过这一系列活动完成将货物送达的目的。特殊的配送则还要以加工活动为支撑。

配送作为一种物流活动，在第二次世界大战之后才得以迅速发展起来。随着大吨位、高效率运输力量的出现，干线运输在铁路、海运和公路等各方面都得到了提高，长距离、大批量的运输实现了低成本化。但是干线运输之后的支线运输和末端装卸搬运，由于运力利用不合理、成本过高等问题，成为整个物流过程中的一个薄弱环节。加强对配送活动的有效管理和规制，会有效地解决这个环节存在的问题。

配送作为商流与物流紧密结合的一种形式，既包含商流活动，也包含物流中若干功能要素，它是物流中的一种特殊性、综合性的活动。

（二）物流配送的特征

1.配送是送货、分货、配货等活动的有机结合体

配送是很多活动有机结合的整体，包括对物品的拣选、加工、包装、分割、组配以及按时送达指定地点等活动。其中分拣配货是配送的独特要求，也是配送中最有特点的活动，以送货为目的的运输则是最后实现配送的主要手段。配送不同于一般的送货。

2.配送是短距离的末端运输

相对于长距离的干线运输，配送承担的是支线的、末端的运输，其起止点是物流节点至用户，是面对客户的一种短距离的送货服务。配送将用户的各种需要集中在一起进行一次发货，代替过去的分散发货，可以使用户的一处订货代替过去的多处订货，以一次接货代替过去的频繁接货。人们生活资料需求用品具有品种规格繁多，每次需求量小的特点，使得物流配送模式总体向着多品种、小批量、多批次方向发展。

3.配送是中转型送货

从事配送活动的是专业物流企业，配送采取"中转型"送货，用户需要什么送什么。是按照服务范围内用户的需要，批量购进各种物资，与用户建立比较稳定的供需关系，一般实行计划配送，对少数用户的临时需要，也要进行即时配送服务，用户一次购买活动就可以买到多种商品，简化了交易次数及相应手续。配送要从用户利益出发，按用户要求为用户服务。配送也是实现企业物流战略的重要组成，是提升企业竞争力的经济管理活动。

4.配送是一种专业化的分工方式

配送是专职的，通常表现为专门进行配送服务的配送中心，它包含货运运输、集货、存货等活动。配送要求时效性，强调特定时间、地点完成交付活动。随着越来越多的企业选择了低库存和制造环节外包的战略，配送的时效性将变得越来越重要。这种专业化分工强调合理化。配送追求时间、速度、服务水平、成本、数量的最优化组合，以实现双方共同受益。

5.配送的技术要求高

现代配送的全过程，必须有现代化的技术装备和管理方法作为保证。因此，配送在规模、效益、速度、服务水平方面，都远远超过了以往的送货形式。在配送活动中，采用各种传输设备及识别码等设备，使物流作业像流水线一样工厂化。因此，配送也是技术进步的产物。

此外，配送是分货、配货、送货等活动的有机结合形式，同时，它与订货销售系统也有密切联系，必须依赖物流信息的作用。因此，配送需要信息系统相配合，建立完善的配送系统，成为现代化的配送方式。

6.使企业得以实现低库存或零库存

配送的最高境界是使企业得以实现"零库存"。即由配送企业进行集中库存，取代原来分散在各个企业的库存。也就是社会供应系统既能实现企业内部物资供应业务，又能承担生产企业的外部供应业务。

配送企业以在流通领域中广泛的社会联系和集中调节功能较强的优势，通过"多批次、少批量"的送货，采取即时配送等多种服务形式，保证用户的临时性、偶然性及季节性需求，

从而解脱用户其他各种库存压力，使用户的保险储备库存趋近于零。

（三）物流配送的种类

随着配送的发展，为满足不同产品、不同用户和不同市场环境的要求，形成了不同形式的配送，主要有以下几种分类：

（1）按照配送主体不同可将配送划分为：配送中心的配送、仓库配送、商店配送、生产企业配送。

（2）按照配送品种和数量的不同可将配送划分为：单（少）品种大批量配送、多品种少批量配送、成套配送。

（3）按配送时间和数量不同可将配送划分为：定时配送、定量配送、定时定量配送、定时定路线配送、即时配送。

（4）按经营方式不同可将配送划分为：供应配送、销售配送、销售—供应一体化配送、第三方配送。

二、物流企业在配送活动中的法律地位

不同的物流企业，其参与配送活动的方式不同，因此，其法律地位也不尽相同。

实践中各物流企业参与配送活动的方式大致归纳为以下几种：

（一）与用户签订单纯的配送服务合同

物流企业与用户签订单纯的配送合同，只为用户提供短距离的货物配送服务，包括拣选、配货、包装、加工、组配等全部或部分配送环节。并不提供其他如长距离干线运输等服务。物流企业作为配送人，与用户形成配送服务合同法律关系，双方的权利义务按配送服务合同的约定，适用《民法典》的规定，如储存环节参照有关仓储合同和保管合同的规定；流通加工环节参照有关承揽合同的约定等。

（二）与用户签订单纯的销售配送合同

物流企业与用户签订单纯的销售配送合同，除按用户要求负责集货、配货、送货外，还要负责订货、购货。

（三）为用户提供含配送的综合物流服务

物流企业一般为综合性物流企业，或具有两项（包括配送）以上物流服务功能的物流企业。他们除为用户提供短距离货物配送服务，还会根据用户要求为其提供长距离干线运输或专门的仓储服务。

（四）以用户的身份出现

物流企业一般指没有配送中心和配送设备的综合性物流企业，或虽有配送中心和配送设备，但数量或能力不足的物流企业，这类物流企业与客户签订含有仓储服务的物流服务合同后，由于自身没有或没有足够的配送中心和配送设备，只能将全部或部分配送服务交给拥有配送中心及配送设备的物流企业实际执行。后者物流企业通常是专门提供配送服务的专门配

送中心。

三、配送合同

（一）配送合同的含义与种类

1.配送合同的概念

配送合同是指配送人根据用户需要为用户配送商品，用户支付配送费的合同。用户是配送活动的需求者，配送人是配送活动的提供者。

配送活动需求者的用户，可以是销售合同中的买方，也可以是卖方，或是与买方或卖方签订了综合物流服务合同的物流企业。这类综合物流企业与买方或卖方签订了综合物流服务合同后，由于自身不拥有配送中心，需将配送业务外包给其他具有配送中心的物流企业，因而成为配送的需求者，即用户。

配送活动提供者的配送人，则既可能是销售合同中的卖方，也可能是独立于买卖双方的第三方物流企业。自身不拥有配送中心的综合物流企业，虽然相对与之签订配送合同为其提供配送服务的其他拥有配送中心的物流企业而言，是配送服务的需求者；但相对与之签订综合物流服务合同的买方或卖方而言，则为配送服务的提供者。

配送费是配送人向用户配送商品而取得的对价。根据配送的具体方式不同，配送费可能包括商品价款和配送服务费两个部分。如果配送人为用户提供的是综合性物流服务，配送服务费也可能包含在用户支付的物流服务费中。

2.配送合同是无名合同

配送合同是具有仓储、运输、买卖、加工承揽和委托合同的某些特征的一种无名合同。在我国目前的法律规定中，没有关于配送合同的专门规定，所以配送合同属于一种无名合同。

《民法典》是调整物流配送的最重要、最基本的法律，配送合同可以适用《民法典》之总则的规定，并就相关问题参照《民法典》中的合同编的"通则"及其他最相类似合同的规定，即在不违反法律规定情况下，配送合同双方当事人的权利义务主要依据双方的约定。其中，配送人向用户提供配送服务部分，根据服务的具体内容可分别适用运输合同、承揽合同、仓储合同、保管合同以及委托合同的规定。就销售配送合同来说，关于商品所有权的部分则可以参照买卖合同的规定。

3.配送合同的种类

配送合同包括配送服务合同和配送销售合同。

1）配送服务合同

配送服务合同，是指配送人接收用户的货物，予以保管，并按照用户的要求对货物进行拣选、加工、包装、分割、组配作业后，最后按照用户指定时间、指定地点交付，并由用户方支付服务费的合同。

2）配送销售合同

销售配送合同，是指配送人将物品所有权转移给用户的同时为用户提供配送服务、由用户支付配送费（包括标的物价款和配送服务费）的合同，有以下几种情况。

（1）销售企业与买受人签订的销售配送合同。

在销售配送和销售—供应一体化配送中，销售企业与买受人签订的合同就是销售配送合同，销售企业出于促销目的，在向用户出售商品的同时又向买受人承诺提供配送服务。销售企业为用户提供配送服务的承诺构成了销售合同的一个部分，不存在独立的配送合同。用户作为商品的购买者，双方的权利义务主要依据销售合同约定，这是在销售配送经营形式中普遍采用的方式。

销售企业往往采取多种形式向用户收取配送费，可能在商品款价之外，再收取一定数额的配送服务费，如销售—供应一体化配送形式；也可能只收取商品的价款金额，而不另收取配送服务费，如为促销而进行的一次性配送服务。

（2）物流企业与用户签订的销售配送合同。

在物流企业与用户签订的销售配送合同中，除约定物流企业的配货、送货等流通服务义务之外，还约定物流企业应负责订货、购货，其实质是买卖合同与配送合同紧密结合的有机体。这是一种商流合一的配送服务形式，即物流企业根据用户所需的商品型号、种类、规格、颜色、数量、各部件的要求等信息为用户提供订货、购货（包括原材料、零部件等）、配货、送货等活动。

物流企业向用户收取的配送费中，既包括了因提供配送服务应得到的配送服务费外，还包括因出售商品而应收取的商品价款。

（二）配送合同的主要内容

1.配送服务合同的主要内容

配送服务合同的主要内容一般包括以下条款：

（1）配送人与用户的名称或姓名和住所。

（2）服务目标。

（3）服务区域。双方约定配送人向用户提供运送服务的地理范围。

（4）配送服务项目。双方就配送人提供的服务项目进行明确具体的约定，包括用户所需的由配送人提供配送的商品品种、规格、数量等，还包括用户需配送人提供的具体的配送作业，如具体的加工或包装要求。

（5）服务资格管理。约定配送人为实现配送服务目标应具备的设施、设备，以及相关设施、设备的管理、操作标准等。

（6）交货。包括用户将货物交付给配送人的环节和配送人将货物配送交付给用户或由其指定的其他人这一环节，双方应就交货的方式、时间、地点等进行约定。

（7）检验。货物检验包括两个环节：一是用户将货物交付给配送人时的验收；二是配送人向用户或用户指定人交付货物时的验收。检验条款应规定验收时间、检验标准，以及验收时发现货物残损的处理办法。

（8）配送费及支付。规定配送人服务报酬的计算依据、计算标准及配送费支付的时间和支付方式。

（9）合同期限。

（10）合同变更与终止。约定当事人在合同存续期间变更、终止合同的条件及变更或终止后的处理。

（11）违约责任。
（12）争议解决。

2.配送销售合同的主要内容

销售配送合同是商流合一的合同，其中的关于配送服务部分的条款与配送服务合同基本相同，而关于转移标的物所有权部分的条款与买卖合同相同，通常，销售配送合同主要包括以下条款。

（1）当事人的姓名、地址。
（2）商品名称、品质。
（3）加工。是双方关于配送人对商品进行拣选、组配、包装等方面的约定。
（4）检验。
（5）价格与报酬。约定配送人向用户出售商品的价格和配送服务报酬的计算。双方当事人可将配送费计入商品价格统一计算，也可分别约定。
（6）结算。
（7）合同变更与终止。
（8）违约责任。
（9）争议解决。

（三）配送合同当事人的权利义务

1.配送人在配送服务合同中的权利义务

1）配送人在配送服务合同中的权利

（1）要求用户支付配送费的权利。物流企业订立配送合同的目的是获取配送费，配送服务合同是有偿合同，物流企业通过提供配送服务而获得收入，有权要求用户支付配送费。这是物流企业的最主要的权利。

（2）要求用户按约定提供配送货物的权利。配送服务合同是商物分离的合同，需物流企业配送的原始货物（如零部件等）都要由用户提供，物流企业有权要求用户按约定提供原始货物，否则由用户原因导致物流企业不能按时完成配送任务，物流企业无须承担责任。

（3）要求用户及时接收货物的权利。物流企业按合同约定，将货物送达用户指定地点时，有权要求用户指定相关人员及时接收货物，办理货物交接。如用户迟延接收货物造成物流企业损失的，应由用户方赔偿其损失。

（4）要求用户协助的权利。物流企业按约定履行义务，离不开用户的协助。为保证配送服务的顺利完成，用户应向物流企业提供有关配送业务的单据文件。主要内容如下：

有关货物的资料。如品名、型号、数量等。如涉及危险品的配送，用户应将有关危险品的正式名称、性质及应当采取的预防措施以书面形式通知物流企业。用户如违反了此项义务而造成物流企业损失的，应承担赔偿责任。

与货物交接有关的详细资料。如送货时间、送货地址、联系电话、联系人等。用户应指派专人负责与物流企业接洽、协调配送过程中的相关事宜，以便双方更好地合作。

2）配送人在配送服务合同中的义务

（1）安全并及时供应的义务。安全性和准时性是物流企业的首要义务。配送的目的是提高用户的供应保证能力，用最低的成本降低供应不及时的风险，减少由此造成的生产损失或对下家承担的违约责任。

物流企业应做到具有良好的货物分拣、管理系统。在用户指令下达以后，在最短时间内备齐相关物品；良好的运送系统，指的是车辆、运输人员、装车作业、运送路线等各方面。

（2）按约定理货的义务。物流企业应根据用户所要求的色彩、形状、大小、包装组合等外部要求来组配物品，否则给用户造成的损失应由物流企业承担责任。

（3）妥善保管的义务。保管虽不是配送服务的目标，但却是配送活动的重要环节。物流企业从接收货物的那一刻起，直至交付货物的全过程，应合理、谨慎、妥善地保护、管理货物，以保证货物的数量和质量。除合同另有约定外，物流企业应对其占有货物期间所产生的货损、货差承担责任。

（4）告知义务。物流企业在履行合同过程中，应将所履行的情况、可能影响用户利益的事件等及时、如实地告知用户，以便采取合理措施防止或减少损失的发生，否则，物流企业应承担相应的责任。如，物流企业在接收货物时，应仔细核对货物与清单是否相符，检查货物是否完好无损，如发现货物出现包装破损、短量、变质等情况，应及时告知用户。如果物流企业在合理时间内未及时告知用户，则视为物流企业接收的货物完好，与合同约定一致。

2. 配送人在配送销售合同中的权利义务

1）配送人在配送销售合同中的权利

（1）要求用户支付配送费的权利。这是物流企业在配送销售合同中的最基本的权利。物流企业在配送销售合同法律关系中有权向用户收取的配送费，包括货物的价格和配送服务费。

（2）要求用户及时受领货物的权利。

（3）要求用户协助的权利。

2）配送人在配送销售合同中的义务

（1）及时提供符合合同约定货物的义务。物流企业要按要求组配货物，使其物理形态满足用户需要，还应当保证商品内在质量符合约定。与一般销售合同不同的是，配送销售合同对交付货物的时间性要求较高，因此，物流企业除了在配送环节应安排好相关事务外，在组织货源环节上也应充分考虑时间性，物流企业违反此项义务，应向用户承担替换货物、退货、减价、赔偿损失等买卖合同中的责任。

（2）转移货物所有权的义务。在配送销售合同中，物流企业除向用户提供配送服务，还要将货物的所有权由己方转移给用户，实现货物所有权的转移，并向用户提交有关单证，如发票、检验证书等。

（3）告知的义务。物流企业在履行配送销售合同过程中，应将履行情况以及可能影响用户利益的事件等情况及时、如实地告知用户，以便采取合理的措施防止或减少损失的发生，否则，物流企业应承担相应的责任。

第三节 快递服务法律制度

快递服务是随着全球经济的快速发展和市场竞争的日益加剧，邮政普遍服务和货运服务方式无法满足企业快递商业文件和样品需求，以及随着人们生活方式的改变，网络购物成为人们越来越重要的一种购物方式的趋势下产生的。

快递服务快速发展的同时，与快递相关的法律制度也亟待加强。2009年4月24日通过、2009年10月1日起施行的中华人民共和国第十一届全国人民代表大会常务委员会第八次会议修订后的《邮政法》将快递服务业正式纳入邮政业，确立了快递服务的法律地位。目前与快递服务业直接相关的法律、法规有《邮政法》《民法典》《交通运输法》《快递市场管理办法》《快递暂行条例》（国务院2018年2月7日通过，自2018年5月1日起施行）以及其他工商、税务、相关法律法规。

一、快递服务概述

（一）快递服务的概念

根据我国2007年9月12日发布、2008年1月1日起实施的《快递服务》邮政行业标准的规定，快递服务是快速收寄、分拣、运输、投递单独封装的、有名址的快件或其他不需储存的物品，按承诺时限递送到收件人或指定地点，并获得签收的寄递活动。其中，快件是指快递服务组织依法收寄并封装完好的信件和包裹等寄递物品的统称。交通运输部2008年7月12日施行的《快递市场管理办法》规定，快递是指快速收寄、分发、运输、投递单独封装、具有名址的信件和包裹等物品，以及其他不需储存的物品，按照承诺时限递送到收件人或指定地点，并获得签收的快递服务。快递服务属于邮政业。

快递服务与邮政业基本寄递服务的性质相同，行业属性相同，都是邮政业为经济社会所提供的寄递服务的重要组成部分。快递服务适应了经济社会对寄递服务更方便、快速的要求，体现了邮政业的核心价值。和传统的邮政服务相比，快递服务具有以下特点：

1. 对时限要求高

快递服务最大的特点就是快速，快速是快递服务的灵魂。使用快递服务的客户，往往把对时限的要求放在首位。为此，快递服务提供商应重视对快递服务的首要需求。

2. 服务更加便利

客户要求快递服务便捷，快递服务提供商通过提供"门到门""桌到桌"的便利服务，一方面让客户体会到快递服务与基本寄递的不同，另一方面也可以通过提供上门服务，尽早使快件进入快递网络，从而节约快件的传递时限。

3. 高效的网络组织和完善的网络覆盖

为加快快件的传递速度，提供快递服务的企业一般网络资源完善而且高效运转，网络覆盖范围能够涵盖客户业务所要求的每一个区域，使快递服务网络具有相当强的整合能力。其网络一般与经济发达区域紧密相连，提供"门到门""桌到桌"的直送直达服务。

4.全程监控和实时查询

对于快递服务，客户在时限、安全、可靠、便利、跟踪查询等方面较其他递送服务有着更高的要求。快件在整个运输过程中都处于信息化网络的监控之下，对快件传递的每一个环节都可进行实时查询，并能够迅速给予准确回复。

（二）快递的分类

1.按寄达范围划分，快递服务可以分为以下几种

（1）国内快递。国内快递是指寄件人和收件人在中华人民共和国境内的快递服务。

（2）省内快递。省内快递是指寄件人和收件人在中华人民共和国境内同一省份、自治区、直辖市内的快递服务。

（3）同城快递。同城快递是指寄件人和收件人在中华人民共和国境内同一城市行政区划内的快递服务。

（4）省内异地快递。省内异地快递是指寄件人和收件人分别在中华人民共和国境内同一省份、自治区中不同地区的快递服务。

（5）跨省快递。跨省快递是指寄件人和收件人分别在中华人民共和国境内不同省份、自治区、直辖市的快递服务。

（6）国际快递。国际快递是指寄件人和收件人分别在中华人民共和国境内和其他国家或地区（我国香港、澳门、台湾地区除外）的快递服务，以及其他国家或地区（我国香港、澳门、台湾地区除外）间用户相互寄递但通过中国境内经转的快递服务。分为：①国际进境快递。国际进境快递是指收件人在中华人民共和国境内，寄件人在其他国家或地区（我国香港、澳门、台湾地区除外）的快递服务。②国际出境快递。国际出境快递是指寄件人在中华人民共和国境内，收件人在其他国家或地区（我国香港、澳门、台湾地区除外）的快递服务。

（7）我国香港、澳门、台湾地区快递。我国香港、澳门、台湾、快递是指寄件人和收件人分别在中华人民共和国境内和我国香港、澳门、台湾地区的快递服务。

2.按照快件的内件性质分类，可以分为以下两种

1）信件类

信件类主要包括信函，即以套封形式按照名址递送给特定个人或者单位的缄封的信息载体，如书信、各类文件、各类单据和证件、各类通知以及有价证券等。快递企业经营邮政企业专营业务范围以外的信件快递业务，应当在信件封套的显著位置标信件字样，不得将信件打包后作为包裹寄递。

2）物品类

物品类是指所有适于寄递的货样、商品、馈赠礼品以及其他物品。

（三）快递服务的法律特征

考虑到快递服务的时效性、网络性和便利性等基本特征，快递具有以下法律特征。

1.法律关系动态运行过程快速

鉴于快递服务是指快递收寄、运输、投递单独封装的、有名址的快件或其他不需要储存的物品，按照承诺时限送达收件人或指定地点，并获得签收的寄递服务。快递服务的主要特征就是快捷、迅速。按照《快递服务》邮政行业标准的要求，快递服务时限，是指快递服务组织从收寄开始，到第一次投递的时间间隔。除了与顾客有特殊约定（如偏远地区）外，服务时限应满足同城快递服务时限不超过24小时，国内异地快递服务时限不超过72小时。由此，当事人之间法律关系的产生到法律关系的终止就在短短的24小时和72小时之内完成。

2.参与法律关系的主体众多

一般来说，完善的运输配送网络是经营快递服务的基础，也是快递企业经营实力的重要体现。快递的网络性具体表现在两个方面：第一，快递服务要依靠实物运输网络。实物运输网络又细分为干线运输网络和"最后一公里"的收寄配送网络。快递服务要依靠各种交通工具，包括飞机、火车、船舶、汽车、摩托车、电动自行车等组成物流运输网络，并整合成覆盖范围宽广、灵活的立体交叉运输网络。在网络发生局部拥塞或局部运输能力不足的情况下，要能够实现不同层次网络和不同运输线路之间的合理调度和优化使用，以充分发挥网络的运输能力。第二，快递服务覆盖地域范围广泛，需要分散在不同地域的企业进行合作，组成完整的合作生产运作网络。

3.法律纠纷数量多且标的额小

由于快递服务的快速，其准确性受到复杂的快递服务网络的影响，法律纠纷时有发生。常见的快递服务法律纠纷有快件延误、快件丢失、快件损毁。快递服务中发生的法律纠纷通常标的额小，考虑到寻求司法救助的成本过高，消费者往往选择向国家邮政局、消费者协会进行申诉。快速、低成本解决快递服务法律纠纷也是立法和司法实践亟待解决的问题。

二、快递服务合同

快递服务合同是投递人与快递服务提供者之间订立的关于快递服务活动中双方的权利和义务关系的协议。由于快递服务活动要求快捷、方便、时效性强，当事人之间一般使用由投递人填写快递服务企业委派的快递从业人员提供的快递运单。快递运单为快递服务提供者事先单方面订好的、统一印刷的合同，投递人只需填写相关信息，是一种服务格式合同，其当事人是投递人和快递服务提供商。

《快递暂行条例》第二十一条规定，经营快递业务的企业在寄件人填写快递运单前，应当提醒其阅读快递服务合同条款、遵守禁止寄递和限制寄递物品的有关规定，告知相关保价规则和保险服务项目。寄件人交寄贵重物品的，应当事先声明；经营快递业务的企业可以要求寄件人对贵重物品予以保价。

《快递暂行条例》第二十二条规定，寄件人交寄快件，应当如实提供以下事项：①寄件人姓名、地址、联系电话；②收件人姓名（名称）、地址、联系电话；③寄递物品的名称、性质、数量。除信件和已签订安全协议用户交寄的快件外，经营快递业务的企业收寄快件，应当对寄件人身份进行查验，并登记身份信息，但不得在快递运单上记录除姓名（名称）、地址、联系电话以外的用户身份信息。寄件人拒绝提供身份信息或者提供身份信息不实的，经营快递业务的企业不得收寄。

快递运单的格式条款应符合法律规定，体现公平、公正的原则，文字表述应真实、简洁、易懂。其内容应包括：

（1）寄件人信息，主要包括：寄件人的名称、单位、地址、联系电话。

（2）收件人信息，主要包括：收件人的名称、单位、地址、联系电话。

（3）快递服务组织信息，主要包括：名称、标识、联系电话。联系电话应稳定、有效，在发生变更时应及时通知有关消费者。

（4）快件信息，主要包括：品名、数量和重量、价值、封装形式。

（5）费用信息，主要包括：计费项目及金额、付款方式、是否保价（保险）及保价（保险）金额。

（6）时限信息，主要包括：收寄时间和投递时间。

（7）约定信息，主要包括：双方约定事项，包括产生争议后处理途径以及寄件人对快递运单信息的确认。

（8）背书信息，主要包括：查询方式与期限；顾客和快递服务组织双方权利与责任；顾客和快递服务组织产生争议后的解决途径：顾客可与快递服务组织协商、向消费者权益保护组织投诉、向行政部门申诉、向仲裁机构申请仲裁、向人民法院起诉等方式；赔偿的有关规定。

三、快递服务中快递企业及用户的权利和义务

（一）快递服务提供者的权利和义务

1. 权利

1）快件的验视权

《邮政法》规定，用户交寄除信件以外的其他邮件（含快件），应当交邮政企业、快递企业或者其分支机构当面验视内件，拒绝验视的，不予收寄。《快递服务》系列国家标准（于2012年5月1日起正式实施）也做了相同规定，即对用户交寄的包裹和印刷品，快递服务组织收寄时应当场验视内件，用户拒绝验视的，可不予收寄。对收寄验视制度落实不到位的企业，必须依法严肃处理，情节严重的，责令停业整顿，直至依法吊销快递经营许可证。

2018年3月通过的《快递暂行条例》第三十三条规定，"经营快递业务的企业发现寄件人交寄禁止寄递物品的，应当拒绝收寄；发现已经收寄的快件中有疑似禁止寄递物品的，应当立即停止分拣、运输、投递。对快件中依法应当没收、销毁或者可能涉及违法犯罪的物品，经营快递业务的企业应当立即向有关部门报告并配合调查处理；对其他禁止寄递物品以及限制寄递物品，经营快递业务的企业应当按照法律、行政法规或者国务院和国务院有关主管部门的规定处理。"

2）收取快递服务费的权利

快递企业提供了快递服务，有权按照规定收取合理的快递服务费。

2.义务

1）保障用户的通信自由与通信秘密

公民的通信自由和通信秘密受法律保护是我国《宪法》规定的公民的基本权利。《邮政法》对保护公民通信自由与通信秘密做了更加具体的规定。

（1）除法律另有规定外，任何组织或者个人不得检查、扣留邮件、快件和汇款。

（2）任何单位和个人不得私自开拆、隐匿、毁弃他人邮件、快件。

（3）因国家安全或追查刑事犯罪的需要，公安机关、国家安全机关或者检察机关可以依法检查、扣留有关邮件、快件，并可以要求邮政企业、快递企业提供相关用户使用邮政服务、快递服务的信息，邮政企业、快递企业和有关单位应当配合，并对有关情况予以保密。

（4）除法律另有规定外，邮政企业及其从业人员、快递企业及其从业人员不得向任何单位或者个人泄漏用户使用邮政服务、快递服务的信息。

2）提供迅速、准确、安全、方便的快递服务

快递服务提供者应当确保快件的安全和时限，保证在快件传递的过程中没有发生丢失、损毁、短少或者失密等情形，并在承诺的时限内送达。

（1）快递服务提供者应当按照规定或承诺的时限寄递、投交快件，保证快件的安全。

（2）快递服务提供者应当认真处理用户申诉、投诉，及时、妥善处理用户对服务质量提出的异议。

（3）快递服务提供者采用格式合同确定其与用户的权利义务关系的，应当采用规范的格式条款，适用《民法典》关于合同格式条款的规定。采用格式条款订立合同的，提供格式条款的一方应遵循公平原则确定当事人之间的权利和义务，并采取合理的方式提请对方注意免除或者限制其责任条款，按照对方的要求，对该条款予以说明。

（二）用户的权利和义务

1.权利

1）验收权

《快递暂行条例》规定，经营快递业务的企业应当将快件投递到约定的收件地址、收件人或者收件人指定的代收人，并告知收件人或者代收人当面验收。收件人或者代收人有权当面验收。

2）查询权和求偿权

《邮政法》规定，用户对交寄的快件，可以在交寄之日起1年内进行查询，邮政企业及其分支机构应当在国务院邮政管理部门规定的期限内将查询结果通知查询人。查复期满无结果的，对于非法定免责事由的邮件、快件的丢失损毁可以申请邮政企业、快递企业赔偿。邮政企业、快递企业应当先予以赔偿或采取补救措施，如果用户自交寄快件之日起满1年未查询又未提出赔偿要求的，则丧失求偿权。

3）知情权

用户与邮政企业、快递企业就快件损失赔偿的争议，有不少是用户事前对快件的损失限额赔偿和保价快件与非保价快件的区别不了解造成的。几乎所有快递公司的快递合同背面都印有有关物品保价的条款，但快递公司工作人员在收件时往往并没有提醒消费者可以保价，

更未将快递保价条款对消费者进行告知和解释,未充分履行应尽的告知义务,若快件丢失,快递公司也负主要责任。

2.义务

1)遵守禁寄限寄物品的规定

《邮政法》规定,用户交寄邮件必须遵守国务院有关主管部门关于禁止寄递物品和限制寄递物品的规定。用户不得寄递或者在邮件、快件内夹带下列物品:法律禁止流通或寄递的物品;反动报刊书籍、宣传品或者淫秽物品;爆炸性、易燃性、腐蚀性、放射性、毒害等危险物品;妨害公共卫生的物品;容易腐烂的物品;各种活的动物;各种货币;不适合寄递的物品;包装不妥,可能危害人身安全、污染或者损毁其他邮件、快件、设备的物品。

用户违反禁寄限寄物品的规定,邮政企业、快递企业可以分别作出如下处理:不予寄递;通知寄件人限期领回,逾期不领的就地处理;移送相关部门依法处理;造成危害人身安全或者污染损毁其他邮件、快件、设备的,由寄件人承担赔偿责任。

2)写收件人姓名、地址

用户交寄的邮件、快件应当符合法律规定,准确、清楚地填写收件人姓名、地址等。

3)支付快递费

用户交寄邮件、快件应当承担支付快递费的义务。

四、快递服务中的索赔

《快递暂行条例》规定,用户的合法权益因快件延误、丢失、损毁或者内件短少而受到损害的,用户可以要求该商标、字号或者快递运单所属企业赔偿,也可以要求实际提供快递服务的企业赔偿。

(一)赔付对象

快件赔付的对象应为寄件人或寄件人指定的受益人。

(二)索赔因素

索赔因素主要包括快件延误、丢失、损毁和内件不符。

(1)快件延误,是指快件的投递时间超出快递服务组织承诺的服务时限,但尚未超出彻底延误时限。彻底延误时限是指从快递服务组织承诺的服务时限到达之时算起,到顾客可以将快件视为丢失的时间间隔。根据快递服务的类型,彻底延误时限应主要包括:同城快件为3个日历天;国内异地快件为7个日历天(我国港澳地区快件为7个日历天,我国台湾地区快件为10个日历天);国际快件为10个日历天。

(2)快件丢失,是指快递服务组织在彻底延误时限到达时仍未能投递快件,与顾客有特殊约定的情况除外。

(3)快件损毁,是指快递服务组织寄递快件时,由于快件封装不完整等原因,致使快件失去部分价值或全部价值。与顾客有特殊约定的情况除外。

(4)内件不符,是指内件的品名、数量和重量与快递运单不符。

（三）快递服务提供者的免责事由

有下列情形之一的，快递服务提供者可不负赔偿责任：
（1）由于用户的责任或者所寄物品本身的原因造成快件损失的；
（2）由于不可抗力的原因造成损失的（保价快件除外）；
（3）用户自交寄快件之日起满一年未查询又未提出赔偿要求的。

（四）赔偿原则

快递服务提供者与用户之间有约定的应从约定，没有约定的可按以下原则执行。

1.快件延误的赔偿

延误的赔偿应为免除本次服务费用（不含保价等附加费用）。由于延误导致内件直接价值丧失，应按照快件丢失或损毁进行赔偿。

2.快件丢失的赔偿

快件发生丢失时，免除本次服务费用（不含保价等附加费用）。

购买保价（保险）的快件，快递服务提供者按照被保价（保险）金额进行赔偿；对于没有购买保价（保险）的快件，按照邮政法、邮政法实施细则及相关规定办理。《快递暂行条例》规定，快件延误、丢失、损毁或者内件短少的，对保价的快件，应当按照经营快递业务的企业与寄件人约定的保价规则确定赔偿责任；对未保价的快件，依照民事法律的有关规定确定赔偿责任。

3.快件损毁的赔偿

完全损毁，指快件价值完全丧失，参照快件丢失赔偿的规定执行；

部分损毁，指快件价值部分丧失，依据快件丧失价值占总价值的比例，按照快件丢失赔偿额度的相同比例进行赔偿。

4.内件不符的赔偿

内件不符赔偿应主要包括：①内件品名与寄件人填写品名不符，按照完全损毁赔偿；②内件品名相同，数量和重量不符，按照部分损毁赔偿。

五、快递业管理的相关规定

（一）快递业务经营许可的条件

我国 2009 年修订的《邮政法》专门设立"快递业务"一章，其中规定了"经营快递业务，应当依照本法规定取得快递业务经营许可；未经许可，任何单位和个人不得经营快递业务"。2018 年 3 月通过的《快递暂行条例》第十七条规定，"经营快递业务，应当依法取得快递业务经营许可。邮政管理部门应当根据《中华人民共和国邮政法》第五十二条、第五十三条规定的条件和程序核定经营许可的业务范围和地域范围，向社会公布取得快递业务经营许可的企业名单，并及时更新"。

1. 申请快递业务经营许可应当具备的条件

（1）符合企业法人条件。

（2）在省、自治区、直辖市范围内经营的，注册资本不低于人民币 50 万元，跨省、自治区、直辖市经营的，注册资本不低于人民币 100 万元，经营国际快递业务的，注册资本不低于人民币 200 万元。

（3）有与申请经营的地域范围相适应的服务能力。

（4）有严格的服务质量管理制度，包括服务承诺、服务项目、服务价格、服务地域、赔偿办法、投诉受理办法等；有完备的业务操作规范，包括收寄验视、分拨运输、派送投递、业务查询等制度。

（5）有健全的安全保障制度和措施，包括符合国家标准的各项安全措施，保障收寄、运输、投递安全，快递服务人员、用户人身安全，以及用户信息安全等制度，有专人负责安全管理工作，开办代收货款业务的，应当以自营方式提供代收货款服务，具备完善的风险控制措施和资金结算系统，并明确与委托方和收件人之间的权利、义务。

（6）法律、行政法规规定的其他条件。

2. 在省、自治区、直辖市范围内经营快递业务的企业应当具备的服务能力

（1）具备在省、自治区、直辖市范围内经营快递业务的网络和运递能力。

（2）经营同城快递业务的，须提供寄递快件（邮件）的电话查询服务，经营省内异地快递业务的，除提供上述电话查询服务外，还应当有提供寄递快件（邮件）跟踪查询的信息网络。

（3）有符合《快递业务员国家职业技能标准》规定条件并通过鉴定考试、持有证书的快递业务员。经营同城快递业务的，快递业务员中持有初级以上快递业务员国家职业资格证书的不低于 30%。经营省内异地快递业务的，快递业务员中持有初级以上快递业务员国家职业资格证书的不低于 40%。

3. 跨省、自治区、直辖市范围内经营快递业务的企业应当具备的服务能力

（1）具备与申请经营地域范围相适应的网络和运递能力。

（2）有封闭的、面积适宜的快件（邮件）处理场所，符合国务院邮政管理部门及国家安全机关依法履行职责的要求，并配备相应的处理设备、监控设备和消防设施。面积适宜的快件（邮件）处理场所，是指处理场所面积能够满足企业分拣、封发快件（邮件）的需要。

（3）有统一的计算机管理系统，有可提供寄递快件（邮件）跟踪查询的信息网络，并配置符合规定的数据接口，能够根据要求向邮政管理部门提供寄递快件（邮件）的有关数据。

（4）有符合《快递业务员国家职业技能标准》规定条件并通过鉴定考试，持有证书的快递业务员。企业及其各分支机构快递业务员中持有初级以上快递业务员国家职业资格证书的不低于 40%。

（二）快递业务经营许可的申请与审批

快递业务经营许可的申请分为三类，分别是：在省、自治区、直辖市范围内经营的，跨省、自治区、直辖市经营的，以及经营国际快递业务的。所谓在省、自治区、直辖市范围内经营，或者跨省、自治区、直辖市经营，是指快递经营的活动范围，即申请企业的网络覆盖范围。申请企业的网络覆盖范围在两个省（含两个省）以上的，即为跨省经营，适用跨省经营的申请条件和程序。

1.快递业务经营许可的申请

申请快递业务经营许可，在省、自治区、直辖市范围内经营的，应当向所在地的省、自治区、直辖市邮政管理机构提出申请，跨省、自治区、直辖市经营或者经营国际快递业务的，应当向国务院邮政管理部门提出申请；申请时应当提交申请书和有关申请材料。

申请快递业务经营许可，应当向邮政管理部门提交的材料有：①快递业务经营许可申请书；②工商行政管理部门出具的企业名称预核准通知书，或者企业法人营业执照；③验资报告、场地使用证明以及《快递业务经营许可管理办法》规定条件的相关材料；④法律、行政法规规定的其他材料。

2.快递业务经营许可的审批

受理申请的邮政管理部门应当自受理申请之日起45日内进行审查，作出批准或者不予批准的决定。予以批准的，颁发快递业务经营许可证；不予批准的，书面通知申请人并说明理由。申请人凭快递业务经营许可证向工商行政管理部门依法办理登记后，才可经营快递业务。

快递服务组织及其分支机构的人员总和应不低于15人。快递服务组织的岗位应根据快递作业组织和生产环节科学合理地进行设置，生产人员应符合相应的资格条件，取得相应的国家职业资格证书，持证上岗。

（三）快递服务活动的法律规定

快递服务企业应当提供"迅速、准确、安全、方便"的快递服务，保护用户合法权益。快递企业与用户以书面形式签订合同时，其格式合同条款应当做到公平合理、准确全面，并向省级邮政管理部门备案，并且不得私自开拆、隐匿、毁弃、扣留、倒卖、盗窃快件，不得违法泄露在从事快递服务过程中知悉的用户信息，不得以任何理由侵犯他人的通信自由和通信秘密。

快递企业应当在营业场所公示或以其他方式向社会公布其服务种类、服务价格、营业时间、运递时限等服务承诺，并在规定时间内向省级邮政管理部门备案。

1.收寄

快递企业应当提供电话、互联网等多种方式接收寄件人的寄件要求。接单时，客服人员应当记录寄件人姓名、取件地址、联系方式、快递种类、快件品名、快件寄达地等相关信息，并和寄件人约定取件时间。快递企业应当提示寄件人如实填写快递运单，并且应当把快递运单牢固粘贴在快件外包装上，保持其完整性。

快件封装时，应当使用符合国家标准和行业标准的快递封装用品，并且应当在提供服务前告知寄件人收费依据、标准或服务费用。

快递企业接受网络购物、电视购物和邮购等经营者委托提供快递服务的，应当与委托方签订安全保障协议，并报省级邮政管理部门备案。快递企业从事代收货款业务的，应当遵守国家邮政管理部门的规定。

快递企业应当建立并执行严格的快件收寄验视制度。对寄件人交寄的信件，必要时快递企业可要求寄件人开拆，进行验视，但不得检查信件内容。寄件人拒绝开拆的，快递企业不予收寄。对信件以外的快件，快递企业收寄时应当场验视内件，检查是否属于国家禁止或限制寄递的物品。寄件人拒绝验视的，不予收寄。

快递企业在收寄相关物品时，依照国家规定需要寄件人出具书面证明的，应当要求寄件人出示证明原件，核对无误后，方可收寄。经验视，快递企业仍不能确定安全性的存疑物品，应当要求寄件人出具身份证明及相关部门的物品安全证明，核对无误后，方可收寄。收寄已出具相关证明的物品时，应当以纸质或电子文档形式如实记录收寄物品的名称、规格、数量、收寄时间、寄件人和收件人名址等信息，记录保存期限应当不少于1年。

2.分拣

快递企业在进行快件的分拣时，应当在符合规定条件的快件处理场所进行，并加强对分拣场地的管理，严禁无关人员进出场地，严格执行通信保密规定，实行封闭式作业，禁止从业人员私拆、隐匿、毁弃、窃取快件，确保快件的安全。

对快件的分拣作业应当在视频监控之下进行。在分拣过程中,快递企业发现问题快件的，应当及时做好记录并妥善处理；对破损快件应当在确认重量与快递运单书写信息无误后进行加固处理。快递企业在分拣中发现禁寄物品的，应当立即停止寄递，对各种反动报刊、书籍、淫秽物品、毒品及其他危险品，应当及时通知国家有关部门处理，并及时报告当地邮政管理部门。

3.运输

快递企业应当对快件运输进行统一规划和调度，制定科学的路由，并严格执行，确保快件快速运输，防止积压和滞留。在快件运输的装载和卸载的环节，工作人员应当对快件轻拿轻放，不得对快件进行猛拉、拖拽、抛扔等破坏性动作，确保快件不受损坏。要核对快件数量，如发现异常快件，及时记录，并注明处理情况。

4.投递

快递企业应当对快件提供至少2次免费投递。每日15时以前到达投递网点的快件，宜在当日完成首次投递；每日15时以后到达投递网点的快件，宜在次日12时以前完成首次投递。在对快件的验收过程中，若发现快件损坏等异常情况，收派员应当在快递运单上注明情况，并由收件人（代收人）和收派员共同签字；收件人（代收人）拒绝签字的，收派员应当予以注明。如果联系不到收件人，或者收件人拒收快件，快递企业应当在彻底延误时限到达之前联系寄件人，协商处理办法和有关费用。

对于未投递的快件，应当妥善放置，严禁委托他人投递和保管快件。

5.信息管理

快递企业应当加强快件寄递过程中业务信息的规范管理，对各生产环节、场地部位的快件处理应当进行信息记录。在信息记录的过程中，要及时完整地采集信息，满足信息存储和查询的需要。快递企业应当提供覆盖服务范围的快件即时查询服务。相关信息记录的电子档案保存期限不应少于2年。

（四）对快递市场的监督管理

《快递暂行条例》第五条规定，国务院邮政管理部门负责对全国快递业实施监督管理。国务院公安、国家安全、海关、工商行政管理、出入境检验检疫等有关部门在各自职责范围内负责相关的快递监督管理工作。省、自治区、直辖市邮政管理机构和按照国务院规定设立的省级以下邮政管理机构负责对本辖区的快递业实施监督管理。县级以上地方人民政府有关部门在各自职责范围内负责相关的快递监督管理工作。

为便于邮政管理部门获取相关信息，快递企业应当在领取营业执照之日起20个工作日内到邮政管理部门办理备案手续。快递企业的备案情况发生变更的，应当在变更发生之日起20个工作日内，向原备案机关变更备案。

邮政管理部门应当履行对快递企业及其从业人员监督检查的职责。在监督检查中，邮政管理部门可以采取下列措施：①进入有关场所进行检查；②向有关单位和人员了解情况；③查阅、复制有关文件、资料、凭证；④发现违禁品进行登记保存，移交有关部门处理；⑤对检查中发现的违法行为，依法进行处理。对重大违法行为，建议有关部门依法对其进行停业整顿，直至取消经营资格。

邮政管理部门工作人员应当严格按照法律规定的职权与法定程序进行监督检查。实施监督检查时，应当出示执法证件，并由2名或2名以上工作人员共同进行。被检查单位及其有关人员应当予以配合，不得拒绝、阻碍。

邮政管理部门工作人员对监督检查过程中知悉的被检查单位的技术秘密和业务秘密，应当保密。

小结

流通加工是指物品在从生产地到使用地的过程中，根据需要施加包装、分割、计量、分拣、刷标志、拴标签、组装等简单作业的总称。流通加工是流通过程中的加工活动，是现代物流体系中的重要组成部分。我国《民法典》中关于承揽合同的规定，适用于流通加工活动。

物流配送是物流服务链末端的一个部分，具有完善物流系统、提高物流效率、改善物流活动水平的作用。我国《民法典》的规定适用于配送合同。配送合同当事人应当依据相应的法律规定签订合同，确定权利义务关系。

快递服务是越来越重要的一种货物递送服务方式，属于邮政业务，在没有单独快递法律之前，快递服务应当遵守《邮政法》《民法典》《快递市场管理办法》《快递暂行条例》等相关规定，快递企业应提供准确、安全、方便、快捷的快递服务，保障用户的权利。

案例分析与思考（案例一）

【案件基本信息】

案件名称：快递合同保价条款的效力认定——郭某诉某货运公司、某物流公司公路货物运输合同案。

（1）裁判书字号：北京市第三中级人民法院（2019）京03民终16633号民事判决书。

（2）案由：公路货物运输合同纠纷。

（3）当事人：

原告（上诉人）：郭某。
被告（被上诉人）：某货运公司、某物流公司。

【案情介绍】

2018年12月18日，郭某自西安市委托某货运公司运送52件家具至北京市，保价声明价值5 000元，运费为13 714元。郭某在托运人处签名确认。

该运单背面印制的某物流公司契约条款，以加粗字体载明赔偿规则为："（1）托运人未保价，则在对应总费用的5倍以内赔偿托运货物的实际损失，最高不超过货物的实际损失。（2）托运人已保价，实际价值大于或等于声明价值时，货物全部毁损或灭失，按照保价声明价值予以赔偿；若货物部分毁损或内件缺少，则按照声明价值和损失的比例赔偿。实际价值小于声明价值时，货物全部毁损、灭失，按照实际价值赔偿；货物部分毁损、灭失时，则按照实际损失赔偿。"

2018年12月26日，涉案家具运至北京后发现在运输途中被损坏，郭某与某货运公司确认共计损坏10件家具，郭某提交了商家对损坏家具询价的报价单，报价单载明金额合计为152 740元。郭某称系某货运公司工作人员要求其填写的保价声明价值5 000元，并告知郭某最高保价5 000元。

【案件焦点】

（1）某货运公司是否尽到提示说明义务；
（2）某货运公司是否应承担保价范围外的赔偿责任。

【法院裁判要旨】

北京市朝阳区人民法院经审理认为：郭某与某货运公司之间成立货物运输合同关系，涉案货物在某货运公司运输过程中发生磕碰，导致托运货物部分损坏，某货运公司应依约承担赔偿责任。关于赔偿金额，当事人有约定的，应按照其约定。托运单背后约定了保价条款，并以加粗字体提请郭某予以注意，托运单上"保价声明价值"处填写了5 000元，郭某在托运单上签字予以确认，故上述保价条款应为合法有效。考虑到本案毁损货物为部分家具中的部分损坏，难以确认损失比例，故法院对于赔偿数额予以酌定。

北京市朝阳区人民法院作出如下判决：
一、某货运公司于判决生效后十日内赔偿郭某损失4 000元；
二、驳回郭某的其他诉讼请求。

郭某不服一审判决，提起上诉。北京市第三中级人民法院经审理认为：货物运输合同中对保价货物的毁损、灭失按保价金额赔偿的相关内容应视为限制责任格式条款，托运人保价的目的在于保证货物在运输过程中受损时能得到比未保价更高的补偿，以分担货物受损的风险，但郭某对货物保价的声明价值远低于货物的运输费用，一旦货物受损，按照保价条款获取的赔偿远低于在未保价情况下货物受损所获得的赔偿。郭某作为托运人，作此选择，明显不合常理。某货运公司虽在运单背面以加粗字体印制某物流公司契约条款中的赔偿条款，但在其未提供其他证据予以佐证的情况下，不能证明其尽到了提示说明义务。格式条款的适用应当建立在对合同双方权利义务公平划分的基础之上，托运单上"保价声明价值"处填写了5 000元，但货物运费高达13 714元使得托运人对货物进行保价运输的情况下，在货物受损时托运人所享有的赔偿权利受到极大限制,若仅按照保价条款进行赔偿,对托运人显失公平。某货运公司未尽到提示说明义务,在保价条款中保价声明价值远低于未保价时货物受损可能获得的赔偿数额的情况下,该格式条款的设立排除了郭某获得较高赔偿数额的权利,应当认定无效。

北京市第三中级人民法院依照《中华人民共和国合同法》第三十九条、第四十条、第三百一十二条,《中华人民共和国民事诉讼法》第六十四条、第一百七十条第一款第二项之规定,作出如下判决:

一、撤销北京市朝阳区人民法院(2019)京0105民初50186号民事判决书;

二、某货运公司于判决生效后十日内赔偿郭某损失1.3万元;

三、驳回郭某的其他诉讼请求。

【法官后语】

近年来,随着快递行业的飞速发展,快递纠纷时有发生。快递公司在运送货物的过程中难免会造成货物的损坏或丢失,托运人要求快递公司赔偿损失的案件屡见不鲜。快递公司为了规避自身风险,在托运单中往往约定限额赔偿条款以及保价条款。因此也出现了一些司法实践中亟须解决的问题,比如:保价是否系快递公司的格式条款?保价条款的效力如何?保价条款与限额赔偿条款之间存在何种关系?快递公司的提示说明义务应履行到何种程度?

判断保价条款是否系格式条款需从以下三个方面进行分析:一是快递公司相较托运人而言是否处于优势地位;二是双方能否就保价条款进行协商和修改;三是保价条款是否系重复使用并预先设定的条款。

托运人与快递公司之间的地位应当根据双方主体身份的不同而作出区分。普通消费者与快递公司之间并非属于长期关系,由于双方之间的经济实力以及信息不对称等因素,难以就快递运单的内容与快递公司之间进行协商,普通消费者相对快递公司而言常处于劣势地位。

保价条款系快递公司重复使用并预先设定的条款,直接预先植入运单的具体条款中,供不同的消费者统一使用。应当适用格式条款的相关规定,对保价条款本身的公平性、合法性、合理以及对快递公司是否尽到提示说明义务予以详细审查,以便明确保价条款的效力。快递公司应当以合理的方式提请托运人注意限额赔偿条款以及保价条款并对该条款予以说明。

提示义务的履行在于以足以引起投保人注意的文字、字体、符号或者其他明显标志作出提示,说明义务的履行则以对格式条款的概念、内容及其法律后果以书面或者口头形式作出常人能够理解的解释说明为标准。保价条款以及限赔偿条款均能以加粗加黑或者以特殊字体、特别颜色予以显著标识,应当视为快递公司履行了法律规定的提示义务。但快递公司很少对限额赔偿条款及保价条款的内容予以口头或书面说明,保价选项处签字一般系快递员代签,纵使消费者要求保价并在保价选项处签字,但并不代表消费者知晓保价的具体赔偿规则。法院应当在具体的案件中对快递公司是否尽到说明义务进行实质审查,以保护消费者的合法权益。

对说明义务的实质审查应着重于对说明方式与说明程度的审查。快递公司作为说明义务的履行者,应承担相应的举证责任。快递公司的说明义务需要以更加直观的形式予以体现,可通过录音等形式证明对保价条款予以口头说明,在如今的电子运单时代,快递公司完全有能力在消费者下单时使消费者知晓未保价以及保价时最高获偿数额,与运费一同显示,以证明快递公司尽到说明义务。说明程度的审查系实质审查的核心内容,快递公司对说明义务的证明程度应达到使消费者明确知晓未保价与保价时分别获偿的最高限额的程度。若说明程度无法达到这一点，则不能证明快递公司尽到提示说明义务。

保价条款与限额赔偿条款均属于快递公司减轻自身责任的手段和方式。面对当前如此复杂的运输搬运流程，快递行业需承担较高的运输风险，而大部分托运人所支付的运费相对来说较为低廉，此时让快递公司完全承担货物的损失赔偿责任也并不公允。限额赔偿条款以及保价条款在一定价格范围内具有其合理性。但应当明确限额赔偿条款有效时，保价条款未必有效。尤其在未足额保价的情况下，对于保价条款的审查应当以公平性原则为基础，严格把握快递公司的提示说明义务。由于保价条款的设立是为修正限额赔偿条款对托运人保护之不足，故而保价条款的最低赔偿标准应高于限额赔偿条款的最高赔偿标准，此为保价条款设立的必然选择。否则保价条款将违反公平原则，对托运人的利益保护显著失衡。

▶案例分析与思考（案例二）

【案件基本信息】

案件名称：北京A快递有限公司与北京B计算机网络技术有限公司运输合同纠纷案。

【案情介绍】

B公司于2008年10月17日委托A公司快递发送软件产品一套（Office 2007中文专业版彩盒包装产品，价值4 000元）。B公司于10月20日下午接到A公司电话通知称快递软件产品在快递途中丢失，之后双方未就赔偿数额达成一致，为此B公司诉至法院，请求判令：①A公司赔偿所丢失Office 2007中文专业版彩盒包装产品价款4 000元；②A公司向B公司赔礼道歉；③本案诉讼费由A公司承担。

法院另查明该快件运单由B公司员工填写，编号为0006323070。运单左下侧只填写了体积重量为"1"，合计金额为"5"元，内件品名、件数、实际重量、保险金额处均未填写。运单第四联（发件人联）下方有A公司预先印制的重要提示："使用前请认真阅读本单后面的契约条款，您的签名表示接受本公司运送服务条款，有贵重物品请向保险公司保险，请用正楷字用力填写。"运单背面为A公司预先印制的快件运单契约条款，第四条责任及赔偿中的第二款注明："在托寄物派送过程中，如因本公司的疏忽导致出现货物被盗、遗失破损或灭失等情况，本公司将负责赔偿。快件未保价，我公司的最高赔偿额将按照首重1千克100元给予赔偿，续重1千克30元给予赔偿。保价件每票最高保价为1万元人民币。"该运单填写后，货物及随货物托运的发票在A公司快递运输过程中丢失。

【案情焦点】

在A公司承运的货物丢失后，该公司能否依照快件运单背面的责任及赔偿条款对B公司进行赔偿，即快件运单背面的责任及赔偿条款是否有效。

【法院裁判要旨】

法院认为，快件运单背面的责任及赔偿条款属于A公司预先拟定、在快件运单背面预先印制，并在B公司填写快件运单时未与之协商的格式条款。《合同法》第三十九条规定，采用格式条款订立合同的，提供格式条款的一方应当遵循公平原则确定与当事人之间的权利和义务并采取合理的方式提示对方注意免除或者限制其责任的条款，按照对方的要求，对该条款予以说明。所以，A公司应就快件运单背面的责任及赔偿条款向B公司履行提示、说明义务。

A公司虽然在快件运单下方事先印制了重要提示，提请B公司阅读运单背面的契约条款，但除此之外，其并未在B公司填写快件运单、交运货物时，提醒B公司注意重要提示并阅读快件运单背后的责任及赔偿条款中限制、免除其赔偿责任的内容，告知B公司保价的方式及不选择保价的后果，以便B公司进行判断和选择。故该院认为：A公司在采用格式条款与B公司订立运输合同时，并未按照《合同法》第三十九条的规定履行提示说明义务。在B公司无法确知责任及赔偿格式条款中限制、免除赔偿责任内容的情况下，该格式条款事实上免除了A公司作为承运人对运输货物丢失应承担的损害赔偿责任，属于《合同法》第四十条中规定的"提供格式条款一方免除其责任的，该格式条款无效"的情形。故该院认为运单背面的责任及赔偿格式条款应属无效，A公司的抗辩理由不予采纳。A公司应按照《合同法》第三百一十一条的规定，对运输过程中货物的丢失承担损害赔偿责任。故判决：①B公司填写的A公司0006323070号快件运单背面的契约条款中关于"在托寄物派送过程中，如因本公司的疏忽导致出现货物被盗、遗失、破损或灭失等情况，本公司将负责赔偿。快件未保价，我公司的最高赔偿额将按照首重1千克100元给予赔偿，续重1千克30元给予赔偿。保价件每票最高保价为1万元人民币"的约定无效。②A公司于本判决生效后10日内赔偿B公司货物损失4 000元。③驳回B公司的其他诉讼请求。

课后习题

（1）简述加工流通的概念和特征。
（2）简述承揽合同的含义和特征。
（3）简述承揽合同当事人的权利和义务。
（4）简述配送的含义、特征和种类。
（5）简述物流企业在配送活动中的法律地位。
（6）简述配送服务合同当事人的权利和义务。
（7）快递服务与传统邮政服务相比，自身的特点是什么？
（8）简述快递服务合同中双方当事人的权利和义务。

第八章

货物包装法律制度

学习目标

【掌　握】

（1）掌握包装概念、分类和目的。
（2）掌握销售包装中所涉及的法律问题。
（3）掌握对危险货物包装的基本要求。
（4）掌握《国际海运危险货物规则》中对于危险货物包装的基本要求。

【理　解】

（1）理解包装与仓储、搬运装卸、运输之间的关系。
（2）理解包装法律规范的特点。
（3）理解普通货物运输包装的基本要求。
（4）理解国际物流中包装的特点。

【了　解】

（1）了解包装相关法律规范。
（2）了解包装条款、销售包装、运输包装的基本要求。
（3）了解危险货物包装标志。

第一节　货物包装法律制度概述

一、包装的概念及分类

（一）包装的概念

包装是为了在流通过程中保护商品，方便储运，促进销售，按一定技术方法而采用的容器、材料及辅助物的总体名称。也指为了达到上述目的而采用容器、材料和辅助物的过程中，施加一定技术方法等的操作活动。

包装有三个目的：保护商品、方便储运、促进销售。

（二）包装的分类

商品包装可从多种角度进行划分，商品包装根据其在流通中的作用可分为销售包装和运输包装。销售包装属于流通领域的包装，又称为商业包装，是指为了方便零售和美化商品而进行的包装。人们日常生活中购买商品外面的包装就是销售包装。

运输包装是从物流需要出发的包装，也称工业包装。根据我国的国家标准，运输包装的定义是："以运输储存为主要目的包装。它具有保障产品的安全，方便贮运装卸，加速交接、点验等作用。"运输包装涉及多部门、多作业，包装的好坏在一定意义上反映了一个国家的综合生产力发展水平。

按照包装容器划分，包装可分为硬包装、软包装；一次性包装、多次周转包装等。

按包装材料划分，包装可分为纸包装、金属包装、木质包装、塑料包装等。

二、包装在物流系统中的地位

一个完整的物流过程包括包装、搬运装卸、运输、流通加工、仓储保管、配送、采购与销售七大环节。包装在物流活动中起着非常关键的作用，合理的包装可以提高物流运营的整体效率，节省物流费用，节约物流成本。

（一）包装和仓储的关系

包装会影响仓储的效益，包装的形态以及方式应该与仓储相配合，在包装和提高仓储效率之间找到一个均衡点可以节省物流成本。

（二）包装和搬运装卸的关系

包装影响搬运装卸方式及工具的使用。搬运装卸分为两种，机械装卸、人工装卸。以小型包装方式包装的商品可以利用人力进行搬运装卸，而采用大型包装或集体包装的商品则必须使用机械进行搬运装卸。反之，装卸方式也会影响包装。

（三）包装和运输的关系

运输的方式决定包装的方式和材料。如果是小批货物单独运输，则应该尽量采用坚固的包装，如木箱包装。如果是集装箱运输，则可以使用单薄的包装，如纸箱包装。反之，包装的方式也影响着运输。一般情况下，包装方式应根据运输方式决定，但特殊情况下，包装的方式决定运输方式。如在精密的包装情况下，就应该采用安全、快速的运输方式。权衡货物包装与运输方式，在二者之间找到一个均衡点，会减少物流成本，达到经济的目的。此外，合理的包装还可以减少空间浪费，提高装载率，有效利用资源。

三、物流包装法律规范

包装包括包装材料、包装方式、包装规格、包装的文字说明和包装费用的负担等内容。在实际操作中，任何一点都不能忽视，否则会引起纠纷、索赔，甚至取消合同。因此，只有严格按照合同及相关法规进行包装，才可以避免麻烦。

包装法律指的是一切与包装有关的法律的总称。目前，我国没有制定专门的包装法，有关包装法律规范散见在各类相关的法律中。

首先,《民法典》对货物运输中包装作了规定。其次,《海商法》《专利法》《商标法》《反不正当竞争法》《产品质量法》也从各自角度对包装进行了规定。最后,有关部门规章中也有包装规范,如《铁路零担货物运输包装管理办法》《水路危险货物运输规则》《药品包装用材料、容器管理办法》,还有物流包装国家标准,如《一般货物运输包装通用技术标准》《危险货物运输包装通用技术条件》《运输包装件尺寸界限》《运输包装件试验》《包装储运图标标志》《危险货物运输包装通用技术标准》。

从现有的包装法规看,包装法律具有如下特点:

(一)强制性

包装法律规范属于强制性法律规范,不得随意变更。如《食品安全法》《一般货物运输包装通用技术条件》《危险货物运输包装通用技术条件》等,这些标准都是强制性的,是必须遵守的技术规范。

(二)标准性

标准化是现代化生产和流通的必然要求,也是现代化科学管理的重要组成部分,我国的包装立法也体现了这一特点。

(三)技术性

包装具有保护物品不受损害的功能,特别是高精尖产品和医药产品,采取何种技术和方法进行包装将对商品有重要的影响。因此,国家颁布的包装法律规范中含有大量以自然科学为基础而建立的技术性规范。

(四)分散性

包装法律规范以分散的形态分布于各个相关法律规范中。我国的包装法律分散于各类与包装有关的法律法规中。

四、包装法律规范的基本原则

(一)安全原则

安全原则是指物品的包装应该保证物品本身以及相关人员的安全。具体包括:商品的安全和相关人员的人身安全两个方面。

1.商品的安全

商品在通过物流环节送达消费者过程中,经常会遇到各种威胁。如外力冲击、环境影响、生物入侵、化学侵蚀及人为破坏等。包装成为对抗这些危险,保护物品不受外界伤害,保证物品在物流的过程中保持原有形态的屏障。

2.相关人员的人身安全

一些危险的商品具有易燃、易爆、有毒、腐蚀、放射性等特征,如果包装不当或不符合要求，很可能引发事故。对于这些商品，包装除起到保护商品不受损害的作用外，还可保护与这些商品发生接触人员的人身安全，如搬运工人、售货人员等的安全。

（二）环保原则

环境保护是当今世界经济发展的主题之一，它在包装行业中也有所体现。许多国家和地区颁布法律，在包装中全面贯彻绿色意识，对物品或货物的包装提出了符合环境保护的要求。我国的包装立法处于起步阶段，更应该顺应国际包装的发展趋势，将绿色包装作为包装法的基本原则之一。

（三）经济原则

经济原则是指包装应该以最小的投入得到最大的收益。包装成本是物流成本的一个重要组成部分，昂贵的包装费用不仅会降低企业的收益率，还会造成社会资源的极大浪费。但包装过于低价或者粗糙，也会降低商品的吸引力，形成商品销售的障碍。经济原则即是在两者之间达到平衡，使包装既不会造成资源浪费，又不会影响商品的销售。

第二节 普通货物包装的法律规定

一、普通货物的含义

普通货物是指除危险货物、鲜活易腐的货物以外的一切货物。

由于普通货物的危险性小于危险货物，所以，其对包装的要求相对较低。物流企业在对普通货物进行包装时，有法律规定，有国家强制性包装标准时，应当执行该法律规定、标准；在没有强制性规定时，应从适于仓储、运输和搬运，并适于商品的适销性的角度考虑，按照对普通货物包装的原则，妥善地进行包装。

二、普通货物包装中所适用的法律规范

包装法律法规包含在与货物销售、运输、仓储有关的法律、行政法规、部门规章、国际公约中。我国对一般货物运输包装要求符合《一般货物运输包装通用技术条件》等规定，运输包装标志应符合《包装储运图标标志》《运输包装收发货标志》《对辐射能敏感的感光材料图标标志》标准。我国对运输包装尺寸要求用符合《运输包装件尺寸界限》所确定的标准。

三、包装条款

（一）包装条款的内容

在物流服务中，当事人之间要制定物流服务合同，其中包装条款制定要符合《民法典》中买卖合同、运输合同和仓储合同有关包装的规定。在物流服务合同中，包装条款一般包括以下三个方面的内容：

1. 包装的提供方

在物流服务合同中，包装条款应该载明包装由哪一方来提供。这不仅有助于明确物流企业在包装中所处的法律地位，而且有助于在由于包装的问题引起货物损坏或灭失时划分责任。例如：《海商法》第六十六条规定，托运人托运货物，应当妥善包装，并向承运人保证，货物装船时所提供的货物的品名、标志、包数或者件数、重量或者体积的正确性；由于包装不良或者上述资料不正确，对承运人造成损失的，托运人应当负赔偿责任。这一条强调了托运人的包装义务，使承运人顺利、安全运抵货物有了保障。

2. 包装材料和方式

包装材料和方式是包装的两个重要方面，它分别反映了静态的包装物和动态的包装过程。包装材料条款主要载明采用什么包装材料，如木箱装、纸箱装、铁桶装、麻袋装等；包装方式条款则主要载明怎样进行包装。此外，可以根据需要加注尺寸、每件重量或数量、加固条件等。不同的商品，不同的运输条件都要求不同的包装。

在选择包装材料时，除了要使其能满足货物的通常要求，还应该考虑到进口国对包装材料的特殊要求。例如，美国规定，为防止植物病虫害的传播，禁止使用稻草作包装材料，如被海关发现，必须当场销毁，并支付由此产生的一切费用。在订立条款时就应该充分考虑到这些方面，同时应该使用合同中规定的材料来包装。

例如买卖合同的内容还可以包括包装方式、检验标准和方法、结算方式、合同使用的文字及其效力等条款。这一规定指明了合同中可以包括包装条款。出卖人应当按照约定的包装方式交付标的物。对包装方式没有约定或者约定不明确的，可以进行协商，如仍不能确定的，应当按照通用的方式包装，没有通用方式的，应当采取足以保护标的物的包装方式。

3. 文字说明

运输包装和销售包装都会有文字说明。文字说明包括运输标志及其他文字的内容和使用的语种。在外包装上会使用运输标志，只要使用约定的标志即可。对销售包装来说，文字说明的要求较高。内容上要符合规定，语种也不能用错。例如，日本政府规定，凡销往日本的药品，必须说明成分，服用方法以及功能，否则海关就有权扣留，不能进口。在语种的要求上，很多国家也有特别的规定。例如，加拿大政府规定，进口商品说明必须英法文对照；运往法国的产品的装箱单及商业发票必须用法文。文字说明会影响货物的搬运装卸，所以要求在合同条款中明确载明。

（二）订立包装条款时应注意的问题

1. 明确包装术语

应避免使用有些因理解不同而容易引起争议的包装术语，如"适合海运包装""习惯包装"等，除非合同双方事先取得一致认识。尤其对特别精密设备的包装条件，除规定包装必须符合运输要求外，还应对防震措施等条款在合同中作出具体明确的规定。

2. 明确包装费用

包装费用一般都包括在货价内，合同条款不必列入，但一方要求特殊包装，则可增加包装费用，如何计费及何时收费也应在条款中列明。如果包装材料由合同的一方当事人供应，则条款中应明确包装材料到达时间,以及逾期到达时该方当事人应负的责任。运输标志如由一方当事人决定,也应规定标志到达时间(标志内容须经卖方同意)及逾期到达时该方当事人应负的责任等。

3.防止包装条款的欺诈

目前,包装是否符合"标准出口包装"的要求,国际上没有统一的标准来界定,因此,一些客户在包装条款中仅写明"标准出口包装",这一笼统的概念。借此偷工减料,以减少包装成本,同时逃避法律责任。为此,当事人订立包装条款不要过于笼统。

此外,包装一定按照合同要求进行,否则应赔偿由此造成的损失。

四、销售包装的基本要求

销售包装是指直接接触商品并随商品进入零售网点与消费者直接见面的包装。该包装的特点是外形美观,有必要的装潢,包装单位适于顾客的购买量以及商店陈设的要求。销售包装通常情况下由商品的生产者提供。但是,如果物流合同规定由物流企业为商品提供销售包装,则物流企业需要承担商品的销售包装义务,因此,物流企业在进行销售包装时需要按照销售包装的基本要求进行操作。

在销售包装上,一般会附有装潢图画和文字说明,选择合适的装潢和说明会促进商品的销售。销售包装主要涉及以下几个方面:图案设计、文字说明、条形码。图案是包装设计的三大要素之一,它包括商标图案、产品形象、使用场景、产地景色、象征性标志等内容。在销售包装上应该附一定的文字说明,表明商品的品牌、名称、产地、数量、成分、用途、使用说明等。商品包装上的条形码是指按一定编码规则排列的条空符号,它由表示一定意义的字母、数字及符号组成,通过光电扫描阅读设备,它可以作为计算机输入数据的特殊代码语言。

(一)销售包装应符合《专利法》的要求

销售包装的设计属于专利法规定的外观设计保护范畴,《巴黎公约》作为一项最低要求,规定各成员国都必须对工业品外观设计加以保护。我国专利法对外观设计予以保护,但这种权利的取得是有条件的。《与贸易有关的知识产权协议》在保护这种权利的同时亦对之进行了条件限制,物流企业在包装设计时必须遵守相关法律规定。

生产者为了保护自己的商品,在商品的包装上还要标明专利号。物流企业在对商品进行包装的时候,不能侵犯他人商品专利权。此外,制作精良的包装也可以申请专利,而物流企业在包装过程中也不能侵犯他人包装专利。

专利法规定,未经许可,在其制造或者销售的产品、产品的包装上标注他人的专利号的行为属于假冒他人专利的行为。制造或者销售标有专利标记的非专利产品;专利权被宣告无效后,继续在制造或者销售的产品上标注专利标记的行为属于以非专利产品冒充专利产品、以非专利方法冒充专利方法的行为。

(二)销售包装应符合《商标法》的要求

商标是包装的一部分。包装的商标设计中涉及的法律问题很多,如国际条约及域外法律、风俗习惯、商品装潢、地理标志及驰名商标禁用条款。《商标法》根据《与贸易有关的知识产权协议》作了较大幅度的修改，如增加立体商标、颜色组合商标等。在物流过程中，对物品进行包装时都需要注意这些内容。

此外，物流企业不得侵犯他人商标权。《商标法》第五十二条规定，有下列行为之一的，均属侵犯注册商标专用权：①未经商标注册人的许可，在同一种商品或者类似商品上使用与其注册商标相同或者近似的商标的；②销售侵犯注册商标专用权的商品的；③伪造、擅自制造他人注册商标标识或者销售伪造、擅自制造的注册商标标识的；④未经商标注册人同意，更换其注册商标并将该更换商标的商品又投入市场的；⑤给他人的注册商标专用权造成其他损害的。由此可见，我们既要防止主动侵犯他人商标权也要防止在仓储、运输等物流过程中受人之托被动侵犯他人商标权。

（三）销售包装应符合《反不正当竞争法》的要求

商品包装与待售的商品本体一起作为用于市场交换的产物而存在，利用包装参与市场竞争，是市场竞争的一种常用手段。但包装设计中使用虚假的文字说明，伪造或冒用优质产品的认证标志、生产许可证标志等，都将涉及《反不正当竞争法》的内容。

物流企业在包装环节不得违反《反不正当竞争法》的规定，经营者不得采用下列不正当手段从事市场交易，损害竞争对手：假冒他人的注册商标；擅自使用知名商品特有的名称、包装、装潢，或者使用与知名商品近似的名称、包装、装潢，造成和他人的知名商品相混淆，使购买者误认为是该知名商品；擅自使用他人的企业名称或者姓名，引人误认为是他人的商品；在商品上伪造或者冒用认证标志、名优标志等质量标志，伪造产地，对商品质量作引人误解的虚假表示。如果存在上述违法行为，则承担相应的法律责任。

（四）销售包装应符合《产品质量法》的要求

《产品质量法》不仅对产品质量提出了统一的标准，而且规范了产品的包装，《产品质量法》第十四条规定，企业根据自愿原则可以向国务院产品质量监督部门认可的或者其授权的部门认可的认证机构申请产品质量认证。经认证合格的，由认证机构颁发产品质量认证证书，准许企业在产品或者其包装上使用产品质量认证标志。

《产品质量法》第二十七条规定，产品或者其包装上的标志必须真实，并符合下列要求：有产品质量检验合格证明；有中文标明的产品名称、生产厂厂名和厂址；根据产品的特点和使用要求，需要标明产品规格、等级、所含主要成分的名称和含量的，用中文相应予以标明；需要事先让消费者知晓的，应当在外包装上标明，或者预先向消费者提供有关资料；限期使用的产品，应当在显著位置清晰地标明生产日期和安全使用期或者失效日期；使用不当，容易造成产品本身损坏或者可能危及人身、财产安全的产品，应当有警示标志或者中文警示说明。裸装的食品和其他根据产品的特点难以附加标志的裸装产品，可以不附加产品标志。物流企业在对产品进行包装的时候，应当参照上述规定进行。

（五）销售包装应与国际标准保持一致

我国商品包装的国际标准化与 ISO 的要求尚有一定差距，阻滞了商品进入国际市场的渠道。特别是在执行质量标准 ISO 9000、环保标准 ISO 14000、安全标准 ISO 16000 等方面更为明显。但我国已正式成为国际标准化组织包装技术委员会（ISO/TC122）的成员国，为我国执行国际包装标准创造了条件。

五、运输包装的基本要求

运输包装是指以强化运输、保护产品为主要目的的包装。

货物运输当事人要在符合国家法律、法规的前提下具体约定运输包装条款。其中《一般货物运输包装通用技术条件》是国家强制性标准，是技术性、操作性极强的法律规范，它对铁路、公路、水运、航空承运的一般货物运输包装规定了总要求。《民法典》《海商法》等法规也分别规定，运输包装不符合该标准规定的各项技术要求，运输过程中造成货损或对其他关系方的人身、财产造成损害，均由包装责任人赔偿。因此，有必要对这一标准做出以下介绍。

（一）普通货物运输包装的基本要求

《一般货物运输包装通用技术条件》对普通货物运输包装材料及强度、包装尺寸等作了具体规定。

1. 总要求

（1）货物运输包装是以运输储存为主要目的的包装，必须具有保障货物安全、便于装卸储运、加速交接点验等功能。

（2）货物运输包装应符合科学、牢固、经济、美观的要求。

（3）货物运输包装应确保货物在正常的流通过程中，能抵御环境条件的影响而不发生破损、损坏等现象，保证安全、完整、迅速地将货物运至目的地。

（4）货物运输包装材料、辅助材料和容器，均应符合国内有关国家标准的规定。无标准的材料和容器须经试验验证，其性能可以满足流通环境条件的要求。

（5）货物运输包装应由国家认可的质量检验部门进行检查监督和提出试验结果评定，并逐步推行合格证制度。

（6）货物运输包装应完整、成型。内装货物应均布装载、压缩体积、排摆整齐、衬垫适宜、内货固定、重心位置尽量居中靠下。

（7）根据货物的特性及搬运、装卸、运输、仓储等流通环境条件，选用带有防护装置的包装。如防震、防盗、防雨、防潮、防锈、防霉、防尘等防护包装。

（8）货物运输包装的封口必须严密牢固，对体轻、件小、易丢失的货物应选用胶带封合、钉合或全黏合加胶带封口加固。根据货物的品名、体积、特性、重量、长度和运输方式的要求，选用钢带、塑料捆扎带或麻绳等，进行二道、三道、十字、双十字、井字、双井字等形式的捆扎加固。捆扎带应搭接牢固、松紧适度、平整不扭，不得少于两道。

（9）各类直方体货物运输包装的底面积尺寸，应符合 GB/T 4892《硬质直方体运输包装尺寸系列》的规定。

（10）货物运输包装必须具有标志。标志应符合内装货物性质和对运输条件的要求。运输包装标志应按照 GB/T 191《包装储运图示标志》，GB 6388《运输包装收发货标志》和 GB 5892

《对辐射能敏感的感光材料图示标志》的规定执行。

2.性能试验

性能试验的目的在于模拟或重现运输包装件在流通过程中可能遇到的各种危害及其抗御这些危害的能力。试验一般应作堆码试验和垂直冲击跌落试验两项试验。根据货物的特性、包装类型、不同运输方式及货物、流通环境条件和货主及运输部门的要求，可按 GB 4857《运输包装件基本试验总则》的规定选作其他相应的试验，如水平冲击试验、震动试验、喷淋试验、低气压试验、水压试验和水渗漏试验等。货物运输包装件按规定的项目试验后，运输包装不产生严重破损，内装货物不撒漏，不损坏，捆扎完好，可以确认为合格，予以承运。

3.技术要求

《一般货物运输包装通用技术条件》按运输部门的承运货物的运输包装进行分类，分为 8 类：箱类、桶类、袋类、裹包类、夹板轴盘类、筐篓类、坛类、局部包装及捆绑类。对每一类货物又进行了细分，比如箱类进一步细分为花格木箱、胶合板（纤维板、刨花板、竹胶板）箱、瓦楞纸箱、钙塑瓦楞箱，并且详细规定了限重和技术要求。

（二）普通货物运输包装标识的规定

在运输包装中，物流包装标识非常重要，最早实现了标准化。运输包装物流标识是用图形或文字在运输货物包装上制作的记号、代号及其他指示和说明事项等的总称。在货物的运输包装上将标识分为三类，收发标志、储运图示标识、危险货物标识。

包装标识应符合 GB 6388《运输包装收发货标志》、GB/T 191《包装储运图示标识》和 GB 5892《对辐射能敏感的感光材料图示标识》的规定制作。其中，《包装储运图标标志》适用于各种货物的运输包装，规定了包装储运图示标志的种类、名称、尺寸、颜色及使用方法。

上述标志应正确、清晰、齐全、牢固。内货与标志一致。旧标志应抹除，标志一般应印刷，也允许拴挂或粘贴，标志不得褪色、脱落或喷刷在残留标记上。

第三节 危险货物包装的法律制度

一、危险货物的含义

危险货物是指具有爆炸、易燃、毒害、腐蚀、放射性等性质，在运输、装卸和保管储存过程中容易造成人身伤亡和财产损毁而需要特别防护的货物。

由于危险货物自身的危险性质，我国对危险货物的包装采用了特殊要求，物流企业在进行危险货物的包装时，应当严格执行我国的法律规定和标准，对危险货物的运输包装符合国家强制性标准《危险品货物运输包装通用技术条件》，运输包装标志符合《危险货物包装标志》。危险货物包装性能试验采用《运输包装件基本试验》以避免危险货物在储存、运输、搬运装卸中出现重大事故。

二、危险货物运输包装的要求

《危险货物运输包装通用技术条件》是国家强制性标准，它规定了危险货物运输包装的分级、基本要求、性能试验和检验方法等，也规定了包装容器的类型和标记代号。该标准适用于盛装危险货物的运输包装，是运输、生产和检验部门对危险货物运输包装质量进行性能试验和检验的重要依据。

（一）对危险货物运输包装的强度、材质等的要求

根据《危险货物运输包装通用技术条件》的规定，危险货物运输包装的强度及采用的材质应满足以下基本要求：

（1）危险货物运输包装应结构合理，具有一定强度，防护性能好。

（2）包装的材质、形式、规格、方法和单件质量（重量），应与所装危险货物的性质和用途相适应，并便于装卸、运输和储存。

（3）包装应该质量良好，其构造和封闭形式应能够承受正常运输条件下的各种作业风险。不因温度、湿度、压力的变化而发生任何泄漏，包装表面应该清洁，不允许黏附有害的危险物质。

（4）包装与内包装直接接触部分必要时应该有内涂层或进行防护处理。

（5）包装材质不得与内包装物发生化学反应而形成危险产物或导致削弱包装强度；内容器应该固定。如果属于易碎的，应使用与内装物性质相适应的衬垫材料或吸附材料衬垫妥实；盛装液体的容器，应能经受在正常运输条件下产生的内部压力。灌装时必须留有足够的膨胀余地，除另有规定外，应该保证在温度55摄氏度时，内装物不会完全充满容器。

（6）包装封口应该根据内包装物性质采用严密封口、液密封口或气密封口。

（7）盛装需浸湿或夹有稳定剂的物质时，其容器缝补形式应能有效地保证内装液体、水溶剂或稳定剂的百分比在储运期间保持在规定范围内。

（8）有降压装置的包装，排气孔设计和安装应能防止内装物泄漏和外界杂质的混入。排出的气体量不得造成危险和污染环境。复合包装内容器和外包装应紧密贴合，外包装不得有擦伤内容器的凸出物。

（9）无论是新型包装、重复使用的包装，还是修理过的包装，均应符合危险货物运输包装性能测试的要求。

（二）对包装容器的要求

《危险货物运输包装通用技术条件》详细介绍了钢（铁）桶、铝桶、钢罐、胶合板桶、木琵琶桶、硬质纤维板桶、硬纸板桶、塑料桶、塑料罐、天然木箱、胶合板箱、再生木板箱、硬纸板箱、瓦楞纸箱、钙塑板箱、钢箱、纺织品编织袋、塑料编织袋、塑料袋、纸袋、瓶、坛、筐、篓这些包装容器的制作标准和最大容积、最大净重的要求。

（三）对防护材料的要求

防护材料包括用于支撑、加固、衬垫、缓冲和吸附等材料。危险货物包装所采用的防护材料及防护方式，应与内装物性能相容符合运输包装件总体性能的需要，能经受运输途中的冲击与震动，保护内装物与外包装，当容器破坏、内装物流出时也能保证外包装安全无损。

（四）危险货物包装标志的规定

根据 GB 190—2009《危险货物包装标志》规定，危险货物运输包装可根据需要采用规定的标记代号。如表 8-1、表 8-2 所示。

表 8-1　危险货物标志—标记

序号	标记名称	标记图形
1	危害环境物质和物品标记	（符号：黑色，底色：白色）
2	方向标记	（符号：黑色或正红色，底色：白色） （符号：黑色或正红色，底色：白色）
3	高温运输标记	（符号：正红色，底色：白色）

表 8-2　危险货物标志—标签

序号	标签名称	标签图形	对应的危险货物类项号
1	爆炸性物质或物品	（符号：黑色，底色：橙红色）	1.1 1.2 1.3
		（符号：黑色，底色：橙红色）	1.4
		（符号：黑色，底色：橙红色）	1.5
		（符号：黑色，底色：橙红色） **项号的位置——如果爆炸性是次要危险性，留空白。 *配装组字母的位置——如果爆炸性是次要危险性，留空白	1.6

203

续表

序号	标签名称	标签图形	对应的危险货物类项号
2	易燃气体	（符号：黑色，底色：正红色）	2.1
		（符号：白色，底色：正红色）	
	非易燃无毒气体	（符号：黑色，底色：绿色）	2.2
		（符号：白色，底色：绿色）	

续表

序号	标签名称	标签图形	对应的危险货物类项号
	毒性气体	（符号：黑色，底色：白色）	2.3
3	易燃气体	（符号：黑色，底色：正红色） （符号：白色，底色：正红色）	3
4	易燃固体	（符号：黑色，底色：白色红条）	4.1

205

续表

序号	标签名称	标签图形	对应的危险货物类项号
	易于自燃的物质	（符号：黑色，底色：上白下红）	4.2
	遇水放出易燃气体的物质	（符号：黑色，底色：蓝色） （符号：白色，底色：蓝色）	4.3
5	氧化性物质	（符号：黑色，底色：柠檬黄色）	5.1
	有机过氧化物	（符号：黑色，底色：柠檬黄色）	5.2

续表

序号	标签名称	标签图形	对应的危险货物类项号
6		（符号：白色，底色：红色和柠檬黄色）	
	毒性物质	（符号：黑色，底色：白色）	6.1
	感染性物质	（符号：黑色，底色：白色）	6.2
7	一级放射性物质	（符号：黑色，底色：白色，附一条红竖条） 黑色文字，在标签下半部分写上： "放射性" "内装物——" "放射性强度——" 在"放射性"字样之后有一条红竖条	7A

207

续表

序号	标签名称	标签图形	对应的危险货物类项号
	二级放射性物质	(符号：黑色，底色：上黄下白，附两条红竖条) 黑色文字，在标签下部分写上： "放射性" "内装物——" "放射性强度——" 在一个黑边框格内写上："运输指数"，在"放射性"字样之后应有两条红竖条	7B
	三级放射性物质	(符号：黑色，底色：上黄下白，附三条红竖条) 黑色文字，在标签下部分写上： "放射性" "内装物——" "放射性强度——" 在一个黑边框格内写上："运输指数"，在"放射性"字样之后应有三条红竖条	7C
	裂变性物质	(符号：黑色，底色：白色) 在标签上半部分写上："易裂变" 在标签下半部分的一个黑边框格内写上："临界安全指数"	7E

续表

序号	标签名称	标签图形	对应的危险货物类项号
8	腐蚀性物质	（符号：黑色，底色：上白下黑）	8
9	杂项危险物质和物品	（符号：黑色，底色：白色）	9

此外，《危险货物运输包装通用技术条件》还规定了危险货物运输包装的性能试验和检验方法等。

第四节 国际物流中的包装法律规范

一、国际物流中包装的特点

国际物流是国内物流的延伸和发展，同样包括运输、包装、流通加工等若干子系统。国际货物包装（主要指外包装）的目的是保护货物本身质量和数量上的完整无损；便于装卸、搬运、堆放、运输和理货；对危险品货物包装还有防止其危害性的作用。

国际物流中的包装具有以下特点：

（一）对包装强度的要求较高

国际物流的过程与国内物流相比时间长、工序多，因此在国际物流中，一种运输方式往往难以完成物流的全过程，经常采取多种运输方式联运，与此同时就增加了搬运装卸的次数及存储的时间。在这种情况下，只有增加包装的强度，才能起到保护商品的作用。

（二）标准化要求较高

为保障国际间的物流畅通，统一标准非常重要。目前，美国、欧洲等国家和地区基本实现了物流工具、设施的统一标准，大大降低了物流费用，降低了转运的难度。为了提高国际物流的效率，国际物流过程中对包装的标准化程度越来越高，以便于商品顺利地流通。

（三）物流环境存在差异

不同国家物流适用不同法律使国际物流的复杂性远高于一国的国内物流，甚至会阻断国际物流；不同国家的不同经济和科技发展水平会造成国际物流处于不同科技条件的支撑，致使国际物流全系统水平的下降；不同国家的风俗人文也使国际物流受到很大局限。正是由于物流环境的差异，迫使国际物流需要在不同的法律、人文、习俗、语言、科技、设施的环境下运行，从而增加了物流的难度，也加大了国际物流中与包装有关的法律适用的复杂性。

（四）包装产品信息化

目前数字化、网络化、信息化成为物流发展的一大主题，物流与电子商务结合更快地促进了包装信息化的进程。物流信息存贮的数字化、电子订货系统(EOS)、电子数据交换(EDI)等技术的广泛应用，均需要产品包装走向信息化，将自动识别系统、条形码技术适当地应用于包装上。物流的自动化需要在包装上有明确的标识及可以识读的信息码才能实现。

（五）包装走向环保型

绿色环保型物流是当今经济可持续发展的一个重要组成部分，注重生态环境、减少物流对环境造成的危害，成为物流发展的另一大主题。采用绿色环保包装材料，提高包装材料利用率，设计折叠式包装以减少空载率，建立包装的回收利用制度将成为物流包装发展方向。

二、国际物流中包装所适用的法律

（一）国际物流中包装的法律

国际物流是一项跨行业、跨部门、跨越国界的系统工，涉及的环节非常广泛。其中包装应该遵守包装环节所涉及的相关国家的法律规定。在世界范围内已存在不少与包装有关的法律、法规、标准、国际公约和国际惯例。同时也有不少有关包装的试验、材料、尺寸和搬运设备的标准。

（二）包装环保法律

产品包装是物流活动的重要环节，包装材料对环境的污染不容忽视，随着人们环保、安全、健康意识的日益增强，许多国家通过制定一系列政策法规限制产品包装，或鼓励使用环保包装，以减少产品包装对环境的影响。具体包括：

（1）立法的形式禁止使用某些包装材料。如某些国家规定禁止使用含有铅、汞、锡等成分的包装材料和没有达到规定再循环比例的包装材料。

（2）建立存储返还制度。许多国家规定饮料一律使用可重复利用的包装材料，消费者在购买时向商店交付一定保证金，返还容器时再由商店退还保证金，有些国家还将这种制度扩大到洗涤剂和油漆的生产和销售上。

（3）制订再循环或再利用法律。如日本的《再利用法》《新废弃物处理法》，欧洲各国的《包装废弃物令》等。

（4）税收优惠或处罚。对生产和使用包装材料的厂商根据其产品包装的原材料或使用的包装中是否全部或部分使用可再循环的包装材料，给予免税、低税优惠或征收较高的税赋，以鼓励使用可再回收的资源。

我国对绿色包装的法律调控体现在《环境保护法》《固体废弃物防治法》《水污染防治法》《大气污染防治法》等 4 部专项法和 8 部资源法的规定中，其中 30 多项环保法规明文规定了包装废弃物的管理条款。

（三）国际物流中的包装标准

为降低运输费用，提高物流效率，随着物流标准化的加强，集装箱、托盘的规格尺寸走向标准化。目前，国际标准化组织（ISO）侧重物流基础模数系统的标准化工作，包括包装、单元货物、装卸设备、托盘、仓储装置、运输装备等，以考虑各方面尺寸分配的协调。它制定的物流基础标准主要有：ISO 3394《硬直方体运输包装尺寸》、ISO 3676《包装——单元货物尺寸》、ISO 1894《系列Ⅰ通用集装箱——最小内部尺寸》、ISO 1496《一般运输货运集装箱》、ISO/R 198《货物联运双面平托盘》等 30 多项标准。

我国在 2001 年 4 月也正式发布了《物流术语》国家标准（GB/T 18354-2001）。有关包装标准有《货物类型、包装类型和包装材料类型代码》等。

三、《国际海运危险货物规则》对于危险货物包装的基本要求

随着工业及贸易全球化的发展，通过海上运输的危险货物品种和数量也大幅度增长。为了有效防止事故发生，保护海上环境，各国政府普遍开始重视对海上运输危险货物的安全管理，通过法律要求经营、运输危险货物的各方承担不同的义务。由于各种规章和习惯做法在运作机制、货物识别和标志上各不相同，术语也不一致，对包装和积载的规定也因国而异，给所有直接从事危险货物运输的人员在各方面造成困难。

为了加强对海上运输危险货物进行国际管理，国际海事组织制定一个统一的《国际海运危险货物规则》，很多国家通过本国立法将该规则的要求付诸实施。目前世界上已有 50 余个国家在海上运输危险货物方面执行《国际海运危险货物规则》，成为强制性的规范。我国从 1982 年 10 月 2 日开始实施《国际海运危险货物规则》。《国际海运危险货物规则》对危险物品包装作了以下规定。

（一）包装的材质、种类应与所装危险货物的性质相适应

包装应该具备一定的强度，以保证在正常的海运条件下，包装内的物质不会散漏和受到污染。对包装的要求应与危险度成正比，包装的强度与危险货物单件包装的重量成正比，包装的强度还应与运输的长度成正比。包装的设计应考虑到在运输过程中温度、湿度的变化。包装应该保证在环境发生变化的情况下不发生损坏。

（二）包装的封口应该符合所装危险货物的性质

封口应该由所装的危险货物的性质来决定。封口可以分为气密封口、液密封口。在通常情况下，危险物质的包装封口应该严密，特别是易挥发、腐蚀性强的气体。但是，有些物质由于温度上升或其他原因，气体散发，易使容器内的压力逐渐加大，导致危险的货物封口不能密封。

（三）内外包装之间应该有合适的衬垫

内包装与外包装之间应该采用适当的减振衬垫材料。衬垫不能削弱外包装的强度，而且衬垫的材料还必须与所装的危险货物的性能相适应，以避免危险的发生。

（四）包装应该能经受一定范围内温度和湿度的变化

在物流过程中，包装除应具有一定的防潮衬垫外，本身还要具有一定的防水、抗水性能。

（五）包装的重量、规格和形式应便于装卸、运输和储存

根据《国际海上危险货物运输规则》的规定，包装最大容量为450升，最大净重为400千克。同样包装的外形尺寸与船舱的容积、载重量、装卸机具应该相适应，以方便装卸、积载、搬运和储存。

小结

目前我国的包装法律规范散见在各类有关的法律规范中。包装法律规范具有强制性、标准性、技术性和分散性的特点。普通货物包装所应遵循以下基本原则：安全原则、"绿色"原则、经济原则。普通货物运输当事人要在符合国家法律、法规的前提下具体约定运输包装条款。

销售包装符合应符合《专利法》《商标法》《反不正当竞争法》《产品质量法》的要求，销售包装应与国际标准保持一致，同时，绿色包装已成为当今全球关注的热点。

国际物流是一项跨行业、跨部门、跨越国界的系统工作，涉及的环节非常广泛。其中包装应该遵守包装环节所涉及的相关国家的法律规定，以及有关国际公约和国际惯例的规定，并符合相关的标准。

案例分析与思考

【案件基本信息】

案件名称：北京市A新技术有限公司诉北京B货运代理有限公司公路货物运输合同纠纷案。

【案情介绍】

2006年8月4日，北京市A新技术有限公司（以下简称A公司）向上海某公司出售涂料95桶，并约定十二个月不能交付货物的违约金2 000元。同日，A公司将货物委托北京B货运代理有限公司（以下简称B公司）承运。次日，B公司从A公司提走货物。

因托运的部分货物的包装上没有标识，部分货物仅以数字作为货物名称，部分货物名称含有油漆等字样，B公司认为应该附有危险品运输许可证，在没有得到许可证的情况下，未将货物发运。此后B公司多次催促A公司，提出让其附上运输许可，并声明无法承运该批货物，请求其协调解决或领回货物，而A公司接到催告后一直未办理合法的准运手续。从2006年8月15日起，B公司租用场地保管该货物，至2008年12月15日已支付费用25 200元。因未能在合同约定期间交付货物，A公司向其客户支付了违约金2 000元。

其后，A公司起诉法院，请求判令解除与B公司的货物托运协议，B公司返还涂料并赔偿损失2 000元。B公司则反诉称A公司作为托运人怠于告知货物情况致使合同不能履行，请求判令解除合同，A公司向其赔偿保管费用25 200元。

【法院裁判要旨】

一审法院认为：A公司与B公司存在有效的货物运输合同关系。在A公司将货物交付给B公司之后，B公司发现部分货物没有货物名称，仅以数字命名，部分货物名称中含有油漆等字样，为了保证A公司和其他托运人货物的安全，B公司要求A公司提供有关货物的准运手续或产品说明，在此之前不予运输并无不当。法院对双方均要求解除运输协议不持异议。B公司应将货物返还给A公司，造成货物没有运输的责任在于A公司，货物损失的风险应该由其自行承担。对于B公司的仓储费用损失，A公司应当予以赔偿。A公司要求B公司赔偿2 000元经济损失的诉讼请求，法院不予支持。A公司不服一审判决，提起上诉请求改判，主要上诉理由是B公司未恰当进行告知并且擅自处置货物，直接导致货物未及时运出以及损失扩大。

针对该理由二审法院认为，B公司在从A公司处提取货物后，如因A公司未办理危险品准运证明，不能履行运输义务，B公司可以将货物运回A公司处，再主张相关费用，如果A公司拒收货物，B公司还可办理提存手续。现B公司自行租库房将不属于自己的货物存放，产生了仓储费用，是致使损失扩大的行为。对仓储费的产生，B公司负有主要责任。A公司迟延供货的损失2 000元亦应由B公司承担。A公司在交运货物后，在得知货物未送到的情况下，在长达两年的时间里不主张权利，对损失的扩大亦负有一定责任。

课后习题

（1）简述包装的概念和目的。
（2）简述包装按其在流通中的作用进行的分类。
（3）简述包装在物流系统中的地位。
（4）简述包装法规的特点。
（5）什么是普通货物？
（6）简述普通货物包装条款的内容和订立时应注意的问题。
（7）简述普通货物销售包装的基本要求。
（8）简述普通货物运输包装的基本要求。
（9）简述对危险货物包装的基本要求。
（10）能够识别《危险货物包装标志》中主要标记。
（11）简述国际中物流包装的特点。
（12）简述《国际海运危险货物规则》中对于危险货物包装的基本要求。

第九章

货物装卸搬运法律制度

学习目标

【掌　握】

(1) 掌握集装箱码头装、拆箱人的责任。
(2) 掌握港站装卸搬运作业的主体。

【理　解】

(1) 理解港口货物作业合同的主要内容。
(2) 理解物流企业在集装箱码头搬运装卸中的义务。

【了　解】

(1) 了解装卸搬运的法律法规。
(2) 了解港口经营人在港口搬运装卸作业中的义务。
(3) 了解港口经营人在港口搬运装卸危险货物作业中的义务。
(4) 了解物流企业在港口搬运装卸作业中的义务。
(5) 了解物流企业在港口搬运装卸作业中的责任。

第一节　装卸搬运概述

一、装卸搬运的概念

装卸是指物品在指定地点以人力或机械装入运输设备或从运输设备卸下。搬运是在同一场所内,对物品进行水平移动为主的物流作业。

在实际操作中,装卸与搬运通常密不可分,两者总是相互伴随发生的。因此,物流领域通常将装卸搬运看作一个整体活动,称作"货物装卸"。装卸搬运是连接物流各环节的桥梁,是物流各功能形成有机联系和紧密衔接的关键,但装卸和搬运不是独立存在的,它与运输、仓储等环节联系在一起。由于搬运装卸是一项技术水平要求较高的活动,因此也需要相应的法律法规调整。

二、装卸搬运的法律法规

物流装卸搬运的法律法规体现在法律、部门规章、国际公约和国际惯例等几方面：

（一）法律层面

法律层面包括：《民法典》《海商法》《铁路法》《公路法》等与搬运装卸有关的规定。

（二）部门规章层面

部门规章层面有：《铁路货物运输管理规则》和《铁路装卸作业安全技术管理规则》《铁路装卸作业标准》《铁路货物装卸搬运作业规则》等。

（三）国际公约和国际惯例层面

国际公约和国际惯例层面有：《联合国国际贸易运输港站经营人赔偿责任公约》《国际海协劳工组织装箱准则》《联合国国际货物多式联运公约》等。

三、港站装卸搬运作业的主体

港口装卸搬运作业的主体可以是物流企业也可以是港口经营人。

（一）物流企业

1.物流企业亲自完成装卸搬运活动

根据物流服务合同的要求，物流企业需要亲自完成搬运装卸活动时，其在搬运装卸过程中即处于搬运装卸经营人的地位。它所享有的权利和应承担的义务由物流服务合同确定，当物流服务合同没有约定搬运装卸条款时，适用《民法典》等相关法律，并受搬运装卸作业规则的约束。

2.物流企业非亲自完成搬运装卸活动

由于搬运装卸是一项技术水平较高的活动，不仅需要专业的搬运装卸人员，还要求有相应的设备，为完成物流服务合同规定的搬运装卸义务，物流企业会委托一些专业搬运装卸企业进行搬运装卸。此时，物流企业处于搬运装卸作业委托人的地位，物流企业根据物流服务合同、搬运装卸作业合同等享有权利、承担义务。合同中没有规定的，适用《民法典》等相关法律，并受搬运装卸作业规则的约束。

（二）港站经营人

根据《1991年联合国国际贸易运输港站经营人赔偿责任公约》的规定，运输港站经营人是指在其业务过程中，在其控制下的某一区域内或在其有权出入或使用的某一区域内，负责接管国际运输货物，以及对这些货物从事或安排从事与运输有关服务的人。

港站经营人主要包括港口码头、内陆车站、机场货运中心经营人以及经营仓储、装卸、运转工作的其他人。传统的港站经营人的业务活动以提供装卸活动为主，但随着物流业的迅速发展，港口经营人的服务项目越来越多，活动内容也越来越丰富，服务对象、服务性质越来越复杂。

由于港站经营人大多从事连接各种运输方式和运输站点的货物搬运装卸活动,很多物流企业将货物搬运装卸任务委托给他们,港站经营人成为搬运装卸作业活动的主体,与物流企业形成委托关系。港站经营人进行搬运装卸活动适用《民法典》《港口法》等法律法规及行业规则的约束。

第二节 港口装卸搬运作业中的法律规定

一、港口装卸搬运作业概述

装卸搬运是港口货物作业的主要内容,当物流企业不亲自实施货物的装卸搬运作业时,需要与专业的搬运装卸公司就某一港口的货物搬运装卸签订作业合同,该合同即属于港口货物作业合同。一般来讲,港口的专业搬运装卸公司就是港口经营人。

港口经营人是指接受货主、承运人或其他当事方的委托,在港口对水路运输货物提供或安排堆存、包储、搬运、装卸、积载、平舱、隔垫、绑扎等有关服务的人。

二、港口货物作业合同

港口货物作业合同是指搬运装卸经营人在港口对水路运输的货物进行装卸、驳运、储存、装拆集装箱等作业,作业委托人支付作业费用的合同。

港口货物作业合同的主要内容包括:

(1)作业委托人、港口经营人和货物接收人名称;
(2)作业项目;
(3)货物名称、件数、重量、体积(长、宽、高);
(4)作业费用及其结算方式;
(5)货物交接的地点和时间;
(6)包装方式;
(7)识别标志;
(8)船名、航次;
(9)起运港(站、点)(以下简称起运港)和到达港(站、点);
(10)违约责任;
(11)解决争议的方法。

除合同成立所必需的条款外,缺少其他的条款并不会影响合同的效力。

三、港口装卸搬运作业的主要规则

港口搬运装卸经营人应承担以下义务。

(一)港口经营人在港口搬运装卸作业中的义务

(1)作业条件。港口经营人应当按照作业合同的约定,根据作业货物的性质和状态,配备适合的机械、设备、工具、库场,并使之处于良好的状态。

（2）接收货物。港口经营人应当按照作业合同的约定接收货物，除另有约定外，散装货物按重量交接；其他货物按件数交接。接收货物后应当签发用以确认接收货物的收据。单元滚装货物作业以及货物在运输方式之间立即转移的，不适用前款规定。

（3）按照合同的要求进行搬运装卸作业。

（4）保管货物。港口经营人应当妥善地保管和照料作业货物。经对货物的表面状况检查，发现有变质、滋生病虫害或者其他损坏，应当及时通知作业委托人或者货物接收人。

（5）单元滚装运输作业。港口经营人应当提供适合滚装运输单元候船待运的停泊场所、上下船舶和进出港的专用通道；保证作业场所的有关标识齐全、清晰，照明良好；配备符合规范的运输单元司乘人员及旅客的候船场所。旅客与运输单元上下船和进出港的通道应当分开。

（6）交付货物。港口经营人应当按照作业合同的约定交付货物。

（二）港口经营人在港口搬运装卸危险货物作业中的义务

（1）从事港口作业的企业，应当按照安全管理制度和操作规程组织危险货物港口作业。

（2）从事危险货物港口作业的人员应当按照企业安全管理制度和操作规程进行危险货物的操作。

（3）从事危险货物港口作业的企业，应当对危险货物包装进行检查，发现包装不符合国家有关规定的，不得予以作业，并应当及时通知作业委托人处理。

（4）爆炸品、压缩气体和液化气体、易燃液体、易燃固体、自燃物品和遇湿易燃物品的港口作业，企业应当划定作业区域，明确责任人并实行封闭式管理。作业区域应当设置明显标志，禁止无关人员进入和无关船舶停靠。作业期间严禁烟火，杜绝一切火源。

（三）物流企业在港口搬运装卸作业中的义务

物流企业亲自进行搬运装卸业务时，其地位相当于搬运装卸经营人，其承担的义务适用港口经营人的规定。不具有港口搬运装卸能力的物流企业，在进行搬运装卸时，可能作为委托人与港口经营人签订港口货物作业合同，根据作业合同规定，物流企业承担下列义务：

（1）办理手续。应当及时办理港口、海关、检验、检疫、公安和其他货物运输和作业所需的各种手续，并将已办理各项手续的单证送交港口经营人。

（2）对有特殊搬运装卸要求的货物，应当与港口经营人约定货物搬运装卸的特殊方式和条件。

（3）交付的货物与合同相符。向港口经营人交付货物的名称、件数、重量、体积、包装方式、识别标志，应当与作业合同的约定相符。笨重、长大货物作业，应当声明货物的总件数、重量和体积（长、宽、高）以及每件货物的重量、长度和体积（长、宽、高）。

（4）申报内容属实。以件为单位进行搬运装卸的货物，港口经营人验收货物时，发现货物的实际重量或者体积与物流企业申报的重量或者体积不符时，物流企业应当按照实际重量或者体积支付费用并向港口经营人支付衡量费用。

（5）对危险物品的要求。对危险货物的搬运装卸作业，物流企业应当按照有关危险货物运输的规定妥善包装，制作危险品标志和标签，并将其正式名称和危害性质以及必要时应当采取的预防措施书面通知港口经营人。

（6）保证交付接收货物。作业合同约定港口经营人从第三方接收货物进行搬运装卸作业的，物流企业应当保证第三方按照作业合同的约定交付货物；港口经营人将货物交付第三方的，物流企业应当保证第三方按照作业合同的约定接收货物。

（四）物流企业在港口搬运装卸作业中的责任

物流企业在港口搬运装卸作业中承担下列责任：

（1）因办理各项手续和有关单证不及时、不完备或者不正确，造成港口经营人损失的，应当承担赔偿责任。

（2）未按照规定向港口经营人交付货物、进行声明造成港口经营人损失的，应当承担赔偿责任。

（3）港口经营人将货物交付货物接收人之前，可以要求港口经营人将货物交给其他货物接收人，但应当赔偿港口经营人因此受到的损失。

（4）不履行合同义务或者履行合同义务不符合约定的，应当承担继续履行、采取补救措施或者赔偿损失等违约责任。因不可抗力不能履行合同的，根据不可抗力的影响，部分或者全部免除责任。但迟延履行后发生不可抗力的，不能免除责任。

第三节 集装箱码头搬运装卸作业的规定

一、集装箱码头搬运装卸作业的概念

集装箱码头搬运装卸作业是指集装箱船舶装卸时以及集装箱船舶装卸作业前所进行的一系列作业，主要包括集装箱装卸船作业、堆场作业、货运站作业。集装箱装卸船作业是指将集装箱装上卸下船舶的作业；堆场作业是指对集装箱在堆场内进行搬运装卸等的作业；货运站作业是指集中、分散集装箱的业务。

二、物流企业在集装箱码头搬运装卸中的义务

与普通港口搬运装卸作业相比较，物流企业在集装箱码头搬运装卸作业中有一些特殊的义务。

（一）自行进行集装箱码头搬运装卸作业的物流企业所承担的义务

（1）应使装卸机械及工具、集装箱场站设施处于良好的技术状况，确保集装箱装卸、运输和堆放安全。

（2）物流企业在装卸过程中应做到：稳起稳落、定位放箱，不得拖拉、甩关、碰撞；起吊集装箱要使用吊具，使用吊钩起吊时，必须四角同时起吊，起吊后，每条吊索与箱顶的水平夹角应大于45°；随时关好箱门。

（3）物流企业如发现集装箱货物有碍装卸运输作业安全时，应采取必要的处置措施。在港口装卸过程中因操作不当造成箱体损坏、封志破坏，箱内货物损坏、短缺的，应负赔偿责任。

（二）委托他人进行集装箱码头搬运装卸作业的物流企业所承担的义务

（1）物流企业委托他人进行港口集装箱搬运装卸作业，应填制港口集装箱作业委托单。

（2）物流企业委托他人进行港口集装箱搬运装卸作业过程中，应保证货物的品名、性质、数量、重量、体积、包装、规格与委托作业单记载相符。委托作业的集装箱货物必须符合集装箱装卸运输的要求，其标志应当明显清楚。由于申报不实给港口经营人造成损失的，物流企业应当负责赔偿。

三、装、拆箱人的责任

在集装箱码头的搬运作业过程中，大部分业务会涉及对货物的拼箱和装箱，所以集装箱货物的装卸作业是集装箱码头搬运装卸作业的重要组成部分。根据《集装箱运输规则》的规定，装、拆箱需要签订装、拆箱合同以明确相关人员的责任。

装、拆箱合同是指装、拆箱人受托运人、承运人、收货人的委托，负责将集装箱货物装入箱内或从箱内搬出堆码并收取费用的合同。装、拆箱合同除双方当事人可以即时清结者外，应当采用书面合同形式，并由委托方注明装、拆箱作业注意事项。委托装、拆箱作业的货物品名、性质、数量、重量、体积、包装、标志、规格必须与"集装箱货物运单"记载的内容相符。

（一）装箱前的责任

装箱人装箱前，应按规定认真检查箱体，不得使用不适合装运货物的集装箱。因对箱体检查不严，导致货物损失的由装箱人负责。

对于有两个以上收货人或两种以上货物需要拼装一箱时，装箱人应填写"集装箱货物装箱单"。

（二）装箱时的责任

装箱人在装箱时要做到：

（1）货物堆码必须整齐、牢固，防止货物移动及开门时倒塌。

（2）性质互抵、互感的货物不得混装于同一箱内。

（3）要合理积载，大件不压小件，木箱不压纸箱，重货不压轻货，箭头朝上，力求箱底板及四壁受力均衡。

（4）集装箱受载不得超过其额定的重量。

由于装箱不当，造成经济损失的，装箱人应负赔偿责任。装、拆箱时不得损坏集装箱及其部件，如有损坏则由装、拆箱人负责赔偿。

（三）装箱后的责任

装箱人装箱后负责施封，凡封志完整无误、箱体状况完好的重箱，拆封开箱后如发现货物损坏或短缺，由装箱人承担责任。

整箱交付的集装箱货物需在卸货港拆箱的，必须有收货人参加。集装箱拆空后，由拆箱人负责清扫干净，并关好箱门。

四、物流企业的其他义务

物流企业在进行下列活动时还应承担以下义务,以保证货物安全。

(一)集装箱应具备的条件

需要物流企业提供集装箱的,集装箱应具备的条件:
(1)集装箱应符合国际标准化组织的标准。
(2)集装箱四柱、六面、八角完好无损。
(3)集装箱各焊接部位牢固。
(4)集装箱内部清洁、干燥、无味、无尘;集装箱不漏水、不漏光。

(二)物流企业对集装箱的检查

需要物流企业检查集装箱的,应做到:
(1)外部检查。对集装箱进行六面查看,外部是否有损伤、变形、破口等异常现象,如果发现这些现象,应该及时进行维修。
(2)内部检查。对集装箱的内侧进行查看,查看是否漏水、漏光,是否有污点、水迹等;箱门检查,箱门是否完好,是否能够270°开启。
(3)查看集装箱是否清洁。
(4)查看集装箱的附属件,检查附属件是否齐备,是否处于正常工作状态中。

(三)物流企业对集装箱货物进行积载时的注意事项

需要物流企业对集装箱货物进行积载时,一般应该注意:
(1)集装箱内所载的货物不能超过集装箱所能承受的最大重量。
(2)根据货物的性质、体积、质量、包装强度的不同安排积载。
(3)集装箱内应当均匀分布重量,并根据货物包装的强度决定堆码的层数。
(4)注意不同货物的物理及化学性能,避免发生污染和串味。

第四节 铁路搬运装卸作业中的法律规定

一、与铁路装卸搬运作业有关的法律规范

调整铁路装卸搬运法律规范主要包括:《民法典》《铁路法》中有关铁路搬运装卸的规定。铁道部颁布的《铁路货物运输管理规则》和《铁路装卸作业安全技术管理规则》《铁路装卸作业标准》《铁路货物装卸搬运作业规则》。

《铁路货物运输管理规则》第4章专门对装车和卸车作了规定;《铁路装卸作业安全技术管理规则》《铁路装卸作业标准》规定了铁路搬运装卸作业的技术标准。

二、铁路货物装卸搬运作业规则

根据铁路搬运装卸作业有关的法律,特别是《铁路货物装卸搬运作业规则》,关于货场

作业和装卸主要有以下规定：

（一）一般规定

装运货物要合理使用货车，车种要适合货种，除规定必须使用棚车装运的货物外，对怕湿或易于被盗、丢失的货物，也应使用棚车装运。发生车种代用时，应按《铁路货物运输规则》的要求报批，批准代用的命令号码要记载在货物运单和货票"记事"栏内；装车时，应采取保证货物安全的相应措施。有毒物品专用车不得用于装运普通货物。冷藏车严禁用于装运可能污染和损坏车辆的非易腐货物。

（二）装车的规定

1. 装车前的规定

认真检查货车的车体（包括透光检查）、车门、车窗、盖阀是否完整良好，车内是否干净、有无恶臭异味。要认真核对待装货物品名、件数，检查标志、标签和货物状态。对集装箱还应检查箱内装载情况，检查箱体、箱号和封印。

2. 装车时的规定

必须核对运单、货票、实际货物，保证运单、货票、货物"三统一"，要认真监装。对易磨损货件应采取防磨措施，怕湿和易燃货物应采取防湿或防火措施。装车过程中，要严格按照《铁路装卸作业安全技术管理规则》有关规定办理，对货物装载数量和质量要进行检查。

对以敞、平车装载的需要加固的货物，有定型方案的，严格按方案装车；无定型方案的，车站应制定装载加固方案，并按审批权限报批，按批准方案装车。装载散堆装货物，顶面应予平整。对自轮运转的货物、无包装的机械货物，车站应要求托运人将货物的活动部位予以固定，以防止脱落或侵入限界。

3. 装车后的规定

认真检查车门、车窗、盖、阀关闭及拧固和装载加固情况。需要填制货车装载清单及标画示意图的，应按规定填制。需要施封的货车，按规定施封。需要插放货车标示牌的货车，应按规定插放。对装载货物的敞车，要检查车门插销、底开门搭扣和篷布苫盖、捆绑情况。装载超限、超长、集重货物，应按装载加固定型方案或批准的装载加固方案检查装载加固情况。要严格执行装车质量签认制度，建立档案管理。

4. 安全装卸

货物装车或卸车，应在保证货物安全的条件下，积极组织快装、快卸，昼夜不间断地作业，以缩短货车停留时间，加速货物运输。等待装车或者从机车上卸下的货物存放在装卸场所内时，应距离货物线钢轨外侧 1.5 米以上，并应堆放整齐、稳固。

（三）卸车的一般规定

（1）卸车前认真检查车辆、篷布苫盖、货物装载状态有无异状，施封是否完好。

（2）卸车时必须核对运单、货票、实际货物，保证运单、货票、货物"三统一"，要认真监卸。对集装箱货物应检查箱体，核对箱号和封印。严格按照《铁路装卸作业安全技术管理规则》及有关规定作业，合理使用货位，按规定堆码货物。发现货物有异状，要及时按章处理。

（3）卸车后应将车辆清扫干净，关好车门、车窗、阀、盖，检查卸后货物安全距离，清理线路，将篷布按规定折叠整齐，送到指定地点存放。对托运人自备的货车装备物品和加固材料，应妥善保管。卸下的货物登记"卸货簿""集装箱到发登记簿"或具有相同内容的卸货卡片、集装箱号卡片。在货票丁联左下角记明卸车日期。

第五节 公路装卸搬运中的法律规定

一、与公路装卸搬运作业有关的法律规范

调整公路运输的货物在场站进行搬运和装卸作业应遵守的法律规范包括：《民法典》《公路法》。公路装卸搬运与铁路装卸搬运的规定有很多相似之处，与装卸搬运作业有关的法律同铁路装卸搬运的法律适用的原则相同。

二、公路装卸搬运作业规则

货物装卸搬运由承运人或托运人承担，可在货物运输合同中约定。承运人或托运人承担货物装卸搬运后，委托站场经营人、装卸搬运经营者进行货物装卸搬运作业的，应签订货物装卸搬运合同。

（一）装卸搬运人在装卸搬运业务中的义务

装卸搬运人进行装卸搬运业务时应做到：

（1）对车厢进行清扫，保证车辆、容器、设备符合装卸货的要求。

（2）搬运装卸作业应当轻装轻卸，堆码整齐；清点数量；防止混杂、撒漏、破损；严禁有毒、易污染物品与食品混装，严禁危险货物与普通货物混装。

（3）对性质不相抵触的货物，可以拼装、分卸。

（4）搬运装卸过程中，发现货物包装破损，搬运装卸人员应及时通知托运人或承运人，并做好记录。

（5）搬运装卸危险货物，按规定进行作业。

（6）搬运装卸作业完成后，货物需绑扎苫盖篷布的，搬运装卸人员必须将篷布苫盖严密并绑扎牢固，编制有关清单，做好交接记录；并按有关规定施加封志和外贴有关标志。

（7）应当认真核对装车的货物名称、重量、件数是否与运单上记载相符，包装是否完好。包装轻度破损，托运人坚持要装车起运的，应征得承运人的同意，承托双方需做好记录并签章后，方可运输。

（二）托运人在搬运装卸业务中的责任

托运人在搬运装卸业务中承担下列责任：

（1）未按合同规定的时间和要求，备好货物和提供装卸条件，以及货物运达后无人收货或拒绝收货，而造成承运人车辆放空、延滞及其他损失，托运人应负赔偿责任。

（2）因托运人下列过错，造成承运人、站场经营人、搬运装卸经营人的车辆、机具、设备等损坏、污染或人身伤亡以及因此而引起的第三方的损失，由托运人负责赔偿：第一，在托运人的货物中有故意夹带危险货物和其他易腐蚀、易污染货物以及禁、限运货物等行为；第二，错报、匿报货物的重量、规格、性质；第三，货物包装不符合标准，包装、容器不良，而从外部无法发现；第四，错用包装、储运图示标志。

（3）不如实填写运单，错报、误填货物名称或装卸地点，造成承运人错送、装货落空以及由此引起的其他损失，托运人应负赔偿责任。

三、公路集装箱装拆箱作业人的责任

公路货物运输也涉及集装箱装箱和拆箱作业问题，《集装箱汽车运输规则》对此作了规定。集装箱装箱和拆箱作业应由托运人、收货人或承运人、场站作业人委托装拆箱作业人员负责。

（一）装箱前检查

装拆箱作业人在装箱前，应按规定认真检查箱体，发现集装箱不适合装运货物时，应拒绝装箱，并立即通知集装箱所有人或承运人。集装箱的目测检查包括：

（1）外部检查，集装箱外表有无损伤、变形、破口等异样。

（2）内部检查，集装箱内侧六面是否有漏水、漏光、水迹、油迹、残留物、锈蚀。

（3）箱门检查，箱门、搭扣件、密封条有无变形、缺损，箱门能否开启180度。

（二）按要求装载

装拆箱作业人应根据货物的性质，严格按装箱积载的要求装载货物，并采用合适的方法对箱内货物进行固定、捆绑、衬垫，防止货物在箱内移动或翻倾，其所需材料费用由委托装拆箱作业的人承担；集装箱装卸作业应做到轻装轻卸，确保集装箱货物和集装箱的安全。

（三）装箱后的工作

货物装箱后，装拆箱作业人应编制货物装箱单，按有关规定施加封志，并按要求在箱体外贴上运输及有关标志。装箱过程中，发现货物包装破损的，装拆箱作业人应做好记录，并及时通知有关方后，再决定是否装箱。

小结

装卸是指物品在指定地点以人力或机械装入运输设备或从运输设备卸下。搬运是在同一场所内，对物品进行水平移动为主的物流作业。

装卸搬运是港口货物作业的重要内容。货物装卸搬运作业时应当与专业的装卸搬运公司就某一港口的货物装卸搬运签订作业合同。集装箱码头装卸搬运作业、铁路装卸搬运作业和公路货物运输在场站进行的搬运和装卸作业也应遵守相关法律规定。

案例分析与思考（案例一）

【案件基本信息】

案件名称：法国 A 轮船有限公司诉南昌 B 纺织服装进出口有限公司海上货物运输合同无单放货损害赔偿纠纷案。

【案情介绍】

2006 年 11 月，南昌 B 纺织服装进出口有限公司（以下简称南昌公司）从中国上海出口一个集装箱货物至多米尼加共和国。中国 A 轮船有限公司（以下简称中国 A）于 11 月 2 日作为承运人的代理签发了以法国 A 轮船有限公司（以下简称法国 A）为实际承运人的提单。

提单上记载托运人为南昌公司，收货人为尼古拉斯·萨斯梅格公司，装货港为中国上海，卸货港为多米尼加共和国卡西多港，装船日期为 2006 年 11 月 2 日，在附加条款中记载有"货物为整箱交接。根据目的地国家的法律和实践，一旦货物被卸下，承运人对于货物完全没有控制。货物通过海关交付给收货人，没有正本提单交给船舶代理的情况可能会发生。承运人不对由于没有正本提单交货而产生的任何要求负责"和"货物整箱交接"的内容。

货物出运后，收货人未依约向南昌公司支付货款，正本提单仍由南昌公司持有。法国 A 的网站上显示，涉案集装箱已于 2006 年 12 月 30 日交付给收货人，南昌公司认为法国 A 和中国 A 在目的港实施了无单放货行为，导致其无法收回货款，遂诉诸法院，要求获赔货款及利息损失。

【案情焦点】

附加条款中的免责条款是否有效？附加条款中记载有"根据目的地国家的法律和实践，一旦货物被卸下，承运人对于货物完全没有控制。货物通过海关交付给收货人，没有正本提单交给船舶代理的情况可能会发生。承运人不对由于没有正本提单交货而产生的任何要求负责"和"货物整箱交接"的内容。

【法院裁判要旨】

法院认为：涉案提单附加条款中记载货物的交接方式为整箱交接，提单上对货物的交接方式无另行批注，法国 A 和中国 A 的网站信息中未出示涉案货物有拆箱交付的记录，故可以认定涉案货物为整箱交接。在货物为整箱交接以及托运人南昌公司仍持有正本提单的情况下，装载涉案货物的集装箱已经被用于其他航次的事实，可以作为证明法国 A 实施了无单放货行为的初步证据。法国 A 未能提供任何证据证明货物仍在其控制之下，应依法承担举证不能的法律后果。

法国 A 认为，因为多米尼加共和国法律规定货物运抵目的港后，承运人必须将货物交由港口当局或海关负责交付，无权直接向收货人或提单持有人交付，故法国 A 不应承担无单放货赔偿责任。但法国 A 提交的律师法律意见因缺乏出具人身份和作证资格的证明，无法被确认。

法国 A 和中国 A 提交的相关法律规定，并未涉及货物运至多米尼加共和国后，承运人必须将货物交付给港口当局或海关，且只能由港口当局或海关负责向收货人交付，即交付方式唯一的内容。同时,法国 A 和中国 A 提供的证据未证明法国 A 已经按照其提交的法律规定,将货物交给多米尼加共和国港口当局或海关,也未证明货物是由港口当局或海关向提单记明的收货人交付的,故不能证明法国 A 已经完成了货物交付的义务,以及被免除了凭正本提单交付货物的义务。

即使目的港确有关于所有到港货物必须强制交付港口当局或海关的法律规定,但作为一个谨慎的承运人,法国 A 也应在收到运往多米尼加共和国的货物时向托运人作出明确声明,以提醒托运人注意在目的港无单放货的风险。虽然法国 A 在提单附加条款上注明根据目的地国家的法律和实践,承运人不对由于没有正本提单交货而产生的任何要求负责,但这不能表明承运人已就其免责事项作出明确声明,也不足以提请托运人对在目的港可能产生无单放货的风险引起注意。

同时,该附加条款表明在目的港无单放货的情况只是可能会发生,而非必然发生,也不能证明多米尼加共和国法律规定承运人将货物交付给港口当局或海关是交货的唯一方式,不能据此免除承运人凭正本提单向收货人交付货物的义务。故法国 A 在没有证据证明其就无单放货行为能够免责的情况下,应当承担违约赔偿责任。

法院遂判决:

(1)法国 A 向南昌公司赔偿货款损失 99 158 美元及利息损失(利息损失从 2007 年 7 月 27 日起计算至判决生效之日止,利率按中国人民银行同期企业美元活期存款利率计算);

(2)对南昌公司的其他诉讼请求不予支持。

案例分析与思考(案例二)

【案件基本信息】

案例名称:温州 A 电器有限公司诉 B 轮船有限公司等海上货物运输合同货损赔偿纠纷案。

【案情介绍】

2008 年 5 月,温州 A 电器有限公司(以下简称 A 公司),将 1 142 箱电器产品交付运输。2008 年 5 月 18 日,货物在温州港装轮,B 轮船(中国)有限公司(以下简称 B 公司)在温州港的代理人 C 船务代理有限公司(以下简称 C 公司)根据与 B 公司的协议,作为承运人的代理人签发正本提单 1 式 3 份,提单记载托运人为 A 公司,目的港为尼日利亚拉哥斯,目的港代理为 B 轮船有限公司,货物总价 124 596 美元。A 公司至今持有涉案正本提单 1 式 3 份。该货物于 2008 年 7 月运抵拉哥斯港,并在码头卸货。但因收货人未及时办理报关手续,同年 9 月 30 日,尼日利亚政府公告货主逾期办理清关手续并于 12 月 1 日货物被海关拍卖。因 A 公司未收到货款,故在货物出运后,A 公司即向浙远公司要求查询货物运输动态,并要求办理退运手续。C 公司与 B 公司无任何信息反馈。后 A 公司得知货物被尼日利亚海关拍卖,即于 2009 年 5 月 14 日诉至法院,请求判令 C 公司及 B 公司连带返还提单项下货物 1 142 件或赔偿货款 124 596 美元。

【法院裁判要旨】

本案的争议焦点是:货物运到目的地后出现可能导致货物灭失情形后,承运人是否应通知托运人,是否应承担托运人因未获通知而没能及时采取补救措施造成的货物灭失损失。原

告托运人 A 公司认为承运人没有向其履行通知义务,致使托运人 A 公司没能及时办理退运,进而造成货损,承运人应当对货损负全责。被告承运人一方则认为根据合同法、本案提单以及行业习惯,承运人不需向托运人履行该通知义务,托运人的主张不成立。

一审法院经审理认为:被告承运人不应对托运人负有关通知义务。通知托运人货物抵港,既非承运人的法定义务,也非海上货物运输合同的随附义务,更非本案提单条款的约定义务。在签发记名提单的情况下,承运人负货物抵港通知义务的相对方为收货人或提单记载的通知人,原告的主张不成立。法院结合其他理由驳回了原告诉讼请求。

然而在二审中,法院却认为:被告承运人 B 公司始终未向法庭提供在涉案货物到达目的港后通知收货人或托运人的证据,所以认定 B 公司未履行对收货人的通知义务。并且在本案货物出运后,A 公司多次与 B 公司及其代理沟通查询出运货物的运输动态,而 B 公司及其代理始终未作任何回复。尽管通知托运人不是 B 公司应负的法定或约定义务,但若 B 公司及其代理对于 A 公司的查询能够作出相应的信息反馈,A 公司则有机会采取必要措施以避免货物损失。

因此,二审法院最后判决:B 公司未履行《中华人民共和国合同法》第三百零九条所规定的承运人的通知义务,从而使涉案货物的收货人或托运人均无法了解、掌控及处理货物,造成了本案货损的实际发生,应当承担相应的违约责任。B 公司应赔偿 A 公司所遭受的货款损失 124 596 美元。

> 课后习题

（1）简述装卸和搬运的区别。
（2）简述港口经营人在港口搬运装卸作业中的义务。
（3）简述物流企业在港口搬运装卸作业中的义务。
（4）集装箱码头搬运装卸作业都包括哪些工作?
（5）简述集装箱码头的装、拆箱合同的概念,以及装、拆箱人在装箱前、装箱时、装箱后的责任。
（6）简述铁路货物搬运装卸作业规则。
（7）简述公路货物搬运装卸作业规则。

第十章 物流保险法律制度

学习目标

【掌　握】

（1）掌握物流保险的特征。
（2）掌握近因原则、损失补偿原则。
（3）掌握物流保险合同的特征。
（4）掌握物流保险合同的终止的主要原因。
（5）掌握在海洋运输货物保险中保险人承保风险的构成。
（6）掌握海上货物运输损失的类型（按照损失程度和性质）。

【理　解】

（1）理解保险法的基本原则。
（2）理解投保单、保险单、保险凭证之间的区别。
（3）理解共同海损发生的条件。
（4）理解一切险和水渍险的真实承保范围。

【了　解】

（1）了解物流保险合同的条款。
（2）了解物流保险合同当事人的权利义务。
（3）了解海洋货物运输保险的索赔和理赔过程。

第一节　物流保险法律制度概述

近年来，国内物流业迅速发展。现代物流向专业化分工发展的过程中，运营风险也随之加大。物流货物保险可以为客户提供全面的保险保障，有效地分担风险弥补亏损，把经营活动中的风险尽可能降到最低。物流保险法律制度就成为物流法律制度中的一个重要内容。

一、保险与保险的特征

（一）保险的概念

《保险法》规定，保险是指投保人根据合同约定，向保险人支付保险费，保险人对于合同约定的可能发生的事故因其发生所造成的财产损失承担赔偿保险金责任，或者当被保险人死亡、伤残、疾病或者达到合同约定的年龄、期限时承担给付保险金责任的商业保险行为。保险法规定的保险包括财产保险和人身保险，其中的财产保险是物流保险的重要内容。

（二）物流保险的特征

物流保险既具有保险的一般特征，又具有自己的特点：

1.投保人对保险标的具有保险利益

投保人对保险标的应当具有保险利益。保险利益是指投保人对保险标的具有法律上承认的利益。保险利益在保险法中具有重要的地位，它关系到保险合同的效力，投保人对保险标的不具有保险利益的，保险合同无效，并且决定着保险标的、保险价值等重要的因素。

保险利益应当是合法的利益，应当具有经济上的价值，可以用货币、金钱计算和估价。此外，保险利益还应当是可确定的利益。在财产保险中，保险利益是指投保人或者被保险人对保险标的因保险事故的发生以致保险标的的不安全而受到损害，或者因保险事故的不发生而免受损害所具有的利害关系。

2.保险金额不能超过保险价值

保险标的的保险价值，可以由投保人和保险人约定并在合同中载明，也可以按照保险事故发生时保险标的的实际价值确定。一般是按照货价或者货价加运费来确定的。

保险金额不得超过保险价值。《保险法》规定，保险金额超过保险价值的，超过的部分无效。保险金额低于保险价值的，除合同另有约定外，保险人按照保险金额与保险价值的比例承担赔偿责任。

3.经济补偿性

经济补偿是保险人对被保险人因保险事故而遭受的损失进行补偿。财产保险具有明显的补偿性质，在发生保险事故的情况下，被保险人能够用获得的保险金额重新购置财产，恢复经营与生产，这也是投保人或者被保险人参加保险的目的。

4.代位追偿

如果对保险标的的损害是因第三者的原因造成的，保险人自向被保险人赔偿保险金之日起，在赔偿金额范围内代位行使被保险人对第三者请求赔偿的权利。

如果在保险事故发生后，被保险人已经从第三者取得损害赔偿的，保险人赔偿保险金时，可以相应扣减被保险人从第三者已取得的赔偿金额。保险人依法行使代位请求赔偿的权利，不影响被保险人就未取得赔偿的部分向第三者请求赔偿的权利。

保险事故发生后，保险人没有赔偿保险金之前，被保险人放弃对第三者的请求赔偿的权利的，保险人不承担赔偿保险金的责任。由于被保险人的过错致使保险人不能行使代位请求赔偿的权利的，保险人可以相应扣减保险赔偿金。保险人向被保险人赔偿保险金后，被保险人未经保险人同意放弃对第三者请求赔偿的权利的，该行为无效。

5.保险合同当事人具有告知义务

订立保险合同，保险人应当向投保人说明保险合同的条款内容，并可以就保险标的或者被保险人的有关情况提出询问，投保人应当如实告知。若有保险人责任免除条款的，保险人在订立合同时应当向投保人明确说明。保险人在订立合同时未向投保人做明确说明，该条款不产生法律效力。投保人也应当尽如实告知的义务。如果投保人不履行如实告知义务的，或者因过失未履行如实告知义务，足以影响保险人决定是否同意承保或者提高保险费率的，保险人有权解除保险合同。

投保人故意不履行如实告知义务的，保险人对于保险合同解除前发生的保险事故，不承担赔偿或者给付保险金的责任，并不退还保险费。投保人因过失未履行如实告知义务，对保险事故的发生有严重影响的，保险人对于保险合同解除前发生的保险事故，不承担赔偿或者给付保险金的责任，但可以退还保险费。

二、保险法的基本原则

根据《保险法》的规定，保险法的基本原则主要有：

（一）最大诚信原则

诚实信用的原则起源于罗马法，在各国民法典中均有规定。在保险法中，诚实信用原则是指保险合同的双方当事人在签订和履行保险合同时，必须保持最大限度的诚意，双方都应遵守信用，诚实不欺，投保人应向保险人如实申报保险标的的主要风险情况，否则保险合同无效。

诚实信用原则的具体内容有：保险人的说明义务、投保人和被保险人的如实告知义务、弃权和禁止反言等。

（二）损失补偿原则

损失补偿原则是指在保险合同生效后，如果发生保险责任范围内的损失，被保险人有权按照合同的约定获得全面、充分的赔偿。被保险人请求损失补偿应当符合一定的条件：必须是投保人或者被保险人发生了实际损失，是对实际发生损失的补偿；保险人仅补偿实际损失；补偿的损失额受到保险金额和保险利益的限制，即保险金额不得超过保险价值，保险金额超过保险价值的，超过的部分无效。

（三）近因原则

近因原则是指判断风险因素或者风险事故与保险标的损害之间的因果关系从而区分保险赔偿责任或者给付责任的原则。

按照这一原则，当被保险人的损失是直接由于保险责任范围内的事故造成的，保险人才给予赔偿。这是因为现实中保险标的的损失是由多种风险事故同时或者连续发生造成的，而这些风险事故往往同时有被保风险、非保风险或除外风险。近因原则是判断保险人是否需要赔偿的标准。

> **概念拓展：近因**
>
> 近因是指在风险和损害之间，导致损害发生的最直接、最有效、起决定作用的原因。对多种风险进行排查和识别，近因原则是判断保险人是否需要赔偿的标准。

三、物流保险合同的概念与特征

（一）物流保险合同的概念

物流保险合同是投保人与保险人之间约定物流权利义务关系的协议。物流保险合同主要是财产保险合同。《保险法》规定，财产保险合同是以财产及其有关利益为保险标的的保险合同。相对于一般的保险合同，物流保险合同的内容较为复杂，涉及许多技术问题以及法律术语。

（二）物流保险合同的特征

1. 物流保险合同是双务合同

物流保险合同中的投保人、保险人都有合同义务，投保人承担支付保费等义务，保险人在保险事故发生后有支付保险金的义务。

2. 物流保险合同是有偿合同

投保人向保险人支付保险费，保险人在保险事故发生后必须赔偿或者给付保险金。

3. 物流保险合同是格式合同

所谓格式合同是指当事人为了重复使用而预先拟定，并在订立合同时未与对方协商的合同。在格式合同中，由于当事人双方实际地位的不平等，容易导致不能合理地安排物流保险合同当事人的权利义务关系。

物流保险合同双方当事人不能就合同的条款逐条进行协商，一般是由保险人单方提出保险条款，相对人一方不参加合同条款的制定，只能选择是否接受合同的全部条款。

《民法典》规定，采用格式条款订立合同的，提供格式条款的一方应当遵循公平原则确定当事人之间的权利和义务，并采取合理的方式提请对方注意免除或者限制其责任的条款，按照对方的要求，对该条款予以说明。

在合同中提供格式条款一方免除其责任、加重对方责任、排除对方主要权利的，该条款无效。《保险法》中也规定，保险合同中规定有关于保险人责任免除条款的，保险人在订立保险合同时应当向投保人明确说明，未明确说明的，该条款不产生效力。

4. 物流保险合同是射幸合同

保险人是否赔偿或者给付保险金的义务具有不确定性，取决于保险事故是否发生。此外，保险人给付或者赔偿的保险金之间也没有等价交换的关系，有可能保险人给付的保险金远远大于投保人缴付的保险费。所以说，保险合同是最典型的射幸合同。射幸合同，就是指合同当事人一方支付的代价所获得的只是一个机会，对投保人而言，他有可能获得远远大于所支付的保险费的效益，但也可能没有利益可获；对保险人而言，他所赔付的保险金可能远远大于其所收取的保险费,但也可能只收取保险费而不承担支付保险金的责任。保险合同的这种射幸性质是由保险事故的发生具有偶然性的特点决定的,即保险人承保的危险或者保险合同约定的给付保险金的条件的发生与否,均为不确定。

四、物流保险合同的订立与条款

(一)物流保险合同的订立

物流保险合同的订立是投保人和保险人之间约定保险权利义务关系的协议。

物流保险合同的订立是一种法律行为。

1. 投保人

投保人是指与保险人订立保险合同,并按照保险合同负有支付保险费义务的人。

2. 保险人

保险人是指与投保人订立保险合同,并承担赔偿或者给付保险金责任的保险公司。

3. 被保险人

被保险人是指在保险事故发生时遭受损害或者约定保险期限届满享有保险金请求权的人。

4. 受益人

受益人是指根据保险合同的规定,由被保险人指定的享有保险金请求权的人。

(二)物流保险合同的形式

《保险法》规定,投保人提出保险要求,经保险人同意承保,并就合同的条款达成协议,保险合同成立。保险人应当及时向投保人签发保险单或者其他保险凭证,并在保险单或者其他保险凭证中载明当事人双方约定的合同内容。经投保人和保险人协商同意,也可以采取其他书面协议形式订立保险合同。

从以上规定可以看出,保险合同采用书面形式。

保险合同的形式主要有:

(1)投保单。投保单是投保人向保险人申请订立保险合同的书面要约。

(2)保险单。保险单是保险合同成立后由保险人向投保人签发的证明保险合同成立的正式书面凭证。

(3)保险凭证。保险凭证是保险人向投保人签发的证明保险合同成立的书面凭证。

(三)物流保险合同的条款

物流保险合同的条款确定双方当事人之间权利义务,构成保险合同的内容。

保险合同应当记载的事项主要有:

(1)保险人名称和住所。

(2)投保人、被保险人名称和住所,以及人身保险的受益人的名称和住所。

(3)保险标的。

(4)保险责任和责任免除。

（5）保险期间和保险责任开始时间。
（6）保险价值。
（7）保险金额。
（8）保险费以及支付办法。
（9）保险金赔偿或者给付办法。
（10）违约责任和争议处理。
（11）订立合同的年、月、日。

五、物流保险合同的效力

（一）物流保险合同效力的含义

物流保险合同效力是指物流保险合同依法成立，在双方当事人之间产生权利义务关系，具有法律约束力。

（二）物流保险合同当事人的权利义务

1. 投保人和被保险人的主要义务

1）如实告知的义务

保险人应当向投保人说明保险合同的条款内容，在就保险标的或者被保险人的有关情况提出询问时，投保人应当如实告知。投保人故意隐瞒事实，不履行如实告知义务的，或者因过失未履行如实告知义务，足以影响保险人决定是否同意承保或者提高保险费率的，保险人有权解除保险合同。

2）缴纳保险费的义务

保险合同订立后，投保人应当按照保险合同的规定向保险人交纳保险费。

3）保险标的危险增加的通知义务

在物流保险合同有效期内，保险标的危险程度增加的，被保险人按照合同约定应当及时通知保险人，保险人有权要求增加保险费或者解除合同。被保险人未履行规定的通知义务的，因保险标的危险程度增加而发生的保险事故，保险人不承担赔偿责任。

4）保险事故通知义务

投保人和被保险人在知道保险事故发生后，应当及时通知保险人。

5）善意地保护保险标的的安全的义务

被保险人应当遵守国家有关消防、安全、生产操作、劳动保护等方面的规定，维护保险标的的安全。保险人可以对保险标的的安全状况进行检查，及时向投保人、被保险人提出消除不安全因素和隐患的书面建议。投保人、被保险人未按照约定履行其对保险标的安全应尽的责任的，保险人有权要求增加保险费或者解除合同。

2. 保险人的义务

1）支付保险金的义务

保险人支付保险金是保险人的基本义务。

在保险人收到被保险人或者受益人的赔偿或者给付保险金的请求后，应当及时作出核定，并将核定结果通知被保险人或者受益人；对于属于保险责任的，在与被保险人或者受益人达成有关赔偿或者给付保险金额的协议后10日内，履行赔偿或者给付保险金义务。

保险合同对保险金额及赔偿或者给付期限有约定的，保险人应当依照保险合同的约定，履行赔偿或者给付保险金义务。保险人未及时履行规定义务的，除支付保险金外，应当赔偿被保险人或者受益人因此受到的损失。保险人收到被保险人或者受益人的赔偿或者给付保险金的请求后，对于不属于保险责任的，应当向被保险人或者受益人发出拒绝赔偿或者拒绝给付保险金通知书。

保险人自收到赔偿或者给付保险金的请求和有关证明、资料之日起60日内，对其赔偿或者给付保险金的数额不能确定的，应当根据已有证明和资料可以确定的最低数额先予支付；保险人最终确定赔偿或者给付保险金的数额后，应当支付相应的差额。

2）说明义务

保险人在保险合同订立时应当对保险合同的条款如实说明。对方当事人对于保险合同内容要求说明的，应当如实解释。为保障被保险人的合法权益，《保险法》还规定，保险合同中规定有关保险人责任免责条款的，保险人在订立合同时应当向投保人说明；保险人没有明确说明的，该条款不产生效力。

六、物流保险合同的变更

物流保险合同的变更是指在物流保险合同存续期间，保险合同的主体发生变化、内容发生变化等。

在物流保险合同有效期内，投保人和保险人经协商同意，可以变更保险合同的有关内容。物流保险合同的变更应当依法进行。保险标的的转让应当通知保险人，经保险人同意继续承保后，依法变更合同。变更保险合同的，应当由保险人在原保险单或者其他保险凭证上批注或者附贴批单，或者由投保人和保险人订立变更的书面协议。但是，货物运输保险合同和另有约定的合同除外。

七、物流保险合同的解除与终止

（一）物流保险合同的解除

物流保险合同的解除是指在物流保险合同存续期间，保险合同依法或者依照约定提前终止其效力。物流保险合同成立后，投保人可以解除保险合同。物流保险合同的解除应当依据法律的规定进行。

对于保险合同的解除，法律规定了一定的限制。如，货物运输保险合同和运输工具航程保险合同，保险责任开始后，合同当事人不得解除合同。

（二）物流保险合同的终止

物流保险合同的终止是指保险合同当事人之间权利义务的消灭。

物流保险合同的终止主要有以下原因：

（1）保险合同届满；

（2）保险事故发生；

(3)保险人已经履行支付全部保险金的义务;
(4)保险标的非因保险事故而全部灭失等。

第二节 海洋货物运输保险法律制度

随着跨越国际的贸易的频繁,国际货物运输保险法律制度逐渐发展与完善。加上国际货物运输的风险较国内运输的风险更大,货物运输保险就显得尤为重要。

一、海洋货物运输保险承保的风险

在海洋运输货物保险中,保险人承保的风险主要是海上风险和外来风险,如图10-1所示。

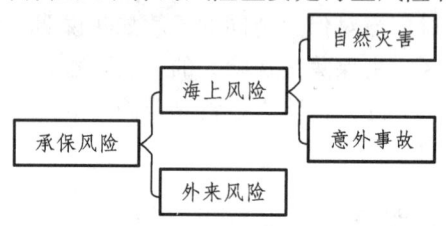

图 10-1 海洋货物运输承保风险的分类

（一）海上风险

我国现行海运货物保险条款以及英国伦敦保险协会新条款所承保的海上风险,可以分为自然灾害和意外事故。

1.自然灾害

所谓自然灾害,是仅指恶劣气候、雷电、洪水、流冰、地震、海啸、火山爆发,海水、湖水、河水进入船舶、驳船、运输工具、集装箱、大型海运箱或储存处所等其他人力不可抗拒的灾害,而不是指一般自然力所造成的灾害。

恶劣气候一般是指海上飓风、大浪引起的船舶颠簸、倾斜等,造成船舶的船体破裂、船舶设备损坏,以及因此引起的船上货物碰损破碎、包装破裂、渗漏等损失。雷电是指被保险货物在运输中,由于雷电所直接造成的或者由于雷电所引起的火灾造成的损失。

洪水是指因为江河泛滥、山洪暴发、湖水上岸及倒灌,或者暴雨积水致使保险货物遭受泡损、淹没、冲散等损失。

地震是指由于地壳发生急剧的自然变化,使地面发生震动、地裂等,造成货物、船舶直接损失或者因此引起火灾、爆炸、淹没等损失。火山爆发是指由于火山爆发引发的地震以及喷发的固体、液体和有毒气体等,造成货物的损失。

海啸主要是由于海底地壳发生变异,有的地方下陷,有的地方升高,引起海洋剧烈震荡而产生巨大的海浪,致使货物遭受损失或者灭失。浪击落海通常是指存放在舱面上的货物在运输中受到海浪的冲击落海而造成货物损失。

海水、湖水、河水进入船舶、驳船、运输工具、集装箱、大型海运箱或者储存处所的风险,不仅包括由于海水,也包括由于湖水和河水进入船舶等运输工具或者储存处所造成的保险货物的损失。

2.海上意外事故

海上意外事故主要是船舶搁浅、触礁、碰撞、爆炸、火灾、沉没、船舶失踪或其他类似事故。

船舶搁浅是指船舶在航行中，由于意外或者异常的原因，船底与水下障碍物紧密接触，被牢牢搁住，并且保持一段时间。

触礁是指船舶在航行中触及海中岩礁或者其他障碍物如木桩、鱼栅等造成的一种意外事故。碰撞是指载有货物的船舶在航行中与其他物体，如码头、船舶、灯塔、流冰等，发生猛烈的接触，由此造成损失。

爆炸是指物体发生爆炸使物体本身及其周围物体遭受猛烈破坏的现象。

火灾是海上货物运输中最为严重的风险之一，包括货物直接被火烧毁、烧焦、烧裂，和间接被火熏黑、灼热或者为救火而导致的损失。

沉没是指船舶因为海水侵入，失去浮力，船体全部沉入水中，无法继续航行的状态，或者虽然未构成船体全部沉没，但是已经大大超过船舶规定的吃水标准，使船舶浮于水面的部分浸入水中无法继续航行，由此造成保险货物损失。

失踪是指船舶在海上航行，失去联络超过合理期限的一种情况。

（二）外来风险

由于上述海上风险以外的原因造成的风险属于外来风险，一般情况下主要有：偷窃、破碎、钩损、短少或者提货不着、串味、渗漏、短量、碰损、淡水雨淋、生锈、受潮受热、沾污。

二、海上货物运输损失

海上货物运输损失，简称海损，是指被保险货物在海运过程中，由于海上风险所造成的损坏或灭失。一般情况下，凡与海陆连接的陆运过程中所发生的损坏或灭失，都属于海损的范围。

依据货物损失的程度划分，海损可分为全部海损和部分海损；全部海损又可以分为实际全损和推定全损。就货物损失的性质而言，部分海损又可分为共同海损和单独海损，如图10-2所示。

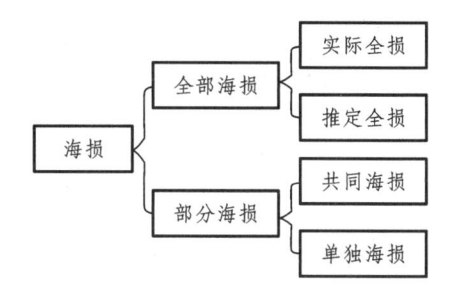

图10-2 海损的分类

（一）全部海损和部分海损

1.全部海损

全部海损分为实际全损和推定全损。

实际全损是指货物全部灭失，或完全变质，或不可能归还被保险人。例如：棉纱全部烧毁，水泥被水浸泡结成硬块，货物全部沉入海底。推定全损是指货物发生事故后，认为实际全损已不可避免，或者为避免实际全损所需支付的费用与继续将货物运抵目的地的费用之和超过保险价值。例如：某设备的价值为1万元，运输途中遇险导致设备严重受损，如果要对设备进行修复则需要花费1.6万元的费用。

2.部分海损

凡不属于实际全损和推定全损的损失为部分海损。

（二）共同海损和单独海损

1.共同海损

共同海损是指在海洋运输途中，船舶、货物或其他财产遭遇共同危险，为了解除共同危险，有意采取合理的救难措施，所直接造成的特殊牺牲和支付的特殊费用。在船舶发生共同海损后，凡属共同海损范围内的牺牲和费用，均可通过共同海损理算，由有关获救受益方（即船方、货方和运费收入方）根据获救价值按比例分摊，这种分摊，称为共同海损分摊。

共同海损涉及各方的利害关系。因此，构成共同海损是有条件的。共同海损必须具有下列特点：

（1）共同海损的危险必须是共同的，采取的措施是合理的，这是共同海损成立的前提条件。如果危险还没有危及船货各方的共同安全，即使船长有意作出合理的牺牲和支付了额外的费用，也不能算作共同海损。

（2）共同海损的危险必须是真实存在的而不是臆测的，或者不可避免地发生的。

（3）共同海损的牺牲必须是自动的和有意采取的行为。其费用必须是额外的。

（4）共同海损必须是属于非常情况下的损失。

2.单独海损

单独海损是指仅涉及船舶或货物所有人单方面利益的损失。

三、海洋货物运输保险的险种

中国人民保险公司所规定的基本险别包括平安险、水渍险和一切险。

（一）基本险别

1.平安险

保险公司的平安险对下列原因所导致的损失负赔偿责任。

（1）被保险的货物在运输途中由于恶劣气候、雷电、海啸、地震、洪水等自然灾害造成整批货物的全部损失或推定全损。若被保险的货物用驳船运往或运离海轮时，则第一驳船所装的货物可视作一个整批。

（2）由于运输工具遭到搁浅、触礁、沉没、互撞，与流冰或其他物体碰撞及失火、爆炸等意外事故所造成的货物全部或部分损失。

（3）在运输工具已经发生搁浅、触礁沉没、焚毁等意外事故的情况下，货物在此前后又在海上遭受恶劣气候、雷电、海啸等自然灾害所造成的部分损失。

（4）在装卸或转运时由于一件或数件甚至整批货物落海所造成的全部或部分损失。

（5）被保险人对遭受承保责任内的危险货物采取抢救、防止或减少货损的措施所支付的合理费用，但以不超过该批被救货物的保险金额为限。

（6）运输工具遭遇海难后，在避难港由于卸货引起的损失及在中途港或避难港由于卸货、存仓和运送货物所产生的特殊费用。

（7）共同海损的牺牲、分摊和救助费用。

运输契约中如订有"船舶互撞责任"条款，则根据该条款规定应由货方偿还船方的损失。

（8）上述险别还规定了下列除外责任：①被保险人的故意行为。②属于发货人责任引起的损失。③在保险责任开始前，被保险货物已经存在不良或数量短差所造成的损失。④被保险货物的自然损耗、本质缺陷、特性以及市价跌落、运输延迟所造成的损失和费用。⑤属于海洋运输货物战争险条款和货物运输罢工险条款规定的责任范围和除外责任。

2. 水渍险

保险公司除担负上述平安险的各项责任外，还对被保险货物如由于恶劣气候、雷电、海啸、地震、洪水等自然灾害所造成的部分损失负赔偿责任。

3. 一切险

保险公司除担负平安险和水渍险的各项责任外，还对被保险货物在运输途中由于外来原因而遭受的全部或部分损失，也负赔偿责任。

（二）附加险

在海运保险业务中，进出口商除了投保上述基本险别外，还可根据货物的特点和实际需要，酌情再选择若干适当的附加险别。附加险别包括一般附加险和特殊附加险。

1. 一般附加险

一般附加险不能作为一个单一的项目投保，而只能在投保平安险或水渍险的基础上，根据货物的特性和需要加保一种或若干种一般附加险。如果加保所有的一般附加险，这就叫投保一切险。可见一般附加险被包括在一切险的承保范围内，故在投保一切险时，不存在再加保一般附加险的问题。由于被保险货物的品种繁多，货物的性能和特点各异，而一般外来的风险又多种多样，故一般附加险的种类也很多。要注意的是，一切险并非承保一切风险所致的被保险货物的损失，而只是承保列明以下 11 种外来原因所致的全部或部分损失。

（1）偷窃提货不着险：保险有效期内，保险货物被偷走或窃走，以及货物运抵目的地以后，整件未交的损失，由保险公司负责赔偿。

（2）淡水、雨淋险：货物在运输中，由于淡水、雨水以至雪融所造成的损失，保险公司都应负责赔偿。淡水包括船上淡水舱、水管漏水以及仓汗等。

（3）短量险：负责保险货物数量短少和重量的损失。通常包装货物的短少，保险公司必须要查清外包装是否发生异常现象，如破口、破袋、扯缝等，如属散装货物，以剩余装船和卸重量之间的差额作为计算短量的依据。

（4）混杂、沾污险：保险货物在运输过程中，混进了杂质所造成的损失。例如矿石等混进了泥土、草屑等因而使质量受到影响。此外保险货物因为和其他物质接触而被沾污引起的经济损失。

（5）渗漏险：流质、半流质的液体物质同油类物质，在运输过程中因为容器损坏而引起的渗漏损失。

（6）碰损、破碎险：碰损主要是对金属、木质等货物来说的，破碎则主要是对易碎性物质来说的。是指在运输途中，因为受到震动、颠簸、挤压而造成货物本身的损失以及在运输途中由于装卸野蛮、粗鲁、运输工具的颠震造成货物本身的破裂、断碎的损失。

（7）串味险：例如，茶叶、香料、药材等在运输途中受到一起堆储的皮革、樟脑等异味的影响使品质受到损失。

（8）受热、受潮险：船舶在航行途中，由于气温骤变，或者因为船上通风设备失灵等使舱内水汽凝结、发潮、发热引起货物的损失。

（9）钩损险：保险货物在装卸过程中因为使用手钩、吊钩等工具所造成的损失，保险公司应予赔偿。

（10）包装破裂险：因为包装破裂造成物资的短少、沾污等损失。此外，对于因保险货物运输过程中续运安全需要而产生的候补包装、调换包装所支付的费用，保险公司也应负责。

（11）锈损险：保险公司负责保险货物在运输过程中因为生锈造成的损失。不过这种生锈必须在保险期内发生，如果原装时就已生锈，保险公司不负责任。

2.特殊附加险

特殊附加险主要有战争险、罢工险、舱面险、拒收险、交货不到险、黄曲霉素险、进口关税险以及货物出口到港澳地区的仓火险责任扩展条款等。其中，战争险和罢工险是当前国际海上保险中普遍适用的特殊附加险。

四、海洋货物运输保险责任的起讫

我国的《海洋运输货物保险条款》规定，在海运保险中，保险责任的起讫，主要采用"仓至仓"条款，即保险责任自被保险货物运离保险单所载明的起运地仓库或储存处所开始，包括运输中的海上、陆上、内河和驳船运输在内，直至该项货物运抵保险单所载明的目的地收货人的最后仓库或储存处所或被保险人用作分配、分派或非正常运输的其他储存处所为止。

五、海洋货物运输保险的索赔和理赔

被保险货物如果发生保险责任范围内的损失，被保险人可以按照保险合同向保险公司提出索赔。

（一）提出索赔申请

1.被保险人提出索赔应当具备的条件

（1）被保险人是保险单的合法持有人。

（2）被保险人要求赔偿的损失必须是承保责任范围内风险所造成的。

（3）被保险人必须拥有保险利益。

2.索赔程序

（1）被保险人获悉保险标的发生损失，应当通知保险公司，申请检验。

（2）提出索赔。

被保险人向保险公司提出索赔时，应当提供规定的单据。主要单据有：保险单或保险凭证；运输凭证；发票；装箱单；向责任方要求赔偿的文件；货损、货差证明；海事报告；索赔清单等。

（二）审定责任，予以赔付

保险理赔时，保险人根据保险合同或有关法律法规，受理被保险人提出的赔偿损失的请求，对损失进行查勘、检验、定损、理算、赔偿等一系列业务活动。

保险理赔基本程序包括：确定损失原因；根据保险条款中的保险险别以及保险期限的规定，确定是否属于保险责任；如果确定损失是属于保险责任，保险人应当计算出赔偿金额，对被保险人及时进行经济补偿。在我国，保险公司赔偿方式有：直接赔付给收货单位；集中赔付给各有关外贸公司，再由各外贸公司与各订货单位进行结算。

第三节 其他运输方式货物保险法律规定

货物运输除了海洋运输方式以外，还有陆上运输、航空运输、邮政包裹运输、多式联运方式等。随着以上运输方式在货物运输中的发展，陆上货物运输保险、航空货物运输保险、邮政包裹运输保险等在物流保险中的重要性也日益显著，由于陆上、航空、邮政包裹等运输保险业务都是从海上运输保险发展而来的，因此在很多方面与海洋运输保险相同或者近似。

一、陆上货物运输保险

陆上运输货物保险的基本险别分为陆运险与陆运一切险两种。适用于陆运冷藏货物的专门保险，即陆上运输冷藏货物险，其性质也属于基本险。此外，还有附加险，陆上运输货物战争险（火车）等。

（一）陆运险

陆运险的承保责任范围与海洋运输货物保险条款中的"水渍险"相似。保险公司负责赔偿被保险货物在运输途中遭受暴风、雷电、洪水、地震自然灾害，或由于运输工具遭受碰撞、倾覆、出轨，或在驳运过程中因驳运工具遭受搁浅、触礁、沉没、碰撞，或由于遭受轨道坍塌、崖崩或失火、爆炸以外事故所造成的全部或部分损失。

此外，被保险人对遭受承保责任内危险的货物采取抢救、防止或减少货损的措施而支付的合理费用，保险公司也负责赔偿，但以不超过该批被救货物的保险金额为限。

（二）陆运一切险

陆运一切险的承保责任范围与海上运输货物保险条款中的"一切险"相似。保险公司除承担陆运险的赔偿责任外，还负责被保险货物在运输途中由于一般外来原因所造成的全部或部分损失。

以上责任范围均适用于火车和汽车运输，并以此为限。

陆运险与陆运一切险的除外责任与海洋运输货物险的除外责任相同。

（三）陆上运输货物险责任的起讫

陆上运输货物险的责任起讫采用"仓至仓"责任条款。保险人负责自被保险货物运离保险单所载明的起运地仓库或储存处所开始运输时生效，包括正常运输过程中的陆上和与其有关的水上驳运在内，直至该项货物运达保险单所载目的地收货人的最后仓库或储存处所或被保险人用作分配、分派的其他储存处所为止。

如未运抵上述仓库或储存处所，则以被保险货物运抵最后卸载的车站满60天为止。陆上运输货物险的索赔时效为：从被保险货物在最后目的地车站全部卸离车辆后起算，最多不超过2年。

（四）陆上运输冷藏货物险

陆上运输冷藏货物险是陆上运输货物保险中的一种专门保险。其主要责任范围是：保险公司除负责陆运险所列举的各项损失外，还负责赔偿在运输途中由于冷藏机器或隔湿设备的损坏或者车厢内贮存冰块的融化所造成的被保险货物解冻融化以致腐败的损失。但对由于战争、罢工或运输延迟而造成的被保险冷藏货物腐败的损失，以及被保险冷藏货物在保险责任开始时未能保持良好状态，包括整理加工和包扎不妥，或冷冻上的不合规定及骨头变质所造成的腐败和损失则不负责任。至于一般的除外责任条款，也适用于本险别。

陆上运输冷藏货物险的责任自被保险货物运离保险单所载起运地点的冷藏仓库装入运送工具开始运输时生效，包括正常的陆运和与其有关的水上驳运在内，直至货物到达保险单所载明的目的地收货人仓库为止。但是最长保险责任的有效期限以被保险货物到达目的地车站后10天为限（中国人民保险公司的该项保险条款还规定：装货的任何运输工具，必须有相应冷藏设备或隔离温度的设备；或供应和贮存足够的冰块使车厢内始终保持适当的温度，保证被保险冷藏货物不致因融化而腐败，直至目的地收货人仓库为止）。

陆上运输冷藏货物险的索赔时效为：从被保险货物在最后目的地全部卸离车辆后起计算，最多不超过2年。

二、航空货物运输保险

航空货物运输保险包括：航空运输险、航空运输一切险。

（一）航空运输险

（1）被保险货物在运输途中遭受雷电、火灾或者爆炸或者飞机遭受恶劣气候或其他危难事故而被抛弃，或由于飞机遭受碰撞、倾覆、坠落或失踪意外事故所造成的全部或部分损失。

（2）被保险人对遭受承保责任内危险的货物采取抢救、防止或减少货损的措施而支付的合理费用，但是以不超过该批被救货物的保险金额为限。

（二）航空运输一切险

承保责任范围除包括以上航空运输险的责任以外，保险人对被保险货物在运输途中由于被盗窃、短少等外来原因所造成的全部或部分损失也负赔偿责任。

（三）航空运输货物险的除外责任

在以下情况下，保险人不承担赔偿责任。

（1）被保险人的故意行为或者过失所造成的损失。

（2）属于发货人责任所引起的损失。

（3）保险责任开始前，被保险货物已经存在的品质不良或数量短差所造成的损失。

（4）被保险货物的自然损耗、本质缺陷、特征以及市价跌落、运输延迟所引起的损失或费用。

（5）本公司航空运输货物战争险条款和货物运输罢工险条款规定的责任范围和除外责任。

（四）航空运输货物险的保险责任的起讫

航空运输货物险两种基本险的保险责任也采用"仓至仓"条款。

三、邮政包裹运输保险

（一）邮包险

邮包险的承保责任范围是保险人负责赔偿被保险邮包在运输途中由于恶劣气候、雷电、海啸、地震、洪水、自然灾害或由于运输工具搁浅、触礁、沉没、碰撞、出轨、倾覆、坠落、失踪，或由于失火和爆炸意外事故所造成的全部或部分损失；另外还负责被保险人对遭受承保责任内危险的货物采取施救措施而支付的合理费用，但以不超过该批被救货物的保险金额为限。

（二）邮包一切险

邮包一切险的承保责任范围除包括上述邮包险的全部责任外，还负责被保险邮包在运输途中由于一般外来风险所致的全部或部分损失。

（三）邮包险和邮包一切险的保险责任起讫

邮包险和邮包一切险的保险责任起讫是自被保险邮包离开保险单所载起运地点寄件人的处所运往邮局时开始生效，直至被保险邮包运达保险单所载明的目的地邮局，自邮局签发到货通知书当日午夜起算满 15 天为止，但在此期限内邮包一经递交收件人的处所时，保险责任即行终止。

小结

保险是指投保人根据合同约定，向保险人支付保险费，保险人对于合同约定的可能发生的事故因其发生所造成的财产损失承担赔偿保险金责任，或者当被保险人死亡、伤残、疾病或者达到合同约定的年龄、期限时承担给付保险金责任的商业保险行为。

物流保险具有保险的一般特征和自己的独特之处。物流保险合同是格式合同，当事人签订物流保险合同应当遵循《保险法》的相关规定。

在国际物流活动中还必须遵循国际通行的保险规则。中国人民保险公司所规定的国际海上货物运输保险的基本险别包括平安险、水渍险和一切险。

案例分析与思考

【案件基本信息】

案件名称：寄贵重物品，因快递公司业务员的疏忽而未办理"保价"运输造成的损失责任承担认定——林某升诉某公司新城分公司运输合同案。

（1）裁判书字号：广东省梅州市梅县区人民法院（2019）粤1403民初1249号民事判决书。

（2）案由：运输合同纠纷。

（3）当事人：

原告：林某升。

被告：某速运公司新城分公司。

【案情介绍】

2019年3月28日，原告在××网站××店购得4套瓷器。在4月1日上午收到卖家快递过来的4套瓷器（分五件包装），拆开包装后细看，发现货物虽然完好无损，但不像卖家在网页上说的老瓷器。在下午原告在网上向卖家提出退货，卖家同意退货。原告觉得这次瓷器量多而体积大，应找个可靠的快递公司来承担运输退回去的货物，于是就找到了某速运公司。4月2日通过热线电话派来一部某速运公司新城分公司的面包车，收货员是罗某新，收货员查验过各种瓷器确认无破损后，重新包装了各件瓷器后，原告提出办理快递手续，收货员说："这次没带票据，瓷器这么多体积又这么大，我还不知道用重量还是用体积计费呢，我公司快递费用比较贵的哟，你要划算好。"原告问："我第一次找你们公司寄货物，按你的经验要多少钱寄费？"收货员说："东西值多少钱？"原告答："近万元。"收货员说："好贵哟，大约要300元。"原告说："没办法，为安全着想，只有找你们不找别家公司，就是你们有保险嘛，贵点也没办法。"收货员说："加个微信吧，货只有运回公司去办理快递手续了，你放心，到时我会把快递单号发给你，快递费你就用微信转给我好了。"原告说："好的，那就辛苦罗师傅了。"货就这样装车拉走了，过了一段时间果然收到收货员发来的单号，快递费用总金额是220元。原告立即用微信转账220元给收货员。4月10日，原告从网站上得知在某速运公司新城分公司承运的四套瓷器有两套已破损，价值6 776元。在正常的情况下卖家收到退货确认后购物货款就会在网站上自动全款退回给买家，因这两套瓷器破损卖家就以退回物件破损为由拒收两套破损物件，造成这两套无法从网站退款。因此，本应退回四套瓷器总额为10 552元的货款只退回了没破损两套共3 776元。还有两套破损物件6 776元转由某公司新城分公司按运输途中破损事项来处理。但是，就是这个环节，某速运公司总部在执行理赔时告知原告货物没有办理保值保险，原告听到顿时感觉一头雾水，马上查手机微信，发现220元的费用中其有20元的增值服务费，马上打电话给被告查询，他们的回复是：增值服务费一般是指保险费。后再和速运公司总部的人沟通时被告知：20元的增值服务费是包装纸箱的费用，从某速运公司新城分公司电脑里看没有登记保值保险费。得知这个情况原告驱车到10多公里外的某速运公司新城分公司去查看电脑，果然没有保值保险登记。原告和某速运公司总部负责处理这件事的人员重复申明这个破损是某速运公司新城分公司在运输中途造成的，无保值保险是基层收货员失误造成的。但无论怎样申明，最后某速运总公司只赔付了616元给原告。根据以上情况，原告认为，被告有严重失误行为，理由：①明知原告特地找某速运公司寄易损物件就是为了易损物件有保价保险而没有给原告办理保险手续。②在发微信给原告时只说需要220元，没表明220元中哪些是运费哪些是包装费，如果当时有说明，原告就会发现漏了交保价保险费，就会补交。③只加固原已经牢固的包装，忽视了原告万一有事还有保价保值的愿望。④被告在工作中有疏漏行为，理由是：没能去检查每件物品，特别是易损易碎品有未办理保价手续的异常现象，或发现异常现象没问为什么，就造成了遗漏办保险的后果。实际这个破损事件是被告公司运输过程中造成的，加之被告在工作中失误未办理到保值保险，怎么能让原告承担损失呢？根据以上理由，原告请求法院依法判令被告方立即赔付清原告的剩余款项。诉讼请求：①请求依法判令被告立即赔付清原告受损瓷器未赔付余款6 160元（已赔616元）。②与本案有关联的费用由被告承担。

【案情焦点】

寄件人明确交寄贵重物品，因快递公司业务员的疏忽而未办理"保价"运输造成的损失应由谁承担。

【法院裁判要旨】

广东省梅州市梅县区人民法院经审理认为：被告某速运公司新城分公司是一家内资分公司，经营范围：国内快递。

原告林某升于2019年3月24日在××网站××店竞拍到4套瓷器，价值共10 552元。其中，第一套为一对两只瓷器，价值为3 888元；第二套为一对两只瓷器，价值为2 888元；第三套为一只瓷器，价值为1 888元；第四套为一只瓷器，价值为1 888元。原告林某升于2019年3月25日向第三支付了10 552元。原告林某升收到4套瓷器之后，发现货不对板要求退货。2019年3月30日通过某速运全国统一服务热线电话9××××与某速运总部取得联系，电话要求某速运为其办理运输业务。后来，总部将该业务转派给被告某速运公司新城分公司。被告则派业务员罗某新揽收该业务，罗某新驾驶小汽车到原告林某升处收取需托运的物件（前述4套瓷器）。在此过程中，原告林某升要求罗某新为其办理保价，罗某新亦告知林某升要办理保价。因当时罗某新没有带业务单证，未能当场办理快递托运业务，而是将货物带走,并加了林某升的微信,告知林某升快递有关费用将在微信推送,到时直接用微信支付即可。涉案4套瓷器运回某速运公司新城分公司之后,罗某新为林某升办理了托运快递业务,费用是220元(运费200元、包装服务20元),但是忽略了为涉案4套瓷器购买保价。原告林某升亦没有发现涉案4套瓷器没有购买保价。

上述物件到达卖家后,卖家只签收了其中的两套(价值1888元各一套)。卖家对其中两套(一套价值为3888元,另一套价值为2888元)拒收,理由是该两套瓷器中各有一只瓷器损坏。对上述破损物件,某速运公司新城分公司认可是在运输过程中损坏的,但不同意按损失6776元金额来进行赔偿。后来,经过协商,被告赔偿了原告林某升616元(44元/件×2件×7倍)。

原告林某升认为被告不能只赔偿616元,而要求被告再赔偿6160元。被告则认为,林某升没有办理保价保险,只能按运费的7倍赔偿。由于双方未能达成一致意见,原告林某升于2019年6月6日诉至法院,提出上述诉请与事实理由。被告某速运公司新城分公司则作出以上答辩意见。

法院认为,本案是一起因货物运输引发的纠纷。原告林某升与被告某速运公司新城分公司通过委托,双方之间形成了货物运输合同关系,原告林某升是托运人,被告某速运公司新城分公司是承运人。该货物运输合同是双方自愿所签订的,不违反法律、行政法规强制性规定,合同合法有效,具有法律约束力,法院予以确认,故双方均应按约定履行。

本案中,托运人林某升向承运人某速运公司新城分公司足额支付了运费220元,因此承运人就有义务将托运人委托的货物即4套瓷器安全运输到约定的地点。但在运输过程中,被告将其中的两套瓷器(一套价值为3888元,另一套价值为2888元)中各一只瓷器损坏,造成托运人林某升损失了6776元,因此,承运人应该对托运人林某升的损失予以赔偿。但是,由于托运人林某升本应该在快递业务过程中及时查看是否办理保价,然而林某升没有查看是否办理保价,因此其应承担一定责任。故某速运公司新城分公司应赔偿5420.8元给林某升。由于被告已经支付616元给林某升,应予以扣减。被告仍应赔偿4804.8元给原告林某升。

被告认为原告林某升由于未办理货物保价,货物损毁的赔偿额只能为616元(44元/件×2件×7倍)的主张,缺乏事实根据和法律依据,本院不予采纳。在本案快递业务中,是罗某新疏忽为涉案4套瓷器办理保价,从而造成损失,因此该责任应该由某速运公司新城分公司承担。在诉讼过程中,某速运公司新城分公司主张是林某升不同意办理保价,但未能提供证据予以证实其主张,应承担举证不能的不利后果。

案经调解无效。法院依照《中华人民共和国合同法》第四十四条、第六十条、第二百八十八条、第二百九十条、第三百一十二条,《中华人民共和国民事诉讼法》第六十四条之规定,判决如下:

一、被告某速运公司新城分公司应于本判决生效后十日内,赔偿原告林某升4804.8元;

二、驳回原告林某升的其他诉讼请求。

【法官后语】

所谓保价,是指由寄件人声明货物价值,并支付相应比例的保价费用。保价旨在赋予托运人一种选择权,即在承运人在赔偿责任限额与保价之间进行选择的权利。具体来说,如果托运人要求承运人承担超额责任赔偿时，托运人除按规定缴纳运费外，还应按照其声明人价值的一定百分比缴纳保值附加费。因此，保值附加费构成了实际运费的一部分，它是缴纳基础运费以后额外支付的附加费，其好处是得排除适用承运人的赔偿责任限额制度。由此观之，保价运输就是承运人与托运人之间基于私权自治原则就承运人赔偿责任限额做出的商业安排。保价运输是指运输企业与托运人共同确定的以托运声明货物价值为基础的一种特殊运输方式，保价就是托运人向承运人声明其托运货物的实际价值。凡按保价运输的货物，托运人除缴纳运输费用外，还要按照规定缴纳一定的保价费。"保价条款"一般约定为："保价货物发生损失的，快递公司按照损失与保价金额的比例承担赔偿责任。未保价货物发生损失的，则按照快递运费的 3 至 5 倍予以赔偿。""保价条款"属于快递公司为重复使用而事先拟定，并未与对方协商的格式条款。由于快递业具有一定的经营风险，实践中快递公司为了减少风险，普遍采用保价条款规避责任。而该条款又单方面减轻了快公司的责任，限制了寄件人的权利，在合同履行过程中容易产生对寄件人不公平的问题。承运人对托运人的赔偿以其声明价值为限，按照货物损失的实际价值或货物在上点交付时的实际利益赔偿。为防止道德风险，承运人一般要求托运人按照不短过货物的实际价值或货物在目的地点交付时的实际利益填写声明价值进行赔偿。快递服务合同并不属于合同法分则明确规定的合同种类，属于无名合同。根据《中华人民共和国合同法》第一百二十四条的规定，适用本法总则的规定，并可以参照本法分则或者其他法律最相类似的规定。从寄件人与快递公司约定的权利义务来看，快递服务合同与货物运输合同最相类似。该法第三百一十二条规定，货物的毁损、灭失的赔偿额，当事人有约定的，按照其约定，没有约定或者约定不明确的，依照本法第六十一条的规定仍不能确定的，按照交付或者应当交付时货物到达地的市场价格计算。因此，快递服务合同货物损失的赔偿标准可以参照运输合同相关规定。在诉讼中，快递公司在货物毁损或丢失后，常常以对方未办理保价为由，主张货物价值无法证明，或者以自己无法预见货物丢失的损失作为抗辩理由。本案中，被告某公司新城分公司辩称原告证明快件托寄物价值的证据不充分，且双方已经达成一致意见赔偿 616 元，不应当再就此件进行赔偿。然而，这种抗辩理由难以成立。理由是：可预见损失不仅包括违约方在订立合同时已经预见到的损失，而且包括其在订立合同时所应当预见的损失。也就是说，如果违约一方对其能引起的损失有预见的注意义务，并且其有能力预见，而没有预见，那么就不应当认为损失的发生超过了其合理的预期，其应当对该损失进行赔偿。根据快递市场管理办法、"快递服务国家标准"等有关规定，快递企业应当建立并严格执行收寄验视制度，快递企业的工作人员应当当场验视内件，当面封装。并且，快递业务人员在取件时有义务询问货物的性质和种类，并要求寄件人完整填写单据。本案中，因被告某公司新城分公司业务员罗某新疏忽，没有为涉案 4 套瓷器办理保价，从而造成损失，因此该责任应该由某公司新城分公司承担。在诉讼过程中，某公司新城分公司主张是林某升不同意办理保价，但未能提供证据予以证实其主张，应承担举证不能的不利后果。

课后习题

（1）简述保险和物流保险的概念。
（2）简述物流保险的特征。
（3）试论保险法的基本原则。

（4）物流保险合同的特征是什么？
（5）简述物流保险中投保人和被保险人的义务。
（6）简述物流保险中保险人的义务。
（7）如何理解保险合同中保险人和投保人之间的告知义务？
（8）简述国际海上运输的风险与损失。
（9）简述国际海上运输保险的基本险别。

第十一章

物流信息管理法律制度

学习目标

【掌　握】

（1）掌握物流信息的概念和特征。
（2）掌握物流信息管理的概念和对象。
（3）掌握电子商务、电子商务法的概念。
（4）掌握电子签名的概念。
（5）掌握我国《电子签名法》规定中关于电子签名需要满足的条件。
（6）掌握电子认证的概念和作用。
（7）掌握电子合同的概念、形式。

【理　解】

（1）理解物流信息管理法律制度。
（2）理解电子商务法的特征。
（3）理解商业秘密的概念和法律特征。
（4）理解电子签名的功能和种类。
（5）理解电子签名的法律效力。
（6）理解电子合同的订立过程。

【了　解】

（1）了解侵犯商业秘密的行为及法律责任。
（2）了解各国主要电子签名法律的立法模式。
（3）了解我国《电子签名法》的立法目的、适用范围。
（4）了解数据电文的发送与接收的认定条件。
（5）了解电子认证机构的设立条件。

第一节 物流信息管理法律制度概述

信息技术推动了人类社会从工业社会过渡到信息社会。随着信息社会的到来，信息资源的开发、信息的生产处理和分配，信息产业已经成为世界经济增长最快的产业之一。物流信息在物流活动中具有重要地位，对物流信息进行有效的法律规制，有利于促进物流业的发展。

一、物流信息的概念与特征

（一）物流信息的概念

根据《中华人民共和国国家标准物流术语》的定义，物流信息是指"反映物流各种活动内容的组织、资料、图像、数据、文件的总称"。

（二）物流信息的特征

1. 信息量大、分布广

物流信息范围广泛，随着物流活动以及商品交易活动的发展而大量发生，包括交通运输信息、仓储信息、装卸搬运信息、包装信息、流通加工信息以及配送信息等。多品种少量生产和多幅度小数量配送使运输、库存、配送等物流活动大量增加，物流企业也通过广泛利用电子数据交换进行信息传递。

2. 种类多

物流信息种类多，不仅包括物流系统内部各个环节的不同种类的信息，而且包括与物流系统密切相关的其他系统所涉及的信息，如生产系统、供应系统等相关信息。所涉及的信息种类多，也增加了物流信息的搜集、分类、筛选、统计、研究等工作的难度。

3. 动态性强

在现代经济社会中，各种信息的更新非常快。物流信息应当与商品流通的时间相适应，各种作业活动频繁发生，物流信息的更新速度也在加快。特别是随着科学技术的发展，为满足物流活动的发展需求，物流信息的发展会越来越快，呈现出动态性强的特点。与此同时，由于实时性高，信息价值的衰减速度也变得比以往要快。

二、物流信息管理法律概况

（一）物流信息管理的概念

物流信息管理的对象是物流信息资源和物流信息活动。

物流信息管理是对物流活动全过程的相关信息进行收集、整理、传播、存储和利用的信息管理活动，主要包括物流信息的产生、物流信息的流转和物流信息的安全等三个方面。物流信息管理所涉及的信息对象十分广泛，而且具有很强的专业性。

（二）物流信息管理的法律规范

物流信息管理法律制度是指在调整物流信息管理的活动中，有关当事人之间权利义务关系的法律规范的总称。与物流信息管理的内容相适应，我国调整物流信息管理活动的法规主要有物流信息网络政策法律法规、知识产权法律制度和商业秘密保护法律制度等。

我国物流管理的法律主要有：《电子签名法》《著作权法》《保守国家秘密法》《反不正当竞争法》等。其中，《电子签名法》是我国首部专门的有关物流信息、计算机与互联网信息方面的法律。在1999年3月15日通过的《合同法》中，规定了有关电子数据交换的法律规则。2020年5月28日由第十三届全国人民代表大会第三次会议通过的《民法典》，再次确定了关于数据电文的基本规则。

有关物流管理方面的行政法规主要有《计算机信息网络国际联网管理暂行规定》《互联网信息服务管理办法》《电信条例》等，国务院在2000年9月25日颁布的《互联网信息服务管理办法》是目前我国对提供互联网信息服务实行管理的主要行政法规。此外，我国信息产业部制定了《电子认证服务管理办法》《互联网电子公告服务管理规定》等主要行政规章。

2018年8月31日第十三届全国人民代表大会常务委员会第五次会议通过了《电子商务法》，该法自2019年1月1日起施行。《电子商务法》第五十二条规定，电子商务当事人可以约定采用快递物流方式交付商品。快递物流服务提供者为电子商务提供快递物流服务，应当遵守法律、行政法规，并应当符合承诺的服务规范和时限。快递物流服务提供者在交付商品时，应当提示收货人当面查验；交由他人代收的，应当经收货人同意。快递物流服务提供者应当按照规定使用环保包装材料，实现包装材料的减量化和再利用。快递物流服务提供者在提供快递物流服务的同时，可以接受电子商务经营者的委托提供代收货款服务。

随着互联网的发展，电子商务的发展速度也相当迅猛，对电子商务的法律规制迅速走向国际化。1996年联合国国际贸易法委员会通过了《电子示范法》，对与电子商务有关程序和方法等做了具体规定。一些重要的国际组织陆续制定了电子商务的国际规则。1997年，国际商会通过《国际数字保证商务通则》，在《国际贸易术语解释通则》中规定了相关的交易规则。WTO的有关服务贸易的协议，如《全球基础电信协议》《信息技术协议》和《开放全球金融服务市场协议》等，也为电子商务和信息技术的发展奠定了法律基础。

第二节 电子商务法律制度概述

一、电子商务法的概念与特征

电子商务是利用计算机技术、网络技术和远程通信技术，实现整个商务过程中的电子化、数字化和网络化，进行电子商务交易的当事人借助互联网技术或各种商务网络平台，完成商务交易的过程。具体包括：发布供求信息，订货及确认订货，支付过程及票据的签发、传送和接收，确定配送方案并监控配送过程等。电子商务的迅速发展，需要对电子商务活动进行有效的法律规制。

（一）电子商务法的概念

电子商务法是指调整电子商务活动中所产生的社会关系的法律规范的总称，是调整以数据电文为交易手段而形成的商事关系的规范体系。

（二）电子商务法的特征

1. 商法性

商法是调整商事主体的组织和商事行为的法律规范。电子商务法规范主要属于商事行为法，例如电子商务中的数据电文制度、电子签名及其认证制度、电子合同制度、电子信息交易制度、电子支付制度等。

2. 技术性

电子商务是网络经济与现代高科技发展的产物，在电子商务法中，许多法律规范都是直接或间接地由技术规范演变而成的，如电子商务中的签名技术，就是将有关的技术规范，转化成了法律要求。这对当事人之间的交易形式和权利义务的行使，都有极其重要的影响，保护了电子商务活动的有序进行。

3. 开放性

电子商务必然要对世界各地区、各种技术网络开放，而且，其技术、手段、方式的应用也不断推陈出新，各种先进技术在电子商务中很快得到应用。电子商务法还应适应多种技术手段，以实现网络信息资源共享。

4. 国际性

电子商务具有跨国性，电子商务法也具有国际性，这是电子商务法的一个显著特征。这就要求全球范围内的电子商务规则应该是协调和基本一致的。因此电子商务法应当而且可以通过多国的共同努力予以发展。联合国国际贸易法委员会的《电子商务示范法》为全球范围内的电子商务规则的协调性奠定了基础。

5. 复杂性

电子商务的高科技性和互联网技术的专业性、复杂性，造成了电子商务法的复杂性。往往在一个商务交易中，不仅涉及交易的双方当事人之间的关系，还会涉及第三人，因为交易双方必须在第三人的协助下才能完成交易活动。电子商务活动涉及多重的法律关系，从而使法律关系复杂化。

二、企业商业秘密保护的法律规定

企业拥有的商业秘密，是企业维持竞争优势、创造财富的宝贵财富。目前，越是高新技术企业，商业秘密泄密的案发率越高。所以，保护商业秘密更是高新技术发展的需要。在现代技术条件下，商业秘密的载体和传播方式手段都发生了重大变化，特别是互联网络等数字化信息传播手段的使用，促使商业秘密保护法律制度不断完善。

（一）商业秘密的概念与特征

商业秘密是指不为公众所知悉、能为权利人带来经济利益，具有实用性并经权利人采取保密措施的技术信息和经营信息。商业秘密具有以下法律特征：

1.商业秘密包括技术信息和经营信息

技术信息包括设计、程序、产品配方、制作工艺、制作方法等。

经营信息是指技术信息以外的能够给权利人带来竞争优势的、用于经营的信息，包括客户名单、货源情报、贸易记录、产销策略、招投标中的标底及标书内容等信息；经营管理方法和与经营管理方法相关的资料和信息，如管理的模式、方法、经验等。

2.秘密性

所谓秘密性是指技术信息和经营信息不为公众所知悉，即该信息是不能从公开渠道直接获取的。

3.保密性

所谓保密性是指权利人对技术信息和经营信息采取了保密措施，其中包括企业采取的禁止商业秘密以任何形式向社会公开或传播的措施，如订立保密协议、建立保密制度及采取其他合理的保密措施、限制外人参观生产技术过程、安装监控、派专人封存和保管有关资料等。

4.商业性

技术信息和经营信息能够为权利人带来经济利益，具有实用性，即该信息具有确定的可应用性，能为权利人带来现实的或者潜在的经济利益或者竞争优势。

（二）侵犯商业秘密的行为

1.以不正当手段获取商业秘密的行为

以不正当手段获取商业秘密的行为，是指行为人违反权利人的意志，以盗窃、利诱、胁迫或者其他不正当手段获取权利人的商业秘密的行为。

2.披露、使用以不正当手段获取商业秘密的行为

《反不正当竞争法》规定，披露、使用或者允许他人使用以前项手段获取的权利人的商业秘密的行为，也属于违法行为。这里的非法使用，不仅指自己使用，也包括非法转让即非法允许他人使用。

3.违反保密义务披露、使用商业秘密的行为

保密义务可以是基于合同的约定，也可以是基于法律的规定。一种情况是与权利人有业务关系的单位或者个人违反权利人关于保守商业秘密的要求，披露、使用商业秘密的行为；另一种情况是权利人的职工违反保守商业秘密的规定，披露、使用商业秘密的行为。

4.第三人恶意获取、披露、使用商业秘密的行为

如果非法获取人将秘密披露给第三人，第三人明知或应知商业秘密的来源违法，但仍然予以披露的，将构成非法披露行为，这里对于第三人侵权行为的认定是以其主观上的故意或

过失为条件，不能追究善意第三人的责任。

（三）侵犯商业秘密的法律责任

《反不正当竞争法》对侵犯商业秘密行为规定的法律责任有两种：①由监督检查部门责令其停止违法行为；②可根据情节处以1万元以上20万元以下的罚款。此外，在实践中，权利人还可依照合同法、劳动法的有关规定，对违反约定侵犯商业秘密的行为要求制裁。

我国刑法对于侵犯商业秘密情节严重、构成犯罪的行为做了规定。《刑法》第二百一十九条规定了侵犯商业秘密罪。对有侵犯商业秘密的行为之一，给商业秘密的权利人造成重大损失的，处3年以下有期徒刑或者拘役，并处单位罚金；造成特别严重后果的，处3年以上7年以下有期徒刑，并处罚金。

三、电子签名法律制度

随着通信、计算机、网络等科技的发展，世界进入信息化时代。国际互联网的形成，大大地提高了物流企业的工作效率。网络技术的发展促进了物流企业经济活动的发展和变化，在与网络有关的法律法规中，《电子签名法》是其中重要的一部法律。

（一）电子签名的概念和种类

1.电子签名的概念

1）签名的概念

签名，一般是指一个人用手亲笔在一份文件上写下名字或留下印记、印章或其他特殊符号，以确定签名人的身份，并确定签名人对文件内容予以认可。

传统的签名必须依附于某种有形的介质，而在电子交易过程，文件是通过数据电文的发送、交换、传输、储存来形成的，没有有形介质，这就需要通过一种技术手段来识别交易当事人、保证交易安全，以达到与传统的手写签名相同的功能。这种能够达到与手写签名相同功能的技术手段，就是电子签名。

2）电子签名的概念

电子签名，是指数据电文中以电子形式所含、所附用于识别签名人身份并表明签名人认可其中内容的数据。电子签名的概念包含以下内容：

（1）电子签名是以电子形式出现的数据。

（2）电子签名是附着于数据电文的。电子签名可以是数据电文的一个组成部分，也可以是数据电文的附属，与数据电文具有某种逻辑关系，能够使数据电文与电子签名相联系。

（3）电子签名必须能够识别签名人身份并表明签名人认可与电子签名相联系的数据电文的内容。

2.电子签名的功能

电子签名主要有以下三项功能：

（1）表明签名人对文件内容的确认。

（2）能够表明文件的来源，即识别签名人。

（3）能够构成签名人对文件内容正确性和完整性负责的根据。

3.电子签名的种类

1）电子化签名

电子化签名是把手写签名与数字化技术结合起来的签名，使用者在特别设计的感应板上用笔手写输入其亲自签写的名字，由计算机程序加以识别并作出反应后再经过密码化处理，然后将该签名资料与其所要签署的文件相结合，以达成原先以纸面为媒介物的情况下亲手签名所要完成的签署及证明。

2）生理特征签名

生理特征签名，是利用每个人的指纹、声波纹、视网膜结构、脑波等生理特征各不相同的特征，以使用者的指纹、声波纹、视网膜结构以及脑波等生理特征作为辨别使用者的工具的签名。

3）数字签名

数字签名是指以对称密钥加密、非对称加密、数字摘要等加密方法产生的电子签名。数字签名产生于1978年，在20世纪90年代被大量采用。与电子签名的其他种类相比较，数字签名发展较为迅速并且也较为成熟，早期的电子签名立法主要规定的就是数字签名。

（二）各国主要电子签名法律的立法模式

世界各国关于电子签名的立法，大致可以分为三种类型：

1.技术特定型立法模式

技术特定型立法模式是指由法律指定某种特定的技术作为电子签名的法定技术，并且只赋予由这种技术所产生的电子签名的法律地位。这种模式的立法将数字签名技术作为电子签名的法定技术，只承认数字签名的法律地位，规定只有通过非对称密钥加密技术做出的电子签名才具有与传统手写签名同等的法律效力，实际上是数字签名的立法。

技术特定型立法模式起源于美国犹他州的《数字签名法》，该法明确规定，以数字方式签署的文件如同纸面书写的一样有效。采用这种立法模式的还有意大利、俄罗斯、马来西亚等国。

2.技术中立型立法模式

这种立法模式主要关注签名相应的功能以及这些功能所借以转化为技术应用的方法，是对广义范围的电子签名给以法律承认，也称为功能等同方式。这种立法模式没有具体确定实现电子签名的技术方案，而是规定只要达到一定的要求，任何电子签名技术手段都享有与传统手写签名同等的法律地位。

技术中立型立法模式的代表是联合国贸易法委员会制定的《电子签名示范法》。该法的第三条规定，该法任何条款的适用概不排除、限制或剥夺满足一定要求或者符合适用法律要求的制作电子签名的任何方法的法律效力。采用这种立法模式的国家有澳大利亚、美国、加拿大等国。

3.折中型立法模式

技术特定型立法模式和技术中立型立法模式都存在一定的局限性，折中型立法模式主要是试图解决以上两种立法模式存在的缺陷。折中型立法模式一方面对电子签名规定了技术要求,对使用数字签名或以数字签名为代表的安全电子签名的效力作出具体规定,规定了有关当事人的权利义务关系,另一方面规定了广义电子签名的一般效力,为新的技术发展留下空间,使立法更加具有持久性。

各国通过以上方法,对电子签名方式提出了法律上的要求,使电子签名具有某种最低法律地位,同时,又赋予某种电子认证技术更大的法律效力。技术中立型立法模式的代表是新加坡的《电子交易法》。采用这种立法模式的还有德国、我国的台湾地区等。

(三)我国电子签名法律制度

1.我国《电子签名法》的立法目的

《电子签名法》的第一条开宗明义地阐明其立法目的是:"为了规范电子签名行为,确立电子签名的法律效力,维护有关各方的合法权益,制定本法。"

在各国关于电子签名的立法中,一般都首先明确规定其立法目的。主要包括以下几个方面:承认数据电文以及电子签章的法律地位,保障电子交易安全,维护各方当事人的合法权益,并且通过电子签名立法来推动电子商务的发展。

2.我国《电子签名法》的适用范围

电子签名法规定,民事活动中的合同或者其他文件、单证等文书,当事人可以约定使用或者不使用电子签名、数据电文。当事人约定使用电子签名、数据电文的文书,不得仅因为其采用电子签名、数据电文的形式而否定其法律效力。

但是以下文书不适用《电子签名法》,具体包括:

(1)涉及婚姻、收养、继承等人身关系的。
(2)涉及土地、房屋等不动产权益转让的。
(3)涉及停止供水、供热、供气、供电等公用事业服务的。
(4)法律、行政法规规定的不适用电子文书的其他情形。

根据以上规定,《电子签名法》适用民事活动,主要适用于电子商务活动,但是又不局限于电子商务活动。

3.电子签名的法律效力

电子签名的法律效力体现为法律的强制性,即法律的拘束力,是法律对人们行为的约束和强制作用。电子签名法规定电子签名的合法性、有效性,并且明确规定合法有效的电子签名的条件,即在电子签名方法和手段中,只有满足一定条件的电子签名才具有与手写签名或者盖章同等的效力。

《电子签名法》第十四条规定:"可靠的电子签名与手写签名或者盖章具有同等的法律效力。"那么,什么是可靠的电子签名呢?我国《电子签名法》规定,可靠的电子签名需要满足以下条件:

(1)电子签名制作数据用于电子签名时,属于电子签名人专有。
(2)签署时电子签名制作数据仅由电子签名人控制。
(3)签署后对电子签名的任何改动能够被发现。
(4)签署后对数据电文内容和形式的任何改动能够被发现。

此外，当事人也可以选择使用符合其约定的可靠条件的电子签名。

4.数据电文的法律效力和证据效力

1）数据电文的法律效力

电子签名法确认了数据电文为符合法律法规要求的书面形式，规定能够有形地表现所载内容，并可以随时调取查用的数据电文，视为符合法律、法规要求的书面形式。

《民法典》第四百六十九条规定，"当事人订立合同，可以采用书面形式、口头形式或者其他形式。""书面形式是合同书、信件、电报、电传、传真等可以有形地表现所载内容的形式。""以电子数据交换、电子邮件等方式能够有形地表现所载内容，并可以随时调取查用的数据电文，视为书面形式。"

2）数据电文的证据效力

数据电文的证据效力对于电子商务具有十分重要的意义。我国的《电子签名法》《民法典》确认了数据电文为书面形式，还明确了数据电文不得仅因为其是以电子、光学、磁或者类似手段生成、发送、接收或者储存的而被拒绝作为证据使用。

按照我国有关证据的法律规定，以书面形式存在的文件属于书证的范畴。根据有关证据的法律规则，证据必须具有真实性。认定数据电文具有证据的效力，还必须依据法律的规定进行认定。我国《电子签名法》规定，审查数据电文作为证据的真实性，应当考虑以下因素：

（1）生成、储存或者传递数据电文方法的可靠性。

（2）保持内容完整性方法的可靠性。

（3）用以鉴别发件人方法的可靠性。

（4）可以证明数据电文可靠、完整的其他相关因素。

5.数据电文的发送与接收

1）数据电文的发送

我国电子签名法规定，有下列情形之一的，视为发件人发送：

（1）经发件人授权发送的。

（2）发件人的信息系统自动发送的。

（3）收件人按照发件人认可的方法对数据电文进行验证后结果相符的。

当事人对以上规定的事项另有约定的，从其约定。

2）数据电文的接收

（1）数据电文的收讫。法律、行政法规规定或者当事人约定数据电文需要确认收讫的，应当确认收讫。发件人收到收件人的收讫确认时，数据电文视为已经收到。

（2）数据电文的接收时间。收件人指定特定系统接收数据电文的，数据电文进入该特定系统的时间，视为该数据电文的接收时间；未指定特定系统的，相对人知道或者应当知道该数据电文进入其系统的时间是该数据电文的接收时间。我国《民法典》第一百三十七条规定："以非对话方式作出的采用数据电文形式的意思表示，相对人指定特定系统接收数据电文的，该数据电文进入该特定系统时生效；未指定特定系统的，相对人知道或者应当知道该数据电文进入其系统时生效。当事人对采用数据电文形式的意思表示的生效时间另有约定的，按照其约定。"

（3）数据电文的发送地点。发件人的主营业地为数据电文的发送地点，收件人的主营业地为数据电文的接收地点。没有主营业地的,其住所地为发送或者接收地点。《民法典》第四百九十二条规定:"采用数据电文形式订立合同的,收件人的主营业地为合同成立的地点;没有主营业地的,其住所地为合同成立的地点。当事人另有约定的,按照其约定。"当事人对数据电文的发送地点、接收地点另有约定的,从其约定。

四、电子认证法律制度

(一)电子认证的概念与作用

1. 电子认证的概念

电子认证是指特定认证机构对电子签名及其签署者的真实性进行验证的具有法律意义的服务。

2. 电子认证的作用

(1)防止欺诈。在电子商务环境下,交易双方当事人可能互不相见,特别是跨国交易的当事人相距甚远,难以形成信赖关系,容易发生欺诈行为,而且在发生欺诈事件后,当事人的救济方法也非常有限。即使能够采取救济方法,其救济方法的成本会较高,甚至会高于损失。所以,事先对各种欺诈予以防范,才是最经济的选择。

(2)防止否认。在电子交易领域中,当事人也应当遵循诚实信用原则。电子签名具有不可否认性,具体包括数据信息的发送、接收及其内容的不可否认,这既是技术要求,也是对交易双方当事人的行为规范。

(二)电子认证机构的设立条件

电子认证机构是电子商务活动中专门从事颁发认证证书的机构。提供电子认证是一项复杂的技术工程,需要有专门技术人才从事电子认证工作。同时,作为具有权威性的第三方认证机构还需要具有相应的人力、物力、管理等条件。

1. 具有与提供电子认证服务相适应的专业技术人员和管理人员

电子认证服务机构中从事电子认证服务的专业技术人员、运营管理人员、安全管理人员和客户服务人员不少于30名。

2. 具有与提供电子认证服务相适应的资金和经营场所

电子认证服务机构的注册资金不低于人民币3 000万元,具有固定的经营场所和满足电子认证服务要求的物理环境。

3. 具有符合国家安全标准的技术和设备

认证机构开展业务必须具有的设备,包括硬件和软件两个方面。电子认证服务机构应当具有符合国家有关安全标准的技术和设备。

4. 具有国家密码管理机构同意使用密码的证明文件

为保障信息安全,保障国家、社会以及其他合法权益,电子认证服务机构应当具有国家密码管理机构同意使用密码的证明文件。

5.法律、行政法规规定的其他条件

电子认证机构从事电子认证服务，应当向国务院信息产业主管部门提出申请，并提交符合法律规定条件的相关材料。国务院信息产业主管部门接到申请后经依法审查，对于符合法律规定条件的，予以许可的，颁发电子认证许可证书。

未经许可提供电子认证服务的，应当承担法律责任。由国务院信息产业主管部门责令停止提供违法认证行为；对于未经许可提供电子认证服务而获得的违法所得，给予没收。对于进行未经许可提供电子认证服务的行为，其违法所得30万元以上的，处违法所得1倍以上3倍以下的罚款；没有违法所得或者违法所得不足30万元的，处10万元以上30万元以下的罚款。

（三）认证机构的职责

1.制定并公布电子认证业务规则

电子认证服务提供者应当制定、公布符合国家有关规定的电子认证业务规则，电子认证业务规则应当包括责任范围、作业操作规范、信息安全保障措施等事项，并向国务院信息产业主管部门备案。

2.查验身份，审查有关材料

电子认证服务提供者收到电子签名人提交的电子签名认证证书申请后，应当对于申请人的身份进行查验，并对有关材料进行审查。

3.保证电子签名认证证书内容在有效期内完整、准确

电子认证服务提供者应当保证电子签名认证证书内容在有效期内完整、准确，并保证电子签名依赖方能够证实或者了解电子签名认证证书所载内容及其他有关事项。电子认证服务提供者应当妥善保存与认证相关的信息，信息保存期限至少为电子签名认证证书失效后5年。

（四）认证机构的法律责任

电子签名人或者电子签名依赖方因依据电子认证服务提供者提供的电子签名认证服务从事民事活动遭受损失，电子认证服务提供者不能证明自己无过错的，承担赔偿责任。由此可见，认证机构承担的赔偿责任应遵循过错责任原则。

电子认证服务提供者不遵守认证业务规则、未妥善保存与认证相关的信息，或者有其他违法行为的，由国务院信息产业主管部门责令限期改正；逾期未改正的，吊销电子认证许可证书，其直接负责的主管人员和其他直接责任人员10年内不得从事电子认证服务。吊销电子认证许可证书的，应当予以公告并通知国家市场监督部门。

五、电子商务中的消费者权益保护法律规定

保护消费者合法权益，对于维护社会经济秩序、促进市场经济健康发展，是一个十分重要的问题。目前，侵犯消费者利益的现象比较严重。随着电子商务的发展，网上交易日益普遍，电子商务交易中对消费者的保护问题也不可避免地凸显出来。

由于电子商务所具有的全球性、匿名性和管理分散性的特性，解决消费者利益保护问题

遇到了前所未有的挑战。一方面，仍然要依靠现有的法律进行规制；另一方面，要适应交易形式不断变化的实际情况，对现有的法律进行完善。

（一）消费者权益的概念

消费者是指购买商品、使用商品或接受服务的人，包括自然人、法人或其他社会组织。根据《消费者权益保护法》的规定，消费者是专指生活消费者，即为了满足生活需要而直接购买商品、使用商品或接受服务的居民个人，但不包括生产消费者。

电子商务消费者则是指通过网络而购买商品、使用商品或接受服务的人。

《消费者权益保护法》中的消费者应该包括电子商务消费者。换言之，电子商务消费者与消费者之间并没有本质的区别，只不过是二者购买商品或接受服务的方式不同而已。正是从这个意义上说，在电子商务交易中发生消费纠纷时，合法权益受到侵害的消费者可以援用《消费者权益保护法》主张权利。

（二）消费者权益保护法律制度

1. 我国消费者权益保护法的立法目的

《消费者权益保护法》开宗明义，在第一条明确规定了该法的立法目的：保护消费者的合法权益，维护社会经济秩序，促进社会主义市场经济健康发展。

2. 关于消费者的权利

消费者的权利是消费者利益在法律上的体现，是国家对消费者进行保护的前提和基础。我国的《消费者权益保护法》在参考了国内外立法的通行规定的基础上，结合我国的实际情况，具体规定了消费者的九项权利。

1）安全权

安全权是消费者在购买、使用商品和接受服务时享有人身安全、财产安全不受侵害的权利。具体包括消费者的人身安全权、财产安全权、信息产品或网络服务的安全问题、隐私安全问题以及信息产品的安全问题等。

安全权是消费者的最基本的权利。

2）知情权

知情权是指消费者有权知悉其购买、使用的商品或接受的服务的真实情况的权利，具体包括消费者对商品信息的知情权、对服务信息的知情权等。消费者有权根据商品或者服务的不同情况，要求经营者提供商品的价格、产地、生产者、用途、性能、规格、等级、主要成分、生产日期、有效期限、检验合格证明、使用方法说明书、售后服务，或者服务的内容、规格、费用等有关情况。

3）选择权

选择权是指消费者有权根据自己的意愿自主选择商品或服务。消费者有权自主选择提供商品或者服务的经营者，自主选择商品品种或者服务方式，自主决定购买或者不购买任何一种商品、接受或者不接受任何一项服务。消费者在自主选择商品或者服务时，有权进行比较、鉴别和挑选。

4）公平交易权

公平交易权是指消费者享有公平交易的权利。消费者在购买商品或者接受服务时，有权获得质量保障、价格合理、计量正确等公平交易条件，有权拒绝经营者的强制交易行为。

5）求偿权

求偿权是指消费者在购买、使用商品或接受服务受到人身或财产损害时，享有依法获得赔偿的权利。

6）结社权

结社权是指消费者享有依法成立维护自身合法权益的社会团体的权利。

7）获知权

获知权是指消费者享有获得消费或消费者权益保护方面的知识的权利。

8）受尊重权

受尊重权是指消费者在购买、使用商品或接受服务时，享有人格尊严、民族风俗习惯得到尊重的权利。

9）监督批评权

监督批评权是指消费者依法享有对商品、服务和保护消费者权益工作进行监督的权利。消费者有权检举、控告侵害消费者权益的行为和国家机关及其工作人员在保护消费者权益工作中的违法失职行为，有权对保护消费者权益工作提出批评、建议。

（三）关于经营者的义务

在消费领域中，经营者是与消费者相对应的主体，消费者享有的权利一般就是经营者应承担的义务。《消费者权益保护法》从保护消费者合法权益的需要出发，规定了经营者的义务主要有：

（1）经营者应当依照有关法律、法规的规定或者与消费者的约定履行义务。

（2）应当接受消费者的监督。

（3）应当保证其提供的商品或服务符合保障人身、财产安全的要求。

（4）应当向消费者提供有关商品或者服务的真实信息，不得作引人误解的虚假宣传。

（5）应当标明其真实名称和标记。

（6）不得对消费者进行侮辱、诽谤，不得搜查消费者的身体及其携带的物品，不得侵犯消费者的人身自由，等等。

（四）国家对消费者合法权益的保护

在保护消费者合法权益的问题上，国家负有重要的责任。国家通过立法、行政和司法机关，采取各种措施，创造必要条件，保证消费者权利的实现。《消费者权益保护法》设立专章规定国家对消费者合法权益的保护，体现了立法向处于弱者地位的消费者的倾斜。具体措施有：

（1）国家制定有关消费者权益的法律、法规和政策时，应听取消费者的意见和要求。

（2）各级人民政府应加强领导，组织、协调、督促有关行政部门做好保护消费者合法权益的工作，并加强监督，预防危害消费者人身、财产安全行为的发生，及时制止危害消费者人身、财产安全的行为。

（3）各级工商部门和其他有关行政部门应依法在各自的职权范围内采取措施，保护消费者的合法权益。

（4）依法惩处经营者在提供商品和服务中的危害行为。

（5）人民法院采取措施，方便消费者提起诉讼并及时审理。

（五）关于消费争议的解决

《消费者权益保护法》规定了消费者同经营者争议的途径，主要有以下五种：

（1）当事人协商和解。

（2）通过消费者协会调解解决。

（3）向有关行政部门申诉。

（4）向仲裁机构申请仲裁。

（5）向人民法院提起诉讼。

当事人不愿通过协商、调解解决或者协商、调解解决不成，又没有达成仲裁协议的，可以向人民法院提起诉讼。这五种途径由当事人自愿选择，既方便当事人依法行使自己的权利，也符合国内外的立法趋势。

（六）侵害消费者合法权益的法律责任

侵害消费者合法权益的行为，应当承担相应的法律责任。《消费者权益保护法》规定，提供商品的经营者违反本法和其他法律、法规规定，损害消费者合法权益的，应当依照该法和其他有关法律、法规的规定承担民事责任。此外，根据经营者违法行为的不同，还应当承担相应的行政责任。经营者的违法行为情节严重，构成犯罪的，依法追究刑事责任。

第三节 电子合同法律制度

电子合同是随着电子商务的发展而发展起来的。网络经济使越来越多的交易通过网络进行，反过来，更加促进了物流业的进步。电子合同既具有传统合同的特点，又具有其特殊性；既要遵循合同活动的一般准则，又对传统合同规则提出挑战。

《电子商务法》第四十七条规定："电子商务当事人订立和履行合同，适用本章和《中华人民共和国民法总则》《中华人民共和国合同法》《中华人民共和国电子签名法》等法律的规定。"（2020年5月28日通过的《民法典》于2021年1月1日起施行，《中华人民共和国民法总则》《中华人民共和国合同法》同时废止。）

一、电子合同的概念与特征

（一）电子合同的概念

电子合同是在网络条件下，当事人之间为了实现一定目的，通过电子邮件和电子数据交换等形式明确相互权利义务关系的协议。

（二）电子合同的特征

1.网上运作

订立合同的双方或多方在网络上运作，可以互不见面。合同内容等信息记录在计算机或磁盘等中介载体中，其修改、流转、储存等过程均在计算机内进行。网上运作的交易方便、快捷，但是，风险性也很大。

2.载体的电子化

电子合同是以一定计算机程序为基础生成的电子文本，所依赖的电子数据具有易消失性和易改动性。

3.采用电子签名

与传统的签字盖章的方式不同，电子合同表示合同生效采用电子签名。

4.合同成立的时间、地点特殊性

传统合同的生效地点一般为合同成立的地点，合同生效时间为合同成立的时间。而采用数据电文形式订立合同的，收件人的主营业地为合同成立的地点；没有主营业地的，其住所地为合同成立的地点。当事人另有约定的，按照其约定。

二、电子合同的形式

电子合同的主要形式有：

（一）以 EDI 方式订立的合同

电子数据交换，简称 EDI（Electronic Data Interchange），根据国际标准化组织（ISO）的定义，EDI 是"将商务或行政事务处理按照一个公认的标准，形成结构化的事务处理或文档数据格式，从计算机到计算机的电子传输"。它通过计算机通信网络将贸易、运输、保险、银行和海关等行业信息，用一种国际公认的标准格式，实现各有关部门或公司与企业之间的数据交换与处理，并完成以贸易为中心的全部过程。

（二）以电子邮件方式订立的合同

电子邮件是通过网络将一方输入的文字、图片或声音等信息通过服务器传送到另一方的终端机上的信息。与 EDI 合同相比，以电子邮件方式订立的合同更能直观地反映订约双方的意思表示。但是电子邮件在传输中，信息容易被截获、修改，安全性较差，因此应当鼓励使用电子签名，以确保电子邮件的真实。

三、电子合同的订立

电子合同的订立是合同当事人通过数据电文的方式就合同内容进行协商，达成一致意见的过程。《电子商务法》第四十八条规定："电子商务当事人使用自动信息系统订立或者履行合同的行为对使用该系统的当事人具有法律效力。在电子商务中推定当事人具有相应的民事行为能力。但是，有相反证据足以推翻的除外。"

（一）要约和承诺

电子合同的订立也需要经过要约和承诺两个阶段。

要约是希望和他人订立合同的意思表示。物流企业在网站上的"在线委托单"或"在线订单"是否是要约？依照《民法典》的规定，拍卖公告、招标公告、招股说明书、债券募集办法、基金招募说明书、商业广告和宣传、寄送的价目表等为要约邀请。所谓要约邀请是指一方希望他人向自己发出要约的意思表示。所以，"在线委托单"或"在线订单"属于商业广告，是要约邀请。但是，《民法典》还规定，商业广告和宣传的内容符合要约条件的，构成要约。据此，如果物流企业所发出的商业广告符合要约的要求，就构成要约。当事人对这种符合要约条件的商业广告表示同意，即构成承诺，合同关系成立。

电子合同的承诺符合《民法典》规定的，构成有效承诺，合同关系即告成立。

《电子商务法》第四十九条规定："电子商务经营者发布的商品或者服务信息符合要约条件的，用户选择该商品或者服务并提交订单成功，合同成立。当事人另有约定的，从其约定。电子商务经营者不得以格式条款等方式约定消费者支付价款后合同不成立；格式条款等含有该内容的，其内容无效。"

《电子商务法》第五十条规定："电子商务经营者应当清晰、全面、明确地告知用户订立合同的步骤、注意事项、下载方法等事项，并保证用户能够便利、完整地阅览和下载。电子商务经营者应当保证用户在提交订单前可以更正输入错误。"

（二）电子合同的成立时间与成立地点

承诺生效的时间是合同成立的时间。当事人采用数据电文等形式订立合同要求签订确认书的，签订确认书时合同成立。当事人一方通过互联网等信息网络发布的商品或者服务信息符合要约条件的，对方选择该商品或者服务并提交订单成功时合同成立，但是当事人另有约定的除外。

承诺生效的地点为合同成立的地点。采用数据电文形式订立合同的，收件人的主营业地为合同成立的地点；没有主营业地的，其住所地为合同成立的地点。当事人另有约定的，按照其约定。

四、电子合同的效力

电子合同的效力是指电子合同依法成立，具有法律上的约束力，当事人之间产生合同权利义务关系，并且受到国家法律的保护。当事人在电子合同成立后，不能擅自变更和解除合同。当事人违反有效成立的电子合同，将承担法律责任，守约方也可以向人民法院起诉，人民法院也可以采取强制措施使当事人承担民事责任、履行义务，对另一方当事人进行补救。合法有效的合同对第三人也产生一定的法律约束力，任何单位和个人不得侵犯当事人的合同权利，不得非法阻挠当事人履行义务。

电子合同的生效必须满足实质要件和形式要件。实质要件包括：①当事人在订立合同时必须具有相应的民事权利能力和民事行为能力；②当事人的意思表示真实；③合同的内容不违反法律或者社会公共利益。形式要件是指合同的形式符合法律的相应规定。法律、行政法规规定应当办理批准、登记等手续生效的，依照其规定。

小结

随着电子商务在物流活动中的普遍应用，物流信息管理成为物流法律制度的重要内容。本章重点介绍了物流信息管理法律制度的含义与基本特征，阐述了我国电子商务法律制度的主要内容，并对其中若干法律制度作了比较全面的介绍。电子签名和电子认证法律制度是物流信息管理法律制度中的主要内容，本章阐述了电子签名的特点、重要性，介绍了电子签名法律制度的基本规定，还介绍了电子合同制度的基本规定。

案例分析与思考

【案件基本信息】

案件名称：网络服务合同中电子签名法律效力的审查判定——成某文诉××公司网络服务合同案。

（1）裁判书字号：北京互联网法院（2018）京0491民初1579号民事判决书。

（2）案由：网络服务合同纠纷。

（3）当事人：

原告：成某文。

被告：××公司。

【案情介绍】

2018年8月9日，原告成某文（乙方）通过被告××公司（丙方）与马某倩（甲方）签署了二手车买卖合同，签署时间为2018年8月9日17：34：42，被告××公司于当日下午17：35分向原告发送手机短信"您已于2018年8月9日17：34：43成功购买本田——思铂睿2015款2.0L尊贵版。合同链接：t.renrenche.com/55CWt，基于安全考虑，本链接1天后失效，请你及时将文本保存到您本地"等内容，后原告以自己的手机进行了实名认证并填写验证码。原告继续完成电子合同签署流程，最终生成涉案合同，合同明确约定了车辆的基本信息以及车辆价款、费用及支付期限、方式，其中服务费一栏约定原告成某文同意向××支付居间服务费3 552元；并由原告成某文和马某倩各向被告××公司预先缴存1 000元的履约保证金；原告成某文分别2018年8月9日13：08：21和13：10：03通过微信转账方式向被告××公司缴纳了服务费3 552元和保证金1 000元，后在履行合同的过程中单方违约，不再购买车辆，被告××公司依据合同条款将1 000元保证金划付马某倩，并不予退还原告成某文的3 552元服务费。原告称缴费后，并未收到任何被告公司发出的通知，未收到签署合同的网址，虽然收到了验证码，但并未将其透漏给任何人。因此被告冒用原告签名，伪造合同，对此要求被告返还原告定金和服务费4 552元。被告称原告签署的电子合同确为其本人签署，真实有效。原告单方违约，无权要求返还履约保证金和服务费。

【案情焦点】

电子合同中的电子签名是否为原告本人亲笔签名。

【法院裁判要旨】

北京互联网法院经审理认为：依法成立的合同，对当事人具有法律约束力。原告成某文与马某倩和被告××公司签署的合同，虽合同名称为二手车买卖合同，但合同明确约定了买卖双方通过被告××公司购买二手车，并同意向××公司支付居间服务费，其性质应为居间服务合同。原告成某文虽否认被告××公司提交的文件签署技术报告书的内容，但未提出有力的证据予以反驳。该报告书明确记载了其防篡改功能，且原告成某文也认可其收到了验证码，未发生验证码泄露和透漏的情形。根据该技术报告所载内容可知，没有合同链接和验证码不可能生成涉案合同，因此，对原告成某文的意见，法院不予采纳。原告成某文与被告××公司和马某倩签订的二手车买卖合同系各方当事人真实意思表示，内容不违反法律、行政法规的强制性规定，应为有效，各方均应依约定履行各自义务。本案中，被告××公司作为居间人，已履行了相关义务，促成了原告成某文与马某倩之间买卖车辆合同的成立，原告成某文在合同订立后无故放弃购车，属于单方违约，其要求被告××公司退还服务费的诉讼请求不应予以支持。

北京互联网法院依照《中华人民共和国合同法》第六条、第四百二十四条、第四百二十六条，《中华人民共和国民事诉讼法》第六十四条第一款之规定，作出判决如下：

驳回原告成某文的全部诉讼请求。

【法官后语】

当前，乘着信息技术和网络技术的东风，互联网电子商务领域迅速发展并普及，其中电子签名的出现和逐渐规范为互联网电子商务中实现突破传统物理空间、实现远程交叉验证提供了关键的基础手段，确保电子信息和交易身份相联系。而如何确保电子签名真实并且当然具有法律效力，是一个技术问题，更是一个复杂的法律问题。虽然电子签名可以实现与传统手写签名相同的功能，即识别签名人的身份、表明签名人对文件内容的确认、签名人对文件内容正确性和完整性负责，从而实现线上与线下权利义务关系的完整统一，顺利完成数字世界的确权功能。但电子签名作为数字签名，其生成过程完全不同于传统签名，对其法律效力的审查一直是网络服务合同中的审查重点。当前普遍使用的基于公钥基础设施（Public Key Infrastructure，PKI）的数字签名技术，是一个融合了公开密钥算法、原文加密技术和第三方认证机构（Certificate Authority，CA）认证等多重手段的技术，其中公开密钥算法用以确认签名人真实身份，原文加密技术保证传输文件不被篡改，CA认证用以实现身份的可查性和签名人对传输信息的不可抵赖性。在上述案例中，原告在第三方平台实名认证，其登录平台所用的账号、密码、验证码为其专有和控制，涉案第三方平台所使用的相关技术能够发现任何对电子签名及数据电文内容和形式的任何改动，确与案件事实相关，取证程序合法，可以作为法定证据进而被采纳。所以，为了确保电子签名与传统签名具有等同的功能并产生一定的法律效力，在进行最后一步签名之前，就需要通过技术手段保障两方面的关联关系的实现：一是确保能对签名人的身份真实性予以核实；二是确保电子签名与特定数据电文之间的关联关系。

对签名人的身份真实性的核实，需要在网络和软件平台进行相应的注册和实名认证，并提交上述有关核验材料，进而实现身份的核验和认证；而对电子签名与特定数据电文之间的关联关系的核实，则是通过CA证书指纹、数字时间戳、哈希值校验、短信验证码、语音验证码甚至是人脸识别等多重防抵赖防篡改技术与程序的交融，实现防抵赖、防篡改和防伪造的功能，最终确保和确认最后一步的电子签名的有效性，并可以上述技术本身的安全性能以及记录部分签名过程中操作数据电文作为审查电子签名法律效力的依据。《中华人民共和国电子签名法》第十三条第一款明确规定了视为可靠的电子签名必须同时符合的条件。当事人也可以选择使用符合其约定的可靠条件的电子签名，本案中原告和马某倩在签署合同前已经在被告平台进行了实名认证，绑定了邮箱和手机号，在签名时用发送到自己手机的验证码进行验证方可签署，因此相关电子签名制作数据在用于电子签名时属于电子签名人所有并由其本人控制，在技术平台生成的电子合同签署报告经过数字签名技术处理，具有防篡改、防抵赖功能，任何对该电子数据、电子签名和其数据电文内容形式的修改都可通过技术被发现，原告亦没有证据证明电子数据被修改，因此，原告所主张的意见没有被法院所采信，法院也依据上述法律规定驳回了原告的诉讼请求。

课后习题

（1）简述物流信息的概念与特征。
（2）什么是电子商务，具体包括哪些行为？
（3）简述电子商务法的概念与特征。
（4）什么是商业秘密？法律规定侵犯商业秘密的行为有哪些？
（5）什么是电子签名？电子签名的功能和种类包括哪些？
（6）我国法律规定"可靠的电子签名"需要满足什么条件？
（7）什么是电子认证？电子认证的作用是什么？
（8）电子认证机构的设立条件和职责是什么？
（9）什么是电子合同？电子合同与传统合同相比，有哪些特殊性？
（10）电子合同生效的条件有哪些？

第十二章

物流争议解决的法律制度

学习目标

【掌　握】

(1) 掌握物流争议的主要解决方式。
(2) 掌握仲裁的概念、基本原则与制度。
(3) 掌握诉讼的概念、基本原则与制度。
(4) 掌握民事审判程序。
(5) 掌握海事诉讼的概念。

【理　解】

(1) 理解仲裁协议的形式及内容。
(2) 理解涉外仲裁的概念、我国专门处理涉外仲裁案件的机构。
(3) 理解民事诉讼管辖如何确定。
(4) 理解证据的种类。
(5) 理解海事诉讼的管辖方式。
(6) 理解海事请求保全的概念。

【了　解】

(1) 了解仲裁机构、仲裁协议、冲裁程序。
(2) 了解仲裁庭的组成、中国国际经济贸易仲裁委员会受理的争议案件类型、中国海事仲裁委员会受理的争议案件类型。
(3) 了解涉外仲裁程序。
(4) 了解诉讼参加人构成。
(5) 了解海事诉讼的审判程序。

第一节　物流争议解决及其解决方式

物流争议是民事争议中的一种，解决物流争议的方法有多种，争议双方当事人可以根据具体情况选择争议的解决方法。物流争议的主要解决方式有协商和解、调解、仲裁、诉讼等。

一、协商和解

协商和解是双方当事人在平等、自愿、合法的基础上，在物流争议发生之后，进行协商，达成协议，解决纠纷的方式。协商和解是解决争议的重要方式之一。在争议发生以后，一般情况下当事人会直接与对方交涉解决办法。

通过协商的方式解决纠纷，有利于维护当事人之间的友好协作关系。与其他解决争议的方法相比较，协商和解是在双方当事人之间直接进行的，没有第三者的参与，也没有严格的法律程序，在形式上和程序上比较随意，可以由当事人根据双方的具体情况进行协商，方便灵活，简单易行。但是，协商和解的方式也有一定的局限性，当事人通过协商达成的协议没有强制执行力。如果当事人一方不履行协议，另一方当事人不能依据这些协议向人民法院申请强制执行。

二、调解

调解是在第三人的主持之下，遵循合法、自愿的原则，与争议双方当事人进行斡旋，促使当事人查清事实，分清责任，友好协商，自愿达成协议，使物流争议得以解决的方式。调解也是法律规定的解决物流纠纷的重要方式之一，其方式灵活，简便易行，有利于解决当事人之间的物流争议。

但是，经过调解达成的协议不具有法律强制力，当事人在达成协议后反悔或是不履行的，另一方当事人可以根据仲裁协议请求仲裁，或者直接向人民法院起诉。

三、仲裁

仲裁是指双方当事人自愿达成协议，将双方之间发生的争议（包括物流争议）提交仲裁机构进行审理，由仲裁机构作出对双方当事人都具有约束力的裁决的活动。当事人对于仲裁机构作出的裁决应当执行，一方当事人不履行裁决的，另一方当事人可以向法院提出强制执行的请求。

四、诉讼

诉讼是指国家审判机关即人民法院，依照法律规定，在当事人和其他诉讼参与人的参加下，依法解决讼争的活动。由于物流争议属于民事争议，所以，我国解决物流争议适用民事诉讼程序，人民法院依据民事诉讼法的规定，对物流争议案件进行审理。

第二节 仲裁法律制度

一、仲裁与仲裁法

（一）仲裁的概念

仲裁亦称公断，是指双方当事人达成协议，自愿地将双方之间发生的纠纷，提交仲裁机构进行审理，由仲裁机构作出对双方当事人都具有约束力的裁决的制度。

根据争议主体是否有涉外因素，可以将仲裁分为国内仲裁和涉外仲裁。国内物流仲裁是指同一个国家当事人之间为解决国内物流争议，而由本国的仲裁机构进行仲裁的活动。涉外物流仲裁是具有涉外因素的仲裁活动，即物流争议主体分别属于不同的国家或者争议的内容涉及不同国家，或者物流争议的客体在国外的，属于国际商事仲裁。

（二）仲裁法的概念与适用范围

仲裁法是由国家制定的、调整仲裁关系的法律规范的总称。1994年8月31日，第八届全国人大常委会第九次会议通过了《中华人民共和国仲裁法》（以下简称《仲裁法》）。《仲裁法》于1995年9月1日起施行。《仲裁法》规定，平等主体的公民、法人和其他组织之间发生的合同纠纷和其他财产权益纠纷，可以仲裁。

二、仲裁的基本原则与制度

按照《仲裁法》的规定，当事人采用仲裁方式解决纠纷应当遵循以下原则与制度。

（一）自愿原则

当事人采用仲裁方式解决纠纷，应当双方自愿，达成仲裁协议。仲裁协议是仲裁机构对案件行使管辖权的依据。当事人自愿选定仲裁委员会申请仲裁，仲裁员也由双方当事人自愿选定。当事人也可以在申请仲裁后，自愿和解。

（二）以事实为依据、以法律为准绳原则

仲裁机构对受理的物流争议案件，应当根据事实，依照法律的规定，公平合理地解决纠纷。

（三）仲裁独立原则

仲裁机构依法独立地进行仲裁活动，不受任何行政机关、社会团体和个人的干涉。仲裁委员会独立于行政机关以外，与行政机关没有隶属关系。此外，各仲裁委员会之间也没有隶属关系。

（四）一裁终局制原则

仲裁实行一裁终局的制度。仲裁裁决作出以后，就发生法律效力。当事人就同一纠纷再申请仲裁或者向人民法院起诉的，仲裁委员会或者人民法院不予受理。仲裁裁决被人民法院依法裁定撤销或者不予执行的，当事人可以根据双方重新达成的仲裁协议就该纠纷申请仲裁，也可以向人民法院起诉。

（五）或裁或审制度

当事人之间没有仲裁协议，一方申请仲裁的，仲裁委员会不予受理。当事人达成仲裁协议，一方当事人向人民法院起诉的，人民法院不予受理，但仲裁协议无效的除外。

三、仲裁机构

仲裁机构包括仲裁委员会和仲裁协会。

（一）仲裁委员会

仲裁委员会可以在直辖市和省、自治区的人民政府所在地的市设立，也可以根据需要在其他设区的市设立，不按照行政区划层层设立。设立仲裁委员会，应当经省、自治区、直辖市的司法行政部门登记。仲裁委员会由法律规定的市的人民政府组织有关部门和商会统一组建。涉外仲裁委员会可以由中国国际商会组织设立。

仲裁委员会独立于行政机关，与行政机关并没有隶属关系。仲裁委员会之间也没有隶属关系，各仲裁委员会独立行使仲裁权。

仲裁委员会应当具备一定的条件：①有自己的名称、住所和章程；②有必要的财产；③有该委员会的组成人员；④有聘任的仲裁员。

仲裁委员会由主任1人、副主任2人至4人和委员7人至11人组成。仲裁委员会的主任、副主任、委员由法律、经济贸易专家和有实际工作经验的人员组成。在仲裁委员会组成人员中，法律、经济贸易专家不得少于2/3。

（二）仲裁协会

中国仲裁协会是社会团体法人。仲裁委员会是中国仲裁协会的会员。中国仲裁协会是仲裁委员会的自律性组织。根据中国仲裁协会的章程，中国仲裁协会对仲裁委员会及其组成人员、仲裁员的违纪行为进行监督。

四、仲裁协议

仲裁协议是指双方当事人自愿将他们之间已经发生或者可能发生的可仲裁事项提交仲裁裁决的书面协议。仲裁协议包括双方当事人在合同中订立的仲裁条款和以其他书面方式在纠纷发生前或者纠纷发生后达成的请求仲裁的协议。而物流仲裁协议是双方当事人自愿将物流争议提交仲裁机构进行裁决的意思表示。仲裁协议对双方当事人具有约束力，限制了当事人提请仲裁的范围，也限制了当事人提起诉讼的行为和范围。仲裁机构因仲裁协议取得物流争议案件的管辖权。同时，也排除了人民法院对仲裁协议中约定事项的管辖权。

仲裁协议可以是物流合同中订立的仲裁条款，也可以采用其他书面方式单独订立，包括以合同书、信件和数据电文（包括电报、电传、传真、电子数据交换和电子邮件）等形式达成的请求仲裁的协议。仲裁协议既可以是在物流争议发生前达成的，也可以是在物流争议发生后达成的。

根据《仲裁法》规定，仲裁协议必须采用书面形式。仲裁协议应当具有以下内容：①请求仲裁的意思表示；②仲裁事项；③选定的仲裁委员会。

在以下情形下，仲裁协议无效：①约定的仲裁事项超出法律规定的仲裁范围；②无民事行为能力人或者限制民事行为能力人订立的仲裁协议；③一方采取胁迫手段，迫使对方订立仲裁协议的。

仲裁协议对仲裁事项或者仲裁委员会没有约定或者约定不明的，当事人可以补充协议；

达不成补充协议的，仲裁协议无效。仲裁协议约定两个以上仲裁机构的，当事人可以协议选择其中的一个仲裁机构申请仲裁；当事人不能就仲裁机构选择达成一致的，仲裁协议无效。

仲裁协议约定由某地的仲裁机构仲裁，并且该地仅有一个仲裁机构的，该仲裁机构视为约定的仲裁机构。该地有两个以上仲裁机构的，当事人可以协议选择其中的一个仲裁机构申请仲裁；当事人不能就仲裁机构选择达成一致的，仲裁协议无效。

仲裁协议独立存在，物流合同的变更、解除、终止或者无效，并不影响仲裁协议的效力。物流合同当事人对仲裁协议的效力有异议的，可以请求仲裁委员会作出决定或者请求人民法院作出裁定。一方请求仲裁委员会作出决定，另一方请求人民法院作出裁定的，由人民法院裁定。物流合同当事人对仲裁协议的效力有异议的，应当在仲裁庭首次开庭前提出。

五、仲裁程序

（一）申请与受理

物流争议当事人申请仲裁应当符合一定的条件：

1. 有仲裁协议

仲裁协议是仲裁机构受理案件的依据。如果当事人之间没有仲裁协议，仲裁机构不予受理。

2. 有具体的仲裁请求和事实、理由

申请人应当有具体的仲裁请求，并且以一定的事实和理由作为依据。

3. 属于仲裁委员会的受理范围

当事人申请仲裁解决的纠纷应当属于仲裁解决的范围，该仲裁委员会也是当事人在仲裁协议中所选定的，而且，当事人提交仲裁委员会解决的纠纷是仲裁协议中所确定的事项。当事人申请仲裁，应当向仲裁委员会递交仲裁协议、仲裁申请书及副本。仲裁委员会收到仲裁申请书之日起5日内，认为符合受理条件的，应当受理，并通知当事人；认为不符合受理条件的，应当书面通知当事人不予受理，并说明理由。

仲裁申请书应当记载以下事项：

（1）当事人的姓名、性别、年龄、职业、工作单位和住所，法人或者其他组织的名称、住所和法定代表人或者主要负责人的姓名、职务。

（2）仲裁请求和所依据的事实、理由。

（3）证据和证据的来源、证人姓名和住所。

仲裁委员会按照不同的专业设仲裁员名册。在受理仲裁申请后，仲裁委员会应当在仲裁规则规定的期限内将仲裁规则和仲裁员名册送达申请人，并将仲裁申请书副本和仲裁规则、仲裁员名册送达被申请人。被申请人收到仲裁申请书副本后，应当在仲裁规则规定的期限内向仲裁委员会提交答辩书。

仲裁委员会收到答辩书后，应当在仲裁规则规定的期限内将答辩书副本送达申请人。被申请人未提交答辩书的，不影响仲裁程序的进行。如果当事人已经达成了仲裁协议，一方向人民法院起诉时没有声明订有仲裁协议的，人民法院受理后，另一方当事人在首次开庭前提交了仲裁协议的，人民法院应当驳回起诉。但是，如果另一方当事人没有在首次开庭前对人民法院受理案件提出异议的，视为放弃仲裁协议，人民法院应当继续审理案件。

申请人可以放弃或者变更仲裁请求。被申请人可以承认或者反驳仲裁请求，有权提出反请求。

一方当事人因另一方当事人的行为或者其他原因，可能使裁决不能执行或者难以执行的，可以申请财产保全。当事人申请财产保全的，仲裁委员会应当将当事人的申请依照民事诉讼法的有关规定提交人民法院。申请有错误的，申请人应当赔偿被申请人因财产保全所遭受的损失。

（二）仲裁庭的组成

仲裁委员会受理案件后，应当交由依法组成的仲裁庭审理并作出裁决。

仲裁庭的组成有两种：仲裁庭可以由3名仲裁员或者由1名仲裁员组成。

当事人约定由3名仲裁员组成仲裁庭的，应当各自选定一名仲裁员，或者各自委托仲裁委员会主任指定一名仲裁员。第3名仲裁员由当事人共同选定或者共同委托仲裁委员会主任指定。第3名仲裁员是首席仲裁员。当事人约定由1名仲裁员成立仲裁庭的，应当由当事人共同选定或者共同委托仲裁委员会主任指定仲裁员。

当事人没有在仲裁规则规定的期限内约定仲裁庭的组成方式或选定仲裁员的，由仲裁委员会主任指定。仲裁庭组成后，仲裁委员会应当将仲裁庭的组成情况书面通知当事人。为保证仲裁的公正进行，《仲裁法》规定了仲裁员的回避制度。

当事人提出回避申请的，应当在首次开庭前提出并说明理由。回避事由在首次开庭后知道的，可以在最后一次开庭终结前提出。仲裁员是否回避，由仲裁委员会主任决定；仲裁委员会主任担任仲裁员时，由仲裁委员会集体决定。

（三）开庭与裁决

仲裁应当开庭进行。如果当事人协议不开庭的，仲裁庭可以根据仲裁申请书、答辩书以及其他证据材料作出裁决。仲裁不公开进行。如当事人协议公开的，可以公开进行，但涉及国家机密的除外。

仲裁委员会应当在仲裁规则规定的期限内将开庭日期通知双方当事人。当事人有正当理由，可以在规定期限内要求延期开庭。是否延期，由仲裁庭决定。

申请人经过书面通知，无正当理由不到庭或者未经仲裁庭许可中途退庭的，可以视为撤回申请。被申请人经书面通知，无正当理由不到庭或者未经仲裁庭许可中途退庭的，仲裁庭可以缺席裁决。

当事人应当对自己的主张提供证据。仲裁庭认为有必要收集证据的，可以自行收集。证据应当在开庭时出示，当事人可以质证。在证据可能灭失或者以后难以取得的情况下，当事人可以申请证据保全。

当事人在仲裁过程中有权进行辩论。当事人申请裁决后，可以自行和解。达成和解协议的，当事人可以请求仲裁庭根据和解协议作出裁决书，也可以撤回仲裁申请。和解撤回仲裁申请后又后悔的，当事人可以根据仲裁协议申请仲裁。

仲裁庭开庭后，可以先行调解。调解不成的，仲裁庭应当及时作出裁决。调解达成协议的，仲裁庭应制作调解书或根据协议结果制作裁决书。调解书经双方当事人签收后，即发生法律效力。在调解书签收前当事人反悔的，仲裁庭应及时作出裁决。

裁决书自作出之日起发生法律效力。

六、申请撤销裁决

当事人提出证据并能证明裁决有下列情形之一的，可以向仲裁委员会所在地的中级人民法院申请撤销裁决：

（1）没有仲裁协议的。没有仲裁协议是指当事人没有达成仲裁协议；仲裁协议被认定无效或者被撤销的，视为没有仲裁协议。

（2）裁决的事项不属于仲裁协议的范围或者仲裁委员会无权仲裁的。当事人以仲裁裁决事项超出仲裁协议范围为由申请撤销仲裁裁决，经审查属实的，人民法院应当撤销仲裁裁决中的超裁部分。但是，如果超裁部分与其他裁决事项是不可分的，人民法院应当撤销仲裁裁决。

（3）仲裁庭的组成或者仲裁的程序违反法定程序，可能影响案件正确裁决的。

（4）裁决所根据的证据是伪造的。

（5）对方当事人隐瞒了足以影响公正裁决的证据的。

（6）仲裁员在仲裁该案时有索贿受贿、徇私舞弊、枉法裁决行为的。

人民法院组成合议庭审查核实有以上情形之一的，应裁定撤销裁决。凡裁决违反社会公共利益的，也应当裁定撤销。

当事人申请撤销裁决的，应当自收到裁决书之日起6个月内提出。人民法院应当在受理撤销裁决申请之日起2个月内作出撤销裁决或者驳回申请的裁定。

人民法院受理申请后，认为可以由仲裁庭重新仲裁的，通知仲裁庭在一定期限内重新仲裁，并裁定中止撤销程序。仲裁庭拒绝重新仲裁的，人民法院应裁定恢复撤销程序。当事人对重新仲裁裁决不服的，可以在重新仲裁裁决书送达之日起6个月内依据仲裁法规定向人民法院申请撤销。

七、仲裁裁决的执行

根据仲裁法规定的"仲裁实行一裁终局"的原则，仲裁庭作出的裁决是终局的裁决，当事人不得就同一纠纷再次申请仲裁，也不能以不服仲裁裁决为由向人民法院提起诉讼。

对仲裁庭做出的裁决，当事人应当履行。一方当事人不履行的，另一方当事人可依照《民事诉讼法》的有关规定向人民法院申请执行，受申请的人民法院应当执行。

被申请人提出证据证明裁决有下列情形之一的，经人民法院组成合议庭审查核实，裁定不予执行：①当事人在合同中没有订立仲裁条款或者事后没有达成书面仲裁协议的；②裁决的事项不属于仲裁协议的范围或者仲裁机关无权仲裁的；③仲裁庭的组成或者仲裁的程序违反法定程序的；④认定事实的主要证据不足的；⑤适用法律确有错误的；⑥仲裁员在仲裁该案时有索贿受贿、徇私舞弊、枉法裁决行为的。

一方当事人申请执行裁决，另一方当事人申请撤销裁决的，应当裁定中止执行。人民法院裁定撤销裁决的，应当裁定终结执行。撤销裁决的申请被裁定驳回的，人民法院应当裁定恢复执行。

八、涉外仲裁制度

（一）涉外仲裁的概念

涉外仲裁是双方当事人达成协议，自愿地将双方之间在涉外经济贸易、运输和海事中发生的纠纷，提交仲裁机构进行审理，由仲裁机构作出对双方当事人都具有约束力的裁决的制度。

涉外仲裁与国内仲裁的主要区别是：涉外仲裁是对涉外经济贸易、运输和海事中发生的纠纷的仲裁，具有涉外因素。涉外仲裁是有涉外因素的仲裁活动，即物流争议主体分别属于不同的国家或者争议的内容涉及不同国家，或者物流争议的客体在国外的。

（二）我国的涉外仲裁机构

我国专门处理涉外仲裁案件的机构，是中国国际经济贸易仲裁委员会和中国海事仲裁委员会。中国国际经济贸易仲裁委员会设在北京，在深圳设立华南分会，在上海设立上海分会。仲裁委员会同时使用"中国国际商会仲裁院"名称。

《仲裁法》第七十三条规定，涉外仲裁规则可以由中国国际商会依照《仲裁法》和《民事诉讼法》的有关规定制定。中国国际经济贸易仲裁委员会的仲裁规则，于2005年1月11日修订并通过，自2005年5月1日起施行。依据该规则的规定，中国国际经济贸易仲裁委员会受理下列争议案件：

（1）国际的或涉外的争议案件。

（2）涉及香港特别行政区、澳门特别行政区或中国台湾地区的争议案件。

（3）国内争议案件。

中国海事仲裁委员会设在北京，在上海设立分会。中国海事仲裁委员会以仲裁的方式，独立、公正地解决海事、海商、物流争议以及其他契约性或非契约性争议，以保护当事人的合法权益，促进国际国内经济贸易和物流的发展。中国海事仲裁委员会仲裁规则于2004年7月5日由中国国际商会修订并通过，于2004年10月1日起施行。根据该规则的规定，中国海事仲裁委员会受理以下争议案件：

（1）租船合同、多式联运合同或者提单、运单等运输单证所涉及的海上货物运输、水上货物运输、旅客运输争议。

（2）船舶、其他海上移动式装置的买卖、建造、修理、租赁、融资、拖带、碰撞、救助、打捞，或集装箱的买卖、建造、租赁、融资等业务所发生的争议。

（3）海上保险、共同海损及船舶保赔业务所发生的争议。

（4）船上物料及燃油供应、担保争议，船舶代理、船员劳务、港口作业所发生的争议。

（5）海洋资源开发利用、海洋环境污染所发生的争议。

（6）货运代理，无船承运，公路、铁路、航空运输，集装箱的运输、拼箱和拆箱，快递，仓储，加工，配送，仓储分拨，物流信息管理，运输工具、搬运装卸工具、仓储设施、物流中心、配送中心的建造、买卖或租赁，物流方案设计与咨询，与物流有关的保险，与物流有关的侵权争议，以及其他与物流有关的争议。

（7）渔业生产、捕捞等所发生的争议。
（8）双方当事人协议仲裁的其他争议。

（三）涉外仲裁程序

《仲裁法》第七章涉外仲裁的特别规定、《民事诉讼法》第二十六章、各仲裁委员会的仲裁规则对涉外仲裁的程序给予规定。

1.仲裁申请、答辩、反请求

当事人申请仲裁时，应当提交书面形式的仲裁协议。仲裁委员会根据当事人的仲裁协议和书面申请，受理案件。

向中国国际经济贸易仲裁委员会申请仲裁的，被申请人应当在收到仲裁通知之日起45天内提交答辩书。向中国海事仲裁委员会申请仲裁的，被申请人应在收到仲裁通知之日起30天内提交答辩书，答辩书应写明答辩的事实、理由并附上相关的证据。逾期提交，仲裁庭有权决定是否接受。

被申请人反请求的，中国国际经济贸易仲裁委员会仲裁规则规定，被申请人应当自收到仲裁通知之日起45天内以书面形式提交仲裁委员会。中国海事仲裁委员会仲裁规则规定，被申请人如有反请求，最迟应在收到仲裁通知之日起30天内，以书面形式提交仲裁委员会。被申请人提出反请求时，应在其反请求书中写明具体的反请求及其所依据的事实和理由，并附具有关的证明文件。

2.仲裁庭的组成

仲裁庭由1名或3名仲裁员组成。申请人和被申请人应当各自在规定的时间内从仲裁委员会提供的仲裁员名册中选定仲裁员或者委托仲裁委员会主任指定仲裁员。涉外仲裁委员会可以从具有法律、经济贸易、科学技术等专门知识的外籍人士中聘任仲裁员。

约定在中国海事仲裁委员会或其物流争议解决中心仲裁的案件，当事人和仲裁委员会主任可以从其认为适当的《中国海事仲裁委员会仲裁员名册》或《中国海事仲裁委员会物流专业仲裁员名册》中选定或指定仲裁员。

3.审理和裁决

仲裁庭开庭审理案件不公开进行。如果双方当事人要求公开审理，由仲裁庭作出是否公开审理的决定。如果双方当事人同意，仲裁庭也认为不必开庭审理的，仲裁庭可以只依据书面文件进行审理并作出裁决。仲裁庭均应当公平、公正地对待双方当事人，并给予双方当事人陈述和辩论的合理机会。申请人可以放弃仲裁请求，申请撤销仲裁案件；被申请人可以放弃反请求，申请撤销仲裁案件的相关部分。

仲裁规则规定仲裁与调解相结合。双方当事人有调解愿望，或者一方当事人有调解愿望并经仲裁庭征得另一方当事人同意的，仲裁庭可以在仲裁程序进行过程中对其审理的案件进行调解。经仲裁庭调解达成和解的，双方当事人应签订书面和解协议。

仲裁庭应当根据事实，依照法律和合同规定，参考国际惯例，并遵循公平合理原则，独立公正地作出裁决。裁决是终局的，对双方当事人均有约束力。任何一方当事人均不得向法院起诉，也不得向其他任何机构提出变更仲裁裁决的请求。

（四）涉外仲裁的执行

对于仲裁机构作出的仲裁协议，当事人应当自动履行。当事人不履行的，另一方当事人可以向有管辖权的人民法院申请执行；也可以根据有关国际公约的规定向外国有管辖权的法院申请执行。涉外仲裁委员会作出的发生法律效力的仲裁裁决，当事人请求执行的，如果被执行人或者其财产不在中华人民共和国领域内，应当由当事人直接向有管辖权的外国法院申请承认和执行。

第三节 民事诉讼法律制度

一、诉讼的概念

物流诉讼是指人民法院在当事人和其他诉讼参与人的参加下，按照法律规定的程序，依法审理和解决物流纠纷案件的诉讼活动。物流争议的诉讼适用民事诉讼程序。

二、民事诉讼的基本原则和制度

（一）以事实为依据，以法律为准绳原则

人民法院依据法律审理各类案件，都必须以事实为依据，以法律为准绳。

（二）民事诉讼当事人诉讼地位平等原则

民事诉讼当事人有平等的诉讼地位，享有同等的诉讼权利和承担相应的诉讼义务，人民法院审理民事案件，应当对当事人行使诉讼权利提供保障和便利，对当事人在适用法律上一律平等。

（三）调解原则

人民法院在当事人自愿和合法的前提下，可以组织当事人依照法定程序对争议的问题进行调解。调解不成的，人民法院应当及时判决。

（四）辩论原则

在诉讼中，双方当事人在人民法院的主持下，有权就案件的事实和争议的问题，各自陈述自己的主张和根据，相互进行反驳和答辩，有权进行辩论，维护合法权益。

（五）处分原则

当事人在诉讼过程中，有权在法律规定范围内，对自己的实体权利和诉讼权利进行支配，决定如何行使自己的实体权利和诉讼权利，其他人不得非法干预。

（六）合议制度

人民法院审理民事案件，依照法律规定实行合议制度，由3个以上审判员组成合议组织，对案件进行审理和裁判。

（七）回避制度

人民法院审理民事案件，实行回避制度。回避制度的设立目的是保证案件裁判的公正性。民事诉讼法规定的审判人员和其他有关人员因有法律规定不宜参加案件审理或参加有关诉讼活动的情形，主要是以上人员与案件有利害关系或者其他关系，可能影响到案件的公正审理的情形。

（八）公开审判制度

人民法院审理民事案件，实行公开审判原则，一般情况下应当将审判过程和结果公开。但是人民法院审理的民事案件，涉及国家秘密的、个人隐私的案件不公开审理；离婚案件、涉及商业秘密的案件，当事人申请不公开审理的，可以不公开审理。

（九）两审终审制度

一个民事案件经过两级人民法院审理后即告终结。当事人对第一审人民法院的判决或者裁定不服，可以在法定期限内向上一级人民法院提起上诉。第二审人民法院的判决和裁定是终审的判决和裁定，一经送达，立即生效。

三、诉讼参加人

（一）当事人

民事诉讼中当事人，是因民事权利义务发生争议，以自己的名义起诉或应诉，接受人民法院为解决民事纠纷行使的民事审判权并受法院裁判约束的人。民事诉讼当事人包括原告和被告。

原告是为维护自己的民事权益，以自己的名义向人民法院提起诉讼，从而引起民事诉讼程序发生的人。被告是被原告诉称侵犯其合法权益而与原告发生民事争议，由法院通知应诉的人。原告与被告可以是自然人、法人或其他组织。

当事人的诉讼权利主要有：起诉的权利；原告放弃或者变更诉讼请求的权利；被告承认或者反驳诉讼请求的权利；提起反诉的权利；申请回避的权利；委托诉讼代理人的权利；收集和提供证据的权利；进行陈述、质证和辩论的权利；选择调解的权利；自行和解的权利；申请财产保全的权利；申请先予执行的权利；提起上诉的权利；申请再审的权利；申请执行的权利；查阅、复制本案有关材料的权利，等等。

当事人的诉讼义务主要有：依法行使诉讼权利的义务；遵守诉讼秩序的义务；履行生效法律文书的义务，等等。

（二）共同诉讼人

共同诉讼是当事人一方或双方是两个以上的诉讼。依照法律规定，当事人一方或者双方为二人以上，其诉讼标的是共同的，或者诉讼标的是同一种类、人民法院认为可以合并审理并经当事人同意的，为共同诉讼。

（三）第三人

第三人是对原告与被告之间正在进行诉讼的诉讼标的，具有全部或部分的请求权，或者虽然不具有独立请求权，但是案件的处理结果与其有法律上的利害关系，而参加到诉讼中的人。

对他人争讼的标的具有全部或部分的请求权的是有独立请求权的第三人。对当事人双方的诉讼标的，第三人认为有独立请求权的，有权提起诉讼。对他人争讼的标的不具独立请求权，但是案件的处理结果与其有法律上的利害关系的，是无独立请求权的第三人。人民法院判决承担民事责任的第三人，有当事人的诉讼权利和义务。

（四）诉讼代理人

根据法律的规定或者他人的授权，为维护当事人的利益进行诉讼的人是诉讼代理人。

无诉讼行为能力人由他的监护人作为法定代理人代为诉讼。法定代理人之间互相推诿代理责任的，由人民法院指定其中一人代为诉讼。

当事人、法定代理人也可以委托一至二人作为诉讼代理人。律师、当事人的近亲属、有关的社会团体或者所在单位推荐的人、经人民法院许可的其他公民，都可以被委托为诉讼代理人。

委托他人作为诉讼代理人的,应当有授权委托书。授权委托书必须记明委托事项和权限。诉讼代理人代为承认、放弃、变更诉讼请求，进行和解，提起反诉或者上诉，必须有委托人的特别授权。

四、管辖

民事诉讼管辖是确定上下级人民法院之间和同级人民法院之间受理第一审民事案件的分工和权限。民事诉讼法确定管辖，依据方便人民群众诉讼的原则、方便人民法院管辖的原则以及保证案件公正审理等原则。

（一）级别管辖

级别管辖是人民法院系统内划分上下级人民法院之间受理第一审民事案件的分工。确定级别管辖的主要标准是案件的性质、案件的影响大小、案件的繁简程度。

1.基层人民法院

基层人民法院设在县、自治县、不设区的市和市辖区。其职责是：除法律规定由中级人民法院、高级人民法院和最高人民法院管辖的一审民事案件外，其余的第一审民事、行政、刑事案件都由基层人民法院管辖。

2.中级人民法院

中级人民法院设在省、自治区内的各地区，中央直辖市，省、自治区辖市和自治州。管辖下列第一审民事案件：①重大涉外案件；②在本辖区有重大影响的案件；③最高人民法院确定由中级人民法院管辖的案件。包括：海事、商事案件以及除专利行政案件以外的其他专利纠纷案件。

3. 高级人民法院

高级人民法院设于省、自治区和直辖市。管辖在本辖区有重大影响的第一审民事案件。

4. 最高人民法院

最高人民法院管辖下列第一审民事案件：①在全国有重大影响的案件；②认为应当由本院审理的案件。

（二）地域管辖

地域管辖是确定同级的人民法院受理第一审案件的分工和权限。包括一般地域管辖、特殊地域管辖、协议管辖、专属管辖和共同管辖。

1. 一般地域管辖

一般地域管辖是按照当事人所在地与人民法院辖区的隶属关系所确定的管辖。遵循"原告就被告"的原则，由被告住所地人民法院管辖。

对公民提起的民事诉讼，由被告住所地人民法院管辖；被告住所地与经常居住地不一致的，由经常居住地人民法院管辖。

对法人或者其他组织提起的民事诉讼，由被告住所地人民法院管辖。

2. 特殊地域管辖

因合同纠纷提起的诉讼，由被告住所地或者合同履行地人民法院管辖。

因保险合同纠纷提起的诉讼，由被告住所地或者保险标的物所在地人民法院管辖。

因票据纠纷提起的诉讼，由票据支付地或者被告住所地人民法院管辖。

因铁路、公路、水上、航空运输和联合运输合同纠纷提起的诉讼，由运输始发地、目的地或者被告住所地人民法院管辖。

因侵权行为提起的诉讼，由侵权行为地或者被告住所地人民法院管辖。

因铁路、公路、水上和航空事故请求损害赔偿提起的诉讼，由事故发生地或者车辆、船舶最先到达地、航空器最先降落地或者被告住所地人民法院管辖。

因船舶碰撞或者其他海事损害事故请求损害赔偿提起的诉讼，由碰撞发生地、碰撞船舶最先到达地、加害船舶被扣留地或者被告住所地人民法院管辖。

因海难救助费用提起的诉讼，由救助地或者被救助船舶最先到达地人民法院管辖。

因共同海损提起的诉讼，由船舶最先到达地、共同海损理算地或者航程终止地的人民法院管辖。

3. 协议管辖

合同的双方当事人可以在书面合同中协议选择被告住所地、合同履行地、合同签订地、原告住所地、标的物所在地人民法院管辖。

4. 专属管辖

法律规定因不动产纠纷提起的诉讼，由不动产所在地人民法院管辖；因港口作业中发生纠纷提起的诉讼，由港口所在地人民法院管辖。

5.共同管辖

共同管辖,即两个以上人民法院对案件都有管辖权的,原告可以选择其中一个人民法院提起诉讼。原告向两个以上有管辖权的人民法院提起诉讼的,由最先立案的人民法院管辖,先立案的人民法院不得将案件移送给另一个有管辖权的法院。法院在立案前发现其他有管辖权的法院已经立案的,不得重复立案;立案后发现其他有管辖权的法院已经先立案的,应当裁定将案件移送给先立案的法院。

(三)移送管辖

人民法院受理案件后,发现所受理的案件不属于自己管辖时,应当将案件移送给有管辖权的人民法院。受移送的人民法院不得自行移送。如果受移送的人民法院认为受移送的案件依照法律规定不属于自己管辖的,应当报请上级人民法院指定管辖,不得再自行移送。

(四)指定管辖

有管辖权的人民法院由于特殊原因不能行使管辖权的,由上级人民法院指定其他人民法院管辖。人民法院之间就管辖权发生争议,并且经过协商解决不了的,报它们的共同上级人民法院指定管辖。

五、民事审判程序

民事审判程序主要包括第一审程序、第二审程序和审判监督程序。

(一)第一审程序

第一审程序包括普通程序和简易程序。

普通程序是人民法院审理第一审民事诉讼案件时通常适用的程序,是民事诉讼最基础的、最完整的程序。

1.起诉和受理

起诉是公民、法人或其他组织在其民事权益受到侵害或者与他人发生争议,向人民法院提出诉讼请求,请求人民法院通过审判予以司法保护的行为。

当事人起诉必须具备一定的条件:①原告是与本案有直接利害关系的公民、法人和其他组织。②有明确的被告。③有具体的诉讼请求和事实、理由。④属于人民法院受理民事诉讼的范围和受诉人民法院管辖。

当事人起诉应当向人民法院递交起诉状,并按照被告人数提出副本。

人民法院收到起诉状或者口头起诉,对符合起诉条件的,必须受理,应当在7日内立案,并通知当事人;认为不符合起诉条件的,应当在7日内裁定不予受理;原告对裁定不服的,可以提起上诉。

2.审理前的准备

人民法院接受原告的起诉并决定立案受理后,在开庭之前,应当依法作各项准备工作。人民法院应当在立案之日起5日内将起诉状副本发送被告,被告在收到之日起15日内提出答辩状。被告提出答辩状的,人民法院应当在收到之日起5日内将答辩状副本发送原告。被告不提出答辩状的,并不影响人民法院审理。

人民法院对决定受理的案件,应当在受理案件通知书和应诉通知书中向当事人告知有关的诉讼权利义务,或者口头向当事人告知有关的诉讼权利义务。在合议庭组成人员确定后,应当在3日内告知当事人。

审判人员必须认真审核诉讼材料,调查收集必要的证据。

3. 开庭审理

1)公开审理

人民法院审理民事案件,除涉及国家秘密、个人隐私或者法律另有规定的以外,应当公开进行。涉及商业秘密的案件,当事人申请不公开审理的,可以不公开审理。

人民法院应当在开庭3日前通知当事人和其他诉讼参与人。公开审理的,应当公告当事人姓名、案由和开庭的时间、地点。开庭审理前,书记员应当查明当事人和其他诉讼参与人,宣布法庭纪律。由审判长告知当事人有关的诉讼权利义务。

2)法庭调查

法庭调查按照下列顺序进行:①当事人陈述;②告知证人的权利义务,证人作证,宣读未到庭的证人证言;③出示书证、物证和视听资料;④宣读鉴定结论;⑤宣读勘验笔录。

3)法庭辩论

法庭辩论按照以下顺序进行:①原告及其诉讼代理人发言;②被告及其诉讼代理人答辩;③第三人及其诉讼代理人发言或者答辩;④互相辩论。

4. 判决

法庭辩论终结,人民法院应当依法作出判决,判决前能够调解的,还可以进行调解,如果调解不成的,应当及时判决。

当事人应当按时到庭。原告经传票传唤,无正当理由拒不到庭的,或者未经法庭许可中途退庭的,可以按撤诉处理;被告反诉的,可以缺席判决。被告经传票传唤,无正当理由拒不到庭的,或者未经法庭许可中途退庭的,可以缺席判决。

审判长宣布判决结果,人民法院对公开审理或者不公开审理的案件,一律公开宣告判决。宣告判决时,法院应当告知当事人上诉权利、上诉期限和上诉的法院。

简易程序是基层人民法院及其派出法庭审理简单民事案件的程序。法律规定对于事实清楚、权利义务关系明确、争议不大的简单的民事案件,适用简易程序的规定。简单的民事案件由审判员一人独任审理。

(二)第二审程序

第二审程序是因为当事人对第一审人民法院所作的未发生法律效力的裁判不服,向上一级人民法院提起上诉,由上一级人民法院对案件进行审理所适用的程序。

当事人不服地方人民法院第一审判决的,有权在判决书送达之日起15日内向上一级人民法院提起上诉。当事人不服地方人民法院第一审裁定的,有权在裁定书送达之日起10日内向上一级人民法院提起上诉。当事人上诉应当递交上诉状。上诉状应当通过原审人民法院提出,并按照对方当事人或者代表人的人数提出副本。当事人直接向第二审人民法院上诉的,第二审人民法院应当在五日内将上诉状移交原审人民法院。

第二审人民法院对上诉案件，应当组成合议庭，开庭审理，对上诉请求的有关事实和适用法律进行审查。第二审人民法院对上诉案件经过审理，按照下列情形，分别处理。

（1）原判决认定事实清楚，适用法律正确的，判决驳回上诉，维持原判决。

（2）原判决适用法律错误的，依法改判。

（3）原判决认定事实错误，或者原判决认定事实不清，证据不足，裁定撤销原判决，发回原审人民法院重审，或者查清事实后改判。

（4）原判决违反法定程序，可能影响案件正确判决的，裁定撤销原判决，发回原审人民法院重审。

当事人对重审案件的判决、裁定，不可以上诉。

第二审人民法院的判决、裁定，是终审的判决、裁定。

（三）审判监督程序

审判监督程序是人民法院对已经发生法律效力的判决、裁定，发现确有错误，依法对案件进行再审的程序。

各级人民法院院长对本院已经发生法律效力的判决、裁定，发现确有错误，认为需要再审的，应当提交审判委员会讨论决定。最高人民法院对地方各级人民法院已经发生法律效力的判决、裁定，上级人民法院对下级人民法院已经发生法律效力的判决、裁定，发现确有错误的，有权提审或者指令下级人民法院再审。

当事人对已经发生法律效力的判决、裁定，认为有错误的，可以申请再审，但是原判决、裁定不停止执行。当事人的申请符合下列情形之一的，人民法院应当再审。

（1）有新的证据，足以推翻原判决、裁定的。

（2）原判决、裁定认定事实的主要证据不足的。

（3）原判决、裁定适用法律确有错误的。

（4）人民法院违反法定程序，可能影响案件正确判决、裁定的。

（5）审判人员在审理该案件时有贪污受贿、徇私舞弊、枉法裁判行为的。

当事人申请再审，应当在判决、裁定发生法律效力后6个月内提出。

最高人民检察院对各级人民法院、地方各级人民检察院对同级人民法院已经发生法律效力的判决、裁定，上级人民检察院对下级人民法院已经发生法律效力的判决、裁定，发现有法律规定的情形之一，应当按照审判监督程序提出抗诉。

（1）原判决、裁定认定事实的主要证据不足的。

（2）原判决、裁定适用法律确有错误的。

（3）人民法院违反法定程序，可能影响案件正确判决、裁定的。

（4）审判人员在审理该案件时有贪污受贿、徇私舞弊、枉法裁判行为的。

人民检察院提出抗诉的案件，人民法院应当再审。

六、证据

（一）证据的概念

证据是在民事诉讼中能够证明案件真实情况的客观资料，具有客观性、关联性和合法性的特点。

(二) 证据的种类

证据包括：①当事人的陈述；②书证；③物证；④视听资料；⑤电子数据；⑥证人证言；⑦鉴定意见；⑧勘验笔录。证据必须查证属实，才能作为认定事实的根据。

七、执行程序

当事人对发生法律效力的判决、裁定必须执行。一方当事人拒绝执行的，另一方当事人可以向人民法院申请执行。

申请执行有一定的期限，双方或者一方当事人是公民的为1年，双方是法人或者其他组织的为6个月。

八、涉外民事诉讼程序的特别规定

(一) 涉外民事诉讼管辖

人民法院审理涉外物流争议案件适用《民事诉讼法》的有关规定。在确定人民法院的管辖权时，根据法院与物流争议存在实际联系的原则，并尊重当事人的选择。

当事人可以用书面协议的形式选择与物流争议有实际联系的地点的法院管辖，但是不得违反《民事诉讼法》关于级别管辖和专属管辖的规定。对于属于中华人民共和国人民法院专属管辖的案件，当事人不得用书面协议选择其他国家法院管辖。

涉外民事诉讼的被告对人民法院的管辖不提出异议并且应诉答辩的，视为其承认该人民法院为有管辖权的法院。

(二) 涉外民事诉讼中文书的送达方式

（1）依照受送达人所在国与中华人民共和国缔结或者共同参加的国际条约中规定的方式送达。

（2）通过外交途径送达。

（3）对具有中华人民共和国国籍的受送达人，可以委托中华人民共和国驻受送达人所在国的使领馆代为送达。

（4）向受送达人委托的有权代其接受送达的诉讼代理人送达。

（5）向受送达人在中华人民共和国领域内设立的代表机构或者有权接受送达的分支机构、业务代办人送达。

（6）受送达人所在国的法律允许邮寄送达的，可以邮寄送达。

（7）不能用上述方式送达的，公告送达。自公告之日起满6个月，即视为送达。

第四节 海事诉讼特别程序

一、海事诉讼

(一) 海事诉讼的概念

海事诉讼是海事审判机关在海事纠纷当事人和其他诉讼参与人的参加下,按照法律规定的程序,依法审理和裁判海事纠纷案件的诉讼活动。

我国于1984年在上海、广州、青岛、天津、大连、武汉、海口等沿海、沿江城市设立海事法院。海事法院与其所在的城市的中级人民法院同级。

(二) 海事法院的受案范围

依据《海事诉讼特别程序法》规定,海事法院受理当事人因海事侵权纠纷、海商合同纠纷以及法律规定的其他海事纠纷提起的诉讼。

二、海事诉讼的管辖

(一) 海事诉讼的地域管辖

海事诉讼的地域管辖,是海事法院受理第一审海事案件的分工和权限。

海事诉讼案件的地域管辖应当依照《民事诉讼法》的有关规定。下列海事诉讼的地域管辖,依照以下规定:

(1) 因海事侵权行为提起的诉讼,除依照《民事诉讼法》第二十九条至第三十一条的规定以外,还可以由船籍港所在地海事法院管辖。

(2) 因海上运输合同纠纷提起的诉讼,除依照《民事诉讼法》第二十八条的规定以外,还可以由转运港所在地海事法院管辖。

(3) 因海船租用合同纠纷提起的诉讼,由交船港、还船港、船籍港所在地、被告住所地海事法院管辖。

(4) 因海上保赔合同纠纷提起的诉讼,由保赔标的物所在地、事故发生地、被告住所地海事法院管辖。

(5) 因海船的船员劳务合同纠纷提起的诉讼,由原告住所地、合同签订地、船员登船港或者离船港所在地、被告住所地海事法院管辖。

(6) 因海事担保纠纷提起的诉讼,由担保物所在地、被告住所地海事法院管辖;因船舶抵押纠纷提起的诉讼,还可以由船籍港所在地海事法院管辖。

(7) 因海船的船舶所有权、占有权、使用权、优先权纠纷提起的诉讼,由船舶所在地、船籍港所在地、被告住所地海事法院管辖。

（二）海事诉讼的专属管辖

海事诉讼的专属管辖是法律明确规定某类海事纠纷案件由特定的法院管辖。

以下海事诉讼，由规定的海事法院专属管辖。

（1）因沿海港口作业纠纷提起的诉讼，由港口所在地海事法院管辖。

（2）因船舶排放、泄漏、倾倒油类或者其他有害物质，海上生产、作业或者拆船、修船作业造成海域污染损害提起的诉讼，由污染发生地、损害结果地或者采取预防污染措施地海事法院管辖。

（3）因在中华人民共和国领域和有管辖权的海域履行的海洋勘探开发合同纠纷提起的诉讼，由合同履行地海事法院管辖。

（三）海事诉讼的协议管辖

海事诉讼的协议管辖是当事人达成协议，在法律规定的范围内选定由某一法院对当事人之间的海事纠纷进行审判，而形成的海事法院对海事纠纷案件的管辖。

海事纠纷的当事人都是外国人、无国籍人、外国企业或者组织的，当事人以书面协议形式选择中华人民共和国海事法院管辖的，即使与纠纷有实际联系的地点不在中华人民共和国领域内，中华人民共和国的海事法院对该纠纷也具有管辖权。

三、海事请求保全

（一）海事请求保全的一般规定

海事请求保全是指海事法院根据海事请求人的申请，为保障其海事请求的实现，对被请求人的财产所采取的强制措施。

当事人申请海事请求保全的，应当向被保全的财产所在地的海事法院提交书面申请。

（二）船舶的扣押与拍卖

《海事诉讼特别程序法》规定，下列海事请求，可以申请扣押船舶。

（1）船舶营运造成的财产灭失或者损坏。

（2）与船舶营运直接有关的人身伤亡。

（3）海难救助。

（4）船舶对环境、海岸或者有关利益方造成的损害或者损害威胁；为预防、减少或者消除此种损害而采取的措施；为此种损害而支付的赔偿；为恢复环境而实际采取或者准备采取的合理措施的费用；第三方因此种损害而蒙受或者可能蒙受的损失；以及与本项所指的性质类似的损害、费用或者损失。

（5）与起浮、清除、回收或者摧毁沉船、残骸、搁浅船、被弃船或者使其无害有关的费用，包括与起浮、清除、回收或者摧毁仍在或者曾在该船上的物件或者使其无害的费用，以及与维护放弃的船舶和维持其船员有关的费用。

（6）船舶的使用或者租用的协议。

（7）货物运输或者旅客运输的协议。

（8）船载货物（包括行李）或者与其有关的灭失或者损坏。

（9）共同海损。

（10）拖航。

（11）引航。

（12）为船舶营运、管理、维护、维修提供物资或者服务。

（13）船舶的建造、改建、修理、改装或者装备。

（14）港口、运河、码头、港湾以及其他水道规费和费用。

（15）船员的工资和其他款项，包括应当为船员支付的遣返费和社会保险费。

（16）为船舶或者船舶所有人支付的费用。

（17）船舶所有人或者光船承租人应当支付或者他人为其支付的船舶保险费。

（18）船舶所有人或者光船承租人应当支付的或者他人为其支付的与船舶有关的佣金、经纪费或者代理费。

（19）有关船舶所有权或者占有的纠纷。

（20）船舶共有人之间有关船舶的使用或者收益的纠纷。

（21）船舶抵押权或者同样性质的权利。

（22）因船舶买卖合同产生的纠纷。

海事请求保全扣押船舶的期限为30日。船舶扣押期间届满，被请求人不提供担保，而且该船舶也不宜继续扣押的，海事请求人可以在提起诉讼或者申请仲裁后，向扣押船舶的海事法院提出拍卖船舶的申请，由海事法院作出准予或者不准予拍卖船舶的裁定。海事法院裁定拍卖船舶，应当通过报纸或者其他新闻媒体发布公告。

拍卖船舶由拍卖船舶委员会实施。拍卖船舶委员会对海事法院负责，受海事法院的监督。

（三）船载货物的扣押与拍卖

海事请求人为保障其海事请求的实现，也可以申请扣押船载货物。海事请求人申请扣押船载货物的价值，应当与其债权数额相当。被申请扣押的船载货物，应当属于被请求人所有。

海事请求保全扣押船载货物的期限为15日。船载货物扣押期间届满，被请求人不提供担保，而且货物不宜继续扣押的，海事请求人可以在提起诉讼或者申请仲裁后，向扣押船载货物的海事法院申请拍卖货物。对于无法保管、不易保管或者保管费用可能超过其价值的物品，海事请求人可以申请提前拍卖。

海事法院收到拍卖船载货物的申请后，应当进行审查，在规定的期限内作出准予或者不准予拍卖船载货物的裁定。

四、海事强制令

海事强制令是指海事法院根据海事请求人的申请，为使其合法权益免受侵害，责令被请求人作为或者不作为的强制措施。

当事人申请海事强制令，应当向海事纠纷发生地的海事法院提交书面申请。

海事法院作出海事强制令，应当具备下列条件：①请求人有具体的海事请求；②需要纠正被请求人违反法律规定或者合同约定的行为；③情况紧急，不立即作出海事强制令将造成损害或者使损害扩大。

被请求人拒不执行海事强制令的，海事法院可以根据情节轻重处以罚款、拘留；构成犯罪的，依法追究刑事责任。

五、海事证据保全

海事证据保全是海事法院根据海事请求人的申请，对有关海事请求的证据予以提取、保存或者封存的强制措施。

当事人申请海事证据保全，应当向被保全的证据所在地海事法院提交书面申请。

采取海事证据保全，应当具备下列条件。

（1）请求人是海事请求的当事人。
（2）请求保全的证据对该海事请求具有证明作用。
（3）被请求人是与请求保全的证据有关的人。
（4）情况紧急，不立即采取证据保全就会使该海事请求的证据灭失或者难以取得。

六、海事担保

海事担保包括《海事诉讼特别程序法》规定的海事请求保全、海事强制令、海事证据保全等程序中所涉及的担保。担保的方式为提供现金或者保证、设置抵押或者质押。

海事请求人提供的担保，其方式、数额由海事法院决定。被请求人提供的担保，其方式、数额由海事请求人和被请求人协商；协商不成的，由海事法院决定。

七、海事诉讼的审判程序

（一）审理船舶碰撞案件的规定

原被告应当如实填写《海事事故调查表》。海事法院向当事人送达起诉状或者答辩状。当事人应当在开庭审理前完成举证，不能推翻其在《海事事故调查表》中的陈述和已经完成的举证，但有新的证据，并有充分的理由说明该证据不能在举证期间内提交的除外。

海事法院审理船舶碰撞案件，一般情况下应当在立案后1年内审结。

（二）审理共同海损案件的规定

当事人就共同海损的纠纷，可以协议委托理算机构进行理算，也可以直接向海事法院提起诉讼。

对于理算机构作出的共同海损理算报告，当事人没有提出异议的，可以作为分摊责任的依据。海事法院审理共同海损案件，应当在立案后1年内审结。

（三）海上保险人行使代位请求赔偿权利的规定

因第三人造成保险事故，保险人向被保险人支付保险赔偿后，在保险赔偿范围内可以代位行使被保险人对第三人请求赔偿的权利。保险人行使代位请求赔偿权利时，被保险人未向造成保险事故的第三人提起诉讼的，保险人应当以自己的名义向该第三人提起诉讼；被保险人已经向造成保险事故的第三人提起诉讼的，保险人可以向受理该案的法院提出变更当事人的请求，代位行使被保险人对第三人请求赔偿的权利。

（四）船舶优先权催告程序

船舶转让时，受让人可以向转让船舶交付地或者受让人住所地海事法院提出申请船舶优先权催告，催促船舶优先权人及时主张权利，消灭该船舶附有的船舶优先权。

海事法院在收到申请书以及有关文件后，应当进行审查，在规定的期限内作出准予或者不准予申请的裁定。海事法院在准予申请的裁定生效后，应当通过报纸或者其他新闻媒体发布公告，催促船舶优先权人在催告期间主张船舶优先权。

船舶优先权催告期间为60日。船舶优先权催告期间，船舶优先权人主张权利的，应当在海事法院办理登记；不主张权利的，视为放弃船舶优先权。船舶优先权催告期间届满，无人主张船舶优先权的，海事法院应当根据当事人的申请作出判决，宣告该转让船舶不附有船舶优先权。

小结

物流争议是民事争议中的一种，解决物流争议的方法有多种，争议双方当事人可以根据具体情况选择争议的解决方法。物流争议的主要解决方式有协商和解、调解、仲裁、诉讼等方式。仲裁是双方当事人达成协议，自愿地将双方之间发生的纠纷，提交仲裁机构进行审理，由仲裁机构作出对双方当事人都具有约束力的裁决的制度。仲裁程序包括：申请与受理；仲裁庭的组成；开庭与裁决；申请撤销裁决；仲裁裁决的执行。

物流诉讼是指人民法院在当事人和其他诉讼参与人的参加下，按照法律规定的程序，依法审理和解决物流纠纷案件的诉讼活动。物流争议的诉讼适用民事诉讼程序。民事审判程序主要包括第一审程序、第二审程序和审判监督程序。涉外民事诉讼程序有其特别规定。海事诉讼是海事审判机关在海事纠纷当事人和其他诉讼参与人的参加下，按照法律规定的程序，依法审理和裁判海事纠纷案件的诉讼活动。

案例分析与思考

【案件基本信息】

案件名称：A投资公司与北京B公司申请仲裁案。

【案情介绍】

申请人A投资公司（美国）与被申请人北京B公司于2018年8月17日订立了购买2500吨马口铁的合同：合同价格为CIF 194.4万美元，2018年1月交货，装货港为中国黄埔港，目的港为土耳其伊斯坦布尔港。双方当事人之间由于货物质量问题发生争议，申请人根据其与被申请人之间的买卖合同和该合同中的仲裁条款，于2019年8月10日向中国国际经济贸易仲裁委员会提出了仲裁请求。中国国际经济贸易仲裁委员会仲裁庭根据仲裁规则于2019年9月25日对该案进行了开庭审理。由于双方当事人对于货物瑕疵究竟是由于产品本身的固有缺陷还是由于存储不当而引起的瑕疵各执一词。2019年10月12日，仲裁庭委托专家组从这批货物中提取了5个样品进行检验，后者于10月31日提交了检验报告。该报告的结论是：本案货物的缺陷早在工厂期间就存在了。被申请人在11月8日收到该专家报告后，口头通知仲裁庭希望对该报告发表评论意见，并于12日就上述口头意见向仲裁庭发出书面通知，要求就专家报告中的问题提出质疑。2019年11月25日，仲裁庭作出申请人胜诉的裁决：裁定被申请人应当向申请人支付约80万美金。被申请人未能执行该裁决，申请人向被申请人所在地北京某法院申请强制执行。被申请人以该公司没有得到对专家组报告发表意见的机会为由，请求法院拒绝执行该裁决。

【案情焦点】

仲裁流程是否有效。

【法院裁判要旨】

因为该案件涉及中美两国公司，故该仲裁为涉外仲裁。依据《民事诉讼法》第二百七十四条规定，对中华人民共和国涉外仲裁机构作出的裁决，被申请人提出证据证明仲裁裁决有下列情形之一的，经人民法院组成合议庭审查核实，裁定不予执行：

（1）当事人在合同中没有订有仲裁条款或者事后没有达成书面仲裁协议的；

（2）被申请人没有得到指定仲裁员或者进行仲裁程序的通知，或者由于其他不属于被申请人负责的原因未能陈述意见的；

（3）仲裁庭的组成或者仲裁的程序与仲裁规则不符的；

（4）裁决的事项不属于仲裁协议的范围或者仲裁机构无权仲裁的。人民法院认定执行该裁决违背社会公共利益的，裁定不予执行。

在本案中被申请人在11月8日收到该专家报告后，口头通知仲裁庭希望对该报告发表评论意见，并于12日就上述口头意见向仲裁庭发出书面通知，要求就专家报告中的问题提出质疑。属于第二项规定的，被申请人没有得到指定仲裁员或者进行仲裁程序的通知，或者由于其他不属于被申请人负责的原因未能陈述意见的；故法院应当组成合议庭，裁定不予执行。

课后习题

（1）简述物流争议的解决方式。
（2）不能仲裁的纠纷包括哪些？
（3）简述仲裁法的基本原则和制度。
（4）仲裁机构包括哪些？
（5）简述仲裁协议的含义、形式和效力。
（6）申请仲裁的条件有哪些？仲裁庭的构成方式有哪些？
（7）我国处理涉外仲裁案件的机构有哪些？
（8）民事诉讼的基本原则和制度是什么？
（9）诉讼中包括的参加人有哪些？
（10）简述我国民事案件的级别管辖和地域管辖。
（11）第一审程序是怎样的？
（12）证据的种类有哪些？
（13）简述涉外民事诉讼的传达方式。
（14）简述我国海事法院的受案范围和海事诉讼的地域管辖。

参考文献

[1] 高其才. 法律基础[M].6 版. 北京：清华大学出版社，2020.
[2] 王玲，富士泽. 法律基础与实务[M].4 版. 北京：清华大学出版社，2022.
[3] 南湖法客. 一本书读懂法律常识[M]. 天津：天津人民出版社，2021.
[4] 韩晓涵. 不可不知的法律常识[M]. 北京：民主与建设出版社，2022.
[5] 陈佳，戴景月. 民法案例教程[M]. 北京：中国民主法制出版社，2015.
[6] 中国航空运输协会法律委员会. 中国民航法律案例精解[M]. 北京：知识产权出版社，2016.
[7] 杨连庆，肖和森. 物流企业法律风险手册：常见案例 100[M]. 北京：中国财富出版社，2012.
[8] 姬中英，王亚男. 物流法律法规[M]. 北京：高等教育出版社，2021.
[9] 张冬云，谷晓峰. 物流法律法规概论与案例[M].2 版. 北京：清华大学出版社，北京交通大学出版社，2015.
[10] 孙秋高，刘亚梅，甄小明. 物流法律法规实务[M]. 北京：电子工业出版社，2016.
[11] 王芸. 物流法律法规与实务[M].3 版. 北京：电子工业出版社，2017.
[12] 王玫. 物流法律法规[M].3 版. 武汉：华中科技大学出版社，2019.
[13] 罗佩华，郭可. 物流法律法规[M].3 版. 北京：清华大学出版社，2021.
[14] 庄琳琳，周琳. 物流法律法规[M]. 北京：清华大学出版社，2015.
[15] 国家法官学院，最高人民法院司法案例研究院. 中国法院 2021 年度案例·买卖合同纠纷[M]. 北京：中国法制出版社，2021.
[16] 国家法官学院，最高人民法院司法案例研究院. 中国法院 2021 年度案例·公司纠纷[M]. 北京：中国法制出版社，2021.
[17] 国家法官学院，最高人民法院司法案例研究院. 中国法院 2021 年度案例·道路交通纠纷[M]. 北京：中国法制出版社，2021
[18] 国家法官学院，最高人民法院司法案例研究院. 中国法院 2021 年度案例·合同纠纷[M]. 北京：中国法制出版社，2021.
[19] 国家法官学院，最高人民法院司法案例研究院. 中国法院 2021 年度案例·物权纠纷[M]. 北京：中国法制出版社，2021.
[20] 陈佳，戴景月. 民法案例教程[M]. 北京：中国民主法制出版社，2015.
[21] 国家法官学院，最高人民法院司法案例研究院. 中国法院 2022 年度案例·道路交通纠纷[M]. 北京：中国法制出版社，2022.
[22] 国家法官学院，最高人民法院司法案例研究院. 中国法院 2022 年度案例·合同纠纷[M]. 北京：中国法制出版社，2022.
[23] 国家法官学院，最高人民法院司法案例研究院. 中国法院 2022 年度案例·物权纠纷[M]. 北京：中国法制出版社，2022.
[24] 国家法官学院，最高人民法院司法案例研究院. 中国法院 2022 年度案例·保险纠纷[M].

北京：中国法制出版社，2022.

[25] 国家法官学院，最高人民法院司法案例研究院. 中国法院 2022 年度案例·公司纠纷[M].
　　北京：中国法制出版社，2022.

[26] 国家法官学院，最高人民法院司法案例研究院. 中国法院 2022 年度案例·买卖合同纠纷
　　[M]. 北京：中国法制出版社，2022.